Terra Erdkunde SII
Die Wirtschaftsgeographie

Von
Hans-Ulrich Bender, Köln
Ulrich Brameier, Hamburg
Dr. Egbert Brodengeier, Dresden
Wolfgang Fettköter, Göttingen
Eberhard Kolb, Braunschweig
Dr. Wilfried Korby, Korb
Arno Kreus, Aachen
Prof. Ulrich Kümmerle, Saulgau
Norbert von der Ruhren, Aachen
Rudolf Schenkel, Friedrichshafen

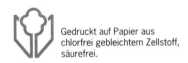

Gedruckt auf Papier aus
chlorfrei gebleichtem Zellstoff,
säurefrei.

1. Auflage   A 1 5 4 3 2 1 | 2004 2003 2002 2001 2000

Alle Drucke dieser Auflage können im Unterricht nebeneinander benutzt werden,
sie sind untereinander unverändert. Die letzte Zahl bezeichnet das Jahr dieses Druckes.
© Justus Perthes Verlag Gotha GmbH, Gotha 2000. Alle Rechte vorbehalten.
Internetadresse: http://www.klett-verlag.de/klett-perthes

Redaktion und Produktion: Ingeborg Philipp, Kathrin Liebrenz

Einband: Erwin Poell, Heidelberg
Satz: Lihs, Satz und Repro, Ludwigsburg;Hein & Partner, Leipzig; Klett-Perthes, Gotha
Druck: SCHNITZER DRUCK GmbH, Korb
Karten: Klett-Perthes/Walter Scivos, Dr. Henry Waldenburger
Zeichnungen: W. Schaar, U. Wipfler
ISBN 3-12-409255-4

TERRA

Erdkunde S II
Die Wirtschaftsgeographie

Von
Hans-Ulrich Bender
Ulrich Brameier
Egbert Brodengeier
Wolfgang Fettköter
Eberhard Kolb
Wilfried Korby
Arno Kreus
Ulrich Kümmerle
Norbert von der Ruhren
Rudolf Schenkel

KLETT-PERTHES
Gotha und Stuttgart

Inhaltsverzeichnis

Ökosysteme und Wirtschaftsweise des Menschen — 4
Vernetzte Systeme – vernetztes Denken — 5
Geoökosysteme im Modell — 8

1 Naturräumliche Voraussetzungen — 10

1.1 Die Erdkruste – Aufbau und Bewegungen — 10
Schalenbau der Erde — 10
Plattentektonik — 12
Neuere Erkenntnisse — 19

1.2 Lagerstätten: Bewertung – Entstehung – Verbreitung — 20
METHODE Internet — 25

1.3 Klima — 26
Aufbau der Atmosphäre, Strahlungsbilanz und Klimaelemente — 26
Grundzüge der planetarischen Zirkulation — 33
METHODE Klimaelemente messen und darstellen — 36
Wetter und Klima in Mitteleuropa — 40
Vegetationszonen und Anbaugrenzen — 43

1.4 Bedrohung und Schutz der Erdatmosphäre — 44
Möglichkeiten und Problematik der Energieversorgung — 46
METHODE Stromsparprojekte — 53
Antropogen bedingte Klimaveränderungen — 54
Ergebnisse der Klimaforschung — 56
Maßnahmen zur Verringerung des CO_2-Gehaltes der Atmosphäre — 60

1.5 Boden — 62
Entstehung von Rohböden — 62
METHODE Experimente — 64
Bodentypen, -gefährdung, -fruchtbarkeit — 66

1.6 Weltmeere — 74
Meerwasser ist Lebensraum und Nahrungsquelle — 76
Verkehrsraum Weltmeer — 78

2 Wirtschaftsstandort Deutschland in Europa — 80

2.1 Europa – geographische, historische Grundlagen der Integration — 81
METHODE Mind-Mapping — 81
Der Naturraum und Wirtschaftsraum —
Der Wirtschaftsraum Europa — 82
Wanderungsbewegungen in Deutschland und Europa — 86

2.2 Von der Industrie- zur Dienstleistungsgesellschaft — 92
Alles eine Folge des Fortschrittes? — 94
Deutschland: „überindustrialisiert" oder „unterentwickelt"? — 94
Tertiärisierung — 95
Entwicklungszyklen der Wirtschaft — 96
Standortfaktoren — 98
Wirtschaftsstandort Deutschland — 103
Globalisierung, neue Unternehmensformen und die Zukunft der Arbeit — 106

2.3 Verkehrs- und Kommunikationsnetze – ihre Bedeutung für die globale Verflechtung — 112
Transport- und Kommunikationsnetze als Voraussetzung für moderne Unternehmensformen — 114
Internet – seine Auswirkungen auf Wirtschaft und Gesellschaft — 118
METHODE Statistik/Tabelle — 115

2.4 Standortfragen und Raumwandel – Ruhrgebiet — 120
Industrieller Aufstieg – Steinkohlenbergbau und Schwerindustrie — 121
Die Krise der Montanindustrie — 125
Reindustrialisierung und Tertiärisierung — 128
Ein neues Profil für das Revier — 132

3 Raumplanung, Stadtentwicklung und ländlicher Raum — 134

3.1 Raumstrukturen – Raumwahrnehmung – Raumverhalten — 134
METHODE Rollenspiel - Planspiel — 137

3.2 Der Prozess der Raumordnung in Deutschland — 139

Die Bauleitplanung der Gemeinde	140
Instrumente der Raumordnung	144

3.3 Nutzungskonflikte und Nutzungsansprüche: Tourismusregion Alpen — 148

Fremdenverkehr als Belastungsfaktoren in den Alpen	150
Maßnahmen zur Sicherung der Alpen als Lebens- und Erholungsraum	153
METHODE Facharbeit	156

3.4 Regionale Disparitäten in der Europäischen Union — 158

Einheit und Vielfalt	158
Raumordnungspolitische Ziele der EU und Messung regionaler Disparitäten	160
Europa aus der Sicht der Raumwissenschaft	162
Steuerung der Regionalentwicklung durch die Eurpoäische Union	164
Bestandsaufnahmen und Perspektiven künfiger Entwicklung	167

3.5 Strukturen und Prozesse im städtischen Raum — 168

Der geographische Stadtbegriff: Merkmale von Städten	170
Analyse städtischer Teilräume	173
METHODE Kartierung	175
Sozioökonomische Differenzierung von Städten	176
Stadtsanierung	178
Probleme städtischer Räume und Suburbanisierung	180
Städtewachstum und Verstädterung als weltweiter Prozess	184

3.6 Ländliche Räume — 186

Vielfalt und Funktionen ländlicher Räume	186
Flurbereinigung und Dorferneuerung	188
Die Landwirtschaft in den neuen Ländern	193

3.7 Die Landwirtschaft zwischen Ökonomie und Ökologie — 194

Problem Massentierhaltung	196
Kann es mit unserer Landwirtschaft so weiter gehen?	198

3.8 Konsumverhalten und nachhaltiges Wirtschaften — 200

Kann es mit uns Konsumenten so weiter gehen?	200
METHODE Projektarbeit - Arbeit vor Ort	206

4 Weltweite Disparitäten und globale Verflechtungen — 208

4.1 Weltweite Disparitäten – eine Herausforderung — 208

Die Welt muss sich wandeln – im „Süden" und im „Norden"	210
Entwicklungsländer – ein fragwürdiger Begriff	211
Wachstum der Weltbevölkerung	216
Modell des demographischen Übergangs	217

4.2 Entwicklungsstrategien, Entwicklungspolitik, Entwicklungszusammenarbeit — 218

4.3 Wirtschaftliche Entwicklung in einer sich globalisierenden Welt — 224

Entwicklung und Strukturen der Weltwirtschaft	226
Globalisierung – die große Herausforderung	229
Die Entwicklungsländer im Weltwirtschaftssystem	243
Reformen des Weltwirtschaftssystems	238
METHODE Diagramme	242

4.4 Nigeria – Politisch-geographische Probleme — 244

Der Naturraum	246
Erdöl-Garant für Entwicklung	250
Konfliktraum Nigerdelta	256
METHODE Zeitungsartikel auswerten	258
METHODE Raumanalyse	260

4.5 Fallstudie: Schwellenländer im asiatisch-pazifischen Raum — 262

Boom-Phase bis 1997	264
Schattenseiten des „Wirtschaftswunders" und Zukunftsperspektiven	266

4.6 Fallbeispiel: Die Europäische Union — 268

Integration und nationale Identität	270

Literatur für die Hand des Schülers — 272

Anhang — 276

Glossar	276
Register	284

Renate Sautermeister: Wald - draußen, 1982, Acryl auf Leinwand, 105 x 130 cm, Kunsthalle Emden

Ökosysteme und Wirtschaftsweise des Menschen

Das Bild von Renate Sautermeister vermittelt die Vision einer verletzten Natur. Der Mensch fehlt, er ist betroffener Betrachter. Sollte das wirklich unsere Zukunft sein?
Der Mensch ist aber nicht nur Betrachter, er ist auch Verursacher der dargestellten Verletzungen. Durch seine Wirtschaftsweise greift er immer massiver in komplexe Zusammenhänge ein, was einen fortschreitenden Verlust von Lebensräumen zur Folge hat.
In welchem Verhältnis steht der Mensch zur Natur? Wie sieht er sie? Was bedeutet sie ihm? Wie geht er mit ihr um? Diese Fragestellungen begleiten die gesamte Thematik des Buches, dessen einzelne Kapitel darüber hinaus folgende Problemstellungen aufgreifen. Sie sollen
– die komplexen Strukturen natürlicher Systeme sowie naturräumliche Grundlagen für das Wirtschaften des Menschen vorstellen,
– an Hand des Wirtschaftsstandortes Deutschland in Europa raumwirksame Prozesse aufzeigen,
– Möglichkeiten der Raumordnung zur nachhaltigen Entwicklung von Räumen untersuchen,
– die zunehmende globale Verflechtung von Staaten mit unterschiedlicher naturräumlicher Ausstattungen und Wirtschaftskraft sowie daraus erwachsenden Gestaltungsaufgaben beleuchten.

Vernetzte Systeme – vernetztes Denken

Fliegende Katzen

„,Eine Malariaplage im Regenwald Borneos bedrohte das Überleben eines dort ansässigen Stammes. Um der Plage Herr zu werden, ließ die Weltgesundheitsorganisation tonnenweise DDT versprühen. Doch das DDT vernichtete nicht nur die Malariamücken, sondern zugleich eine Wespenart, die sich von gefräßigen, insbesondere Dachstroh verzehrenden Raupen ernährte. Mit dem Tod der Wespen vermehrten sich deren Beutetiere so stark, dass dem zuvor Malaria geplagten Stamm nun die Dächer der Häuser buchstäblich über dem Kopf weggefressen wurden. Außerdem reicherte sich das DDT über die Nahrungskette in den Katzen an und vergiftete sie. Durch das Katzensterben kam es zu einer fürchterlichen Rattenplage. Um die Ratten zu bekämpfen, entschloss sich die Weltgesundheitsorganisation lebende Katzen per Fallschirm über dem Regenwald Borneos abzusetzen …'
Die Anekdote macht klar, wie wenig sich die Wirkungen vorhersagen lassen, wenn in hochgradig komplexe Systeme mit linear-kausalem Denken eingegriffen wird."

Ulrich Steger (Hrsg.): Globalisierung der Wirtschaft. Berlin: Springer 1996, S. 56 f.

Unsere Welt – ein vernetztes System

Es geht heutzutage „um ein Denken in offenen komplexen Systemen, um ein neues Verständnis der Wirklichkeit. … Neben dem neuen Denken (ist) auch eine neue Art des Planens notwendig geworden, eine neue Art der Entscheidungsfindung, wenn wir aus dem Hickhack der Kurzschlusshandlungen und Gewaltoperationen herauskommen wollen, die derzeit unser Handeln – auch das politische Handeln – beherrschen und sich allmählich in einem immer teureren Reparaturverhalten erschöpfen. …
Das einzige System, das noch treu und brav seine Arbeit tut – ohne dabei die Welt zu zerstören –, ist die Biosphäre, sind Blätter und Bäume, Vögel, Würmer und Gräser. Und ausgerechnet diese unerschütterlichen Helfer greifen wir laufend an, entziehen ihnen die Lebensgrundlage, vergiften und zerstören sie. Nicht zuletzt, weil wir keine Ahnung haben, wie dieses System funktioniert, weil wir es nicht für nötig befunden haben uns seine Organisation einmal näher anzuschauen. Zu dieser völlig ungewohnten Aufgabe den Ausgleich unserer Eingriffe nicht länger auf die natürlichen Ressourcen abzuwälzen, sondern ihn durch eine andere Wirtschaftsweise zu ermöglichen, kommt nun für viele noch ein tiefes Erschrecken hinzu, dass sich nämlich alles plötzlich ganz anders entwickelt, als wir es voraussahen. Vieles, was früher unzusammenhängend nebeneinander lag, ist durch die zunehmende Dichte und Wechselwirkung mit der Umwelt zu einem System geworden, zu einem neuen Ganzen …
So besteht also die Wirklichkeit gewiss nicht aus unabhängigen Einzeldingen, deren Ursache und Wirkung für sich abläuft, sondern sie besteht aus Systemen. Und all diese Systeme sind Teil des Gesamtsystems unserer lebendigen Biosphäre, in die wir eine wachsende Zahl künstlicher Systeme hineingesetzt haben. So weit, so gut. Die Problematik liegt jedoch darin, dass wir das in der Annahme taten, dass sich das Zusammenspiel wohl schon von alleine regeln würde. Wir haben uns nicht klargemacht, dass künstliche Systeme … sich in ihrem inneren Aufbau und in ihrer Kommunikation mit der Umwelt von den in ständigem Feedback mit dieser Umwelt sich regenerierenden biologischen Systemen grundsätzlich unterscheiden."

Frederic Vester: Unsere Welt – ein vernetztes System. München: dtv 1983, S. 8 ff.

1. Die Aussagen des Biochemikers Frederic Vester sind über zwei Jahrzehnte alt, doch zumindest in Teilen unvermindert aktuell. Analysieren Sie den Text und arbeiten Sie seine wichtigsten Thesen heraus.

Dynamische Systeme – Komplexe Systeme – Vernetzung

Die Geographie als eine raumorientierte Wissenschaft untersucht den Haushalt von Geoökosystemen (Landschaftshaushalt) in seiner räumlichen Ausprägung.

Dabei sind die zu betrachtenden natürlichen Systeme nie statisch, sondern immer dynamisch. Sie bilden Wirkungsgefüge, die von mehreren Merkmalen gekennzeichnet sind:
– Die einzelnen Komponenten stehen in Wechselbeziehung zueinander,
– es findet innerhalb der Systeme ein Informationsfluss statt; es gibt aber auch eine nach außen gerichtete Kommunikation mit anderen Systemen,
– die Systeme sind offen, d.h. sie sind gegenüber anderen Systemen nicht abgeschlossen,
– sie sind fließend und verändern sich; das Programm zu ihrer Veränderung tragen sie in sich,
– zwischen den verschiedenen Bestandteilen eines Systems wird ein Gleichgewicht angesteuert, das allerdings de facto aufgrund der Dynamik der Prozessabläufe nie eintritt,
– die Systeme tragen die Fähigkeit in sich, sich selbst zu regulieren.

Als das größte und komplexeste aller Geoökosysteme kann man die gesamte Biosphäre ansehen. Sie ist quasi ein globales Ökosystem, bestehend aus allen lokalen Ökosystemen der Erde. Ein solches „Supersystem" wäre allerdings, selbst in vereinfachenden Modelldarstellungen, in seiner Komplexität nicht annähernd erfassbar – weder seine einzelnen Faktoren noch ihre Wechselwirkungen. So ist es sinnvoll, lokale oder regionale Ökosysteme zu betrachten, ohne dass man dabei ihre Vernetzung mit anderen benachbarten Systemen außer Acht lassen darf.

Sieht man die Erde als „Raumschiff" an, das durch das Weltall fliegt und bis auf die Sonneneinstrahlung mit dem auskommen muss, was auf ihr ist, wird die Notwendigkeit eines dauerhaften ökologischen Fließgleichgewichts deutlich. Wie aber wirken hier der Mensch und sein in jeder Hinsicht auf Wachstum ausgerichtetes Handeln?

Das Raum-Zeit-Mensch-Phänomen

M 1 Geoökosysteme als Raum-Zeit-Mensch-Phänomen

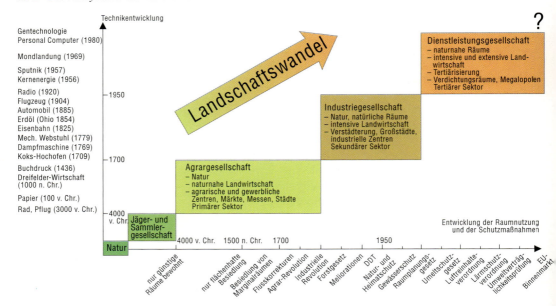

Nach Hartmut Leser (Hrsg.): Umwelt: Geoökosysteme und Umweltschutz. Bd. 11 der Reihe: Handbuch des Geographieunterrichts. Köln: Aulis Verlag, S. 255

Ökologisches Denken

Der Begriff *Ökologie* wurde von dem Biologen Ernst Haeckel (1834–1919) geprägt, der die Ökologie definierte als die „Wissenschaft von den Beziehungen des Organismus zur umgebenden Außenwelt, wohin wir im weitesten Sinne alle Existenzbedingungen rechnen können" (1866). Aus Haeckels Definition lässt sich ableiten, dass es ihm bereits darum ging, das den Naturgesetzen unterliegende Wirkungsgefüge zwischen biotischer und abiotischer Umwelt zu erforschen. Die Ökologie als Wissenschaft – als Fachdisziplin der Biologie verwandt – gibt es also bereits seit weit über einhundert Jahren.

Deutlich anders verhält es sich dagegen mit dem ökologischen Bewusstsein, das über die Wissenschaftler hinaus in einer breiten Bevölkerung verankert ist und das ein Denken hervorgerufen hat, das z. B. auch Eingang in die Lehrpläne verschiedener Schulfächer gefunden hat, neben der Biologie vor allem in die Geographie.

Ein wichtiger Schritt zu diesem „öffentlichen" Bewusstsein war im Jahr 1972 die Studie des Club of Rome: „Grenzen des Wachstums". Kurz darauf folgte als einschneidendes Ereignis die Ölkrise 1974. Diese Krise in der Folge des vierten israelisch-arabischen Krieges („Jom-Kipur-Krieg" im Oktober 1973) veränderte weniger die politischen als noch vielmehr die weltwirtschaftlichen Bedingungen (Stichwörter: Ölpreisexplosion, weltweite Rezessionen, Massenarbeitslosigkeit), schuf aber auch das Fundament für ein ökologisches Denken. Erst durch die damaligen Vorgänge entwickelte sich in den Industrieländern das Bewusstsein, dass Rohstoffe und Ressourcen nicht endlos zu geringen Preisen verfügbar sind; und ausgehend von diesem Ansatz entstanden weitere Sensibilisierungen hinsichtlich unseres Verhältnisses zu Natur und Umwelt. So rückte an die Stelle der Problematik der Ressourcenknappheit auch bald die der begrenzten Belastbarkeit unserer Ökosysteme. In die Zeit der zweiten Hälfte der 70er- und ersten Hälfte der 80er-Jahre fällt schließlich auch die Entstehung ökologischer Initiativen, Umweltgruppen und Parteien.

Insgesamt ist es also kaum drei Jahrzehnte her, dass sich ökologisches Bewusstsein in größerem Umfang entwickelte und in unseren Köpfen verankerte. Ein ausschließlich auf wirtschaftliches Wachstum ausgerichtetes Denken wurde abgelöst durch die Einsicht, dass eine Erhaltung unserer Lebensgrundlagen (und der kommender Generationen) den schonenden Umgang mit unserer Umwelt voraussetzt und somit nur durch eine „nachhaltige Entwicklung" gesichert werden kann. Es gibt allerdings noch immer erhebliche Widersprüche zwischen diesem Wissen und einem entsprechenden Handeln. Und auch globale Gipfeltreffen wie „Umwelt und Entwicklung" 1992 in Rio de Janeiro konnten diesem Wissen nur bedingt weltweite Gültigkeit verschaffen. Auch dort, wo ökologisches Bewusstsein vorhanden ist, wird es immer wieder im Widerstreit der Interessen und im Konflikt um Ziele und gangbare Wege zerrieben.

2. „Raumschiff Erde" – konkretisieren Sie Ihre Vorstellung von diesem „Raumschiff" in Text- oder Bildform.

3. Erläutern Sie die in der Grafik M1 „Geoökosysteme als Raum-Zeit-Mensch-Phänomen" dargestellten Entwicklungen.

4. „Störfaktor Mensch?" – erstellen Sie ein Schaubild, das in vereinfachter Form grundlegende Zusammenhänge einer Naturlandschaft aufzeigt. Arbeiten Sie hierin den Faktor Mensch – früher und heute – ein.

5. Die so genannte „Ölkrise" des Jahres 1974 ist eines der einschneidensten Ereignisse der jüngeren Geschichte mit starken Folgen für die Weltwirtschaft, aber auch für das ökologische Bewusstsein. Stellen Sie aus Nachschlagewerken oder mithilfe des Internets die wichtigsten Fakten zu den damaligen Vorgängen zusammen.

6. Stellen Sie durch eine Befragung fest (z. B. „Wie sind Sie heute in die Schule gekommen?"), inwieweit ökologisches Denken und Handeln bei Ihren Kurskollegen und -kolleginnen, Ihren Lehrern oder bei anderen Personen Ihres Umfeldes eine (konkrete) Rolle spielen.

7. Erörtern Sie, inwieweit Modell- und Systemdenken zur Lösung ökologischer Kernprobleme beitragen können.

Geoökosysteme im Modell

Warum Modelle?

Geht man davon aus, dass Modelle abstrakte Abbildungen der Realität sind, so wird ihr Sinn augenfällig: Er liegt zuerst einmal im Erfassen und Verstehen des Regelhaften in den realen Objekten und Prozessen, die „modelliert" werden. Indem die oft komplexen Sachverhalte der Wirklichkeit vereinfacht dargestellt werden, lassen sich Einzelaspekte dieser Wirklichkeit ebenso besser erfassen wie die Zusammenhänge zwischen den Einzelaspekten. Ist aber ein Verständnis erreicht, dann geht die Funktion der Modelle darüber hinaus: Sie erleichtern dann auch die Prognose zukünftiger Verhaltensweisen und Entwicklungen in dem modellhaft dargestellten Teilraum der Realität und geben zugleich Aufschluss über die Möglichkeiten zur Steuerung dieser Entwicklungen.

Insofern erfüllen Modelle – die im Übrigen in allen Wissenschaften gebräuchlich sind, aber auch in der Schule in den verschiedensten Fächern verwendet werden – auch im Bereich der Geoökologie eine wichtige Funktion. Geoökosysteme sind ausgesprochen komplexe Landschaftsausschnitte, in denen in einem dreidimensionalen Wirkungsgefüge biotische, abiotische und anthropogene Faktoren verbunden sind. Auch hier können also Modelle die vielfältigen Strukturen und Prozesse beschreiben und verständlich machen. Sie sind nicht nur abstrakter, trockener Gegenstand wissenschaftlicher Arbeit, sondern ermöglichen den Menschen entscheidende Einblicke in für ihn (lebens-)wichtige Zusammenhänge seiner Umwelt.

Grenzen von Modellen

So wichtig Modelle sind, ihnen sind auch deutliche Grenzen gesetzt, die bewusst sein müssen. Die vereinfachte Darstellung von Umweltsystemen z.B. ist sehr schwierig und weicht immer mehr oder weniger von der Realität ab. Die Gründe hierfür liegen auf der Hand: Umweltsysteme sind dynamische Systeme; ihre räumliche Ausprägung ist ebenso vielfältig wie die Zahl ihrer Komponenten; darüber hinaus weisen sie Wechselbeziehungen auf und die Fähigkeit zur Selbstorganisation. Vervollständigt wird ihre Komplexität schließlich noch dadurch, dass Vernetzungen zu benachbarten Ökosystemen bestehen.

Die vereinfachende Darstellung solch komplexer Systeme hat da Grenzen, wo wesentliche Aspekte der Realität nicht mehr berücksichtigt würden oder durch zu starke Abstrahierung falsch würden. Daher besteht die Kunst vor allem auch darin, die wichtigen Faktoren der zu modellierenden Systeme oder Prozesse von den unwichtigen zu unterscheiden und zu trennen und den Wirklichkeitsausschnitt, den das Modell erfasst, klar zu definieren.

Bei der Analyse von Modellen und bei den Schlussfolgerungen, die aus ihnen gezogen werden, muss die Problematik der Vereinfachung bedacht werden, nämlich dass die Darstellung der Realität sich dieser Realität immer nur annähern kann.

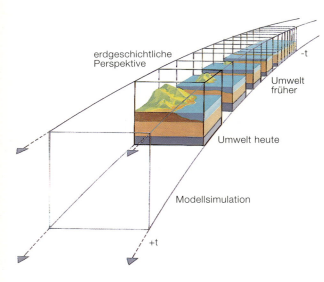

Nach Hartmut Leser (Hrsg.): Umwelt: Geoökosysteme und Umweltschutz: a.a.O., S.8

M 2 *Modelle als Möglichkeit der Simulation zukünftiger Umweltstrukturen*

Fallbeispiel: Berggemeinde in den Alpen

Das reale Fallbeispiel betrachtet modellhaft das Lötschental in der Schweiz, ein Nebental des Wallis. Bis ungefähr 1950 weitgehend isoliert, entwickelte sich über Jahrhunderte eine landwirtschaftliche Selbstversorgungswirtschaft mit minimalen Außenkontakten. Das erwirtschaftete Naturaleinkommen musste für eine Familie reichen; tat es das nicht, blieb nur die Abwanderung aus dem Tal, da es keine alternativen Arbeitsplätze außerhalb der Landwirtschaft gab. Im überwiegenden Fall wurden die abwandernden jungen Männer Söldner in fremden Heeren.

Die entscheidende Veränderung ergab sich durch die Anbindung des Tales an das Schweizer Straßennetz. 1920 wurde eine Straße bis zum Talanfang gebaut; ihre Verlängerung ins Tal hinein erfolgte 1956. Im Laufe weniger Jahrzehnte öffnete sich das bis dahin weitgehend isolierte und autarke Tal. Anfangs geschah dies durch den Holzexport; seit ca. 1950 wurde es durch den Fremdenverkehr erschlossen und ist bis heute zuerst durch den Sommertourismus und – ungefähr 1960 beginnend – dann auch durch den Wintertourismus stark überformt worden.

Das Modell ermöglicht nicht nur einen Vergleich und ein Einschätzen der Veränderungen und Entwicklungen (auch der landschaftlichen und ökologischen), es lässt auch Prognosen zu und das Nachdenken über eventuelle Notwendigkeiten und Möglichkeiten zur Steuerung.

Eine Besonderheit dieses Modells liegt in der lange Zeit wirklich integrierten Rolle des Menschen in das vorhandene Landschaftssystem.

M 3 System „Berggemeinde in den Alpen": Lötschental/Schweiz nach der Erschließung durch den Tourismus

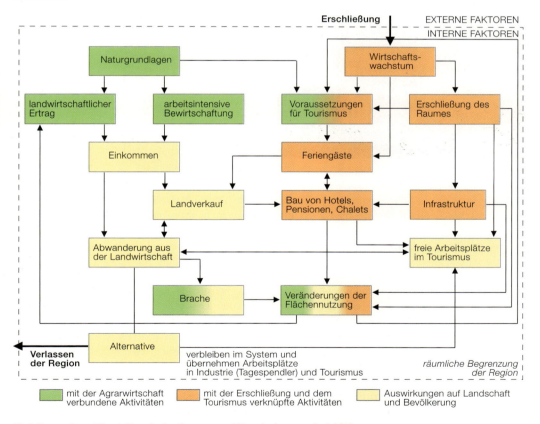

Nach Hartmut Leser (Hrsg.): Umwelt: Geoökosysteme und Umweltschutz: a. a. O., S. 264 f.

1 Naturräumliche Voraussetzungen

1.1 Die Erdkruste – Aufbau und Bewegungen

Schalenbau der Erde

M 1 Tiefbohrung in Windischeschenbach (Oberpfalz), im Oktober 1994 beendet

Aber auch vor der Tiefenbohrung hatte man schon genauere Vorstellungen vom Aufbau der Erde. Schallwellen und mechanische Wellen verändern ihre Geschwindigkeit und Dämpfung in Abhängigkeit von dem Material, das sie durchlaufen. So ist es möglich, aus seismischen Messungen, z. B. bei starken, eigens zu Forschungszwecken verursachten Explosionen, Hinweise auf den inneren Bau der Erde zu erhalten.

M 2 Durchgang seismischer Wellen (z. B. bei einem Erdbeben)

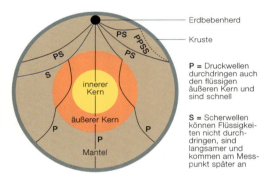

In Windischeschenbach begann man 1987 mit der Vorbohrung des *Kontinentalen Tiefbohrprogramms* (KTB). Das Bohrloch liegt an der Nahtstelle der Platten von Ur-Afrika und Ur-Europa, die hier aufeinander stoßen. Das Ziel dieser Bohrung war es, die chemischen und physikalischen Zustandsbedingungen und Prozesse der tieferen Erdkruste zu erforschen sowie zur Klärung des Aufbaues und der geologischen Entwicklung der europäischen Erdkruste beizutragen.

Bei einer Tiefe von 9101 Metern wurde die Bohrung 1994 beendet und mehrere Schlüsselexperimente durchgeführt. Gegenwärtig findet im Rahmen eines Tiefenobservatoriums eine wissenschaftliche Langzeitbeobachtung statt.

Der innere Kern liegt in mehr als 5 000 km Tiefe. Von ihm geht das irdische Magnetfeld aus, das er ständig neu erzeugt. Im Laufe der Erdgeschichte hat sich dieses Feld oft umgepolt. In Gesteinen ist die jeweilige Ausrichtung festgehalten, was die geologische Altersbestimmung erleichtern kann. Der Kern ist Urheber der Erdwärme („Urwärme") und damit auch der Bewegungen der Erdkruste.

Bis zu einem Abstand von 1 200 bis 1 300 km vom Erdmittelpunkt ist der Kern fest – eine riesige Kugel womöglich aus reinem Eisen, die wahrscheinlich ständig weiter wächst, weil sich Eisen aus dem flüssigen Teil des Kerns anlagert und dabei fest wird. Dies vollzieht sich trotz der Temperatur von 4 000 bis 5 000 °C – der Druck

M 3 Schalenbau der Erde

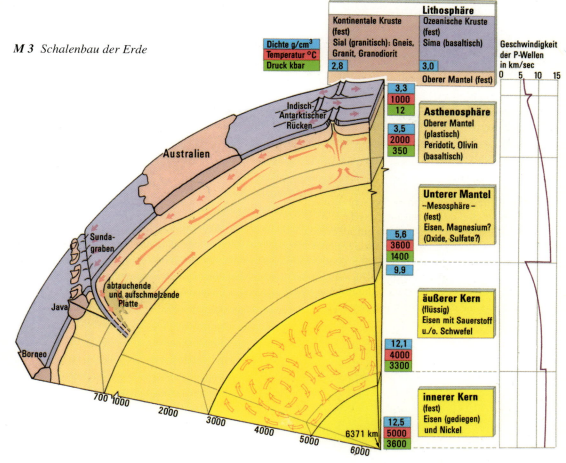

von über 3 Mio. Atü lässt auch bei diesen Temperaturen Eisen fest werden! Dabei wird ständig Wärme frei, die nach Meinung vieler Wissenschaftler Urheber der *Konvektionsströme* (durch Wärme verursachte aufsteigende Bewegungen) im Erdinneren sein könnte. Ob dies ausschlaggebend ist oder ob nicht doch der Zerfall von radioaktiven Isotopen als Energiequelle des Erdinneren wichtiger ist, bleibt noch umstritten.

Mantel und Kruste. Das Eisen des Kerns ist ein sehr guter Wärmeleiter, das Material des Mantels dagegen nicht. Wie kann dann die Wärme nach oben geleitet werden? Im plastischen Teil des Erdmantels gibt es Konvektionsströme bis zu einer Tiefe von ca. 700 km, die Wärme nach oben transportieren. Sie führen auch zu einer allmählichen Durchmischung des gesamten Mantelmaterials. Über den unteren Teil des Mantels wissen wir allerdings wenig, vor allem ist noch nicht geklärt, wie stark sich Kern und Mantel bzw. plastischer und fester Mantel an den Berührungszonen durchmischen. Wärmetransport ist jedenfalls auch in festen Körpern möglich.

Die *Asthenosphäre* (Schwächezone) mit der plastischen Zone des oberen Mantels kann also Wärme durch Konvektionsströmungen transportieren. Sie ist auch Gleitschicht für die *Lithosphäre* (Gesteinszone), die feste Schale der Erde aus *kontinentaler Kruste* (20–70 km dick) und *ozeanischer Kruste* (im Mittel nur sechs Kilometer dick). Zur festen Schale gehört auch die dünne oberste Zone des Erdmantels, die bis in eine Tiefe von ungefähr 100 km fest ist.

1. Nennen Sie mögliche Ursachen der Erdwärme und beschreiben Sie die Wege des Wärmetransports bis zur Erdoberfläche.
2. Notieren Sie wesentliche Merkmale der Asthenospäre, der Lithosphäre, der kontinentalen und der ozeanischen Kruste.
3. Untersuchen Sie anhand von M 3 die geologische Struktur der Kontinente und Meeresböden.

Plattentektonik

Alfreds Wegeners Theorie der Kontinentalverschiebung

Eine Frage hat wohl viele von uns schon beschäftigt: Wie sind Kontinente, Ozeane und Gebirge entstanden und warum gerade hier und nicht anderswo?

Nachdem im Verlauf der neuzeitlichen Entdeckungsfahrten immer bessere Karten entstanden, fiel schon früh auf, dass die Küstenlinien von Südamerika und Afrika gut ineinander passen. Mit einer ebenso kühnen wie genialen Hypothese versuchte im Jahr 1912 der deutsche Wissenschaftler Alfred Wegener (1880–1930), dieses und auch andere Phänomene durch seine *Theorie der Kontinentalverschiebung* zu erklären.

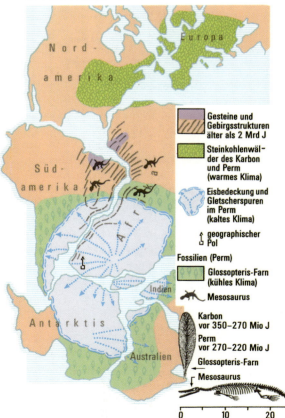

M 4 Beweise für die Kontinentalverschiebung

Wegener nahm an, dass bis vor etwa 300 Millionen Jahren (Karbonzeit) ein einziger Urkontinent bestand, der in mehreren Phasen während des Erdmittelalters und der Erdneuzeit auseinander brach. Die Bruchstücke seien immer weiter voneinander weggedriftet, andere aufeinander zugetrieben, wie zum Beispiel Vorderindien gegen den Kern des asiatischen Kontinents. An der Stirnseite der driftenden Festlandsmassen hätten sich schließlich Faltengebirge wie die Anden und der Himalaya zusammengeschoben.

Zeitlebens bemühte sich Wegener, seine Theorie durch Indizien und Beweise zu erhärten, wobei seine Weitsicht vor allem darin bestand, dass er Erkenntnisse auch anderer Naturwissenschaften, z. B. der Biologie, der Meteorologie und der Seismologie, aufgriff. Immer wieder wies er auf Ähnlichkeiten bei lebenden und fossilen Tierarten beiderseits von Ozeanen hin: Die Lemuren, primitive Affenarten, leben beispielsweise in Madagaskar, Sri Lanka sowie in Süd- und Südostasien. Ihre Verbreitung setzt einen ursprünglichen Zusammenhang der Kontinente voraus.

Alfred Wegeners Theorie der Kontinentalverschiebung wurde von der Wissenschaft lange belächelt. Unvorstellbar war ihr der Gedanke, dass zum Beispiel die Gebirgsbildung nicht von „unten" her, aus dem Erdinneren, sondern durch weit reichende horizontale Bewegungen gesteuert sei. Auch konnte Wegener bei seiner Beweisführung im Wesentlichen nur auf Forschungsergebnisse im kontinentalen Bereich zurückgreifen. Erst die intensive und mit immer besseren Messmethoden betriebene Erkundung des Meeresbodens hat später wesentliche Punkte der Theorie Wegeners bestätigt. Die Ozeanographen konnten die Existenz eines Tausende von Kilometern langen, in allen Ozeanen vorhandenen untermeerischen Gebirgssystems nachweisen. Diese und weitere zunächst isolierten Forschungsergebnisse führten in den 60er-Jahren zur Entwicklung einer neuen Theorie: der Plattentektonik.

Die Theorie der Plattentektonik

Diese Theorie, die durch das Zusammenarbeiten vieler geowissenschaftlicher Fächer entwickelt wurde, vermag die vielen tektonischen Vorgänge (*Tektonik* = Lehre vom Bau und von den Bewegungen der Erdkruste), wie zum Beispiel Erdbeben und Vulkanismus, erklären. Sie geht davon aus, dass die dünne ozeanische und die mächtigere kontinentale Kruste zusammen mit dem obersten Teil des Erdmantels bis zu etwa 100 km Tiefe eine starre Einheit, die Lithosphäre, bilden. Die Kruste ist aus zahlreichen Platten aufgebaut (M 10), die sich auf den halbplastischen Schichten des Erdmantels langsam bewegen können.

Der Motor für die Bewegungen wird in Wärme- und Magmaströmungen *(Konvektionsströme)* im Erdmantel gesehen. An den Plattengrenzen spielen sich alle wesentlichen Vorgänge der Dynamik der Erde ab. Die Platten können sich

- voneinander wegbewegen (konstruktive Plattengrenzen),
- aufeinander zubewegen (destruktive Plattengrenzen),
- aneinander vorbeibewegen (konservative Plattengrenzen).

Konstruktive Plattengrenzen – die mittelozeanischen Rücken

Ein anschauliches Beispiel für konstruktive Plattengrenzen bildet Island, von dem man sagt, es sei der „Eingang zur Unterwelt". Auffälligste Zeugen für die Vorgänge an den Plattengrenzen sind die zahlreichen Vulkane, die Erdbeben und die Geysire. Der große Vulkan Hekla, auch als das „Höllentor" bezeichnet, setzt sich untermeerisch im besonders aktiven Rejkjanes-Rücken fort; vierzehn kleine Inseln, die Westmännerinseln (Vestmannaeyjar) liegen auf ihm: 1963 beobachteten die Seeleute eines Fischkutters, dass das Meer jenseits des Südwestausläufers der Inselkette kochte. Innerhalb weniger Stunden brachen Lava und Dämpfe hervor: Die Vulkaninsel Surtsey wurde geboren – zur Freude der Geologen, die ihren Werdegang studieren konnten! Nach weiteren Eruptionen entstand eine zweite Insel, Syrtlingur, und dann eine dritte, Jölnir.

M 5 Vulkaninsel Surtsey

Jölnir wurde innerhalb von neun Monaten fünfmal aufgebaut und dann wieder durch die Brandung zerstört. Auch im benachbarten Heimaey, der einzigen bewohnten Insel der Gruppe, kam es zu mehrere Monate dauernden Ausbrüchen des Vulkans Helgafell im Jahre 1973.

Die Ursache dieser Vorgänge ist durch Islands Lage begründet: Die Insel bildet ein wichtiges Teilstück aus dem weltumspannenden System *mittelozeanischer Rücken,* und auf ihr lassen sich Vorgänge modellhaft beobachten, die sich auch untermeerisch vollziehen. Schon in den Jahren 1925 bis 1927 hatte das deutsche Forschungsschiff „Meteor" im zentralen Atlantik den Gebirgsrücken erkundet. Es handelt sich um ein gewaltiges, vom Europäischen Nordmeer bis in den Südatlantik reichendes untermeerisches Gebirge, das zu den größten der Erde gehört. Auf ihm liegen untermeerische Vulkane und vulkanische Inseln, außer Island zum Beispiel die Azoren. Im Scheitelpunkt des Gebirges stellte man schluchtartige, 30 bis 50 km breite und bis 3 000 m tiefe Grabensysteme *(Rift Valleys)* mit aufgewölbten Rändern fest. Wichtige, für die Theorie der Plattentektonik wegweisende Befunde konnten hier gemacht werden:

– Messungen ergaben, dass in diesen Zonen Gesteine mit höherer Dichte lagern und unter den Rücken ein verstärkter Wärmefluss herrscht. Das heißt, es wird überdurchschnittlich viel Wärme durch die Erdkruste nach oben abgegeben.
– Die zentralen Teile der Rücken sind aus Vulkaniten (insbesondere Basalt), also relativ schnell erkaltetem Magma, aufgebaut.
– Das Alter dieser Vulkanite ist im Scheitelbereich am geringsten, gegen die Kontinente zu am höchsten.
– Die Scheitelregionen zeigen hohe seismische und vulkanische Aktivität.
– Gegen die Ränder der Rücken hin zu den Kontinenten erstrecken sich ausgedehnte Tiefseebecken (etwa 4 000 m). Auf ihnen lagern Sedimente, deren Alter kontinentalwärts zunimmt.

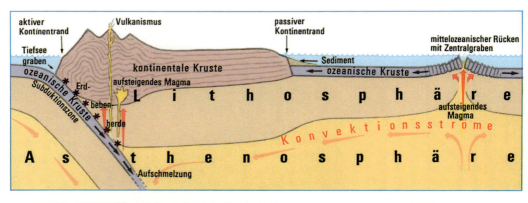

M 6 *Schematisches Profil durch Südamerika, den Pazifischen und den Atlantischen Ozean*

Wie sind diese Befunde zu deuten? Fest steht inzwischen, dass sich in den mittelozeanischen Gräben stets erweiternde Spaltensysteme befinden, in die sich relativ schweres Material, z. B. Basalt aus tieferen Zonen der Kruste bzw. aus dem Erdmantel, einschiebt, sich dabei abkühlt und verfestigt. Belegt ist das inzwischen durch faszinierende Filmaufnahmen von Tauchexpeditionen. Möglicherweise führt das Aufströmen von Mantelmaterial auch zur Aufwölbung der mittelozeanischen Rücken und zur Dehnung bzw. zum Aufreißen der Kruste im Scheitel der Rücken. Weil ständig Magma aus der Tiefe an den Ozeanboden „angeschweißt" wird und sich dieser Vorgang an den „Nahtstellen" ständig wiederholt, vergrößern sich die beiderseits des Scheitels liegenden Platten stetig, und die Kontinente als Teile der Platten entfernen sich ständig. Man spricht vom *sea-floor spreading*. Ausgangspunkt und wichtiger Beweis für die Vorstellungen des sea-floor spreading waren geomagnetische Messungen: Beim Abkühlen von Lava richten sich die magnetisierbaren Mineralien nach dem magnetischen Feld aus und bleiben nach dem Erstarren in dieser Ausrichtung. Im Bereich der mittelozeanischen Rücken, zum Beispiel im Reykjanes-Rücken, zeigten Messungen, dass dort symmetrisch angeordnete, zum Scheitel parallele Muster von Gesteinsstreifen vorhanden sind. In diesen sind die magnetisierten Teilchen abwechselnd nach Norden und Süden ausgerichtet. Zu erklären ist das dadurch, dass sich die in dem Rift abkühlenden Gesteinsschmelzen in der Art eines Kompasses nach dem augenblicklichen erdmagnetischen Feld ausgerichtet haben.

M 7 Magnetprofil des Reykjanes-Rückens

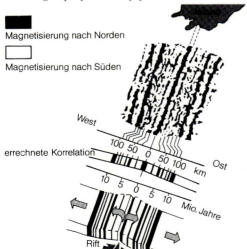

M 8 Rauchende Schlote im Südwest-Pazifik, ca. 15 m hoch, 1–2 m dick, in 1 709 m Wassertiefe (unterste Zahl des Zahlenfeldes, daneben Teil eines Alu-Korbes für Gesteinsproben). Die Schlote bestehen aus Metallsulfiderzen, die sich an der Austrittstelle von bis zu 350 °C heißen Hydrothermallösungen bei der Berührung mit dem 2 °C kalten Meerwasser abscheiden. Der weiße Rauch besteht aus feinen Erzflocken, die sich bei dem „Berührungsschock" bilden.

Die im Verlauf der Erdgeschichte erfolgten, noch unerklärbaren Umpolungen des Magnetfeldes sind somit im Ozeanboden dokumentiert. Aufgrund von Altersbestimmungen an Gesteinen des Ozeanbodens lassen sich – ähnlich wie bei den Jahresringen von Bäumen – Alterszuordnungen der einzelnen Gesteinsstreifen vornehmen. Damit lässt sich beweisen, dass zwei zueinander spiegelbildliche, gleich magnetisierte Gesteinsstreifen zu gleicher Zeit gefördert wurden, dann sich verfestigt haben und schließlich durch das Auseinanderweichen der Platten getrennt worden sind.
Heute ist es durch Lasertechnik und Satelliteneinsatz möglich, die Plattenbewegung direkt zu messen. Die Geschwindigkeit des Auseinanderdriftens der Platten beträgt beispielsweise im Atlantik bis zu 5 cm pro Jahr. Setzt man eine durchschnittliche Geschwindigkeit von 2,5 cm jährlich und einen durchschnittlichen Abstand von 5 000 km voraus, so müsste die Öffnung des Atlantiks und damit das Auseinanderdriften der Alten und der Neuen Welt vor etwa 180 bis 200 Millionen Jahren begonnen haben. Tatsächlich zeigen Altersdatierungen, dass kein Teil der atlantischen Kruste älter als 180 Millionen Jahre ist.

Geologie Islands

Island ist eines der geologisch interessantesten Gebiete. Die Insel wird zu 99% aus vulkanischem Gestein aufgebaut. Die hohe seismische Aktivität äußert sich nicht nur in den zahlreichen Vulkanen und in der Erdbebentätigkeit, sondern auch in den an Spalten austretenden heißen Quellen – ein Teil davon sind Geysire – und Gasaushauchungen. Auch sie sind eine Äußerung des Vulkanismus und gehen letztlich auf die in Island gesteigerte Erdwärme zurück, die der Mensch auch zur Energiegewinnung nutzt.

Island

Island: Geologie

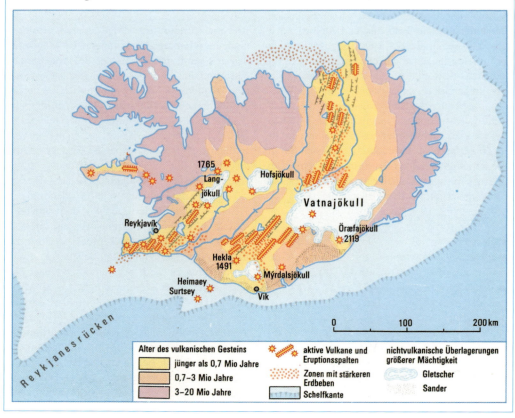

Destruktive Plattengrenzen – die Verschluckungszonen

Im Bereich der aktiven ozeanischen Rücken entsteht ständig neue ozeanische Lithosphäre. Demnach müsste sich auch die Erdoberfläche ständig vergrößern, wenn der Neuzuwachs an ozeanischer Kruste nicht durch einen anderen Vorgang aufgehoben würde – die Verschluckung. Diese vollzieht sich in sogenannten *Verschluckungszonen (Subduktionszonen),* in denen Platten kollidieren. Charakteristisch für diese Zonen sind Faltengebirge bzw. Inselbögen, denen ausgedehnte *Tiefseegräben* vorgelagert sind. Außerdem zählen die Subduktionszonen zu den vulkanisch und seismisch aktivsten Gebieten der Erde. Bestes Beispiel ist der „pazifische Feuerring", an dem ein Großteil der aktiven Vulkane der Erde liegt.

Wie erklärt die Theorie der Plattentektonik all diese Erscheinungen? Man nimmt an, dass beim Zusammenstoß von Platten die spezifisch schwerere schräg in die Tiefe abgedrängt wird. Zum Beispiel taucht im Atacama-Graben die Nasca-Platte unter die Amerikanische Platte ab. Den Beweis dafür liefern die Tiefenbeben unter den Anden. Ihre Herde *(Epizentren)* liegen mit zunehmender Entfernung von der Küste landeinwärts in immer größeren Tiefen. Maximal werden sogar 700 km Tiefe erreicht, ein Zeichen dafür, dass die Kruste – nur in ihr sind Beben möglich – so weit in den Mantel eindringt.

Das abtauchende Krustenmaterial, das spezifisch leichter ist als das Material des Erdmantels, gelangt in der Tiefe unter immer größeren Druck und steigende Temperaturen. Es schmilzt. Ein Teil der Schmelze kann in Spalten wieder nach oben in die Kruste und an die Erdoberfläche aufsteigen. Der an die Subduktionszonen gebundene Vulkanismus findet so seine Erklärung.

Die Subduktion ist schließlich auch die Ursache für die Bildung von Faltengebirgen. Die Kollisionsvorgänge führten dazu, dass Gesteinspakete, zum Beispiel auch Sedimentschichten, die sich im Meer zwischen zwei Platten befanden, zusammengedrückt, gefaltet und übereinander geschoben und als neu entstandene Gebirge dem Kontinent angefügt wurden. In den Subduktionszonen kann es auch geschehen, dass ozeanische Krustenteile (etwa Inselbögen mit aufliegenden Sedimenten), die durch die Plattendrift auf die Kontinente auflaufen, dem Kontinentrand angeschweißt werden *(Terranes)* oder gar wie ein Hobelspan aufgeschnitten werden und auf den Kontinent geraten. Derartige Vorgänge lassen sich an der Pazifikseite Nordamerikas deutlich nachweisen. Von dieser Art Kontinentvergrößerung einmal abgesehen, erweisen sich die Kontinente hinsichtlich ihrer Gesamtfläche als sehr stabil, denn als leichtester Teil der Erdkruste werden sie kaum verschluckt – sie „schwimmen" obenauf.

Konservative Plattengrenzen – Horizontalverschiebungen

Eine weitere Art der Bewegung von Platten bzw. Plattenteilen, die Horizontalbewegung, ist materialneutral. Das heißt, es wird weder Gestein neu gebildet noch verschluckt. *Horizontalverschiebungen* – man spricht auch von *Transform faults* – finden sich vor allem im Bereich der ozeanischen Rücken. Sie bieten günstige Voraussetzungen für das Entstehen von Erdbeben, denn die Bewegung der aneinander vorbeigleitenden Platten ist nicht fließend und gleichmäßig, sondern wegen auftretender Reibungswiderstände meist ruckartig. Bestes Beispiel dafür sind die häufigen Erdbeben in Kalifornien im Bereich der San-Andreas-Verwerfung.

M 9 Plattengrenzen in Kalifornien

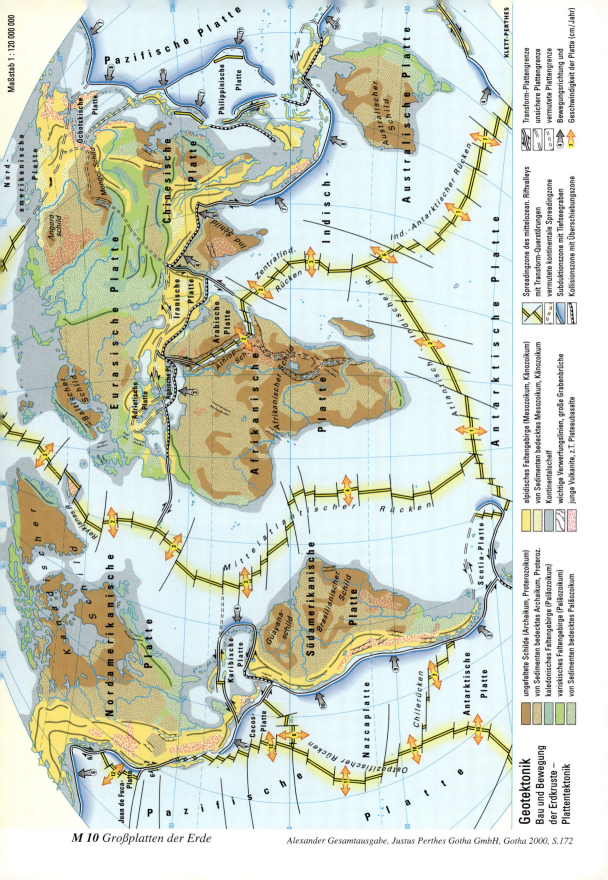

M 10 Großplatten der Erde

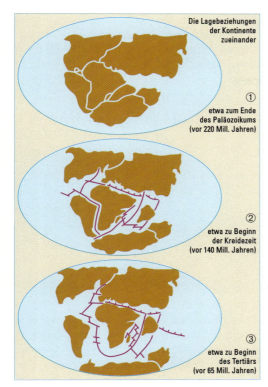

M 11 *Entstehung der Kontinente und Meere seit der Perm-Zeit*

Neuere Erkenntnisse

Mithilfe der Theorie der Plattentektonik lassen sich viele Phänomene erklären, wie z. B. die mittelozeanischen Rücken, die Tiefseegräben und die Faltengebirge, aber auch Begleiterscheinungen wie Vulkanismus und Erdbebentätigkeit. Manche Phänomene konnten aber nur durch weitere Modifizierungen der Theorie erklärt werden oder sind heute noch nicht hinreichend zu erläutern. Dies sei am Beispiel dargestellt.

Nicht an Plattengrenzen, sondern nahezu in der Mitte der Pazifischen Platte finden sich auf Hawaii mächtige Vulkane. Durch diese Lage passen sie nicht ins Bild der Plattentektonik. Man versucht ihre Entstehung durch einen „hot spot", einen ortsfesten, aus dem Mantel aufsteigenden, heißen, säulenförmigen Konvektionsstrom zu erklären. Dieser „brennt" sich durch die Erdkruste durch und lässt die gewaltigen Vulkane entstehen. Weil die Platte über den hot spot hinweg „driftet", werden diese Vulkane nach Westen bzw. Nordwesten mitgetragen und erlöschen mit zunehmender Entfernung vom hot spot. Über diesem bildet sich ein neuer Vulkan; der aktive Vulkanismus bleibt also auf den Südosten der Inselgruppe (Insel Hawaii) beschränkt.

M 12 *Hot spot-Vulkanismus*

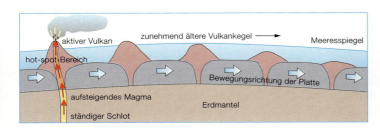

4. Die Atlantikinseln unterscheiden sich altersmäßig erheblich: Ascension, Tristan da Cunha und die Bouvetinsel sind etwa eine Million Jahre alt, die Azoren 20, Madeira 90, die Kapverden 150 Millionen. Geben Sie dafür eine Erklärung.

5. Die ersten Geologen, die in das Himalaya-Gebirge vordrangen, entdeckten dort in großer Höhe Tiefseefossilien aus der Triaszeit. Erklären Sie diesen Tatbestand.

6. Gesteinsproben von der Imperator-Inselkette, der Fortsetzung des Hawaii-Rückens, stimmen in ihrer Zusammensetzung mit den Gesteinen von Hawaii völlig überein. Merkwürdigerweise finden sich in der Imperatorkette auch Reste von Korallenriffen, obwohl sie viel zu weit im Norden liegt, als dass sich hier Korallen hätten bilden können. Geben Sie Erklärungen für diese Beobachtung.

1.2 Lagerstätten: Bewertung – Entstehung – Verbreitung

Lagerstätten sind natürliche Konzentrationen von Erzen, Kohlenwasserstoffen (Erdöl, Erdgas), Kohle, Salzen und von Steinen und Erden in der Erdkruste, die für eine wirtschaftliche Gewinnung in Betracht kommen können. In diesem Kapitel werden nur die drei zuerst genannten Gruppen abgehandelt.

Das nachfolgende Beispiel zeigt eine Reihe von Einflussfaktoren vom Zeitpunkt der Entdeckung bis zur Förderung einer Nickellagerstätte.
Sommer 1995: Auf der Suche *(Prospektion)* nach Diamantlagerstätten entdecken die Prospektoren der kanadischen Aktiengesellschaft INCO Ltd. das große Nickelvorkommen Voisey's Bay auf der zur Provinz Neufundland gehörenden Halbinsel Labrador. Schätzungen der enthaltenen Menge: 32 Mio. t Nickelerz – die Lagerstätte zählt damit zu den ganz großen dieser Welt. Nickel wird v. a. als Stahlveredler zur Herstellung von korrosions-, hitze- und säurebeständigen Stahlsorten, Batterien sowie in Verbindung mit Chrom als elektrischer Heizleiter verwendet.
Stand Anfang 2000: Die Aktiengesellschaft hat bis jetzt 4,3 Mrd. kanadische Dollar (ca. 5,6 Mrd. DM) in die Infrastrukturausstattung gesteckt, in der sicheren Hoffnung, bereits ab 2001 jährlich 122 000 t Nickel fördern zu können. Doch die Verhandlungen mit der Provinzregierung und den Ureinwohnern sind noch nicht abgeschlossen. Ungeklärt ist, ob die Bergbaufirma die geplante Erzschmelze unmittelbar beim Vorkommen bauen darf; derzeit geschätzte Baukosten: 2 Mrd. kanadische Dollar (ca. 2,6 Mrd. DM).
Wirtschaftlich und ökologisch umstritten ist auch die bis jetzt großtechnisch noch nicht erprobte Verhüttungstechnologie des Nassverfahrens, bei dem das Nickelerz aus dem Gestein herausgewaschen wird. Dabei entstehen erhebliche Mengen schadstoffhaltiger Abwässer. Bis zum Bau der Grube und der Verhüttungsanlage werden mindestens noch fünf Jahre vergehen.

Dem Vorhaben, diese Lagerstätte zu erschließen, lagen umfangreiche Berechnungen der Wirtschaftlichkeit zugrunde, die nicht nur ausschließlich vom Rohstoffpreis abhängig waren.

M 1 Reserven und Ressourcen

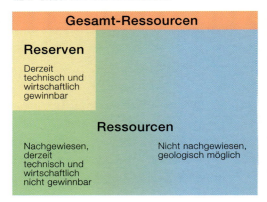

Die *statische Lebensdauer (Reichweite)* gibt zu einem bestimmten Zeitpunkt an, wie lange die dort festgestellten Reservemengen eines bestimmten Rohstoffes, unter der Annahme eines gleich bleibenden Verbrauchs, ausreichen würden. Bei den Berechnungen der *dynamischen Lebensdauer (Reichweite)* geht man davon aus, dass der jährliche Verbrauch, im Vergleich zum Berechnungsjahr, zunehmen wird. Vielfach führt der überproportionale Anstieg des Verbrauchs zu *exponentiellem Wachstum*. Dies bedeutet, dass die jeweils nachfolgende jährliche Verbrauchsgröße um einen bestimmten Prozentsatz der jeweils vorigen zunimmt.
Alle Arten der Berechnung bergen jedoch Unsicherheiten in sich. Einerseits ist es beispielsweise für einen längeren Zeitraum sehr schwierig, die Entwicklung des Verbrauchs von Erzen und Kohlenwasserstoffen in den Sektoren Industrie und Verkehr vorherzubestimmen. Rezessionen können nur bedingt vorhergesagt werden, nahezu unmöglich vorherzubestimmen ist der Einfluss des technologischen Wandels sowie die Entwicklung und der Einsatz möglicher neuer Ersatzrohstoffe. Andererseits werden bei den Berechnungen der Lebensdauer die Reserven als statisch betrachtet, d. h. sie geben nur diejenige Menge wieder, die nach dem momentanen Kenntnisstand vorhanden ist. Doch dieser ändert sich ständig.

Erzlagerstätten

M 2 Schematische Darstellung primärer und sekundärer Erzlagerstätten

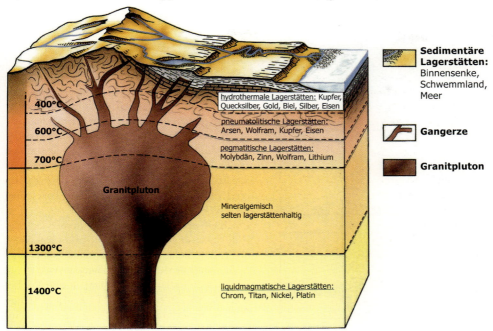

Erzlagerstätten sind im Bereich der jungen Faltengebirge und der alten Schilde im Wesentlichen an Vulkanite und Plutonite gebunden. Man spricht deshalb von *magmatischen oder primären Lagerstätten*. Werden Krustenteile abgetragen, so können bei anschließender Sedimentation wirtschaftlich verwertbare Anreicherungen entstehen. Man bezeichnet sie als *sedimentäre oder sekundäre Lagerstätten*.

Dringt granitisches Magma in die Erdkruste ein, bleibt es in der Tiefe als *Pluton* stecken und kühlt sich ab. Jedes Magma besteht aus einem Stoffgemisch. Die verschiedenen Stoffe unterscheiden sich in ihrem Kristallisationsverhalten, d. h. sie erstarren bei unterschiedlichen Temperaturen. Ihre Ausfällung erfolgt somit bei unterschiedlich hoher Temperatur. So kommt es im Verlauf der allmählichen Abkühlung eines Plutons zu einer Trennung der einzelnen Mineralbestandteile.

Tragen Flüsse ein Gebirge ab, werden auch magmatische Lagerstätten von der *Erosion* (Abtragung) erfasst. Weiter flussabwärts werden dann die Abtragungsprodukte wieder abgelagert oder sogar bis in Meer geführt. Da das Fließgefälle zwischen Quelle und Mündung in der Regel geringer wird, nimmt mit wachsender Entfernung vom Gebirge auch die Transportkraft des Gewässers ab. Entsprechend dem hohen spezifischen Gewicht mancher Erze (Gold, Platin, Chrom, Zinn) werden diese im Bereich bestimmter Gefällabschnitte bevorzugt abgelagert. Sie reichern sich dort als so genannte Seifen an. Berühmt sind die Goldseifen des Sacramentos in Kalifornien und die Zinnseifen Malaysias.

Neue Typen von Erzlagerstätten wurden v. a. auf dem Tiefseeboden entdeckt. Manganknollen (Ni 1,3 %, Cu 1,4 %, Co 0,2 %, Mn 27 %) findet man als kartoffelgroße Anreicherung in weiten Teilen des Ozeanbodens. Kobaltkrusten (Co 2,0 %, Ni 0,3–0,5 %, Mn 15–25 %) kommen in den Gipfelregionen untermeerischer Kuppen und auf Plateaus mit Wassertiefen von weniger als 2600 Meter vor. Erzschlämme und Massivsulfide (Zn, Cu, Ag) sind in den Kammregionen der 60 000 km langen mittelozeanischen Rücken verbreitet und sind an Magmenaufstieg, Rissbildung und hydrothermale Zirkulation gebunden.

Erdöl- und Erdgaslagerstätten

M 3 Typen von Erdgas- und Erdöllagerstätten

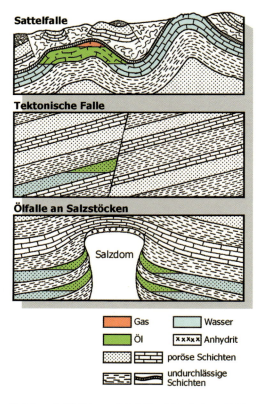

Nach Deutsche BP Aktiengesellschaft (Hrsg.): Das Buch vom Erdöl. Hamburg: Reuter und Klöckner. 4. neubearbeitete und erweiterte Auflage 1978, S. 27

Ausgangsmaterial für die Erdölbildung sind Eiweißstoffe, Fette und Kohlenhydrate von abgestorbenen, im Wasser lebenden pflanzlichen und tierischen Planktons und Bakterien. In der oberflächennahen licht- und sauerstoffreichen (aeroben) Zone bilden sich große Mengen an Plankton. Nach dem Absterben sinkt es in die schlecht belüftete Unterzone ab, wo es sich zusammen mit anorganischen Sedimenten als *Faulschlamm (Sapropel)* anreichert. Infolge der Sauerstoffarmut tritt hier keine Verwesung der abgestorbenen Organismen, sondern ein Fäulnisprozess ein. Unter Einwirkung von anaeroben Bakterien werden die organischen Substanzen zu Fettsäuren abgebaut und danach in Kohlenwasserstoff umgewandelt. Es entsteht Bitumen. Den unter Druck zu Gestein verfestigten und mit Bitumen durchsetzten Faulschlamm bezeichnet man als Erdölmuttergestein. Aus diesem Muttergestein lässt sich das Erdöl und Erdgas in der Regel nicht gewinnen. Durch den Überlagerungsdruck nachfolgender Sedimente wird das Bitumen in Öl umgewandelt und ausgepresst.

Das Erdöl und Erdgas wandern aus dem Muttergestein durch Poren oder entlang von Spalten zum so genannten Speichergestein. Das sind poröse oder klüftige Gesteinsschichten, besonders Sandsteine und Kalke. Diese müssen von undurchlässigen Schichten abgedeckt sein, die das Erdöl und Erdgas am weiteren Aufstieg also hindern. Den Prozess der Wanderung bezeichnet man als *Erdölmigration*.

Innerhalb des Speichergesteins sammelt sich das Erdöl an besonders günstigen Krustenstrukturen, den Erdölfallen. Das sind v. a. Schichtsättel (vgl. M 3a, Antiklinalen), Verwerfungen (vgl. M 3b, tektonische Fallen) sowie Flanken und Dächer von Salzstöcken (vgl. M 3c). In den Lagerstätten tritt das Öl meist mit Gas und Salzwasser gemeinsam auf, wobei die drei Fraktionen ihrer Dichte entsprechend getrennt sind. Ab ca. 150 °C wird das Erdöl durch natürliches *Cracken* in Erdgas übergeführt, die maximale Tiefengrenze von Erdöllagerstätten liegt somit bei etwa 3 500 Meter. Somit ist das Erdöl der einzige Rohstoff, bei dem es eine Tiefenbegrenzung der Bildung und eine Grenze der Bohrtiefe in den Speichergesteinen gibt.

Neben der beschriebenen Umwandlung des Erdöls entsteht *Erdgas* auch häufig durch Entgasung von Kohleschichten. Ab einem Gehalt von ca. 37 % flüchtiger Bestandteile (vgl. Abb. 3) gibt die Kohle große Mengen an Methan ab. So sind viele der europäischen Erdgasfelder durch Kohleentgasung entstanden. Speichergesteine sind vielfach ehemalige Wasser führende Schichten, in denen das Gas das Wasser verdrängt hat.

Erdöl- und Erdgaslagerstätten sind hauptsächlich an Meeresablagerungen in den Becken auf den Kontinenten, in den flachen Kontinentalschelfen, den Kontinentalabhängen (200 bis 3 000 m) sowie den Kontinentalfüßen (bis 3 000 m) gebunden. Vor allem die aufgeführten Offshore-Gebiete, sie bedecken mit etwa 75 Mio. km² eine größere Fläche als alle Sedimentbecken auf dem Festland, zählen zu den großen zukünftigen Höffigkeitsgebieten unserer Erde.

Erdölgewinnung: Die Fördertechnik ist abhängig von den jeweiligen Bedingungen der Lagerstätten. In der Regel erfolgt die Gewinnung in drei Phasen:
– Bei der primären Gewinnung wird das Erdöl durch den natürlichen Druck der Lagerstätte zur Fördersonde getrieben. Der Druck entsteht durch das im Erdöl gelöste Erdgas (vergleichbar der Kohlensäure in einer Mineralwasserflasche), durch das im Untergrund im gespannten Zustand sich befindende Wasser bzw. durch die Gaskappe im oberen Teil der Lagerstätte, die sich durch Gasübersättigung gebildet hat. Falls kein Gas zur Verfügung steht, muss das Öl mit den sogenannten „Pferdekopfpumpen" hochgepumpt werden.
– Sinkt der Lagerstättendruck, folgt die sekundäre Phase. Der Druck wird künstlich erhalten oder verstärkt durch Einpressen von Wasser (Fluten).

Wegen der geringen Viskosität überholt jedoch das Wasser im porösen Speichergestein das höherviskose Erdöl. Erreicht die Verwässerung des geförderten Erdöls die Wirtschaftlichkeitsgrenze, wird die Förderung eingestellt, oder es folgt
– die tertiäre Phase. Durch eingepressten Dampf oder Chemikalien werden die Fließeigenschaften des Öls in der Lagerstätte verbessert, so dass es leichter zur Fördersonde fließt und somit eine höhere Endausbeute (Entölungsgrad) erreicht wird.

M 4 Ölpreise in US-$ je Barrel

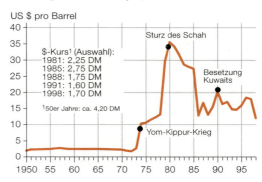

M 5 Erdöl: Reserven, Förderung, Verbrauch in Mio. Tonnen

	Reserven				Förderung				Verbrauch			
	1970	1980	1988	1998	1970	1980	1988	1998	1970	1980	1988	1998
Europa	467	3111	2688	2475	16,2	117,7	216,7	325,1	610,3	648,9	700,2	759,6
Afrika	9893	7338	7581	10072	295,5	297,9	274,5	360,1	40,2	72,6	88,1	112,0
Naher Osten	46902	49252	89292	91679	693,0	917,3	748,0	1096,8	57,1	106,5	150,6	204,2
Asien/Pazifik	4691	5441	6077	6702	87,0	240,9	303,0	365,4	325,2	547,1	583,4	894,8
dav. VR China	2750	2740	3226	3288	20,0	106,0	137,1	159,9	20,4	90,3	110,2	190,3
ehem. UdSSR	10850	8630	7959	7427	352,7	603,0	623,7	361,3	264,7	444,4	414,6	184,4
dav. Russland	-	-	-	6609	298,0	509,0	568,8	304,3	-	-	248,0	122,3
Nordamerika	5362	4421	4486	3703	629,0	565,8	697,7	667,0	767,6	881,7	934,1	1017,5
dav. USA	5258	3559	3572	3039	533,6	482,2	459,6	367,9	694,6	799,8	796,7	852,4
Mittel- und Südamerika	3589	9787	16828	18970	267,7	295,1	210,2	343,3	128,3	211,8	166,6	216,7
Welt	83351	88824	134913	140569	2336,1	3089,1	3073,8	3518,9	2267,9	3062,2	3037,5	3389,0

BP Statistical Review of World Energy, verschiedene Jahrgänge; Oeldorado, verschiedene Jahrgänge und www.bp.com/bpstats

1. Setzen Sie die Tabelle graphisch um (z. B. mit Excel oder Word) und tragen sie die (umgesetzten) Werte in eine Weltkarte ein. Stellen Sie regionale Unterschiede heraus.

Kohlelagerstätten

Kohle ist ein brennbares Gestein und enthält zahlreiche fossile Pflanzenreste. In der Oberkarbonzeit erstreckte sich von England über Nordfrankreich, Belgien, das Ruhrgebiet, Oberschlesien bis hin zum Donez-Raum eine sumpfige Beckenlandschaft, die sich über einen längeren Zeitraum hinweg ständig, aber unterschiedlich stark absenkte. Abgestorbene Pflanzen fielen in das Sumpfwasser, in welchem wegen Sauerstoffmangels keine Verwesung möglich war. So entwickelte sich ein Waldmoor, in dem unter Mitwirkung anaerober Organismen die Vertorfung einsetzte.

Bei kräftiger Absenkung des Beckens wurden die Torflagen verstärkt von Fluss- und Meeressedimenten überschüttet. Verlangsamte sich die Absenkung wieder, entwickelte sich über den Sedimenten ein neues Waldmoor. Durch vielfache Wiederholung dieses Vorgangs entstand die spätere Wechsellagerung von *Kohleschichten (Kohleflözen)* aus den Torflagen und Gesteinsschichten der Fluss- und Meeresablagerungen.

Die Entstehung der Kohle aus Torf bezeichnet man als *Inkohlung*. Sie ist das Ergebnis zunehmenden Drucks und steigender Temperatur in der Tiefe. Häufig spielten nicht nur der Überlagerungsdruck, sondern auch gebirgsbildende Prozesse eine Rolle. Dabei erfuhren die Flöze eine mehr oder weniger starke Schiefstellung, Verbiegung oder Verwerfung. Je nach Tiefenlage und damit nach Druck- und Temperaturintensität wurden die flüchtigen Bestandteile Wasserstoff und (gebundenem) Sauerstoff aber auch Methan ausgetrieben. Diese Vorgänge nahmen Jahrmillionen in Anspruch. Nicht selten reicherten sich die frei gewordenen Gase in höher liegenden Speichergesteinen als wichtige Erdgaslagerstätte an (z. B. Groningen, südliche Nordsee).

Mit zunehmender Tiefe erhöht sich der relative Gehalt an Kohlenstoff und damit die Qualität der Kohle. In Deutschland entstand während der Karbonzeit vor ca. 300 Mio. Jahren vor allem Steinkohle, während der Tertiärzeit (Beginn vor ca. 60 Mio. Jahren) vorwiegend Braunkohle.

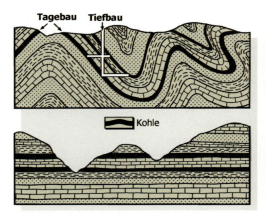

M 6 Abbaumöglichkeiten von Kohlelagerstätten

Tiefbau: Lagerstätte wird durch Stollen aufgeschlossen; weltweit liegt die mittlere Tiefe der Fördersohlen bei 400–500 m; tiefste Gruben (z. B. Ruhrgebiet) fördern aus 1500 m; Qualität der Kohle: hoch; Förderkosten: hoch.

Tagebau: Erschließung der Kohleflöze durch Abtrag der Deckschichten, im Vergleich zum Tiefbau wesentlich geringere Förderkosten, schnelle Anpassung an Nachfrageschwankungen; jedoch erhebliche Eingriffe in den Landschaftshaushalt, enorme Kosten durch Rekultivierung; Beispielräume für Steinkohle: Appalachen (USA), Sibirien (Südjakutien); für Braunkohle: west- und ostdeutsche Reviere, Nordböhmen (Tschechien).

2a) Ordnen Sie die Nickellagerstätte Voisey's in die geotektonische Karte (M 3) ein. Was muss geologisch passiert sein, wenn diese Erzlagerstätte sich unmittelbar an der Erdoberfläche befindet? Arbeiten Sie dabei auch mit M 2.
b) In welchen Regionen unserer Erde ist es mit großer Wahrscheinlichkeit ebenfalls möglich, Nickelerze in ähnlichen Lagerstätten zu finden?
c) Erstellen Sie ein Strukturschema (evtl. Mind-Map), in dem Sie die Faktoren darstellen, die die Wirtschaftlichkeit dieser Lagerstätte bestimmen.
3. Die für Deutschland errechnete Reservemenge bei der Steinkohle sei verzerrt, so die Meinung vieler internationaler Rohstoffexperten. Nehmen Sie dazu aus der Sicht eines neutralen Fachjournalisten Stellung.

Das Internet

Startseite des „Forum Erdkunde"
www.uni-kiel.de/forum-erdkunde

Das Internet erlaubt den Zugriff auf Informationen, die weltweit auf verschiedenen Informations-Servern gespeichert sind. Hyperlinks sind die Grundbestandteile des World-Wide-Web (WWW). Durch sie gelangt man über einen Mausklick zu anderen themenbezogenen Quellen im Internet. Außerdem gibt es die Möglichkeit, sofern die Internet-Adresse bekannt ist, Informationen direkt über den Browser abzurufen (z. B. Informationen auf der Web-Site bzw. Homepage der Universität Kiel).

Informationen und Neuigkeiten (news) können in thematisch gegliederten Newsgroups gefunden werden. In diesen Diskussionsforen, die zum ursprünglichen Teil des Internet gehören und meistens öffentlich zugänglich sind, können Benutzer kostenlos Informationen bereitstellen und abrufen. Um in der Fülle der Informationen im Internet die richtigen zu finden, empfiehlt sich die Benutzung von Suchmaschinen wie z. B. http://www.yahoo.com oder http://www.altavista.com mit deren Hilfe man Seiten im Internet nach beliebigen Stichwörtern durchsuchen kann. Da den Suchmaschinen verschiedene Indizierungsverfahren zugrunde liegen, empfiehlt es sich für eine Recherche mehrere Dienste zu nutzen.

Auch die Benutzung von Metasuchmaschinen kann schneller zu einem Erfolg führen, da diese die Datenbanken der anderen Suchmaschinen kontaktiert und nach den eingegebenen Begriffen durchsuchen.
(z. B. *http://meta.rrzn.uni-hannover.de*)

Internetrecherche:
Ermitteln Sie mit Hilfe des Internets die aktuellen Reserven wichtiger Rohstoffe und deren statische Reichweiten!

Information zu Rohstoffen und Energie:
http://www.usgs.gov
http://www.strom.de
http://www.syz.net/taai.htm
http://www.diw-berlin.de
regenerative Energien und Solarenergie:
http://www.jwr.de
http://www.bayer.com

Auswahl interessanter Internet-Adressen:
– Forum Erdkunde:
  http://www.uni-kiel.de/forum-erdkunde
– Wttbg. Landesbibliothek, Geographie:
  *http://www.wlb-stuttgart.de/~www/
    referate/geograph.html*
– Deutsches Klimarechenzentrum:
  http://www.dkrz.de
– The Daily Planet:
  http://www.atmos.uiuc.edu
– Population Reference Bureau:
  http://www.prb.org
– World Factbook:
  *http://www.odci.gov/cia/publications/
    factbook/index.html*
– Education Highway:
  Geographie und Wirtschaftskunde:
  http://www.asn-linz.ac.at/schule/gw/default/htm
– Arbeitskreis geographische Informationssysteme:
  http://www.akgis.de
– U.S. Bureau of the Census:
  http://www.census.gov
– Bundesumweltministerium:
  http://www.bmu.de
– Deutscher Bildungsserver:
  http://www.dbs.schule.de/index2.html
– Statistisches Bundesamt Deutschland:
  http://www.statistik-bund.de

1.3 Klima

Aufbau der Atmosphäre, Strahlungsbilanz und Klimaelemente

Das Wort „Wetter" gehört mit zu den am häufigsten verwendeten Worten in unserer Sprache und wird trotzdem oft nicht ganz richtig gebraucht. Unter *Wetter* versteht man kurzfristige Veränderungen der Atmosphäre bzw. ihren augenblicklichen Zustand an einem bestimmten Ort der Erde. Länger andauernde sowie sich jahreszeitlich wiederholende Wetterlagen nennt man *Witterung*. *Klima* bezeichnet im Gegensatz dazu die Gesamtheit der für einen Raum typischen, sich über einen längeren Zeitraum erstreckenden Witterungsabläufe. Um Klimadaten zu ermitteln, bedarf es langjähriger Messungen und Mittelwertsberechnungen der *Klimaelemente*. Die Wichtigsten sind die Lufttemperatur, der Luftdruck, der Wind, die Luftfeuchtigkeit, die Bewölkung und der Niederschlag.

Klima und Wetter werden aber auch durch die so genannten *Klimafaktoren* (klimawirksame Raumeigenschaften) beeinflusst, wie Höhenlage, Exposition, Hangneigung, Bodenbedeckung, Land-Meer-Verteilung. Auch der Transport von Wärme bzw. Kälte durch Winde und Meeresströmungen spielt eine wichtige Rolle.

Der Aufbau der Atmosphäre

Die *Troposphäre* (griechisch: tropos = Wechsel), die unterste Schicht der Atmosphäre, reicht an den Polen in Höhen von 8 bis 9 km, in äquatorialen Breiten bis in 17 bis 18 km Höhe. In ihr spielt sich im Wesentlichen das Wetter und Klimageschehen ab.

M 1 *Der Aufbau der Atmosphäre* [1]

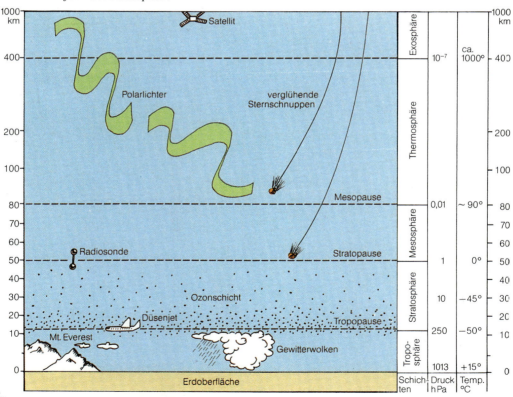

[1] Angaben zur Untergrenze der Exosphäre unterschiedlich, z. T. bis 1000 km

M 2 Zusammensetzung der Atmosphäre (Vol.-% in Meeresniveau)

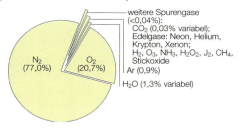

Die Zusammensetzung des Gasgemisches Luft ist bis in etwa 20 km Höhe, trotz der unterschiedlichen Dichte der Einzelgase, relativ konstant. Neben dem Stickstoff und dem Sauerstoff spielen die Spurengase eine wichtige Rolle, auch wenn sie nur geringe Volumenanteile einnehmen. Ihre Anreicherung – verstärkt durch das Wirken des Menschen – kann zu Veränderungen des Weltklimas führen. Die Luft enthält außerdem räumlich und zeitlich wechselnde Mengen von Wasserdampf, der sich ganz auf die Troposphäre konzentriert. Moderne Jets können die „Wetterküche Troposphäre" verlassen und bei überwiegend wolkenfreier Sicht fliegen.

In der Stratosphäre konzentriert sich das Spurengas Ozon, das den schädlichen Anteil der kosmischen UV-Strahlung absorbiert. Die noch höheren Schichten sind für das Klimageschehen der Erde weniger wichtig.

Sonnenstrahlung, Lufttemperatur

Alle atmosphärischen Vorgänge werden durch die Sonne, die Licht- und Wärmespenderin, angetrieben. In der Sonne herrscht eine Temperatur von 16 000 000 °C, an ihrer Oberfläche sind es etwa 6 000 °C. Ein verschwindend geringer Teil der ausgesandten Energie gelangt in die Atmosphäre und auf die Erde. An der Obergrenze der Erdatmosphäre trifft auf eine zu den Sonnenstrahlen senkrecht stehende Fläche eine Energiemenge von etwa 33,5 kWh je m^2 und Tag auf. Man nennt diese Menge *Solarkonstante*. Ihre größten Energiebeträge entfallen auf den Bereich des „sichtbaren" Lichtes.

M 3 Globale Jahresmittel der Energiebilanz in Prozent der einfallenden extraterrestrischen Strahlung

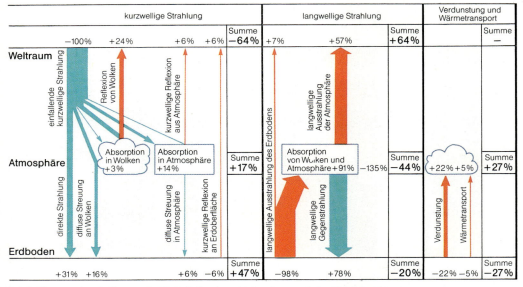

In jeder Ebene ergeben die Summen der Werte Null; es herrscht also ein energetisches Gleichgewicht.
Nach Heinz Fortak: Meteorologie. Berlin: Reimer 1982, S. 21

Die von der Sonne ausgehende Strahlung ist kurzwellig. An der Erdoberfläche wird sie in langwellige Wärmestrahlung umgewandelt. Diese wiederum erwärmt die Luft an der Erdoberfläche, weshalb ihre Temperatur mit zunehmender Höhe abnimmt – pro 100 m Höhenunterschied zwischen 0,5 °C und 1,0 °C. M 4 zeigt, dass nur ein Teil der solaren Strahlung an die Erdoberfläche gelangt. Es verdeutlicht andererseits auch, dass die von der Erde ausgehende langwellige Strahlung *(terrestrische Strahlung)* größtenteils von der Atmosphäre absorbiert wird, vor allem von Wasserdampf, CO_2 und anderen Spurengasen. Als *Gegenstrahlung* kommt sie zu beträchtlichen Teilen wieder an die Erdoberfläche zurück, sodass der Ausstrahlungsverlust der Erde weitgehend kompensiert wird. Man spricht vom *natürlichen Treibhauseffekt*. Ohne ihn läge die Durchschnittstemperatur der Erde bei –18 °C, so sind es 15 °C. Die Lufttemperatur ist von der Temperatur der Erdoberfläche abhängig, letztlich also von der Menge der absorbierten Sonnenstrahlung. Diese richtet sich nach der Dauer und Intensität der Einstrahlung sowie der Oberflächenbeschaffenheit. Die Intensität ist besonders vom Einfallswinkel der Sonnenstrahlen abhängig.

Das bedeutet, dass
– die Energiezufuhr der Sonne vom Äquator zu den Polen abnimmt;
– die durch die Schiefstellung der Erdachse bedingte jahreszeitlich unterschiedliche Sonnenhöhe einen bestimmten Jahresgang der Temperatur nach sich zieht;
– die tagsüber wechselnde Sonnenhöhe einen bestimmten Tagesgang der Temperatur bedingt.

***M 4** Mittagshöhe der Sonne, Tageslängen, Durchschnittstemperaturen (Nordhalbkugel)*

		Mittagshöhe der Sonne			Tageslänge in Stunden		Jahres-durchschnittstemperatur
		21.6.	21.3. 23.9.	21.12.	längster Tag	kürzester Tag	
90°N	Nordpol	23,5°	0°	–	24,0	0	–23°C
66½°	Nördlicher Polarkreis	47,0°	23,5°	0°	24,0	0	–7°C
23½°	Nördlicher Wendekreis	90,0°	66,5°	43,0°	13,5	10,5	+24°C
0°	Äquator	66,5°	90,0°	66,5°	12,0	12,0	+26°C

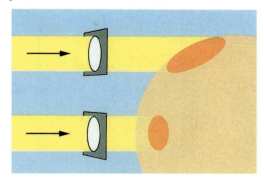

***M 5** Abhängigkeit der Erwärmung vom Einfallswinkel der Sonnenstrahlen*

***M 6** Teil der Wetterstation Stuttgart*

Eckardt Jungfer: Einführung in die Klimatologie. Stuttgart: Klett 1985, S. 54

Luftfeuchtigkeit und Niederschläge

M 7 Niederschlagsbildung

M 8 Niederschlagsbildung

Wie entstehen Niederschläge? Warum kommt es auf der Luvseite eines Gebirges zu Wolkenbildung und Niederschlag (Steigungsregen), auf der Leeseite dagegen zur Auflösung von Wolken und Trockenheit (Föhn)? Warum kann es an einem heißen Sommertag bei klarer Luft zu Wolkenbildung kommen?

Zur Klärung dieser Vorgänge bedarf es einer Erörterung einfacher physikalischer Fakten: Von den Bestandteilen der Luft tritt nur das Wasser in allen drei Aggregatzuständen auf. Der gasförmige Wasserdampf ist unsichtbar; Nebel und Wolken enthalten in der Luft schwebende Wassertröpfchen oder Eiskristalle. Die Aggregatzustände können ineinander übergehen, womit erhebliche Energieumsätze verbunden sind. Wichtig ist in der Atmosphäre der Übergang von der gasförmigen in eine feste oder flüssige Phase oder umgekehrt. Ein Beispiel für den Übergang von der festen in die gasförmige Phase, die *Sublimation,* ist das allmähliche Aufzehren einer Schneedecke auch bei Temperaturen von weit unter 0 °C. Der umgekehrte Vorgang ist zu sehen, wenn sich in einer klaren Winternacht Reif an einer Windschutzscheibe bildet.

Den Gehalt der Atmosphäre an Wasserdampf bezeichnet man als *Luftfeuchtigkeit (Luftfeuchte).* Sie bildet sich durch Verdunstung. Die Luft kann – jeweils abhängig von ihrer Temperatur – unterschiedliche Mengen Wasserdampf aufnehmen. Als absolute Luftfeuchtigkeit bezeichnet man die Masse (in Gramm) des in einem m^3 Luft enthaltenen Wasserdampfes. Die relative Luftfeuchtigkeit gibt an, wie viel Prozent der maximal möglichen Wasserdampfmenge in einer Luftmasse tatsächlich enthalten sind. Beim Abkühlen der Luft wird der Sättigungs- oder Taupunkt bei 100 % relativer Feuchte erreicht. Bei weiter sinkender Temperatur kondensiert der Wasserdampf. Es kommt zu Wolkenbildung und Niederschlag.

M 9 Aggregatzustände des Wassers in der Luft

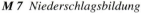

M 10 Die Sättigungskurve der Luft für Wasserdampf bei verschiedenen Temperaturen

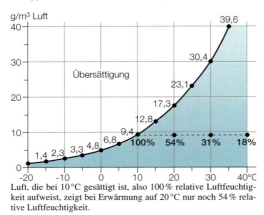

Luft, die bei 10 °C gesättigt ist, also 100 % relative Luftfeuchtigkeit aufweist, zeigt bei Erwärmung auf 20 °C nur noch 54 % relative Luftfeuchtigkeit.

Am Beispiel des Steigungsregens lässt sich eine Art der Niederschlagsentstehung anschaulich erläutern: Durch Stau horizontaler Strömungen wird Luft an der Luvseite von Gebirgen angehoben und dehnt sich wegen des geringen Luftdrucks in der Höhe aus (1 m³ Luft in Meeresniveau entspricht 2 m³ in 5000 m Höhe). Sie kühlt sich dabei ab, und zwar um ca. 1 °C/100 m Höhe (*adiabatisch*). Die Abkühlung hat ein Ansteigen der relativen Luftfeuchtigkeit zur Folge, das Wasserdampfaufnahmevermögen sinkt, Kondensation und Wolkenbildung setzen ein und es kann zu Niederschlägen kommen. Grundvoraussetzung für die Kondensation ist das Vorhandensein von kleinsten *Aerosolen* (*Kondensationskerne* wie z. B. Staubteile). Umgekehrt führt das Absinken von Luft zu Verdichtung, Erwärmung, Abnahme der relativen Luftfeuchte und Wolkenauflösung. Neben dem Steigungsregen gibt es auch andere Vorgänge der Kondensation und Niederschlagsbildung:

– durch das Aufsteigen von Luft infolge starker Aufheizung des Bodens, wie etwa in den Tropen (Zenitalregen) oder an heißen Sommertagen in den mittleren Breiten (Wärmegewitter, die sich durch emporquellende Wolkentürme anzeigen);
– durch das Aufgleiten warmer Luft auf kalte (Landregen in der gemäßigten Zone);
– durch nächtliche Ausstrahlung und Abkühlung.

Am Beispiel des Föhns lässt sich exemplarisch zeigen, dass sich der adiabatische Temperaturgradient bei der Bildung von Wolken verändert, denn bei diesem Vorgang wird Kondensationswärme frei. Das bewirkt, dass die unter Wolkenbildung aufsteigende Luft nicht mehr um 1 °C/100 m kälter wird, sondern nur noch um 0,6 °C (feuchtadiabatischer Temperaturgradient.)

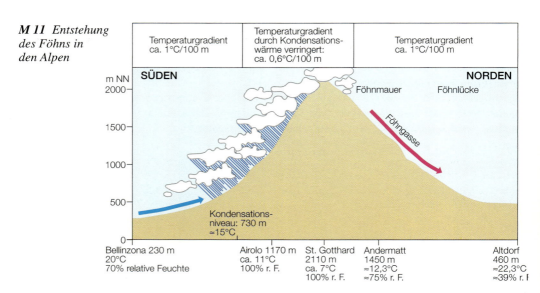

M 11 Entstehung des Föhns in den Alpen

Globaler Wasserhaushalt

M 12 Schema des globalen Wasserkreislaufs

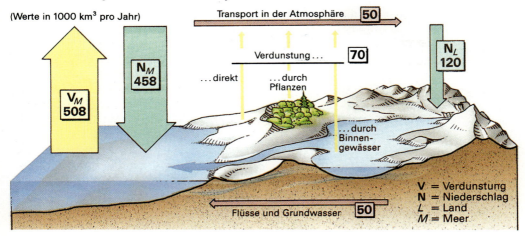

Das Wasser der Erde befindet sich nur zu 0,001 % (13 000 km³) als Wasserdampf in der Atmosphäre. Bezogen auf die jährliche Niederschlagsmenge (516 Mio. km³) bedeutet das im globalen Wasserkreislauf, dass der atmosphärische Wasserdampf im Mittel 34-mal im Jahr umgesetzt wird. In globaler Sicht entspricht die mittlere Verdunstung (V) den mittleren Niederschlägen (N). Für das Festland oder Teilgebiete lässt sich der Wasserhaushalt mit folgender Formel erfassen:

$$N = V + A + (R - B)$$

(N = Niederschlag, V = Verdunstung, A = Abfluss, R = Rücklage, z. B. Bodenfeuchte, Eis, stehende Gewässer, B = Aufbrauch (Entnahme aus der Rücklage durch Abfluss oder Verdunstung))

Niederschlag und Verdunstung. Die Verteilung der Niederschläge auf der Erde ist sehr unterschiedlich, beispielsweise sind sie über dem Meer erheblich höher (1120 mm/Jahr) als über dem Festland (720 mm/Jahr), in Teilen der Sahara fallen im Mittel weniger als 1 mm, auf den Hawaii-Inseln können bis zu 15 000 mm erreicht werden. Ökologisch besonders wichtig ist das Verhältnis der Niederschläge zur Verdunstung. Letztere ist wieder in starkem Maße von der herrschenden Temperatur abhängig. Auf diese Weise lässt sich die Erde klimageographisch in humide, nivale und aride Gebiete gliedern (lat. humidus = feucht, nivalis = schneeig, aridus = trocken).

In den humiden Klimaten (z. B. tropischer Regenwald, ozeanisch geprägte Teile der gemäßigten Zone) sind die jährlichen Niederschläge größer als die Verdunstung (N>V). Der nicht verdunstende Anteil der Niederschläge fließt oberflächlich oder auch unterirdisch ab. Wasserüberschuss, dauernd fließende Flüsse und abwärts gerichteter Bodenwasserstrom sind kennzeichnend. In vollhumiden Gebieten fallen in allen oder nahezu allen Monaten ausreichende Niederschläge. Semihumide Gebiete haben Monate, in denen die Verdunstung größer ist als der Niederschlag, ganzjährig gemittelt gilt aber N>V.

Im nivalen Klima (z. B. Polkappen, Gletscherregion der Hochgebirge) fällt mehr Schnee als abschmilzt oder verdunstet – Gletscherbildung ist die Folge.

Gebiete mit aridem Klima (N<V) zeigen Wassermangel, Kennzeichen sind z. B. nur zeitweilig Wasser führende Flüsse und aufwärts gerichteter Wasserstrom, der zur Salzkrustenbildung führen kann. Vollaride Gebiete, z. B. Wüsten, weisen keinen humiden Monat auf, in semiariden Gebieten, z. B. Steppen und trockenen Savannen, übersteigt die Jahresverdunstung zwar den Niederschlag, aber bis zu sechs Monate sind humid.

Luftdruck und Winde

Die atmosphärische Luft übt durch ihr Gewicht einen Druck aus, den *Luftdruck;* Maßeinheit ist das Hektopascal (1 hPa ≙ 1 Millibar [mb]). In Meeresniveau lasten auf 1 cm² unter Normalbedingungen 1033 g Luft, was 1013 hPa entspricht (Normaldruck). Mit wachsender Höhe sinkt der Luftdruck ab, weil die Mächtigkeit der Luftsäule zurückgeht und außerdem die Luftdichte abnimmt. Darauf beruht die Möglichkeit, Höhen mit dem Barometer zu bestimmen.

Gebiete hohen Luftdrucks werden als *Hochdruckgebiete (Antizyklonen),* solche mit niedrigem Luftdruck als *Tiefdruckgebiete (Zyklonen)* bezeichnet. Aus dem Gefälle zwischen beiden resultiert die sogenannte *Gradientkraft,* und als Druckausgleich entstehen Winde *(Gradientwinde),* denn die Luft versucht Druckunterschiede auszugleichen. Je stärker das Luftdruckgefälle, desto größer ist die Windgeschwindigkeit.

Orte gleichen Luftdrucks werden in Wetterkarten und anderen Darstellungen durch *Isobaren,* Linien gleichen Drucks (griech. isos = gleich, baros = Druck), verbunden.

Temperaturunterschiede führen über Luftdruckunterschiede zu Winden. Das lässt sich besonders deutlich in Küstengebieten zeigen, wo es zur Ausbildung des *Land-Seewind-Phänomens* kommt.

Wer Urlaub am Meer macht, spürt an sonnigen Tagen nach Mittag das Aufkommen angenehm abkühlender Winde, die vom Wasser aufs Land wehen. Im Sommer erwärmt sich die Luft über dem Land stärker als über der See und dehnt sich daher in größere Höhen aus. Über dem Land entsteht so in der Höhe ein Luftmassenüberschuss (Höhenhoch), über dem Wasser ein Defizit (Höhentief). Als Folge strömt Luft vom Höhenhoch zum Höhentief. Über dem Meer steigt daher der Druck an, und es entsteht dort ein Bodenhoch, über dem Land ein Bodentief. Daraus resultiert am Boden der Seewind. Bei Nacht (und auch im Winter) liegen umgekehrte Druck- und Windverhältnisse vor.

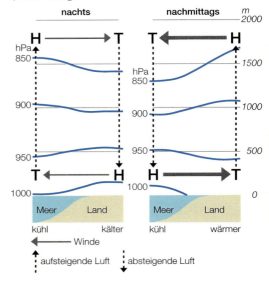

M 13 Schema zur Entstehung thermisch bedingter horizontaler Luftdruckunterschiede (Entstehung des Land- und Seewindes)

1. Definieren Sie die folgenden Begriffe: Klima, Wetter, Klimaelemente, Klimafaktoren.
2. Nennen Sie Beispiele für die Beeinflussung der Lufttemperatur durch Klimafaktoren.
3. Warum kühlen Wüsten nachts stark ab, nicht aber die feuchten Innertropen?
4. Begründen Sie, warum Expositionsunterschiede in den inneren Tropen eine geringere Bedeutung zukommt als in der gemäßigten Zone.
5. Erläutern Sie die Begriffe Tageszeitenklima und Jahreszeitenklima.
6. Beschreiben und erläutern Sie die Fotos (M 7 u. M 8).
7. In Mitteleuropa zählt man an einem Ort durchschnittlich etwa 30 Gewitter im Jahr, in den inneren Tropen sind es jedoch bis zu 200. Erklären Sie diesen Sachverhalt.
8. Warum fallen in kalten Gebieten weniger Niederschläge als in warmen?
9. Wann und warum bilden sich auf Wiesen, Autoscheiben usw. Tau oder Reif?
10. Erläutern Sie die Entstehung von Land- und Seewind.

Grundzüge der planetarischen Zirkulation

Das einfache Prinzip der Entstehung von Land- und Seewinden lässt sich auf die globalen Luftdruck- und Windverhältnisse übertragen. Wegen der unterschiedlich starken Sonneneinstrahlung erwärmt sich die Luft in den äquatorialen Gebieten viel stärker als in den polaren. Das ist auch der Grund, dass die Obergrenze der Troposphäre, die *Tropopause*, in den Tropen viel höher (17–18 km) ist als in den polaren Gebieten (8–9 km).

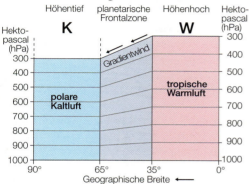

M 14 Die Entstehung der Frontalzone

M 15 Luftbewegungen und Isobaren im Hoch und Tief auf der Nordhalbkugel

Das Vorhandensein von tropisch-warmen und polar-kalten Luftmassen hat zur Folge, dass die Flächen gleichen Luftdrucks in den Tropen höher liegen als in den polaren Zonen. Die daraus entstehenden Luftdruckgegensätze führen in großer Höhe zu einem Abströmen von Luftmassen aus dem Äquatorbereich (Höhenhoch) polwärts (Höhentief). Auf der Nordhalbkugel müssten demnach in der Höhe ständige Südwinde wehen. In Wirklichkeit wehen dort aber Westwinde. Der Grund dafür ist die ablenkende Kraft der Erdrotation, die *Corioliskraft*.

Die Corioliskraft wurde von dem französischen Mathematiker Gespard Coriolis (1792–1843) entdeckt, der berechnen wollte, warum von Süd nach Nord geschossene Kanonenkugeln nach Osten abgelenkt werden. Sie ist von entscheidender Bedeutung für alle Luftbewegungen. Durch diese Kraft wird jeder Wind auf der Nordhalbkugel aus seiner Richtung nach rechts, auf der Südhalbkugel nach links abgelenkt. So ist es zu erklären, dass auf der Nordhalbkugel in großer Höhe keine Südwinde wehen, sondern diese nach rechts, zu Westwinden abgelenkt werden. Die Corioliskraft führt also dazu, dass Winde nicht auf direktem, kurzem Weg vom Hoch zum Tief strömen, sondern abgelenkt werden. In Höhen über etwa 3 km wehen sie sogar parallel zu den Isobaren – ein rascher Druckausgleich ist dann nicht mehr möglich. In den unteren Luftschichten, besonders über Land, wird dagegen der Wind durch die Reibung abgebremst, so dass er sich stärker in Richtung des Tiefs wendet.

Die Stärke der Corioliskraft ist auch von der Breitenlage abhängig und beim Äquator geht sie auf Null zurück. Demnach können dort die Winde unmittelbar in ein Tief einströmen. Größere Druckunterschiede bauen sich dann gar nicht erst auf – es herrscht häufig Windstille. Man zählt daher diese Zone zu den Kalmen (engl. calm = ruhig).

M 16 Ablenkung einer Luftmasse auf der Nordhalbkugel (schematisch)

Planetarische Frontalzone. Der Druckunterschied in großer Höhe zwischen Tropen und Polargebieten ist besonders stark in einer Zone zwischen dem 35. und dem 65. Breitengrad. Man nennt diese Zone, in der sich der Druckausgleich vollzieht, *Planetarische Frontalzone*. Hier treten stürmische Westwinde, sogenannte *Jetstreams* auf, mit Geschwindigkeiten bis zu 400 km/h. Am stärksten sind sie in Höhen zwischen 8 bis 12 km. Die Jetstreams wirken sich bis an die Erdoberfläche aus, so dass sich zwischen 35° und 65° Breite zwei ausgedehnte Westwindzonen erstrecken. Die Winde dieser Zonen strömen nicht ruhig dahin, sondern verlaufen in Wellenbewegungen und sind außerdem mit Tief- und Hochdruckwirbeln bzw. -zellen durchsetzt. Die Wirbel wandern ostwärts, wobei die Tiefs polwärts ausscheren und dort eine Zone tiefen Drucks bilden, die *subpolare Tiefdruckrinne*. Sie besteht aus sich ständig erneuernden Zellen (z.B. Islandtief).

Auf der Äquatorseite scheren dagegen die Hochs aus, die in etwa 30° Breite einen Hochdruckgürtel (Azorenhoch, Hawaiihoch) ausbilden. Die genannten Hoch- und Tiefdruckgebilde werden auch als dynamische Hochs und Tiefs bezeichnet.

Passatzirkulation der Tropen. Am thermischen Äquator besteht am Boden niedriger Luftdruck, da Luft aufsteigt und in der Höhe polwärts abfließt. In dieses Tiefdruckgebiet strömen von den bei etwa 30° gelegenen subtropischen Hochdruckgürteln (Rossbreiten) Luftmassen ein. Es entstehen in Bodennähe wegen der Wirkung der Corioliskraft der *Nordostpassat* (Nordhalbkugel) und der *Südostpassat* (Südhalbkugel). Dabei handelt es sich um für die Segelschifffahrt günstige, gleichmäßige, ihre Richtung beibehaltende Winde (spanisch: passada = Überfahrt). Die Passate strömen gegeneinander, sie konvergieren (*Innertropische Konvergenzzone, ITC*). Das führt zusammen mit der starken Aufheizung in den inneren Tropen zum Aufsteigen der Luft, womit Wolkenbildung, Schauer und Gewitter einhergehen.

Im Nordsommer, dem Sommer der Nordhalbkugel, wandert der thermische Äquator mit der ITC nach Norden bis ca. 18° N (in Südasien noch weiter), im Nordwinter nach Süden. Damit verschieben sich auch die anschließenden Luftdruck- und Windgürtel, was sich auch auf die Niederschlagsverhältnisse auswirkt.

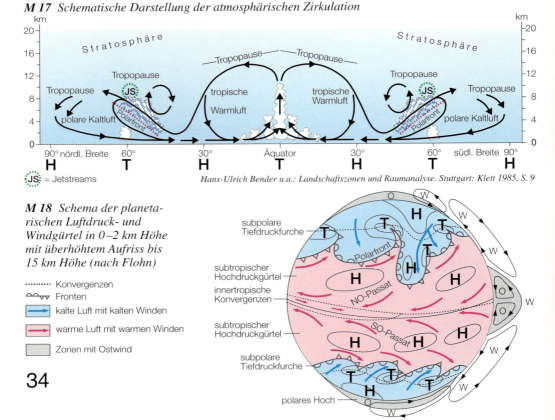

M 17 Schematische Darstellung der atmosphärischen Zirkulation

Hans-Ulrich Bender u.a.: Landschaftszonen und Raumanalyse. Stuttgart: Klett 1985, S. 9

M 18 Schema der planetarischen Luftdruck- und Windgürtel in 0–2 km Höhe mit überhöhtem Aufriss bis 15 km Höhe (nach Flohn)

Der indische Monsun

Monsune sind vorwiegend in den Tropen auftretende kontinentweite Winde, die halbjährig ihre Richtung ändern. Besonders stark sind sie im süd- und südostasiatischen Raum ausgeprägt. Im Sommer ist die Monsunströmung vom Meer zum Land und im Winter vom Land zum Meer gerichtet. Während der Sommermonsun dem Land ergiebige Niederschläge bringt, da er vorher über den weiten, erwärmten Meeresflächen Feuchtigkeit aufgenommen hat, ist der vom Land kommende Wintermonsun trocken. Als ablandiger Wind bringt er nur dann Regen, wenn er auf einer Teilstrecke Meeresgebiet überquert hat.

Der halbjährige Richtungswechsel der Monsunwinde wird durch die jahreszeitliche Verlagerung der *innertropischen Konvergenz (ITC)* hervorgerufen, die ihrerseits mit der Wanderung des Sonnenlaufes im Jahre und der unterschiedlichen Erwärmung von Meer und Landmasse zusammenhängt.

Danach ist der im Winter wehende Nordostmonsun Vorderindiens mit dem Nordostpassat identisch. Als trockene und kühle Luftströmung fließt er vom asiatischen Festland, über dem im Winter ein ausgeprägtes Kältehoch liegt, nach Vorderindien.

Der sommerliche Südwestmonsun ist hingegen ein innertropischer Westwind. Er kann als eine Folge der Erhitzung des Subkontinents aufgefasst werden. In dem sich dadurch entwickelnden Hitzetief ist der Luftdruck wesentlich tiefer als in der äquatorialen Tiefdruckrinne. Im Nordsommer verlagert sich die innertropische Konvergenzzone in dieses Hitzetief, das bei etwa 30° n. Br. liegt, mit dem Schwerpunkt über Pakistan und Tibet. Der Südostpassat der Südhalbkugel wird über den Äquator hinweg angezogen und nach dessen Überschreiten infolge der Corioliskraft nach rechts (NO) abgelenkt. Er wird zu einem westlichen Wind, dem äquatorialen Westwind. Für den indischen Subkontinent wird er zu einem SW- bzw. WSW-Wind, dem Regen bringenden Sommermonsun.

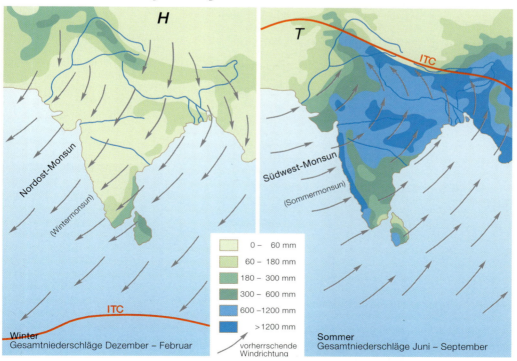

M 19 Winde und Niederschlagsverteilung

Klimaelemente

METHODE

Temperatur: °C
Messung: Thermometer aller Art (Flüssigkeitsthermometer, elektrische Thermometer)
Darstellung: Diagramme aller Art, Isothermen

Relative Luftfeuchte: %
Messung: Hygrometer aller Art (Haar-Hygrometer, elektrische Geräte)

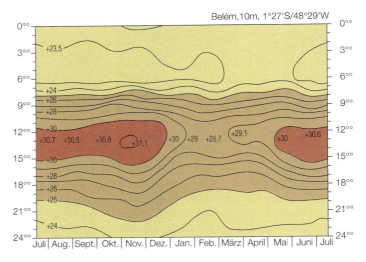

Thermoisoplethendiagramm

Nach Klaus Müller-Hohenstein: Der Landschaftsgürtel der Erde. Stuttgart: Teubner 1981, S. 57

Täglicher Gang der Temperatur im Jahresmittel in Straßburg

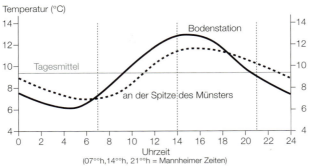

Nach Wilhelm Lauer: Klimatologie. Das Geographische Seminar. Braunschweig 1993, S. 42

Niederschläge: mm bzw. l/m²
Messung: Messzylinder
Darstellung: Diagramme aller Art, Isohyeten

Luftdruck: Hektopascal, hPa (früher Millibar, mb)
Messung: Barometer aller Art (Quecksilberbarometer, Aneroidbarometer [Dosenbarometer])
Darstellung: Isobaren

Wetterballons mit Messinstrumenten liefern wichtige Daten zur Wettervorhersage. Mit wenig Gas gefüllt steigen sie auf und platzen dann in großer Höhe. So gelangt die Radiosonde wieder zur Erde zurück.

Messen und Darstellen

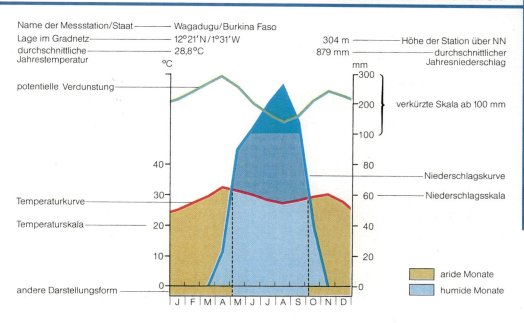

Vorgehensweise bei der Auswertung „stummer" Klimadiagramme

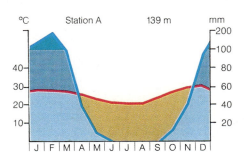

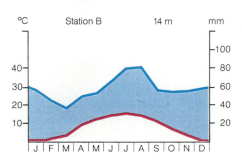

1. Schritt: Zuordnung zu Klimazonen mit Hilfe der Temperatur (M 20, S.38 – 39 und M 13, S. 72 – 73)

| Alle Monate > 18 °C | → Tropen | gemäßigter Temperaturverlauf | → gemäßigte Zone |

Temperaturmaximum Oktober – Februar → Südhalbkugel

Temperaturmaximum Juli – August → Nordhalbkugel

2. Schritt. Weitere Differenzierung (Niederschlagsgang, Temperaturamplituden usw.)

8 aride Monate → Klima der Dornsavanne

milder bis mäßig kalter Winter (2 bis −3 °C) mäßig warmer bis warmer Sommer (15 bis 20 °C) → kühlgemäßigtes Übergangsklima

METHODE

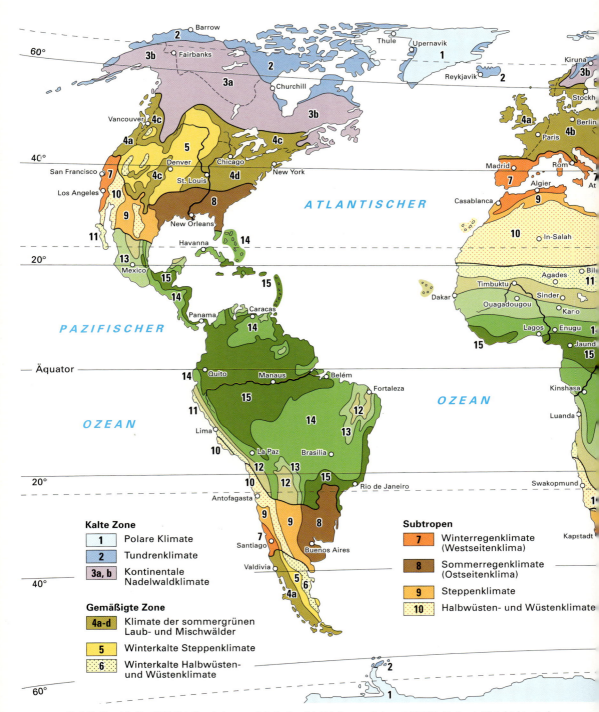

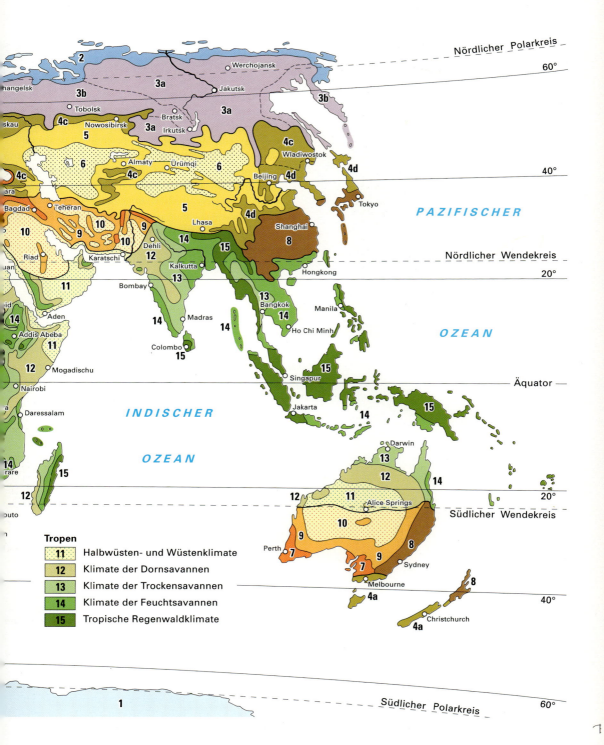

Wetter und Klima in Mitteleuropa

M 21 Für Mitteleuropa wirksame Luftmassen und ihre Eigenschaften (schematisch)

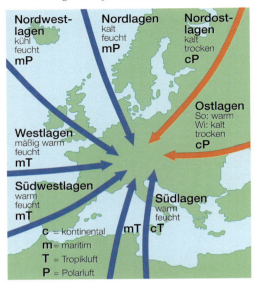

Mitteleuropa ist das ganze Jahr hindurch das „Kampffeld" verschiedener Luftmassen, die sich je nach ihrer Herkunft in Temperatur und Luftfeuchtigkeit unterscheiden. Die Temperaturen werden weniger durch die solare Strahlungsbilanz bestimmt als durch „Luftmassenimporte". Im Durchschnitt ändert sich die Wetterlage alle 4–5 Tage.

Entsprechend der Lage und der Richtung der „Jetstreams" herrscht am häufigsten „Westwindwetter" mit vom Atlantik her ziehenden Tiefdruckgebieten (Zyklonen). Diese bilden sich beim Aufeinandertreffen von polarer Kaltluft und subtropischer Warmluft in der Planetarischen Frontalzone. Die verschieden temperierten Luftmassen stoßen hier aber nicht frontal zusammen, sondern gleiten aneinander vorbei. In bestimmten Abschnitten – zum Beispiel im Nordatlantik zwischen Neufundland und Island – kann es durch „Instabilitäten" zur Bildung von zunächst kleinen Wirbeln kommen, die sich auf ihrem weiteren Weg zu ausgedehnten Strömungswirbeln entwickeln, in denen Kalt- und Warmluft in riesigen Mengen entgegengesetzt dem Uhrzeigersinn verwirbelt werden. An der Luftmassengrenze der Warmluft gegen die vorgelagerte kalte Luft entwickelt sich die *Warmfront*, an der Grenze der Kaltluft gegen die vorgelagerte Warmluft die *Kaltfront*. Die Fronten unterscheiden sich erheblich.

M 22 Die Entwicklungsstadien einer Polarfrontzyklone

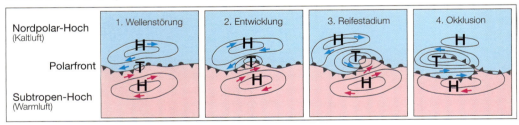

Beim Vordringen der Warmfront schiebt sich die leichtere Warmluft keilförmig über die schwere Kaltluft. An der Aufgleitfront kühlt sich die feuchtigkeitsbeladene Warmluft ab. Hohe und später tief liegende Schichtwolken bilden sich, aus denen Nieselregen, dann Landregen einsetzen. Sobald die Warmfront am Boden durchgezogen ist, lösen sich die Wolken auf. Aber das „schöne" Wetter hält nicht lange an, denn die vordringende Kaltluft an der Kaltfront schiebt sich wie ein großer Keil unter die Warmluft und treibt sie in die Höhe. Mächtige Haufenwolken türmen sich auf und bei böigen Windstößen kommt es zu kräftigen Regenschauern, mitunter sogar zu heftigen Gewittern, so genannten Frontgewittern. Wenn danach die Kaltfront die gesamte warme Luft erreicht und dann von der Erdoberfläche abgehoben hat (*Okklusion*), verliert die Zyklone an Eigendynamik. Sie endet in den „Zyklonenfriedhöfen" im nordöstlichen und östlichen Europa.

M 23 Reifestadium einer Zyklone

Illustration © Carl-W. Röhrig/CO-ART, Hamburg

M 24 Schema einer Zyklone im Reifestadium

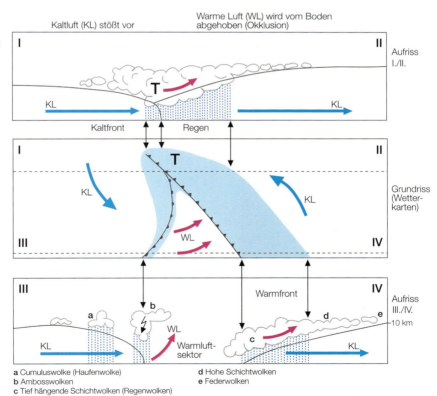

a Cumuluswolke (Haufenwolke)
b Ambosswolken
c Tief hängende Schichtwolken (Regenwolken)
d Hohe Schichtwolken
e Federwolken

Hans-Ulrich Bender u. a.: Landschaftszonen und Raumanalyse. Stuttgart: Klett 1985, S. 17

Die klimatischen Verhältnisse in Mitteleuropa werden somit in besonderem Maße durch die Westwinde und durch die Lage an der Westseite des eurasiatischen Großkontinents geprägt. Dadurch stehen sie unter dem Einfluss der feuchten, im Winter erwärmenden, im Sommer kühlenden Westwinde vom Atlantik her. In der Westwindzone in besonderem Maße, aber auch in anderen Klimazonen kommt der Verteilung von Land und Wasser große Bedeutung zu. Wasser erwärmt sich wegen seiner größeren Wärmekapazität langsamer als das Land und kühlt sich auch langsamer ab. Orte am Meer weisen daher geringe Temperaturschwankungen zwischen Tag und Nacht sowie zwischen Sommer und Winter auf. Man spricht vom ozeanischen Temperaturgang (*maritimes Klima/Seeklima*). Im Inneren der Kontinente herrschen dagegen große Tages- und Jahresschwankungen. Hier sind Bewölkung und Wasserdampfgehalt der Atmosphäre gering – damit sind sowohl starke Ein- als auch Ausstrahlung möglich. Man spricht vom kontinentalen Temperaturgang (*kontinentales Klima/Landklima*).

M 26 *Der Orkan Vivian am 26.2.1990 über Europa*

M 25 *Jahresgang der Temperatur in ausgewählten Klimastationen*

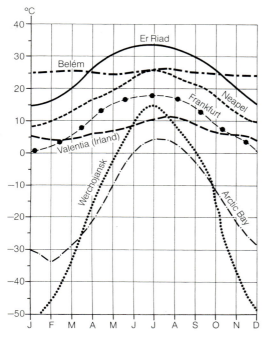

11. Definieren Sie den Begriff „Planetarische Frontalzone".

12. Erläutern Sie die Wirkungen der Corioliskraft.

13. Der Nonstop-Flug eines großen Düsenjets in 10-12 km Höhe von Frankfurt nach New York dauert eine Stunde länger als der Rückflug. Erklären Sie diesen Sachverhalt.

14. Auf der Fahrt nach Süden, so berichten die frühen spanischen und portugiesischen Seefahrer, kamen die Schiffe um den 30.-35. Breitengrad in eine Flautenzone. Hier lagen sie oft wochenlang fest, ehe es dann wieder zügig dem Äquator entgegenging. Erklären Sie diese Phänomene mithilfe der modernen Klimatologie.

15. Erklären Sie die Entstehung des Monsuns in Vorderindien.

16. Beschreiben Sie anhand von M 23 und M 24 das Wettergeschehen beim Durchzug einer Zyklone.

17. Die außertropischen Zyklonen bezeichnet man oft als „Mischmaschinen" der planetatischen Zirkulation. Erklären Sie das für die Nordhemisphäre.

Vegetationszonen und Anbaugrenzen

Die klimatischen Verhältnisse in den verschiedenen Zonen der Erde sind eine entscheidende Voraussetzung für die Ausbildung unterschiedlicher, mehr oder weniger breitenparalleler Vegetationsgürtel, die in einigen Teilgebieten der Erde großräumig vorherrschen.

Besonders auffällig ist das in Afrika ausgeprägt, aber auch für Asien und Europa trifft das zu (*zonale Vegetation*). Nur dort, wo Hochgebirgsbarrieren die atmosphärische Zirkulation stören, verändert sich das Verbreitungsbild der Vegetation. Der Westen des amerikanischen Kontinents mit seinen von Norden nach Süden streichenden Kordillerenketten ist ein gutes Beispiel dafür (*azonale Vegetation*). Hierbei wirken sich die Bodeneigenschaften z. T. viel erheblicher als die Klimafaktoren aus. Durch die wechselseitige Zuordnung bestimmter Klima-, Boden- und Vegetationstypen werden verschiedene Ökosysteme unterscheidbar, wie z. B. der Tropische Regenwald, die Savannen und Steppen, die sommergrünen Laubwälder oder die Tundren.

In den Gebirgen der Erde lässt sich außerdem ein Wandel der Vegetation mit zunehmender Höhe insbesondere durch die abnehmende Temperatur feststellen. Die Grenzbereiche pflanzlichen Wachstums (Baumgrenze; Vegetationsgrenze) werden hier wie in den hohen Breiten ebenso durch die Temperatur bestimmt.

Die Vegetationsgliederung der Erde zeigt aber auch, dass in den Vegetationsgürteln der höheren Breiten ozeanische und kontinentale Einflüsse die Kombination der Pflanzengesellschaften verändern. Das Gebiet auf einer Linie von Irland bis zum Ural weist ein stärkeres Klimagefälle auf als vom Norden zum Süden (Südskandinavien bis Nordfrankreich). Durch Einflüsse des Golfstromes kommt in Irland und Nordschottland ein Klima zustande, das einzigartig in Europa ist. Die Winter sind mit +2,7 °C/+1,6 °C Durchschnittstemperatur so mild, dass Pflanzen des Mittelmeerraumes gedeihen können. Die Sommer dagegen sind mit 10 °C Durchschnittstemperatur jedoch so kühl, dass das Getreide nicht ausreift. Nur hier in Westeuropa ist das Klima so extrem ozeanisch. Weiter nach Osten werden die Auswirkungen des Golfstromes zunehmend schwächer, so dass die Temperaturamplitude zwischen dem Sommermaximum und dem Winterminimum immer größer wird.

So kann man in Europa z. B. anhand bestimmter Leitpflanzen, die den speziellen Klimabedingungen jeweils angepasst sind, Areale typischer Pflanzengesellschaften abgrenzen, die als Indikatoren stabiler ökologischer Verhältnisse verstanden werden können. Die Arealgröße kann je nach Pflanzenart und ihren Ansprüchen an das Klima stark variieren. So ist die Haselnuss ein Strauch, der in ganz Mitteleuropa verbreitet ist, die Glockenheide schwerpunktmäßig jedoch nur an der europäischen Atlantik- und der Nordseeküste.

M 27 Anbaugrenzen

1.4 Bedrohung und Schutz der Erdatmosphäre

M 1 Durch den Straßenverkehr werden täglich große Mengen an NO_x und CO in die Luft geblasen.

M 4 Jährlich geraten durch natürliche Brände und Brandrodungen 5,5 bis 11 Milliarden Tonnen CO_2 in die Erdatmosphäre.

M 2 Methan entsteht in großen Mengen beim Reisanbau bzw. in Sumpfgebieten.

M 5 Beim Verdauen erzeugt jedes der 1,2 Milliarden Rinder auf der Erde täglich etwa 120 Liter Methan.

M 3 Durch die Verbrennung fossiler Energieträger werden weltweit jährlich etwa 30 Milliarden Tonnen CO_2 ausgestoßen.

Gesunde Luft gehört zu den elementaren Lebensgrundlagen für Mensch, Tier und Pflanze. Als Luft bezeichnen wir das Gasgemisch, welches die Atmosphäre unserer Erde bildet. Über 99 % der Lufthülle bestehen aus Stickstoff und Sauerstoff und einer ganzen Reihe von Spurengasen. In den untersten Schichten der Atmosphäre enthält die Luft außerdem Wasserdampf in räumlich und zeitlich wechselnden Mengen. Diese natürliche Zusammensetzung der Luft ist durch eine Vielzahl von Stoffen verändert, die man als Luftverunreinigungen oder Luftschadstoffe bezeichnet. Die räumliche Verteilung der Schadstoffe, ihre Ablagerung und ihr Abbau bzw. ihre Umwandlung in andere Stoffe werden durch viele Faktoren beeinflusst. Dazu gehören die orographischen Gegebenheiten (Relief, z. B. Hang- oder Tallage), die Bebauung, der Bewuchs sowie die meteorologischen Bedingungen.

Die vielfältigen Wirkungen von Luftschadstoffen können den Menschen unmittelbar in seinem Wohlbefinden oder durch die Verschlechterung seiner Lebensbedingungen beeinträchtigen. Die regionalen Schädigungen können bei entsprechender Intensität auch globale Veränderungen des Klimas sowie der Pflanzen- und Tierwelt auslösen. Die Wissenschaft steht jedoch erst am Anfang der Erforschung dieser komplizierten Wirkungsmechanismen geoökologischer Systeme.

Der Mensch beeinflusst das Klima seit den großen Waldrodungen in Europa. Mit der Industrialisierung begann die verstärkte Anreicherung der Atmosphäre mit klimawirksamen Spurengasen. Kohlendioxid, dessen Anteil in der Atmosphäre sich seit etwa 1800 besonders stark erhöht hat, gilt dabei als Hauptverursacher. Dieses Gas entsteht vor allem durch die Nutzung fossiler Energien, den motorisierten Verkehr sowie die großflächigen Waldvernichtungen durch Feuer.

Droht uns eine Klimakatastrophe?
Steht uns eine Erwärmung der Erde bevor? Verschlingt das Meer bald ganze Inseln? Werden sich Stürme, Überschwemmungen und Dürren häufen? Beeinflusst der Mensch das globale Klima und ist er für eine zu erwartende Erwärmung verantwortlich? Solche Fragen werden von Klimaforschern seit vielen Jahren untersucht und in den Medien diskutiert.

Zur Erforschung des Weltklimas gründete die UNO 1988 das *Intergovernmental Panel on Climate Change (IPCC),* ein internationales Expertengremium aus 170 Wissenschaftlern. Bereits 1987 wurde in Deutschland eine parteiübergreifende Enquetekommission „Vorsorge zum Schutz der Erdatmosphäre" des Deutschen Bundestages gebildet, deren Nachfolgekommission war von 1991 bis 1994 tätig.

1979 fand in Genf die 1., 1990 die 2. UN-Weltklimakonferenz statt. Es folgten die Zweite Umweltkonferenz in Rio (1992), wo eine Klimarahmenkonvention verabschiedet wurde, die Vertragsstaatenkonferenzen von Berlin (1995), Kyoto (1997), Buenos Aires (1998) sowie die fünfte internationale Klimakonferenz in Bonn (1999). Erklärtes Ziel dieser Aktivitäten sind die Vereinbarung und Durchsetzung von Klimaschutzmaßnahmen.

M 6 Die größten Verursacher energiebedingter CO_2-Emissionen

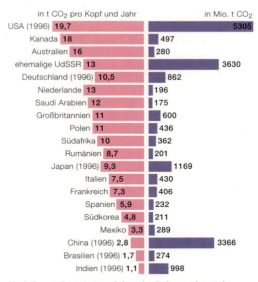

Nach Enquetekommission „Schutz der Erdatmosphäre" des Deutschen Bundestages (Hrsg.): Klimaänderung gefährdet globale Entwicklung. Bonn 1992, S. 62 und Fischer Weltalmanach 2000. Frankfurt: Fischer Taschenbuchverlag, 1999, S.1267

1. Benennen Sie Luftschadstoffe bzw. Abgase, die vom Menschen in die Atmosphäre abgegeben werden, und deren Quellen. Erstellen Sie dazu eine Tabelle.

45

Möglichkeiten und Problematik der Energieversorgung

M 7 Die Energiequellen der Erde

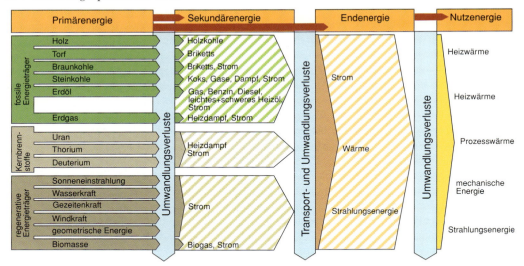

Begriffsbestimmungen. Unter *Primärenergie* versteht man die in den natürlich vorkommenden Energieträgern Kohle, Erdöl und Erdgas sowie die in Naturkräften, z. B. Wasser und Wind, enthaltene Energie.

Einige Primärenergieträger werden dem Verbraucher in nicht umgewandelter Form zur Verfügung gestellt, wie beispielsweise Erdgas. Häufiger muss jedoch eine Umwandlung in *Sekundärenergie* erfolgen, damit sie vom Verbraucher genutzt werden können. Die bedeutendste Sekundärenergie ist Strom.

Sekundärenergien werden je nach Bedarf des Verbrauchers weiter umgewandelt. So kann Strom in Bewegungsenergie oder Licht umgesetzt werden. Diese Energie, die der Verbraucher einsetzt, heißt *Endenergie*.

Bei der Energieumwandlung entstehen Verluste, so dass auch die Endenergie nicht vollständig zur Verfügung steht. Der Anteil, der vom Verbraucher auch tatsächlich genutzt wird, heißt *Nutzenergie*.

Man unterscheidet schließlich zwischen erschöpflichen und unerschöpflichen Energieträgern. Letztere nennt man auch *regenerativ*, da sie sich durch die Abläufe in der Natur erneuern (z. B. Windenergie).

M 8 Energieflussbild

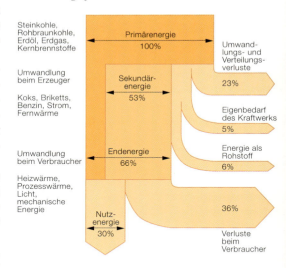

Nach: Arbeitskreis Schulinformation. H. 1, Energie. Seite 11

Einige Primärenergieträger wie Kohle und Erdöl werden auch in der chemischen Industrie eingesetzt, z. B. zur Herstellung von Farben und Kunststoffen. Hier spricht man von *nichtenergetischer Verwendung*.

Umwandlungsverluste. Der Anteil der Nutzenergie, z. B. das Licht einer Glühbirne, ist gemessen an der ursprünglich eingesetzten Primärenergie nur sehr gering. Hohe Umwandlungsverluste entstehen u. a. durch den geringen Wirkungsgrad einer Turbine, beim Transport (auch durch Leitungen) sowie durch die Wärmeabgabe.

M 9 Energieumwandlungsverlust einer durch Wasserkraftstrom betriebenen Glühbirne

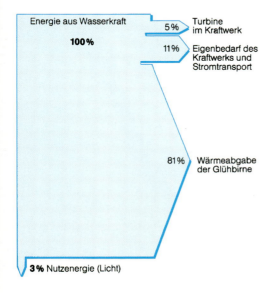

M 11 Wirkungsgrad der Energieumwandler

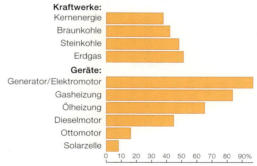

Arbeitskreis Schulinformation. Energie, H. 2, S. 16

Die technische Herausforderung besteht darin, den Wirkungsgrad bei den „Energieumwandlern" zu steigern. Energieversorgungssysteme, die jeden Verlust vermeiden, sind zwar technisch nicht vorstellbar, doch gibt es auf allen Stufen der Umwandlung Potenziale, die genutzt werden können. Ein Beispiel hierfür ist die Kraft-Wärme-Kopplung, d. h. die gleichzeitige Produktion von Strom und Heizwärme, die sonst verloren ginge. Darüber hinaus kann der Verbraucher durch sein Verhalten oder auch schon beim Kauf elektrischer Geräte erheblich auf den Energieverbrauch einwirken.

Durch technischen Fortschritt wie z. B. BOA („Braunkohleblock mit optimierter Anlagetechnik") ist es möglich, den Wirkungsgrad eines Braunkohlekraftwerkes bis auf 43 % zu erhöhen. Die erste BOA-Anlage wird in Bergheim-Niederaußem gebaut.

M 10 Maßeinheiten für Energie und Umrechnungstabelle für Energieeinheiten

Definierte Einheiten für Energie und Leistung
Joule (J) für Energie, Arbeit, Wärmemenge
Watt (W) für Leistung, Energiestrom, Wärmestrom
1 Joule (J) 1 Newtonmeter = 1 Wattsekunde
Umrechnungsfaktoren

	KJ	kcal	kWh	kg SKE	kg RÖE	m³ Erdgas
1 Kilojoule (kJ)	–	0,2388	0,00278	0,000034	0,000024	0,000032
1 Kilocalorie (kcal)	4,1868	–	0,001163	0,000143	0,0001	0,00013
1 Kilowattstunde (kWh)	3600	860	–	0,123	0,086	0,113
1 kg Steinkohleneinheit (SKE)	29 308	7000	8,14	–	0,7	0,923
1 kg Rohöleinheit (RÖE)	41 868	10 000	11,63	1,428	–	1,319
1 m³ Erdgas	31 736	7580	8816	1083	0,758	–

Bundesministerium für Wirtschaft (Hrsg.): Energiedaten 1997/98, S. 70 f.

M 12 Entwicklung des Weltenergieverbrauchs[1]

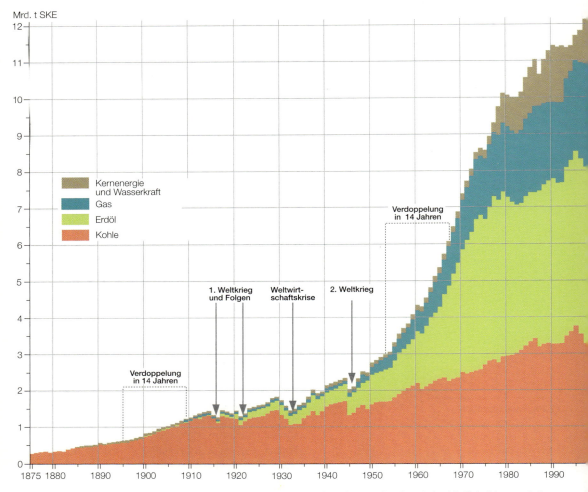

[1] Ohne Holz, Torf und sonstige nicht kommerziell gehandelte Brennstoffe; Primärenergieverbrauch einschließlich nichtenergetischen Verbrauchs bei Gas, Erdöl und Kohle

Nutzen und Risiko der Kernenergie. Vorträge eines Seminars. Berichte der Kernforschungsanlage Jülich. 4. Auflage 1979, S. 8. Kernforschungsanlage Jülich GmbH, Jülich: ergänzt nach verschiedenen Quellen und Bundesministerium für Wirtschaft (Hrsg.): Energiedaten 1997/98, S. 55 ff.

2. Erläutern Sie die Entwicklung beim Gesamtenergieverbrauch und bei den einzelnen Energieträgern.
3. Beschaffen Sie Materialien, aus denen die Gründe und das Ausmaß für die Ölpreisschocks in den Jahren 1973/74 und 1979/80 hervorgehen.
4. Informieren Sie sich über den derzeitigen Pro-Kopf-Energieverbrauch von Ländern wie z. B. China oder Indien. Erörtern Sie die Folgen für den Weltenergieverbrauch, wenn deren Verbrauch das Niveau eines europäischen Landes erreichen würde.

Energiebedarf und Bevölkerungswachstum.
Über eine weltweit zunehmende Energienachfrage gibt es kaum Zweifel. Geht man von einem statistischen Mittelwert von 1,3 t SKE für einen Menschen pro Jahr aus, um seine Grundbedürfnisse abzudecken, so steht das Wachstum der Weltbevölkerung in einer direkten Korrelation zum Energieverbrauch. Unterstellt man weiterhin, dass die Industrialisierung der bisher weniger entwickelten Staaten fortschreitet, so ist damit ein vermehrter Energieverbrauch verbunden – mit allen Folgen wie Ressourcenverbrauch bzw -verknappung und Umweltproblemen.

Dagegen ist für die wirtschaftlich hoch entwickelten Staaten eher eine Stagnation bzw. sogar ein leichter Rückgang im Pro-Kopf-Energieverbrauch zu erwarten. Gründe hierfür sind die stagnierende Bevölkerung, die effizientere Nutzung von bzw. der sparsamere Umgang mit Energie, aber auch die langsamer steigenden wirtschaftlichen Wachstumsraten. Eine Verteuerung der Energie z. B. durch die Einführung einer Ökosteuer wird ebenfalls Einfluss auf den Verbrauch haben.

M 13 Entwicklung der Weltbevölkerung und des Energieverbrauchs

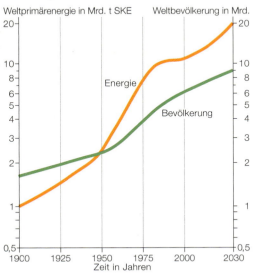

Nach Christian-Dietrich Schönwiese: Anthropogene Verstärkung des Treibhauseffektes. In: Geographie und Schule 1996, S. 15

M 14 Kommerzieller Energieverbrauch in kg Öleinheiten pro Kopf

Land	1995	1980	Einw. in Mio. (1997)
USA	7 905	7 928	268
Australien	5 215	4 790	19
Niederlande	4 741	4 594	16
Deutschland	4 585	4 156	82
Frankreich	4 150	3 528	59
Japan	3 964	2 968	126
Spanien	2 639	1 834	39
VR China	707	421	1 227
Ägypten	596	371	60
Indien	260	137	961
Tansania	55	32	31
Tschad	21	16	7

Weltentwicklungsbericht 1998/99. Frankfurt 1999. S. 234 f. und S. 252 f.

Im Jahre 2010 werden auf der Erde vermutlich mehr als sieben Milliarden Menschen leben. Die derzeitige Zuwachsrate beim Energieverbrauch von einem Prozent pro Jahr bedeutet einen weltweit etwa 30 Prozent höheren Energiebedarf im Jahre 2010. Nach Schätzungen der Mineralölwirtschaft wird dieser Mehrbedarf im Wesentlichen durch fossile Energieträger abgedeckt.

M 15 Pro-Kopf-Energieverbrauch (in t SKE)

Jahre	1990	2010	Zuwachs (in %)
Entwicklungsländer	0,7	1,4	100
europäische Industrieländer	4,5	6,5	44
USA	11,0	17,0[1]	55

[1] andere Prognosen sprechen hier aber von einer leicht sinkenden Tendenz

Arbeitskreis Schulinformation. Energie. Perspektiven der Energieversorgung. Frankfurt 1995, S. 235

5. Berechnen Sie, ausgehend vom statistischen Mittelwert des Pro-Kopf-Energieverbrauchs, den gesamten Energieverbrauch in ausgewählten Ländern (M 14).

6. Nennen Sie Faktoren, die die Schätzung der Mineralölwirtschaft nach oben oder unten beeinflussen könnten.

Energieverbrauch und wirtschaftliche Entwicklung

In den Industrieländern wurde in der Zeit nach dem Zweiten Weltkrieg im Durchschnitt für ein Prozent Wirtschaftswachstum auch ein Prozent mehr Energie verbraucht. Seit Mitte der 80er-Jahre ist hier bei einigen Ländern – ausgelöst durch die tendenzielle Energieverteuerung – eine gewisse „Entkoppelung" eingetreten. Das heißt, einigen Industrieländern gelingt es bereits heute, auch bei abnehmendem Pro-Kopf-Energieverbrauch ein Wirtschaftswachstum zu erzielen. Diese Entkoppelung ist abhängig:

– vom Anwachsen des Dienstleistungssektors, der mit weniger Energieeinsatz als der sekundäre Sektor einen höheren Anteil zur Entstehung des Bruttoinlandsprodukts beiträgt,

– von der Installation kapitalintensiver, aber Energie sparender Technologien in der Wirtschaft und in privaten Haushalten,

– von einem auch über die Energiepreise gesteuerten umweltbewussten Verbraucherverhalten.

Diese Faktoren haben zwar in jedem Land ein anderes Gewicht, Fachleute gehen aber davon aus, dass sich in den meisten Industrieländern in den nächsten beiden Jahrzehnten das Verhältnis zwischen Energieverbrauch und Wirtschaftswachstum in der dargestellten Weise verbessert. Völlig anders ist die Situation in Entwicklungsländern. Der Nachholbedarf zum Beispiel bei der Rationalisierung der Landwirtschaft und beim Ausbau des Industriesektors wird wohl zur Folge haben, dass ihr Energieverbrauch deutlich steigt. Es wird angenommen, dass in den Entwicklungsländern das Verhältnis von Energieverbrauch und Wirtschaftswachstum jene Größenordnung erreicht, die lange Zeit in den Wohlstandsregionen der Welt vorherrschte.

M 16 *Bruttoinlandsprodukt und Energieverbrauch pro Kopf für ausgewählte Staaten 1980/81 und 1995*

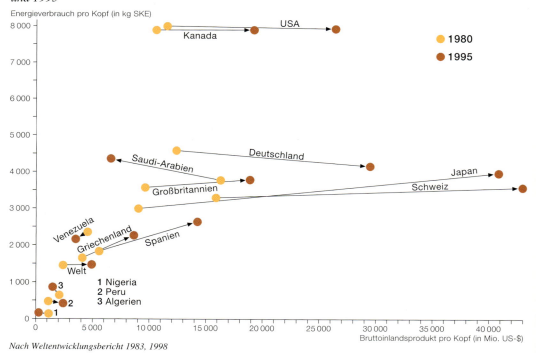

Nach Weltentwicklungsbericht 1983, 1998

7. Interpretieren Sie Zusammenhänge zwischen Bruttoinlandsprodukt und Energieverbrauch am Beispiel einzelner Länder.

Struktur des Weltenergieverbrauchs und regenerative Energie

Die fossilen Brennstoffe bilden zwar nach wie vor das Rückgrat der Energieversorgung, doch ist die künftige strukturelle Zusammensetzung der eingesetzten Energieträger umstritten. Veränderungen werden sich vor allem aus Umweltgründen ergeben, da ein erhöhter Einsatz fossiler Brennstoffe auch zu einem höheren CO_2-Gehalt in der Atmosphäre führen würde.

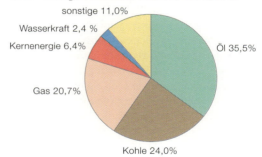

M 17 *Energieverbrauch weltweit 1997, in %*

sonstige 11,0%
Wasserkraft 2,4 %
Kernenergie 6,4%
Gas 20,7%
Kohle 24,0%
Öl 35,5%

Nach Gesamtverband des deutschen Steinkohlebergbaus. Steinkohle 1998

M 18 *Regenerative Energiequellen*

	Art der Nutzung	Standortvoraussetzungen	Vorteile	Nachteile
Sonnenstrahlung	Sonnenwärme erhitzt Wasser in Sonnenkollektoren → Warmwasser, Heizung	hohe Sonnenscheindauer, Chancen insbesondere für tropische und subtropische Entwicklungsländer	umweltfreundlich, unerschöpflich, wichtig für Gebiete ohne Stromversorgung	nicht immer verfügbar, Problem der Speicherung, Stromerzeugung technisch sehr aufwendig, hoher Flächenbedarf
Solarthermik	Konzentration der Sonnenenergie durch Spiegel → hohe Temperaturen, Stromerzeugung			
Photovoltaik	Direktumwandlung von Licht in elektr. Energie durch Solarzellen (vgl. Belichtungsmesser)			Wirkungsgrad bisher max. 22 %
Gezeitenkraft	Absperren gezeitenreicher Buchten → Stromgewinnung bei Ebbe und Flut	hoher Tidenhub, geeignete Buchten und Flussmündungen	geeignet für Großanlagen	lokal begrenzt, nicht ständig verfügbar (Pumpspeicher notwendig!), Verschleiß durch Salzwasser, Störung des Naturhaushalts
Wasserkraft	Nutzung der Lageenergie von Wasser mithilfe von Laufwasser- oder Speicherkraftwerken	Staumöglichkeit für große Wassermassen bzw. ausreichende Reliefenergie	keine Belastungen der Erdatmosphäre; Flexibilität in der Stromerzeugung	massive Eingriffe in Landschaft und Naturhaushalt; Auswirkungen auf Gewässer, Grundwasser; Gefahr von Staudammbrüchen
Windkraft	direkte Umsetzung in mechanische Bewegung, Stromerzeugung	windreiche Gebiete, z. B. Küsten, Luv-Seiten von Bergen	keine Emissionen, wichtig in Gebieten ohne Anbindung an das Stromnetz	nicht immer verfügbar, Beeinträchtigung des Landschaftsbildes
Geothermik	direkte Nutzung von Heißwasser und Dampf zu Heizzwecken oder in Geothermalkraftwerken	überdurchschnittlicher Wärmefluss, z. B. in vulkanischen Gebieten oder Grabenbrüchen	gleichmäßige Energieabgabe	ungewisses Potenzial, geringer Wirkungsgrad

Strom als Sekundärenergie

In den Industriegesellschaften spielt Strom als Energieträger eine überragende Rolle. Dies trifft auf die hoch technisierten Haushalte ebenso zu wie auf nahezu alle Bereiche industrieller Produktion. Auch die Tertiärisierung der Wirtschaft hat daran nichts geändert, da sie einherging mit der Bedeutungszunahme stromintensiver Kommunikationstechnologien.

Strom hat den Vorteil gegenüber anderen Energieträgern, dass er heute eine Ubiquität darstellt und fast universell verwendbar ist. Ein Nachteil besteht allerdings darin, dass man ihn nur unzureichend speichern kann.

Grund- und Spitzenlast.
Selbstverständlich ist der Stromverbrauch über die Stunden des Tages hinweg und zu den verschiedenen Jahreszeiten unterschiedlich hoch. Für diesen wechselnden Bedarf benötigt man entsprechende Kraftwerkstypen. Die Mindestenergiemenge, die zu allen Tageszeiten zur Verfügung stehen muss, wird als *Grundlast* bezeichnet und im Wesentlichen von Wärme- und Kernkraftwerken bereitgestellt. Da eine Stromspeicherung in größeren Mengen nicht möglich ist, müssen zu den *Spitzenlastzeiten* zusätzlich Kraftwerke zur Deckung des Bedarfs eingesetzt werden, z. B. Pumpspeicherkraftwerke oder Gaskraftwerke. Diese lassen sich schnell „anfahren" und abschalten („herunterfahren").

M 19 Bruttostromerzeugung in Deutschland 1997 – insgesamt 547 Terrawattstunden

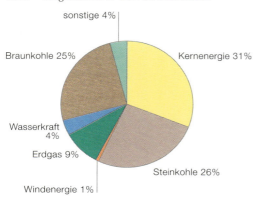

Nach Vereinigung deutscher Elektrizitätswerke

M 21 Netzbelastung und Kraftwerkseinsatz in der Bundesrepublik Deutschland

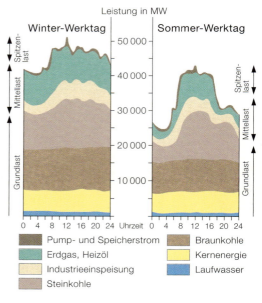

M 20 Erzeugung von Elektrizität

Land Einh.	1996 Mrd. kWh	1996 Pro Kopf kWh	1997 BSP/Kopf in US-$
Welt	13 662	2 169	5 170
USA	3 652	14 019	29 080
GUS	1 260	8 491	2 680
China	1 060	890	860
Kanada	571	19 622	38 160
Deutschland	551	6 761	19 640
Frankreich	508	8 804	28 280
Indien	435	476	26 300
Brasilien	290	1 823	370
Italien	239	4 178	4 790
Südafrika	198	4 760	20 170

Bundesministerium für Wirtschaft und Energie (Hrsg.): Energiedaten 1999, S. 59 f. und World Population Reference Bureau 1999

8. „Das starke Bevölkerungswachstum trägt zukünftig ganz wesentlich zur Steigerung des Weltprimärenergieverbrauchs bei." Nehmen Sie zu dieser Behauptung Stellung und erörtern Sie, welche Auswirkungen dies auf die Struktur des Weltenergieverbrauchs haben könnte.

9. Erläutern Sie wichtige Problembereiche, die mit der Nutzung der Kernenergie verbunden sind.

Stromsparprojekte in den Schulen: Auch wir können handeln

Penne mit Profit
Jetzt auch in Berlin: „fifty-fifty"-Schulen senken ihren Energiebedarf und dürfen die Hälfte des eingesparten Geldes behalten.
Wenn Schüler sparsam mit Strom, Heizung und Wasser umgehen und auch noch den anfallenden Müll reduzieren, klingelt's in ihrer Klassenkasse. Die Hälfte der eingesparten Kosten nämlich erhalten die Schulen auf Mark und Pfennig ausgezahlt.
© Landesinstitut für Schule und Weiterbildung, Soest
Kontakt: Serviceöko. Flottenstr. 28–41, 13407 Berlin-Reinickendorf
Tel. 0 30/4 14 10 12, Fax 0 30/4 11 70 33
E.-mail: GRUENE.LIGA@IPN-B.comlink.apc.org

„Halbe-Halbe"
Hamburg: An über 40 Hamburger Schulen legen inzwischen Sherlock Ohm und Dr. Watt den Stromfressern das Handwerk und machen den Wasserverschwendern Beine. Kernstück des Modell-Projekts ist ein Prämiensystem, nach dem die Hälfte der eingesparten Kosten für Strom, Heizenergie und Wasser an die beteiligten „fifty-fifty"-Schulen ausgezahlt wird, die andere Hälfte entlastet den Haushalt der Hansestadt.
© Landesinstitut für Schule und Weiterbildung, Soest
Information: Hansestadt Hamburg, Umweltbehörde, Energieabteilung
Billstr. 84, 20539 Hamburg, Tel.: 0 40/78 80-22 90
Weitere Informationen zu fifty-fifty
Internet-Adresse: http://www.lbs.hh.schule.de/klima/infothek.htm
Die Broschüre „fifty-fifty, Hamburgs Schulen schalten auf Spargang!" kann gegen eine Schutzgebühr von 10,– DM über die Hamburger Umweltbehörde bezogen werden.

Energie-Agentur Alexander-von-Humboldt-Schule Viernheim
„Am 8. 12. 1994 wurde in der Alexander-von-Humboldt-Schule in Viernheim die erste von Schülern und Lehrern betriebene Energie-Agentur gegründet. Diese Agentur schlägt dem Schulträger Kreis Bergstraße Projekte zur Energieeinsparung und zum Einsatz regenerativer Energie vor und finanziert und verwirklicht sie nach dessen Zustimmung. Die eingesetzten Mittel werden über die eingesparten Energiekosten (80 % fließen an die Energie-Agentur zurück) refinanziert. Dieses moderne Konzept, das sich in der Wirtschaft bewährt hat, wird erstmals an einer Schule eingesetzt, um den ökologischen Umbau der Schule entscheidend voranzubringen. …
Der Vergleich mit den anderen 52 Schulen des Kreis Bergstraße (Energiekonzept 1992) zeigte: … mit dem immensen Stromverbrauch von 338,42 kWh/(Pers./Jahr) gehörte diese Schule im Vergleich zu anderen Schulen der Umgebung zu den größten Stromverschwendern.
Durch Management und Baumaßnahmen ist es gelungen (seit 1993) 30 000 kWh Strom einzusparen."
Alexander-von-Humboldt-Schule Viernheim/Hessen
http://www.shuttle.de/hp/avh-viernheim/energie.htm#Bestandsaufnahme

Weitere Internetadressen
Wette gegen die Bundesregierung: http://www.bund.net/suche/index.htm

Deutsche Elektrizitätswerke: *http://www.strom.de/index.html*

Der Deutsche Bildungsserver (DBS): *http://www.dbs1.ddfn.de/dbs.html*

Klimabündnis und Schule (Österreich)
http://www.oneworld.at/klimabuendnis/rb9802/buendnis/schule.htm

Anthropogen bedingte Klimaveränderungen

M 22 Globale Jahresmittel der Energiebilanz in Prozent der einfallenden extraterrestrischen Strahlung

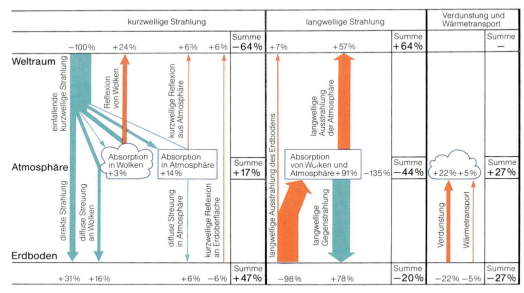

In jeder Ebene ergeben die Summen der Werte Null; es herrscht also ein energetisches Gleichgewicht.

Nach Heinz Fortak: Meteorologie. Berlin: Reimer 1982, S. 21

Der Treibhauseffekt

Ohne *Treibhauseffekt* wäre es auf unserer Erdoberfläche ungemütlich kalt. Die globale Mitteltemperatur der unteren Troposphäre würde nicht wie gegenwärtig etwa 15 °C, sondern −18 °C betragen. Diese lebensnotwendige „Erwärmung" wird durch Wasserdampf und so genannte *Spurengase* wie CO_2, O_3, CH_4, N_2O u. a. verursacht und als „natürlicher Treibhauseffekt" bezeichnet. Um das zu verstehen, ist eine Betrachtung des Strahlungs- und Wärmehaushaltes unserer Atmosphäre notwendig. Nur etwa die Hälfte der Sonnenstrahlung, die sich aus sichtbarem Licht (49 %), Infrarotstrahlung (42 %) und UV-Strahlung (9 %) zusammensetzt, erreicht im globalen Mittel die Erdoberfläche und wird dort in langwellige *Wärmestrahlung (terrestrische Strahlung)* umgewandelt. Die Strahlungseigenschaften der Spurengase und ihre zum Teil lange Verweildauer „sorgen" dafür, dass ein großer Teil dieser terrestrischen Strahlung von der Atmosphäre absorbiert bzw. als Gegenstrahlung wieder zur Erdoberfläche zurückgestrahlt wird. Dabei werden nicht alle Wellenlängen gleichmäßig erfasst (siehe M 23). Die Spurengase lassen vor allem der langwelligen Wärmestrahlung nur kleine Ausstrahlungsfenster, um in den Weltraum zu entweichen. Die wichtigsten Absorber langwelliger Ausstrahlung sind Wasserdampf und Kohlendioxid. Zu den wenigen *Ausstrahlungsfenstern* gehören vor allem das „große" zwischen 8 und 12 μm und das „kleine Wasserdampffenster" bei 3 bis 4 μm. Trotz ihres außerordentlich geringen Anteils in der Atmosphäre ist deshalb die Wirkung der Spurengase auf den Strahlungs- und Wärmehaushalt der Erde sehr groß. Bei einem über Jahre hinweg ausgeglichenem Strahlungshaushalt der Erde führt deshalb eine Zunahme oder Abnahme des Anteils der Treibhausgase zu einer Erwärmung oder Abkühlung der Atmosphäre. Man spricht vom zusätzlichen oder *anthropogenen Treibhauseffekt,* wenn es durch eine vom Menschen verursachte Vergrößerung des Volumenanteils von Spurengasen zur Erhöhung des natürlichen Treibhauseffektes kommt.

M 23 Strahlungsabsorption durch atmosphärische Gase

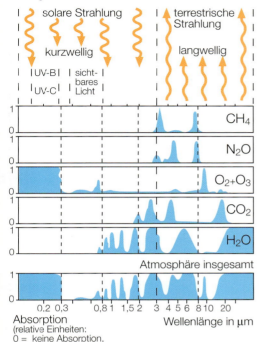

Absorption (relative Einheiten:
0 = keine Absorption,
1 = vollständige Absorption)

Nach Christian-Dietrich Schönwiese und Bernd Diekmann: Der Treibhauseffekt. Reinbek 1991, S. 117

Achtung – Klimasystem nicht verstellen!
„Wir Menschen haben unser bemerkenswertes sozioökonomisches System vielleicht während der einzigen Zeit aufgebaut, in der das Klima stabil genug war, um die agrikulturelle Infrastruktur zu errichten, die für eine fortgeschrittene Gesellschaft nötig ist. Wir wissen nicht, warum wir so begünstigt sind, denn das Klimasystem ist schon ohne menschlichen Eingriff zu erstaunlicher Variabilität fähig. Gäbe es eine Bedienungsanleitung für die Erde, dann würde das Kapitel über das Klima sicher mit dem Hinweis beginnen: ‚Achtung! Dieses System ist schon in der Herstellerfirma auf optimalen Komfort eingerichtet worden! Verstellen Sie auf keinen Fall die Knöpfe!'"

J. White, Nature 364; zitiert aus: Geographie aktuell 1/94, S. 3

10. Erläutern Sie das Schema zum Strahlungshaushalt der Erde (M 22).
11. Erklären Sie den natürlichen Treibhauseffekt in der Atmosphäre.
12. Brandrodung verstärkt den Treibhauseffekt in zweierlei Weise. Begründen Sie dies.
13. Erklären Sie die Aussage von J. White.

M 24 Wichtige Spurengase und ihr Beitrag zum Treibhauseffekt

Spurengas	Beitrag zum natürlichen Treibhauseffekt in °C	%	mittlere Verweilzeit[1] a = Jahre d = Tage	Konzentration in ppm[2] 1750	1994	Zunahme pro Jahr in Prozent (90er-Jahre)	Beitrag zum anthropogenen Treibhauseffekt[4] (%)	Relatives Treibhauspotenzial[5]
Wasserdampf H_2O	20,6	62	10 d	?	1–4 %[3]	–	3	?
Kohlendioxid CO_2	7,2	22	1–10 a	280	358	0,5	60	1
Ozon (bodennah) O_3	2,4	7	30–90 d	?	0,03	0,5–1,0	7	1800
Distickstoffoxid N_2O	1,4	4	120–150 a	0,28	0,31	0,25	4	320
Methan CH_4	0,8	2,5	10–15 a	0,65	1,72	0,75–1,0	15	24,5
Fluorchlorkohlenwasserstoffe CF_2Cl_2 (F-12), FCKW	?	?	60–110 a	?	0,0003	4	11	8500

[1] Zeit, in der sich eine in die Atmosphäre eingebrachte Menge an Spurengasen um etwa zwei Drittel verringert hat; Störungszeit CO_2: 50–200 Jahre; [2] ppm = 10^{-6}; [3] bodennaher Normmittelwert 2,6 %, Troposphäre 1,5 %;
[4] Zeithorizont 100 a; [5] bezogen auf die gleiche Masse CO_2 in kg und Zeithorizont 100 a
Zusammengestellt nach verschiedenen Quellen

Ergebnisse der Klimaforschung

Bereits 1896 wies der schwedische Physiker S. Arrhenius auf die Gefahren wachsender CO_2-Emissionen in der Atmosphäre für das Klima der Erde hin. Er sagte zunächst eine globale Erwärmung von 4 bis 6 Grad im Falle einer Verdopplung der atmosphärischen CO_2-Konzentration voraus, die er 1906 auf 1,6 Grad präzisierte.

Für Aufsehen und eine Intensivierung der Forschung sorgten die ersten Ergebnisse einer Messstation, die 1957 auf dem Mauna Loa errichtet wurde und die Veröffentlichung der Daten des Eisbohrkerns von der sowjetischen Antarktis-Station Vostok (siehe M 26 und M 27). Es lag auf der Hand, dass der gemessene Anstieg der CO_2-Konzentration im Wesentlichen auf anthropogene Verbrennungsprozesse zurückzuführen ist. Ende der 80er-Jahre kann die Klimaforschung einen Temperaturanstieg in den letzten 130 Jahren um etwa 0,4 bis 0,6 °C belegen. Der erste IPCC-Bericht von 1992 verwies auf eine mögliche Klimabeeinflussung durch den Menschen und ging davon aus, dass bei unverminderter Zunahme der Treibhausgasemissionen die globale Mitteltemperatur bis zum Ende des 21. Jahrhunderts um 1,5 bis 4,5 °C ansteigen kann. Im Bericht von 1995 wurde die Prognose zur globalen Erwärmung auf 1,0 bis 3,5 °C präzisiert.

M 25 *Jahresanomalien 1851–1994 der nordhemisphärisch gemittelten bodennahen Lufttemperaturvariationen (Abweichungen vom Mittelwert der Periode 1951–1980 in Grad Celsius) mit zehnjähriger Glättung und linearem Trend*

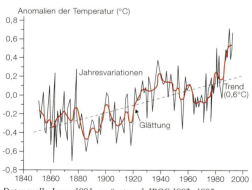

Datenquelle Jones 1991, ergänzt nach IPCC 1992; 1995; Analyse Schönwiese et al. 1994, aktualisiert. Nach Geographie und Schule, H. 101, Juni 1996, S. 9

M 26 *Anstieg der atmosphärischen CO_2-Konzentration ab 1750 nach Eisbohrkonstruktionen und ab 1958 nach Messungen auf dem Mauna Loa, Hawaii*

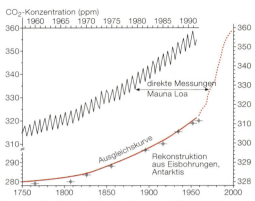

Datenquelle Christian-Dietrich Schönwiese 1994. Nach Geographie und Schule, 1996, H. 101, S. 17

M 27 *Treibhausgasgehalt und Temperatur*

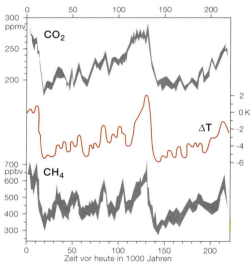

ppmv: parts per million = 10^{-6} Volumenanteile
ppbv: parts per billion = 10^{-9} Volumenanteile
ΔT: Temperaturabweichung in K (°Kelvin)

Datengrundlage J. Jouzel et al.: Extending the Vostok Ice-Core Record of Paleoclimate to the Penultimate Glacial Periode, Nature Vol. 364 (29. July 1993) pp. 407–412. Nach Praxis der Naturwissenschaften – Physik, Köln: Heft 6/43 vom 1. September 1994, S. 13

Natürliche Klimaschwankungen

Aus den durch die Eisbohrkernforschung gewonnenen Daten (Paläoklimatologie) geht hervor, dass wir bezogen auf die letzten 250 000 Jahre in einer eher untypischen Phase leben, die klimatisch sehr stabil und ungewöhnlich warm ist.

„Auch sehr lange *Klimazyklen* mit Perioden von zwanzig- und vierzigtausend Jahren werden heute gut verstanden. Sie können auf astronomisch genau berechenbare Variationen der Erdbahn um die Sonne zurückgeführt werden. … Klimaänderungen können auch durch instabile Wechselwirkungen zwischen Ozean, Atmosphäre, Biosphäre und anderen Klimakomponenten entstehen. Das bekannteste Beispiel ist der Zusammenbruch des atlantischen Golfstromsystems. Man vermutet anhand von Daten aus Tiefseebohrkernen, dass dies in vergangenen Klimaepochen mehrfach geschah. Der Vorgang konnte in Modellsimulationen reproduziert werden und ist nach diesen Rechnungen auch bei einer globalen Erwärmung nicht auszuschließen. Viele Einzelheiten der Daten, wie das Auftreten rascher Klimaumschwünge in früheren Klimaepochen (allerdings nicht mehr in den letzten 10 000 Jahren) oder die … parallelen Veränderungen der atmosphärischen CO_2-Konzentration und der globalen Temperaturen im Rhythmus der Eiszeiten, sind aber noch unverstanden. Von einer quantitativen Reproduktion der historischen und paläoklimatischen Zeitreihen sind wir noch weit entfernt."

Klaus Hasselmann: Die Launen der Medien. In: DIE ZEIT 1997, Nr. 32, S. 31

Auch die Klimaentwicklung im europäischen Raum seit dem Ende der jüngsten Inlandvereisung vor 10 000 Jahren zeigt einige markante Schwankungen. So dürfte ein Klimaoptimum ca. 7000 bis 2500 v. Chr. mit 2 Grad höheren Jahresmittel- und Sommertemperaturen als heute die Ausbildung eines Eichenmischwaldes ermöglicht haben. Auch die Blütezeit des Römischen Reiches fällt mit einer klimatischen Gunstphase mit besonders niederschlagsreichen Wintern zusammen. Nur so konnte Nordafrika zur „Kornkammer" Roms werden. Ein weiteres Klimaoptimum stellte sich ca. 800 bis 1200 n. Chr. ein. Die Weinbaugrenze lag gegenüber heutigen Verhältnissen um 4 bis 5 Breitengrade nördlicher. Zu den negativen Temperaturabweichungen zählt die „Kleine Eiszeit" (ca. 1430 bis 1700), die sich, regional sehr unterschiedlich, teilweise bis ins 19. Jahrhundert fortsetzte. Deutlich kältere Winter und verlängerte Frostperioden führten zu Missernten und Hungersnöten sowie zur Ausdehnung des nordatlantischen Packeises und der Gebirgsgletscher.

Wasserdampf und Klimaänderung. „Für das wichtigste aller Treibhausgase der Erdatmosphäre, den stark variablen Wasserdampf, gibt es keine ausreichend genauen Messungen für eine sichere Trendanalyse bis auf Hinweise, dass in der Stratosphäre eine Zunahme wahrscheinlich ist. Da der Wasserdampfgehalt stark temperaturabhängig ist (Luft enthält bei Sättigung mit Wasserdampf pro °C Temperaturzunahme je nach Ausgangstemperatur um 8 bis 20 % mehr Wasserdampf), wird bei Erwärmung durch Zunahme anderer Treibhausgase der Wasserdampfgehalt im Mittel zunehmen und somit positiv rückkoppeln. Wie stark diese Rückkopplung oder Verstärkung ist, stellt den Hauptanlass für die Klimänderungsdebatte dar. Eine solide Antwort steht noch aus, weil dabei auch andere Facetten des Wasserkreislaufs wie Veränderungen der vertikalen Verteilung der Bedeckung durch Wolken und ihrer optischen Eigenschaften beachtet werden müssen.

Trotz dieser großen Unsicherheiten ist inzwischen klar: Die beobachtete globale Temperaturzunahme an der Erdoberfläche ist zumindest teilweise anthropogen (IPCC 1996) und die bei fehlenden Klimaschutzmaßnahmen erwartete weitere Erwärmung übersteigt im kommenden Jahrhundert jede Änderung und Änderungsrate der vergangenen 10 000 Jahre."

Hartmut Graßl: Nur aus Forschung zum globalen Wandel folgt Nachhaltigkeit. In: Geographische Rundschau 1998, H. 5, S. 269

57

Klimaänderungsszenarien

„Das Intergovernmental Panel on Climate Change (IPCC), …, hat eine Übersicht über das Wissen zur Frage ‚Anthropogener Klimaänderung' erstellt. Von zentraler Bedeutung sind drei Pfeiler unseres Wissens:

1. Ansteigender Gehalt der Atmosphäre an Treibhausgasen führt letztlich zu ansteigender globaler Mitteltemperatur. Regionale Klimaänderung kann deutlich vom Mittelwert abweichen, in begrenzten Regionen kann es sogar kälter werden. Mit Änderung der Temperaturverteilung geht eine Änderung der Niederschlagsverteilung einher.

– Interpretation: Die anthropogen verursachte Zunahme von Treibhausgasen in der Atmosphäre wird Wirkungen zeigen.

2. Durch seine große Wärmekapazität verzögert der Ozean die Klimaänderung gegen den Eintrag von Treibhausgasen in die Atmosphäre um Jahrzehnte.

– Interpretation:
a) Heute können erst die Emissionen bis ca. 1960 Wirkungen zeigen, das sind ca. 50% aller Emissionen;
b) das Klimasystem wird unabdingbaren Veränderungen unterworfen sein durch die bisherigen Treibhausgaseinträge, die sich aber bis nach 2020 aufbauen – Erblast für unsere Kinder;
c) Klimaschutzmaßnahmen heute sind Vorsorge für die Zeit nach 2020 – Vorsorge für unsere Enkel.

3. Unverändertes Emissionsverhalten (d. h. z. B. +2% p.a. Emissionszuwachs im CO_2) für weitere 100 Jahre verursacht eine globale Erwärmung von mehreren Kelvin.

– Interpretation: Wir leben heute in einer vergleichsweise warmen Phase der jüngeren Erdgeschichte. Eine globale Erwärmung um mehrere Grad binnen 100 Jahren führt
a) in ein Klima, dem die Biosphäre in den letzten eine Million Jahren nicht ausgesetzt war und bedeutet
b) eine um einen Faktor 10–100 größere Klimaänderungsgeschwindigkeit als beim Übergang Eiszeit zu Warmzeit."

Stefan Hoppenau: Klimaschutz – für die Bewahrung unserer Lebensgrundlagen. In: Praxis der Naturwissenschaften Biologie 1994, H. 8, S. 10

M 28 Modellrechnung – Änderung der Flächenanteile der Waldtypen und Ökosysteme bei einer CO_2-Verdopplung

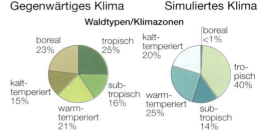

Nach W. R. Emanuel et al. 1985

Der größte Teil der Klimaforscher sagt für das nächste Jahrhundert einen Anstieg des Meeresspiegels um 15 bis 95 cm voraus (IPCC, 1995). Als Gründe dafür werden die thermische Ausdehnung des wärmeren Wassers der Ozeane und das Abschmelzen der Gletscher genannt. Für viele Küstenbereiche droht dadurch die Gefahr einer Überflutung und Verstärkung der Küstenerosion. Einige Inselstaaten wären möglicherweise sogar in ihrer Existenz bedroht. Welche unmittelbaren Auswirkungen eine globale Erwärmung auf die verschiedenen Regionen der Erde hat, bleibt trotz ständiger Verbesserung der Klimamodellrechnungen mit vielen Unsicherheiten verbunden.

Einige Wissenschaftler, vor allem Paläoklimatologen, deuten die Klimaerwärmung als Hinweis auf den Übergang in ein stärker schwankendes Klimasystem und prognostizieren langfristig eine Abkühlung. Die Auswertung von Eisbohrkernen in Grönland zeigt, dass sich extreme Klimaschwankungen im Lauf weniger Jahre bis Jahrzehnte vollziehen können. Eine zunehmende Erwärmung der nördlichen Meere könnte zur Zunahme der Niederschläge in diesen Regionen führen. Das könnte z. B. zur Verringerung des Salzgehaltes im Nordpolarmeer führen und den Golfstrom abschwächen.

Kritik an der Klimaforschung

In der öffentlichen Diskussion um den anthropogenen Treibhauseffekt und seine möglichen Auswirkungen auf das Weltklima äußern sich seit Mitte der 90er-Jahre auch kritische Stimmen. Neben Sachargumenten wird den Klimawissenschaftlern sogar vorgeworfen, sie hätten das Problem weltweiter Klimaänderungen kreiert bzw. hochgespielt, um Forschungsgelder zu erhalten. Die Klimadiskussionen verdeutlichen: Wissenschaft findet heute nicht im luftleeren Raum statt und mit dem Thema sind viele politische und wirtschaftliche Interessen verbunden. Kontroverse Standpunkte ergeben sich aber auch aus den Unsicherheiten der Prognose möglicher globaler und regionaler Auswirkungen eines erhöhten Treibhauseffektes.

Zu den Hauptkritikpunkten gehören u. a.:
– Es ist nicht bewiesen, dass die Erwärmung unseres Klimas eine Folge menschlicher Aktivitäten ist. Die beobachtete Erwärmung kann das Ergebnis natürlicher Ursachen sein, (z. B. erhöhte Sonnenstrahlung oder zunehmender Bewölkung)
– Satellitenmessungen belegen seit 1979 eine Abkühlung um 0,05 °C pro Dekade und stehen deshalb im Widerspruch zu den IPCC-Prognosen.
– Der Anstieg des CO_2-Gehalts in der Atmosphäre ist eine Folge ihrer Erwärmung und nicht die Ursache für den Temperaturanstieg.
– Eine erhöhte CO_2-Konzentration bewirkt einen Düngeeffekt, der die Biomassebildung anregt und damit das Aufnahmevermögen der Biosphäre für CO_2 vergrößert.
Es ist zweifellos richtig, dass viele Prozesse, die das Klima steuern in ihrem komplexen Zusammenwirken noch immer zu wenig verstanden werden. Das gilt vor allem für solche Vorgänge, die eine dem Treibhauseffekt entgegengesetzte, abkühlende Wirkung haben *(Kühlhauseffekt)*. Dazu gehören die Sulfatpartikel, das sind feinste Luftschwebstoffe, die aus dem SO_2-Ausstoß der Kraftwerke, Heizungen und dem Verkehr stammen. Sie sorgen ebenso für eine Verringerung der Sonneneinstrahlung wie Staubanreicherungen durch den Vulkanismus.
Die Ergebnisse der Temperaturmessung durch Satelliten seit 1979 dürfen jedoch nicht ohne weiteres mit den Bodenmessungen verglichen werden. Satelliten messen die Temperaturen indirekt über die Strahlung und stellen einen Mittelwert der unteren Troposphäre (0–6 km Höhe) dar. Außerdem ist die Messreihe außerordentlich kurz.

Der Treibhauseffekt ist kein Märchen

„Der Hinweis, dass sich die CO_2-Konzentration in der Atmosphäre auch aufgrund von Klimaänderungen ändern kann, ist quantitativ nur dann bedeutsam, wenn sehr große Zeitskalen betrachtet werden, wie beispielsweise das Wechselspiel der Eis- und Warmzeiten im Verlauf von Jahrhunderttausenden oder die Frühzeit der Erdgeschichte mit ihrer … Kohlendioxidatmosphäre …
Der CO_2-Düngeeffekt, das heißt das bei erhöhtem Kohlendioxid- und Temperaturniveau verstärkte Pflanzenwachstum, das der Atmosphäre entsprechend mehr Kohlendioxid entzieht, schlägt in der Bilanz aber nur sehr wenig zu Buche. Wie aber sieht es beispielsweise um die Sonnenaktivität aus? … Die Treibhausgase bringen es dabei seit Beginn des Industriezeitalters bis heute auf 2,1 bis 2,8 Watt pro Quadratmeter, im Fall einer Verdopplung ihrer Konzentration gegenüber dem vorindustriellen Niveau wären es 4,4 Watt. Die Sonnenaktivität hingegen macht nur 0,1 bis 0,5 Watt aus. …
Und so gehört es denn auch zu den wesentlichen Fortschritten der Klimaforschung der letzten Jahre, dass nun auch komplexe Simulationen und Interpretationen der Klimavariabilität vorliegen. So haben das Deutsche Klimarechenzentrum in Hamburg … und das Hadley Centre in Bracknell (Großbritannien) abgeschätzt, dass sich der seit 1850 beobachtete Anstieg der bodennahen Weltmitteltemperatur um rund 0,6 Grad aus einem Grad Temperaturanstieg wegen des anthropogenen Treibhauseffekts abzüglich 0,4 Grad wegen des Kühlhauseffekts zusammensetzt. … Generell befindet sich jeder auf dem monokausalen Holzweg, der aus dem vielfältigen Klimageschehen einen Einzelfaktor als ‚wahre Ursache' hochjubeln möchte."

Christian-Dietrich Schönwiese: Der Treibhauseffekt ist kein Märchen. In: Frankfurter Rundschau vom 5. 8. 1997

Maßnahmen zur Verringerung des CO_2-Gehalts der Atmosphäre

M 29 CO_2-Einsparpotenziale

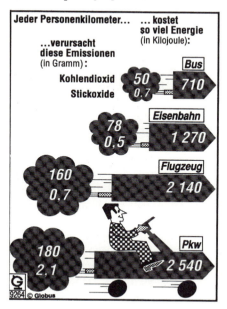

Globus Kartenbild, Hamburg

Die Verringerung von anthropogenen CO_2-Emissionen ist eine weltweite Aufgabe. Jedes Land muss, im Rahmen seiner Möglichkeiten, einen Beitrag dazu leisten.
Die wichtigsten Maßnahmen bestehen
– in der Verringerung des Einsatzes fossiler Energieträger durch Energiesparen bzw. dem Einsatz regenerativer Energien;
– in der Reduzierung der Emission klimawirksamer Spurengase, vor allem beim Verkehr. Das erfordert veränderte Konsummuster bzw. dem Einsatz effizienterer Technologien;
– in der Eindämmung der Brandrodung durch verstärkte Unterstützung der Bevölkerung in den tropischen Waldländern.
Das Abwarten auf den letzten und endgültigen Beweis aller Zusammenhänge im Klimasystem der Erde wäre der falsche Weg!
Zu den großen Schwierigkeiten auf dem Weg zu einer wirksamen *Klimaschutzpolitik* gehört das bewusste Einstellen auf lange Zeithorizonte. Der Menschheit helfen weder „Katastrophenszenarien" noch „Verharmlosungsdebatten".
Vielmehr sind effektive globale Handlungsstrategien notwendig, um eine Reduzierung der Emissionen klimarelevanter Spurengase zu erreichen. Zu den vorrangigen Aufgaben gehört dabei, mit den Energien so effizient und sparsam wie möglich umzugehen.

M 30 Das Ergebnis des Welt-Klimagipfels in Kyoto

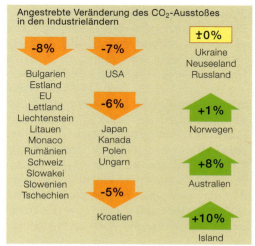
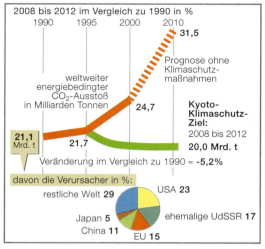

Nach Globus Kartenbild, Hamburg

Um in Deutschland 1 % CO_2 einzusparen müsste man:
– ein 1300-Megawatt(MW-)Kernkraftwerk mit rund 7700 Stunden pro Jahr (h/a) neu ans Netz lassen und damit je zur Hälfte Stein- und Braunkohlestrom ersetzen;
oder
– 22 große Steinkohlekraftwerke (Leistung 700 MW, Jahresnutzungsstunden 4500 h/a) mit durchschnittlichem Nettonutzungsgrad von 37 % durch den Bau neuer Steinkohlekraftwerke mit Kohlevergasung mit 44 % Netto-Nutzungsgrad ersetzen: Das entspricht 15 400 MW (27 000 MW Steinkohlen-Kraftwerke sind installiert)
oder
– 6 große Steinkohlekraftwerke (700 MW, 4500 h/a) Netto-Nutzungsgrad 37 % durch Erdgas-Dampfturbinen-Anlagen mit 55 % Netto-Nutzungsgrad ersetzen;
oder
– 9000 große Windkraftanlagen mit einer Leistung von je 500 Kilowatt (kW) (2200 Jahresnutzungsstunden) betreiben und damit Kohlestrom ersetzen (je zur Hälfte Braun- und Steinkohle);
oder
– 7 Mio. Photovoltaik-Anlagen mit je 7 kW Leistung und 700 h/a Nutzungsdauer errichten (Ersatz von Braun- und Steinkohle zu je 50 %);
oder
– rund 50 Mio. Kühlschränke sowie 60 Mio. Waschmaschinen durch heutige Bestgeräte ersetzen: – Verbrauchssenkung bei Kühlschränken von heute durchschnittlich 340 auf 100 kWh/a, – Verbrauchssenkung bei Waschmaschinen von heute durchschnittlich 200 auf 130 kWh/a;
oder
– knapp 1,3 Mio. mit Heizöl beheizte Häuser (140 m²) vom heutigen durchschnittlichen Wärmedämmstandard auf den Standard für Neubauten nachrüsten: – Senkung des Wämebedarfs von 225 auf 90 Kilowattstunden pro m²/a;
oder
– 17 Mio. PKW (das entspricht knapp der Hälfte der in Deutschland zugelassenen PKW) mit jährlich durchschnittlich 11 000 km Fahrleistung durch Fahrzeuge ersetzen, die 20 % weniger Benzin verbrauchen: – Verbrauchssenkung von 9 auf 7,2 Liter pro 100 km.

Nach VDEW/97, StromBASISWISSEN Nr. 104, 1998, S. 4

M 31 *Verbindliche Zusagen der EU-Staaten zur Veränderung des Ausstoßes an Treibhausgasen bis 2012*

Frankreich	±0 %	Niederlande	−6,0 %
Finnland	±0 %	Italien	−6,5 %
Schweden	+4 %	Belgien	−7,5 %
Irland	+13 %	Großbritannien	−12,5 %
Spanien	+15 %	Österreich	−13,0 %
Griechenland	+25 %	Dänemark	−21,0 %
Portugal	+27 %	Deutschland	−21,0 %
		Luxemburg	−28,0 %

VDEW/97, StromBASISWISSEN Nr. 104, 1998, S. 5

14. Analysieren Sie die Ergebnisse der Klimaforschung in M 24 bis M 27 und erläutern Sie, inwieweit diese als Beweis für einen anthropogenen Treibhauseffekt angesehen werden können.
15. Erläutern Sie, worin die Schwierigkeiten von Klimaprognosen bestehen.
16. Bewerten Sie die Maßnahmen zur CO_2-Reduzierung in M 30 bis M 31
17. Erörtern Sie Maßnahmen und Verhaltensweisen in Ihrem persönlichen Umfeld, mit denen Sie einen Beitrag zum Klimaschutz leisten können.
18. „Der anthropogene Treibhauseffekt ist nicht nur ein naturwissenschaftliches, sondern auch ein politisches Problem und hat eine ethische Dimension." Beurteilen Sie diese Aussage.
19. Bei Verhandlungen zum Klimaschutz vertreten die beteiligten Staaten unterschiedliche Interessen. Man kann diese in Verursacher-, Betroffenen- und Helferinteressen unterteilen. Erörtern Sie unter diesem Aspekt die Interessen der in M 6 aufgeführten Staaten bei Verhandlungen zur Reduzierung der CO_2-Emissionen.
20. Anfang 1999 waren 391 Städte aus Deutschland dem „Klimabündnis der europäischen Städte mit den indigenen Völkern der Regenwälder" beigetreten.
Informieren Sie sich in der Stadtverwaltung und/oder im Internet über Mitgliedsstädte aus Ihrem Heimatkreis und entsprechende Aktivitäten (http://www.klimabuendnis.org/).

1.5 Boden

Bodenbildung ist ein lang andauernder Prozess, der zeitlich nicht abgeschlossen ist. Als äußerster Bereich der Erdkruste und an der Grenze zur Atmosphäre bilden die Böden die Bodenhülle (Pedosphäre) der Erde.

Entstehung von Rohböden

Die Entwicklung beginnt mit der Zerkleinerung und Zersetzung des Ausgangsgesteins durch physikalische, chemische und biologische Verwitterungsvorgänge. Es entsteht eine Lockermaterialdecke, aus der sich über einen langen Zeitraum ein *Rohboden* entwickelt, auf dem sich einfache pflanzliche und tierische Lebensformen ansiedeln. Bei der Verwitterung werden auch die im Gestein enthaltenen Minerale frei gesetzt. Die chemische Verwitterung bewirkt eine weitere Veränderung bzw. Zerstörung der Minerale. Als Verwitterungsprodukte oder Neubildungen entstehen dadurch Tonminerale. Das sind mehrschichtig zusammengesetzte Plättchenminerale (Abb. 4).

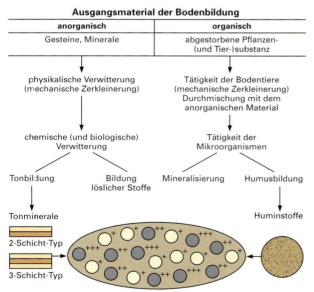

M 1 Bodenbildungsprozesse

Humusbildung. Mit dem weiteren Heranwachsen von pflanzlicher Biomasse und verschiedenen Bodenlebewesen bildet sich von oben ein streuähnlicher Auflagehorizont. Pflanzensäuren, die durch die Wurzeln ausgeschieden werden, beschleunigen die Verwitterung des Gesteins. Herabfallendes Laub und andere abgestorbene Pflanzenteile tragen entscheidend zur Bodenbildung bei, indem Bodentiere und eine große Zahl von Mikroorganismen diese zersetzen und chemisch umbauen. Ein Teil der organischen Abfallstoffe wird dabei mineralisiert und in anorganische Endprodukte wie H_2O, CO_2 oder NH_3 umgewandelt. Schwer verwertbare Substanzen, wie Wachse und Gerbstoffe, werden zunächst nur gespalten, Teile davon zur Energiegewinnung verwendet, andere Teile zu neuartigen Substanzen, den Huminstoffen, verknüpft. Dabei wird die abgestorbene Pflanzen- und Tiersubstanz, die sich auf und im Boden ansammelt bzw. zu Huminstoffen umwandelt, als *Humus* bezeichnet. Die bei der Mineralisierung und Huminstoffbildung frei gesetzten Ionen gehen entweder in den Nährstoffkreislauf zurück, werden an Bodenpartikeln gebunden oder aus dem Boden ausgewaschen. Huminstoffe und Tonminerale tragen wesentlich zur Bindung und Speicherung von Pflanzennährstoffen und Wasser bei.

Verlagerung und Gefügebildung. Zur Bodenbildung tragen auch Verlagerungsprozesse von Ausgangsstoffen und Verwitterungsprodukten bei. Ionen, Tonminerale und organische Moleküle werden mit dem Bodenwasser durch Schwerkraft abwärts und durch Kapillarsog aufwärts transportiert. Auch Bodentiere sowie wiederholendes Gefrieren und Auftauen können zur Verlagerung von festen Stoffen beitragen. Durch wiederholtes Schrumpfen und Quellen sowie die Anhäufung und Verkittung von Bodenbestandteilen durch chemische und biologische Prozesse, entsteht langsam eine Bodenstruktur mit charakteristischen Gefügeformen. Dazu zählt auch das für gute Böden typische Krümelgefüge. Zusätzlich baut sich im Boden ein komplexes Porensystem auf, das für den Gasaustausch, die Wasserspeicherung und als Lebensraum verschiedenster Organismen von besonderer Bedeutung ist. Je nach Intensität und Dauer der Bodenbildung schwankt die Mächtigkeit eines Bodens zwischen wenigen Zentimetern bis zu mehreren Metern.

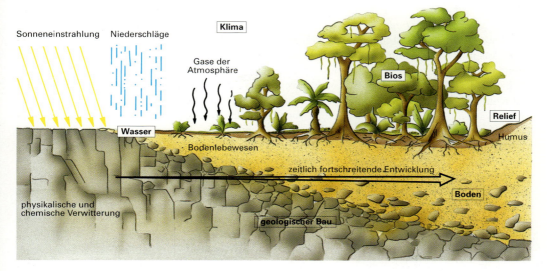

M 2 Bodenbildung

M 3 Beispiel für die Zusammensetzung eines Grünlandbodens

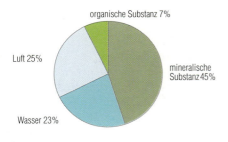

M 4 Entstehung von Tonmineralien

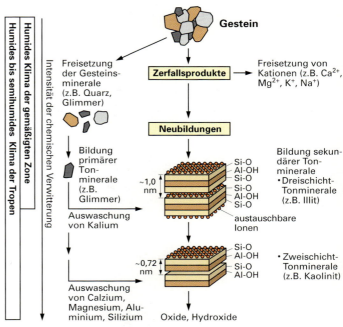

1 a. Benenne die wichtigsten Bodenbildungsfaktoren und erläutere ihre Bedeutung für die Bodenbildung.
b. Auch die Einwirkung des Menschen auf den Boden zählt man zu den Bodenbildungsfaktoren. Erkläre.
2. Beschreibe die Voraussetzungen, Wirkungsweise und die Bedeutung folgender Teilprozesse für die Bodenbildung: Verwitterung, Humusbildung, Verlagerung, Tonmineralbildung.

Boden untersuchen

Für die Bewertung der *Bodeneigenschaften* muss zunächst die Korngrößenstruktur untersucht werden. Aus ihr ergibt sich die Bodenart, wobei die vorherrschende *Korngrößenfraktion* (also Sand, Schluff oder Ton) den Namen des Bodens bestimmt (z.B. Sandboden). Ist diese weniger dominant, so wird diejenige mit dem zweithöchsten Mengenanteil adjektivisch zum Namen hinzugefügt (z.B. schluffiger Sand).

Auch die räumliche Anordnung der festen Bodenbestandteile, deren Poren mit Wasser, Luft, Wurzeln und Bodenorganismen gefüllt sind, beeinflussen den Wasser-, Luft-, Wärme- und Nährstoffhaushalt eines Standortes und seine biologische Aktivität.

Wichtige Bodeneigenschaften erkennt man
– im physikalischen Bereich durch Strukturgröße (Korngröße), Kapillarität, Porenvolumen, Wassergehalt, Absorptionsvermögen von Sonnenstrahlen,
– im chemischen Bereich durch pH-Wert, Gehalt an Nährelementen, Humusgehalt, Mineralzusammensetzung,
– im biologischen Bereich durch Bodenlebewesen, Humusgehalt, Bodenfruchtbarkeit, Durchwurzelbarkeit.

Experiment 1
Bestimmung der Bodenart (Fingerprobe)

Material: Spaten, Bodenprobe, etwas Wasser, Esslöffel.

Durchführung: Graben Sie mit dem Spaten den Boden auf und entnehmen Sie aus dem unteren Teil etwa einen Esslöffel Bodenmaterial. Feuchten Sie diese Probe im Handteller an und kneten Sie sie so lange, bis der Glanz des Wassers gerade verschwindet. Führen Sie dann die folgenden Bestimmungsübungen durch. Wenn die angegebene Tatsache zutrifft, fahren Sie bei dem bezeichneten Buchstaben z.B. → b) fort.

1. *Bestimmen Sie die Bodenart.*
a) Versuchen Sie, die Probe zwischen den Handtellern schnell zu einer bleistiftdicken Wurst auszurollen.
- nicht ausrollbar, zerfällt: Gruppe der Sande → *(b)*
- ausrollbar: Gruppe der sandigen Lehme, Lehme und Tone → *(d)*

b) Prüfen Sie die Bindigkeit der Probe zwischen Daumen und Zeigefinger.
- nicht bindig: Sand → *(c)*
- bindig: stark lehmiger Sand

c) Zerreiben Sie die Probe auf der Handfläche.
- in den Handlinien kein toniges Material sichtbar: Sand
- in den Handlinien toniges Material sichtbar: schwach lehmiger Sand

d) Versuchen Sie, die Probe zu einer Wurst von halber Bleistiftstärke auszurollen.
- nicht ausrollbar: stark sandiger Lehm
- ausrollbar: sandiger Lehm o. Tone → *(e)*

e) Quetschen Sie die Probe zwischen Daumen und Zeigefinger in Ohrnähe.
- starkes Knirschen: sandiger Lehm
- kein oder nur schwaches Knirschen: Lehm oder Tone → *(f)*

f) Beurteilen Sie die Gleitfläche bei der Quetschprobe.
- Gleitfläche stumpf: Lehm
- Gleitfläche glänzend: Tone → *(g)*

g) Prüfen Sie ein wenig Erde zwischen den Zähnen.
- Knirschen: lehmiger Ton

M 5 Dreiecksdiagramm zur Bestimmung der Bodenart

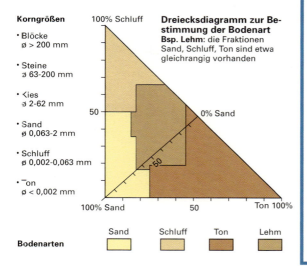

Experiment

Experiment 2: Bestimmung der Bodenart (Schlämmanalyse)

Material: 3 Messzylinder (100 ml) oder Sedimentationstrichter, Mörser, Lineal. Folienstifte, Wasserflasche, Stopfen, Uhr, 3 verschiedene Bodenproben (z.B. Sand-, Lehmboden).

Durchführung: a) aus den Bodenproben zunächst Steine und Wurzeln entfernen, dann jede Probe einzeln zermörsern.
b) jeweils 20 ml der Bodenproben in die beschrifteten Messzylinder einfüllen, mit einem Stopfen verschließen, 1 Minute lang kräftig schütteln, Zylinder abstellen und sofort die Uhrzeit nehmen.

Beobachtungsauftrag:
Lesen Sie nach folgenden Zeiten die Höhe des bei 20 °C abgesetzten Bodenanteils in ml ab:
- nach 1 Minute (→ Sandfraktion)
- nach 1 Stunde (→ Schlufffraktion)
- nach 1 Tag (→ Tonfraktion)

2. Auswertung
a) Berechnen Sie die Prozentanteile für die einzelnen Fraktionen.
b) Bestimmen Sie die Bodenart mit Hilfe des Bodenartendreieckes.

Experiment 3: Bestimmung des Porenvolumens

Material: 2 kleine leere Milchdosen, Messbecher, Handschaufel, Dosenöffner, Wasser, Messzylinder, Bodenprobe.

Durchführung: a) von beiden Dosen jeweils den Deckel entfernen, den Boden einer der Dosen mehrmals durchlöchern.
b) Dose mit durchlöchertem Boden mit der Öffnung nach unten auf den Boden aufsetzen und durch vorsichtiges Darauftreten in den Boden drücken, mit der Handschaufel vorsichtig Dose – randvoll mit Boden gefüllt – ausgraben.
c) Messung: Dose ohne Bodenlöcher mit der Öffnung nach oben in den Messbecher setzen, Dose und Messbecher bis auf 1000 ml mit Wasser auffüllen, gefüllte Dose herausnehmen und Wasserstand A am Messbecher markieren; nun die mit Boden gefüllte Dose in den Messbecher setzen, Wasser in den Porenraum der Bodenprobe einsickern lassen und Wasserstand B markieren.

Auswertung:
Die Differenz von Wasserstand B zu 1000 ml ergibt die in der Bodenprobe enthaltene Luftmenge in ml.

$$\text{Luftgehalt in \%} = \frac{1000 \text{ ml} - B}{1000 \text{ ml} - A} \times 100$$

Die Korngrößenzusammensetzung und somit das mittlere Porenvolumen eines Bodens stehen in enger Beziehung zu seinem Wasser-, Luft- und Nährstoffhaushalt. Sie beeinflussen gemeinsam mit anderen Faktoren die Ertragsfähigkeit bzw. die Bodenfruchtbarkeit eines Bodens.

Körnung (Durchmesser)	Bodenarten			
	Sande	Lehme	Schluffe	Tone
Sandfraktion	80 - 100%	10 - 50%	0 - 40%	0 - 60%
Schlufffraktion	0 - 20%	20 - 60%	40 - 100%	
Tonfraktion		20 - 40%	0 - 20%	40 - 100%
Einteilung nach Bearbeitbarkeit	leichte Böden	mittlere Böden		schwere Böden

3 Charakterisieren Sie mithilfe der Abbildung
a) Sandböden
b) Tonböden
c) Lehmböden.

65

Bodentypen, Bodengefährdung, Bodenfruchtbarkeit

Im Unterschied zum Begriff *Bodenarten*, mit dem die Korngrößenzusammensetzung eines Bodens angegeben wird, fasst man unter der Bezeichnung *Bodentypen* diejenigen Böden zusammen, die sich in einem gleichen oder sehr ähnlichen Entwicklungszustand befinden. Da in einem Landschaftsraum mit gleichartigen Bodenbildungsfaktoren (Ausgangsgestein, Relief, Klima, Vegetation, Wasser, Bearbeitung durch den Menschen) die Verwitterungs-, Umwandlungs- und Verlagerungsprozesse ähnlich ablaufen, entstehen auch gleichartige Böden. Diese Gleichartigkeit drückt sich vor allem in der Folge von Bodenhorizonten aus, die die Grundlage für die Klassifizierung nach Bodentypen bilden. Unter *Bodenhorizonte* versteht man horizontal angeordnete Schichten, die dieselben Merkmale und Eigenschaften wie Farbe, Gefüge, Mineralgehalt oder Chemismus besitzen.

Kennzeichnung der Bodenhorizonte

O Organischer Auflagehorizont; (Sammelbegriff für eine Auflage von einer mehr oder weniger zersetzten Pflanzensubstanz (O von organisch)

O_f Vermoderungshorizont; (f von engl. fermentation layer)

O_h Humusstoff-Horizont; Horizont mit überwiegend organischer Feinsubstanz (h von Humus)

A Oberboden; allgemeine Bezeichnung für den im obersten Bereich gebildeten Mineralbodenhorizont

A_h durch die Anreicherung von Humus entstandener, oberster A-Horizont

A_e durch Auswaschung von Huminstoffen und durch Säure gebleichter A-Horizont (e von eluvial = ausgeschwemmt)

A_l durch Auswaschung von Ton aufgehellter A-Horizont (l von lessiviert = ausgewaschen)

A_p durch die Pflugarbeit gelockerter, gewendeter und durchmischter A-Horizont (p von Pflug)

B Unterboden; allgemeine Bezeichnung für den Verwitterungs- und/oder Anreicherungshorizont

B_v durch Verwitterung verbraunter und verlehmter B-Horizont (v von verwittert)

B_h mit Huminstoffen angereicherter B-Horizont

B_s mit Eisen- und Aluminiumoxiden angereicherter B-Horizont (s von Sesquioxid = Al- + Fe-Oxide)

B_t mit Ton angereicherter B-Horizont (t von Ton)

C Ausgangsgestein

C_v schwach verwitterter Übergangshorizont zum Ausgangsgestein

G durch das Grundwasser beeinflusster Horizont (G von Grundwasser)

S durch Staunässe beeinflusster Horizont (S von Stauwasser)

M 6 Braunerde

Die *Braunerde* ist einer der für Mitteleuropa typischen Böden. Sie entwickelt sich im gemäßigt humiden Klima bei einem Niederschlagsmittel von 500 bis 800 mm und einer mittleren Jahrestemperatur von 8 bis 10 °C. Die natürliche Vegetation ist der Laubwald, der den Boden gut durchwurzelt.

Braunerden entstehen auf unterschiedlichen Ausgangsgesteinen, besonders auf kalk- und dolomitfreien Silikatgesteinen, wie Schiefer, Sandstein, Granit oder Grauwacke (= grauer, feinkörniger Sandstein). Entsprechend unterschiedlich ist der Nährstoffgehalt.

Für die Namensgebung ist die braune Farbe des B_v-Horizonts bestimmend. Diese entsteht dadurch, dass aus eisenhaltigen Mineralien Eisen freigesetzt wird, das zu Eisenoxiden und -hydroxiden umgewandelt wird. Die Mineralkörper des Bodens sind von Oxidhäutchen umgeben, wodurch der B_v-Horizont die typische braune Farbe erhält. Die Verbraunung ist mit einem weiteren Vorgang verbunden, der Verlehmung, d. h. Tonanreicherung. Infolge starker Bodendurchfeuchtung verwittern die Silikate, vor allem Feldspäte und Glimmer, und es werden Tonminerale neu gebildet.

Je nach Ausgangsgestein sind die Braunerden sandig, sandig-lehmig oder gar lehmig. Entsprechend unterschiedlich sind die physikalischen Eigenschaften. Sandig und sandig-lehmige Braunerden sind im Allgemeinen gut durchlüftet und für Wasser durchlässig. Sie werden z. T. ackerbaulich genutzt, teils forstlich.

M 7 Schwarzerde

M 8 Ferralitischer Boden

Die *Schwarzerde* (russisch: *Tschernosem* = schwarze Erde) ist weit verbreitet in den kontinentalen Steppengebieten. Voraussetzung für die Bildung ist ein semiarides winterkaltes Klima.

Die im feuchten Frühjahr sich entwickelnde üppige Steppenvegetation liefert die organische Substanz für eine starke Humusbildung. Die Sommerdürre und die Winterkälte unterbrechen immer wieder den bakteriellen Abbau, so dass es zu einer intensiven Anreicherung der organischen Substanz kommt. Es entsteht ein 50 bis 80 cm mächtiger A_h-Horizont, dessen grauschwarze Farbe dem Bodentyp den Namen gegeben hat.

Zur Entstehung der Schwarzerde ist ein kalkhaltiges, lockeres Ausgangsgestein notwendig, am günstigsten Löss. Von Bedeutung ist ferner die Tätigkeit der Steppentiere (Hamster, Wühlmäuse, Ziesel). Sie durchwühlen den Boden und arbeiten die organische Substanz zum Teil tief in den Boden ein und durchmischen ihn mit den mineralischen Bestandteilen.

Aufgrund der krümeligen, porösen Struktur sind die Durchwurzelbarkeit und der Lufthaushalt optimal. Der hohe Anteil an Huminstoffen verbunden mit dem Tongehalt sorgt für eine gute Wasserspeicherfähigkeit, so dass die Pflanzen auch längere Trockenphasen überstehen. Die Bodenfruchtbarkeit ist somit extrem hoch.

Die Schwarzerdegebiete in Deutschland (z. B. Soester Börde, südliche Niederrheinische Ebene) sind vor etwa 8 000 bis 10 000 Jahren entstanden, als hier das Klima trockener und kontinentaler war. Sie sind heute weitgehend zu Parabraunerden degradiert.

Ferralitische Böden (Roterden, Laterit) finden sich in Gebieten des immerfeuchten tropischen Regenwaldes und Teilen der Feuchtsavannen.

Die ganzjährig hohen Niederschläge und Temperaturen bedingen eine intensive chemische Verwitterung, so dass sich ein mehrere Meter mächtiger B-Horizont bildet. Der C-Horizont, das Ausgangsgestein, liegt in der Regel so tief, dass die Pflanzenwurzeln ihn nicht erreichen können und er somit auch keine Bedeutung für die Nachlieferung von Primärmineralien hat.

Aufgrund der hohen Temperaturen und Niederschläge wird die reichlich anfallende organische Substanz sehr schnell zersetzt; entsprechend geringmächtig ist der A-Horizont, und auch die Fruchtbarkeit ist sehr eingeschränkt. Die bei der Zersetzung der organischen Substanz entstehenden Pflanzennährstoffe werden jedoch im natürlichen System nahezu vollständig über Wurzelpilze (Mykorrhizen) in die Pflanzen zurückgeführt.

Durch die intensive chemische Verwitterung werden sogar die Silikate zersetzt und als lösliche Kieselsäuren mit dem ständig abwärts gerichteten Sickerwasserstrom ausgeschwemmt. Dadurch kommt es zu einer Anreicherung von Aluminium- und Eisenoxiden, die die Rotfärbung der ferralitischen Böden (Fe = Eisen, lateinisch: Ferrum, Al = Aluminium) bedingen.

Bei fehlender Pflanzendecke und Erosion des A-Horizontes, z. B. durch Eingriffe des Menschen, kommt es zur *Laterisierung* (lateinisch: later = Ziegel), d. h. zu einer tiefgründigen Verhärtung der Aluminium- und Eisenoxide.

Bodengefährdung durch saure Niederschläge

M 9 *Die Bedeutung des pH-Wertes*

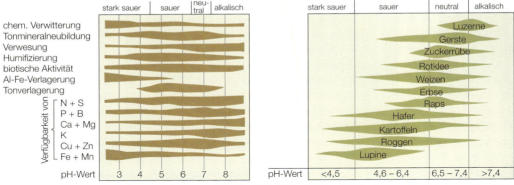

Nach Dietrich Schroeder: Bodenkunde in Stichworten. Kiel: Hirt 1972, S. 78 und Eduard Mückenhausen: Die Bodenkunde. Frankfurt am Main: DLG Verlag 1993, S. 25

PH-Wert. Die gesamten chemischen, biotischen und physikalischen Bodenbildungsprozesse, vor allem die Verfügbarkeit und Speicherfähigkeit der Pflanzennährstoffe, werden durch den pH-Wert gesteuert. Mit dem pH-Wert wird die Säurekonzentration in der Bodenlösung angegeben. Bei den Nutzpflanzen gibt es pH-Bereiche, in denen sie optimal gedeihen. Dieser Optimalbereich liegt beim Weizen etwa bei 6,8–7,0 (neutraler Bereich); beim Hafer dagegen bei 6,0 (schwach saurer Bereich).

Auch die chemische Verwitterung ist beispielsweise vom pH-Wert abhängig. Je niedriger er ist, desto höher ist die chemische Verwitterung. Auch kommt es in diesem Fall zu einer erheblichen Einschränkung der biotischen Aktivitäten. Dauert dieser Zustand über längere Zeit an, etwa durch den Eintrag saurer Niederschläge, so werden die Bodenlebewesen geschädigt; erster „Flüchtling" ist der Regenwurm.

Zwar besitzen die Böden verschiedene Puffersysteme, mit denen der Säureeintrag über eine bestimmte Zeit ausgeglichen werden kann, ständiger Säureeintrag führt jedoch zur Zerstörung dieser Puffersysteme. Im Endstadium kommt es zur vollständigen Auswaschung der Pflanzennährstoffe und zur Freisetzung von Metallionen, die potentielle Zellgifte sind. Des Weiteren gelangen diese Metallionen ins Grundwasser und belasten dies in erheblicher Weise.

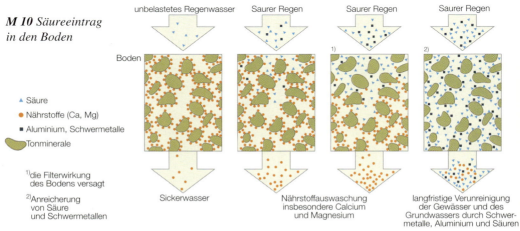

M 10 *Säureeintrag in den Boden*

Nach Jörg Kues, Egbert Matzner, Dieter Murach: Saurer Regen und Waldsterben. Göttingen 1984, S. 77

Bodenfruchtbarkeit

Bodenfruchtbarkeit (Ertragsfähigkeit, Produktivität des Bodens) wird im allgemeinen Sinne definiert als „die Fähigkeit des Bodens, Pflanzen als Standort zu dienen und Pflanzenerträge (als Feld- oder Baumfrüchte) zu produzieren" (Schroeder, S. 122).

In der Acker- und Pflanzenbaulehre wird unterschieden zwischen Bodenfruchtbarkeit (Anteil der Ertragsfähigkeit, der ausschließlich auf Bodenfaktoren zurückzuführen ist) und der *Standortertragsfähigkeit* (gesamte Ertragsfähigkeit einschließlich der durch Klimafaktoren, Pflanzeneigenschaften und Bearbeitungs- und Pflegemaßnahmen des Menschen bedingten Produktivität).
Bei dem Teil der Standortertragsfähigkeit, der durch die Bearbeitung beeinflusst wird, drückt man durch das Wort *Bodengare* aus, dass ein Boden im Zustand seiner höchsten Produktionsfähigkeit ist. Ein garer Boden zeichnet sich demnach durch eine stabile *Krümelstruktur* aus, die in wesentlichem Maße durch die Bodenlebewesen, vor allem den Regenwurm, aufgebaut wird. Dabei hat sich als optimal erwiesen, wenn Krümel mit einem Durchmesser von 0,3 – 3 mm vorherrschen.

„Ein garer Boden enthält ein System kleiner und großer Poren. Jeder Krümel bildet einen kleinen Wasserspeicher für sich, der sich bei Niederschlägen rasch auffüllt, um dann das Wasser langsam abzugeben. Außerdem ist genügend Luft zwischen den Krümeln vorhanden, so dass günstige Voraussetzungen für die Kleinlebewesen und die Wurzeln herrschen. Ein gut gekrümelter Boden hat außerdem die Fähigkeit größere Nährstoffmengen festhalten zu können."

O. Germann: Zur Bodenfruchtbarkeit. Düsseldorf 1982, S. 31

3. Definieren Sie aufgrund der Korngröße folgende Fraktionen: Sand, Schluff und Ton.
4. Die Tonfraktion spielt bezüglich der Bodenfruchtbarkeit eine wichtige Rolle. Beschreiben Sie diese Funktion und zeigen Sie die Unterschiede innerhalb dieser kleinsten Korngrößenfraktion auf.

***M 11** Krümelgefüge: Im garen Boden mit seiner idealen Boden/Luft/Wasserverteilung können die Wurzeln gut den Boden durchdringen und das Wachstum begünstigen.*

5. Welche qualitativen Gemeinsamkeiten und Unterschiede bestehen zwischen den Huminstoffen und den Tonmineralen?
6. Welche Bedingungen müssten sich ändern, damit aus der Parabraunerde ein Podsol entsteht?
7. Erläutern Sie anhand der Parabraunerde und des ferrallitischen Bodens (Latosol) den Einfluss des Klimas und der chemischen Verwitterung auf die Bodenbildung. Ziehen Sie dazu auch M 6 bis M 8 mit heran.
8. Arbeiten Sie mit M 9:
a) Welchen Einfluss hat der pH-Wert auf die Verfügbarkeit von Pflanzennährstoffen?
b) Bei welchen pH-Werten läuft die Zersetzung der organischen Substanz optimal ab?
9. Arbeiten Sie mit dem Atlas (Weltbodenkarte):
a) Nennen Sie Großlandschaften bzw. Staaten in Eurasien, in denen Schwarzerden und Podsole vorkommen.
b) Nennen Sie Großlandschaften bzw. Staaten in Nordamerika, in denen Schwarzerden und kastanienbraune Böden vorkommen.
10. Stellen Sie zusammenfassend eine Wirkungsgefüge dar, von welchen wesentlichen Faktoren Bodenfruchtbarkeit abhängt.

M 12 Landschaftszonenprofil 15° Ost

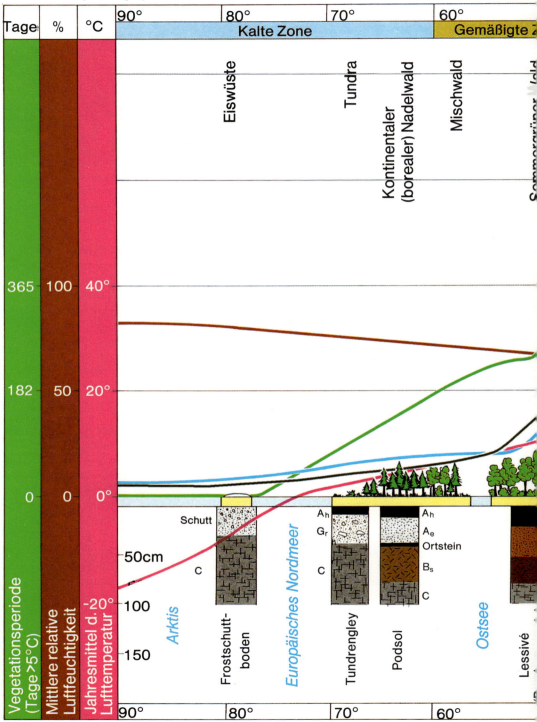

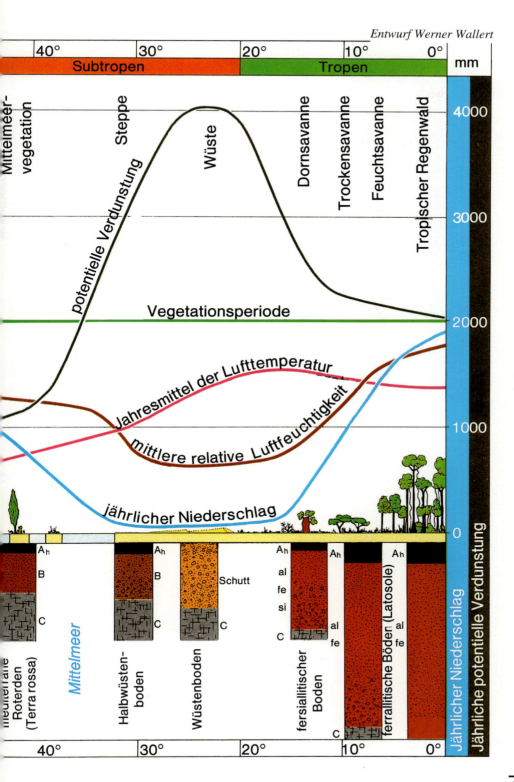

M 13 Landschaftszonen: Klima – Boden – Vegetation

Klimazone	Subzone		wesentliche Klimamerkmale	Mitteltemperatur wärmster Monat	Mitteltemperatur kältester Monat	Temperatur: Jahresschwankungen	hygrische Verhältnisse	Verwitterung, Bodenbildungsprozesse	vorherrschende, potentielle Vegetation
Kalte Zone		1 Polare Klimate	extrem polare Eisklimate; Inlandeis, Frostschuttgebiete	unter 6°		(sehr) hoch	nival	physikalische Verwitt., minimale Bodenbildung	ohne höhere Vegetation
		2 Tundrenklimate	kurzer, frostfreier Sommer; Winter sehr kalt	6°–10°	unter –8°	hoch	humid	physikal. Verwitt., geringe Bodenbildung, Dauerfrostböden	Tundren (z. B. Moose, Flechten, Zwergsträucher)
		3a Extrem kontinentale Nadelwaldklimate	extrem kalter, trockener, langer Winter	10°–20°	unter –25°	mehr als 40°	humid	vorherrschend: physikal. Verwitt., Podsolierung	sommergrüne Nadelwälder (Lärchen)
		3b Kontinentale Nadelwaldklimate	lange, kalte, sehr schneereiche Winter; kurze, relativ warme Sommer; Vegetationsperiode: 100–150 Tage	10°–20°	unter –3°	20°–40°			immergrüne Nadelwälder (z. B. Fichte, Kiefer)
Gemäßigte Zone	Waldklimate	4a Ozeanische Klimate	milde Winter, mäßig warme Sommer	unter 20°	über 2°	unter 16°	humid	ausgewogenes Verhältnis von physikal. und chemischer Verwitterung; Entstehung von Braunerden, Parabraunerden und Übergangsbildungen. Bei 4c: Dauerfrostböden, Gley- und Podsolböden	überwiegend sommergrüne Laubwälder, Mischwälder
		4b Kühlgemäßigte Übergangsklimate	milde bis mäßig kalte Winter, mäßig warme Sommer; Vegetationsperiode über 200 Tage	meist 15° bis 20°	2° bis –3°	16° bis 25°			sommergrüne Laubwälder, Mischwälder (z. B. Buche, Eiche, Fichte)
		4c Kontinentale und extrem kontinentale Klimate	kalte, lange Winter; Vegetationsperiode bei hoher Kontinentalität 120–150 Tage, sonst bis 210 Tage	15° bis über 20°	–3° bis –30°	20° bis über 40°	überwiegend humid		
		4d Sommerwarme Klimate der Ostseiten	generell wärmer als 4c, enge Beziehung zu südlich anschließenden Subtropen	20° bis 26°	2° bis –8°	20° bis 35°			
	Steppenklimate	5 Winterkalte	Winterkälte und Trockenheit im	meist über 20°	meist unter 0°	hoch (Ausnahme)	5 bis 7 humide	Bildung der humusreichen Schwarzerden.	Gras- und Zwergstrauchsteppen

Zone	Klimatyp	Niederschlag	Temperatur	Temperatur	Humide Monate	Böden	Vegetation
Subtropenzone	7 Winterregenklimate (Westseitenklima)	warme und feuchte Jahreszeit fallen auseinander; Mittelmeerklima	starke Schwankungen, meist über 20°	2° bis 13°	im Gegensatz zu den Tropen erhebliche Schwankungen	mehr als 5 humide Monate	Bodenbildungsprozesse in der trockenen Zeit weitgehend unterbrochen; rote und braune Böden	Hartlaubvegetation (z. B. Lorbeer, Stechpalme; immergrüne Stein- und Korkeichen)
	8 Sommerregenklimate (Ostseitenklima)	warme und feuchte Jahreszeit fallen zusammen				10 bis 12 humide Monate		immergrüne und sommergrüne Wälder
	9 Steppenklimate	feuchte Jahreszeit im Vergleich zu 7 kürzer				meist unter 5 humide Monate		Gras-, Strauch-, Dorn- und Sukkulentensteppen
	10 Halbwüsten- und Wüstenklimate	im Gegensatz zu 6 keine strengen Winter, aber Fröste möglich				meist weniger als 2 humide Monate		Halbwüste, Wüste (Anpassung der Pflanzen an die Trockenheit, z. B. Sukkulenz)
Tropenzone	11 Halbwüsten und Wüstenklimate	im Gegensatz zu 10 ganzjährig warm	im Tiefland über 18°	im Tiefland über 18°	gering (meist unter 10°)	weniger als 2 humide Monate	Wüstenböden	Halbwüste, Wüste (Anpassung an die Trockenheit)
	12 Klimate der Dornsavannen	12 bis 14: Wechsel von Regenzeit und Trockenzeit; Jahresniederschläge zunehmend, ebenso Länge der Regenzeit			(keine thermischen Jahreszeiten; Tagesschwankungen der Temperatur größer als Jahresschwankungen der Monatsmittel)	2 bis 4 1/2 humide Monate	fersiallitische Böden	Dornwälder und Dornsavannen
	13 Klimate der Trockenwälder und Trockensavannen					4 1/2 bis 7 humide Monate		regengrüne Trockenwälder und Trockensavannen
	14 Klimate der Feuchtwälder und Feuchtsavannen					7 bis 9 1/2 humide Monate	15 und Teile von 14: ferrallitische Böden (Laterite, Latosole)	immergrüne und regengrüne Feuchtwälder und Feuchtsavannen
	15 Tropische Regenwaldklimate	relativ gleichmäßige und hohe Niederschläge				9 1/2 bis 12 humide Monate, meist über 1500 mm	intensive, tiefgründige chemische Verwitterung	immergrüne tropische Regenwälder

1.6 Weltmeere

Meerwasser ist Lebensraum und Nahrungsquelle

Noch vor einigen Jahrzehnten galt das Meer als unerschöpfliche Nahrungsquelle für die wachsende Weltbevölkerung. Mittlerweile hat Skepsis die optimistischen Prognosen verdrängt. Die Bestände fast aller Fischarten mit kommerzieller Verwendung sind erheblich verringert worden. Vielerorts droht sogar ihr Zusammenbruch.

Grundlage einer erfolgreichen dauerhaften Fischerei sind Kenntnisse über die Lebensbedingungen im Meer. Zu den bedeutendsten Fischfangregionen zählen Gebiete mit großer Produktion von Phytoplankton, da dieses insbesondere dem Zooplankton und damit indirekt den Friedfischen und über diese den Raubfischen als Nahrung dient. Produktion und Vermehrung des Phytoplanktons, jenen mikroskopisch kleinen einzelligen Algen, geht auf die durch das Sonnenlicht ausgelöste Umwandlung von Kohlendioxid, Wasser und Nährsalzen in pflanzliche Materie zurück (Photosynthese).

Die Produktivität der Meere ist unterschiedlich hoch. Sie schwankt zwischen 0,2 und 1 g Kohlenstoff (C)/m^2/Tag in küstennahen Zonen mit kaltem Auftriebswasser bis zu 0,08 g C/m^2/Tag in Bereichen der tropischen Ozeane, die frei von Strömungsdivergenzen sind. Zum Vergleich: Die Produktivität im tropischen Regenwald beträgt 0,7 g C/m^2/Tag, während in Wüstenregionen Werte von 0,01 g C/m^2/Tag zu erwarten sind. Etwa ein Drittel der Meeresfläche ist weitgehend unfruchtbar. Damit die Nährsalze genutzt werden können, ist es nötig, dass sie durch thermale oder haline Aufstiegs- und Durchmischungsvorgänge oder die Gezeitenkräfte nach oben gespült werden. Begünstigt sind daher flache Meeresgebiete, wie die Schelfmeere, sowie Gebiete, in denen unterschiedlich warme Meeresströmungen aufeinander stoßen, oder Küstengewässer, in denen ablandige Winde für Auftriebswasser sorgen.

Die bedeutendsten Fischfangnationen zählen nährstoffreiche Küstengewässer zu ihrem Hoheitsgebiet oder haben mit hohem finanziellem Aufwand eine gut ausgerüstete Hochseefangflotte aufgebaut.

M 1 *Die Verteilung der pflanzlichen Urproduktion im Meer (gemessen an dem organisch gebundenen Kohlenstoff (in g/m^2 und Jahr), flächentreue Projektion)*

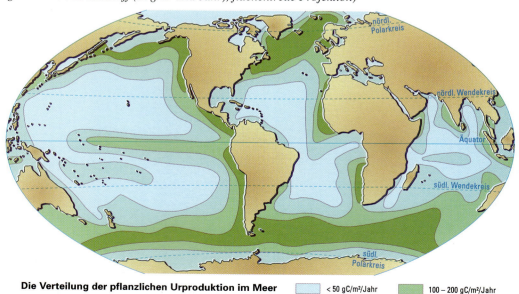

Die Verteilung der pflanzlichen Urproduktion im Meer   < 50 gC/m^2/Jahr   100 – 200 gC/m^2/Jahr

Nach Hans-Günter Gierloff-Emden: a. a. O., S. 719

M 2 Entwicklung der Weltfischerei

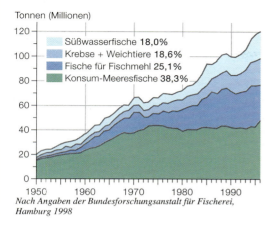

Nach Angaben der Bundesforschungsanstalt für Fischerei, Hamburg 1998

M 3 Fang und Aquakultur

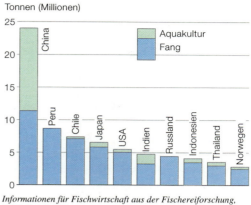

Informationen für Fischwirtschaft aus der Fischereiforschung, 1997, H. 4, S. 189

M 4 Kritische Fischbestände im Atlantik nach FAO-Meeresgebieten

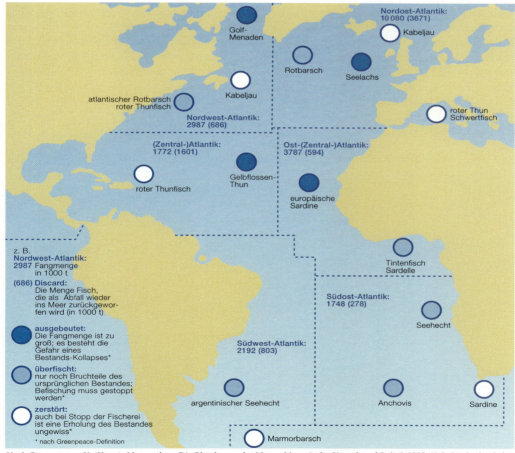

Nach Greenpeace e. V. (Hrsg.): Meer ... leer. Die Plünderung der Meere. Magazin für Umwelt und Politik 1995, H. 3. Sonderdruck der Fischerei-Kampagne, S. 16–17

75

Meerwasser ist in Bewegung

Das Wasser der Ozeane wird durch unterschiedliche Kräfte wie Wind, Gezeiten und Dichtegefälle in Bewegung versetzt. Manche dieser Bewegungen, wie die direkt durch den Wind angeregten Oberflächenwellen des Seegangs, erfassen nur die oberen Bereiche der Wassersäule, andere, wie die so genannten internen Wellen, entfalten ihre Wirkung in erster Linie im Innern der Ozeane. Während bei geringer Wellenbewegung in der Regel kein Wassertransport stattfindet, weil die Wasserteilchen lediglich Kreisbewegungen (so genannte Orbitalbahnen) ausführen, ist bei der Meeresströmung genauso wie bei den Gezeiten ein echter Wassertransport zu beobachten.

Für die oberflächlichen Meeresströmungen sind hauptsächlich Winde verantwortlich. So verursachen die während des gesamten Jahres in gleicher Richtung wehenden Passate gleichmäßige Strömungen an den Westseiten der Kontinente, während es dank der Monsunwinde zu den jahreszeitlich wechselnden Strömungen im nördlichen Bereich des Indischen Ozeans kommt.

Corioliskraft, Reibung und Meeresbodenrelief beeinflussen Richtung und Geschwindigkeit der Meeresströmungen.

Im Innern der Ozeane überwiegen Strömungen, die infolge ungleicher Temperatur- und Salzgehaltsverteilung entstehen. Horizontale Dichteunterschiede sind beispielsweise für die Strömungen in der Straße von Gibraltar verantwortlich.

Der Motor eines weltweiten Strömungssystems befindet sich im Nordatlantik. Warmes Oberflächenwasser fließt vom Äquator gen Norden. Dabei kühlt es ab, seine Dichte erhöht sich, sodass in den höheren Breiten ein Absinken gewaltiger Wassermassen von 17 Millionen Kubikmetern je Sekunde in große Tiefen stattfindet. Von dort fließt es unter dem Golfstrom zurück in den Indischen und Pazifischen Ozean, wo es rund 1000 Jahre später wieder an die Oberfläche gelangt, um sich während des anschließenden Transports nach Westen zu erwärmen und erneut gen Nordatlantik abzufließen. Die Konvektion wirkt somit wie eine Pumpe.

M 5 Das große marine Förderband

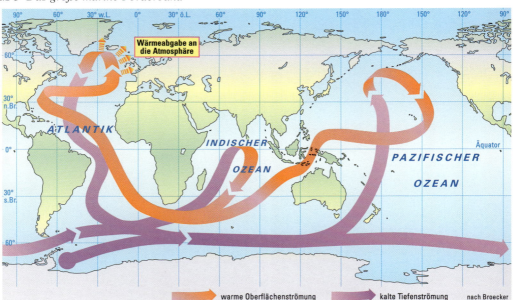

M 6 Der globale Kohlenstoff-Kreislauf

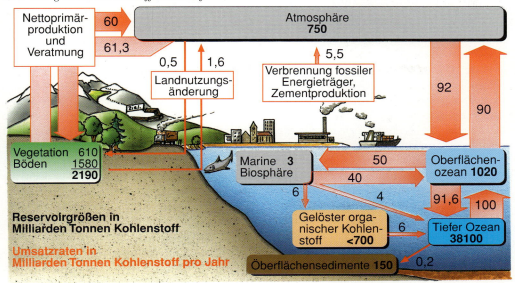

Verstärkt wird die *ozeanische Zirkulation* durch Salzgehaltsunterschiede. Im Pazifik ist die Verdunstungsrate niedriger als die Wasserzufuhr, im Atlantik machen wir gegenteilige Beobachtungen, so dass dort eine Zunahme des Salzgehaltes eintritt. Die damit verbundene Dichteerhöhung gibt der Konvektion in den polaren Breiten zusätzliche Kraft. Das dabei in die Tiefe gelangte Salz drängt zum Pazifik mit seinem Salzgehaltsdefizit und gibt der Tiefenströmung dadurch einen zusätzlichen Schub.

Die Fähigkeit der Ozeane, Wärme zu speichern, über weite Strecken zu transportieren und in einen Wärmeaustausch mit der Atmosphäre zu treten, hat erheblichen Einfluss auf das Klima. Sie führt u. a. dazu, dass die Winter in Europas höheren Breiten milder sind als jene gleicher Breiten in Amerika. Sollte es infolge des Treibhauseffektes zu der vielfach prognostizierten Erwärmung der Erde kommen, wird dies nicht ohne Auswirkungen auf die ozeanische Zirkulation bleiben. Die „Pumpe" im Nordatlantik könnte zum Stillstand kommen oder nach Süden verlagert werden, so dass der Golfstrom seine temperaturdämpfende Wirkung in Nordeuropa nicht mehr entfalten könnte.

Die beschriebene vertikale Wasserbewegung ist außerdem für die anthropogenen CO_2-Emissionen bedeutsam.

Nach Informationsblatt des Deutschen Klimarechenzentrums zur Innovationsmesse Leipzig, September 1997

Im Herbst und Winter kühlt sich das Oberflächenwasser ab und nimmt vermehrt CO_2 auf. Wenn bei der Abkühlung eine kritische Grenze erreicht wird, sinkt das kohlendioxidreiche Oberflächenwasser ab, wodurch das CO_2 längerfristig dem globalen Kreislauf entzogen wird. Ergänzt wird diese „physikalische Kohlenstoffpumpe" durch eine „biologische Pumpe", die durch das Phytoplankton in besonderem Maße „angetrieben" wird, da dank der Photosynthese der Planktonalgen gelöstes Kohlendioxid zu organischer Biomasse umgewandelt wird. Weiteres Kohlendioxid ist in den Kalkschalen von pflanzlichen und tierischen Planktern festgelegt. Planktonorganismen, die in tiefere Schichten absinken, entziehen der Atmosphäre somit gleichfalls auf lange Zeit CO_2. Modellszenarien zeigen, dass ein „Abschalten" dieser Pumpe eine Verdoppelung des atmosphärischen Kohlendioxids zur Folge hätte.

1. *Erläutern Sie die Unterschiede in der Fruchtbarkeit einzelner Meere (M 1).*
2. *Zeigen Sie Zusammenhänge auf, die die Wechselwirkungen zwischen Meer und Klima verdeutlichen.*

Verkehrsraum Weltmeer

Seit 6000 Jahren fahren Menschen zur See. Als älteste Form zur Bewegung auf dem Wasser dienten vermutlich zunächst Baumstämme, später Flöße. Die Segelschiffe im Mittelmeer erreichten in den vorchristlichen Jahrhunderten Geschwindigkeiten von 4–6 kn., so dass eine Reise beispielsweise von Karthago zur Straße von Gibraltar damals etwa 7 Tage dauerte. Heute verbindet der Weltseegüterverkehr alle seewärts erreichbaren wirtschaftlich bedeutsamen Gebiete der Erde miteinander. Als Nadelöhr des Seeverkehrs sind der Panama- und Suezkanal sowie die Route um das Kap der Guten Hoffnung anzusehen. Transportiert werden gegenwärtig in erster Linie Güter, während die Passagierschifffahrt zugunsten des Luftverkehrs Bedeutung eingebüßt hat und sich weitgehend auf Fährverbindungen und touristische Kreuzfahrten beschränkt. Welthandel und Hochseeschifffahrt stehen in einem engen Zusammenhang, denn kein Transportmittel vermag große Warenmengen so kostengünstig über weite Entfernungen zu bewegen wie Schiffe.

Deshalb ist der Trend im internationalen Schiffsverkehr auf die Entwicklung immer größerer Schiffe bei zunehmender Spezialisierung auf bestimmte Transportgüter gerichtet. Über 80 % des gesamten Welthandels werden gegenwärtig durch den Seeverkehr abgewickelt. Dabei ist zwischen dem Transport von Massen- und Stückgütern zu unterscheiden. Der Stückgutverkehr ist durch die Verwendung von Containern zunehmend rationalisiert worden. Vor allem der Transport in genormten Containern gewinnt immer mehr an Bedeutung, da diese ein schnelleres Be- und Entladen ermöglichen. Die Liegezeiten der Containerschiffe in den Häfen haben sich dadurch enorm verkürzt. Für Massengüter, vor allem Schüttgüter wie Kohle, Zement, Erz oder Getreide, wurden spezielle Massengutfrachtschiffe (Bulkcarrier) entwickelt.

M 7 Wichtige Schifffahrtswege und bedeutende Seehäfen

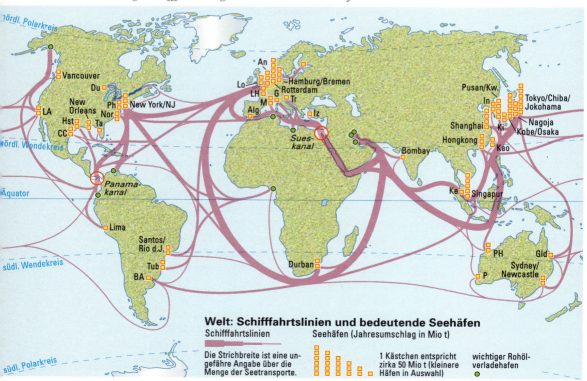

Die Entwicklung von Großtankern für den Erdöltransport erreichte mit Schiffen von über 500 000 t Tragfähigkeit einen Höhepunkt. Solche Supertanker rentieren sich zwar relativ schnell, sie erfordern aber auch größere Wassertiefen, die nicht in allen Kanälen und Häfen gegeben sind. Heute werden eher Tanker mit einer Tragfähigkeit von etwa 250 000 t bevorzugt. Der Weltseegüterverkehr, der die geladenen Güter im Außenhandel umfasst, belief sich im Jahre 1997 auf knapp 5,1 Mrd. t. Davon entfielen 1,5 Mrd. t auf Rohöl sowie jeweils etwa 450 Mio. t bis 400 Mio. t auf Kohle, Eisenerz und Mineralölprodukte. Rund 34 000 Handelsschiffe haben diese Transportleistung vollbracht.

Billiglohnländer. Um Lohnkosten, Steuern und Investitionen in Sicherheitsstandards und Instandhaltung zu sparen, lassen Reeder aus Hochlohnländern ihre Schiffe häufig in „Drittländern" wie Liberia, Zypern, Malta oder den Bahamas registrieren. So fuhr im Jahre 1996 bereits über die Hälfte der in Deutschland beheimateten Schiffe unter einer dieser so genannten „Billigflaggen". Aufgrund unzureichender Sicherheitseinrichtungen und der mangelhaften Ausbildung der Besatzungen sind diese Schiffe überproportional häufig in Unfälle verwickelt. Um eine weitere Ausflaggung deutscher Schiffe zu verhindern, wurde im Jahre 1989 als „Zusatzregister" das „Deutsche Internationale Schiffsregister" eingerichtet, das weniger strenge Vorschriften als das Erstregister kennt. Es ermöglicht den Reedereien, ausländische Seeleute zu niedrigen Löhnen ihrer Heimatländer anzuheuern. Von Seiten der Gewerkschaften wird befürchtet, dass viele der noch 9 400 deutschen Seeleute ihren Arbeitsplatz verlieren werden.

M 8 Wichtige Güter im Welt-Seegüterverkehr in Mio. t

	1997	1996	1990
Rohöl	1 525	1 466	1 190
Kohle	453	435	342
Eisenerz	423	391	347
Mineralölprodukte	410	404	336
Getreide	203	193	192

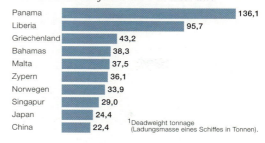

M 9 Welthandelsflotte 1998 in Mio. dwt[1]

Panama 136,1
Liberia 95,7
Griechenland 43,2
Bahamas 38,3
Malta 37,5
Zypern 36,1
Norwegen 33,9
Singapur 29,0
Japan 24,4
China 22,4

[1] Deadweight tonnage (Ladungsmasse eines Schiffes in Tonnen).

M 10 Güterverkehr in führenden Seehäfen 1997 (1996); Umschlag in Mio. t 1997 (1996)

Singapur	327,506	(314,165)
Rotterdam (Niederlande)	303,292	(284,358)
South Louisiana (USA)	199,670	(233,995)
Chiba (Japan)	173,337	(177,811)
Hongkong	169,229	(157,299)
Shanghai (VR China)	–	(170,000)
Ulsan (Rep. Korea)	150,679	(129,467)
Kobe (Japan)	147,771	(135,519)
Nagoya (Japan)	142,737	(137,064)
Yokohama (Japan)	126,453	(126,448)
Inchon (Rep. Korea)	123,412	(116,001)
Kwangyang (Rep. Korea)	116,703	(112,690)
Antwerpen (Belgien)	111,895	(106,526)
Osaka (Japan)	–	(104,641)
Pusan (Rep. Korea)	106,629	(97,598)
Long Beach (USA)	104,741	(99,386)
…		
Hamburg (Deutschland)	76,503	(70,920)

Tabellen und Grafik nach Fischer-Weltalmanach 2000. Frankfurt. Fischer Taschenbuchverlag 1999, S. 1241

3. Erläutern Sie Tendenzen in der Entwicklung des Weltseegüterverkehrs.
4. Informieren Sie sich über Ursachen und Ausmaß großer Tankerunfälle
5. Erläutern Sie die Bedrohung, die von einem Tankerunfall vor den ostfriesischen Inseln ausgehen würde.
6. Stellen Sie die unterschiedlichen Interessen bei der Ausflaggung eines deutschen Schiffes für die Betroffenen zusammen: Reeder, Regierungsvertreter eines Billigflaggenlandes und eines Hochlohnlandes, deutscher und ausländischer Seemann, Vertreter nationaler und internationaler Gewerkschaftsverbände sowie von Umweltschutzverbänden.

2 Wirtschaftsstandort Deutschland in Europa

2.1 Europa – geographische, historische Grundlagen der Integration

M 1 Europa begegnet uns täglich

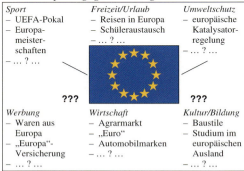

Sport	Freizeit/Urlaub	Umweltschutz
– UEFA-Pokal	– Reisen in Europa	– europäische
– Europa-	– Schüleraustausch	Katalysator-
meister-	– … ? …	regelung
schaften		– … ? …
– … ? …		

Werbung	Wirtschaft	Kultur/Bildung
– Waren aus	– Agrarmarkt	– Baustile
Europa	– „Euro"	– Studium im
– „Europa"-	– Automobilmarken	europäischen
Versicherung	– … ? …	Ausland
– … ? …		– … ? …

Europa begegnet uns täglich – und es betrifft uns alle. Ohne dass wir dies in jedem Einzelfalle merken, fallen immer mehr politische Entscheidungen längst nicht mehr ausschließlich auf nationalstaatlicher Ebene, sondern in europäischen Gremien. Grenzüberschreitende Herausforderungen, genannt seien hier nur Probleme wie die Umweltbelastung, die internationale Kriminalität, der Zustrom von Asylsuchenden, die Arbeitslosigkeit, lassen sich nicht mehr nur mit den Instrumenten der Nationalstaaten lösen. Notwendig sind gemeinsame Konzepte.

Aber welches Europa soll das sein und wie ist es zu integrieren? In der politischen Wirklichkeit begegnet uns bereits heute – trotz aller sprachlichen und kulturellen Vielfalt – eine Reihe mehr oder weniger intensiver Einigungsprojekte und Kooperationen. Wenn wir aber vom integrierten Europa sprechen, meinen wir in der Regel die Europäische Union. Wo aber „endet" die Idee der europäischen Einigung? An der Ostgrenze Polens, am Ural? Weder der historische noch der geographische Europa-Begriff ist eindeutig. Im Mittelalter umfasste Europa das christliche Abendland und das reichte von Irland bis Siebenbürgen, von Spanien bis Schweden.

„Die traditionell definierte Grenze verläuft im Ural, dann längs des Flusses Ural zum Kaspischen Meer. Zwischen Kaspischem Meer und Schwarzem Meer wird einerseits die Manytsch-Niederung – hier bestand noch im Pleistozän über die heute nur 26 m hohe Talwasserscheide eine Meeresverbindung – oder andererseits die Wasserscheide des Kaukasus als Trennlinie gewählt. Wie auch immer: Diese Abgrenzung Europas von Asien ist an keiner Stelle weder historisch-geographisch noch politisch eine wirkliche Trennlinie. Weder das Gebirge des Urals noch der Fluss Ural, weder die Manytsch-Niederung noch der Gebirgskamm des Kaukasus haben eine trennende Funktion. Dies zeigt sich im Verlauf der gegenwärtigen politischen Grenzen, denn die Staatsterritorien der Russischen Föderation, Kasachstans und der Staaten im Kaukasus greifen über diese Trennlinie hinweg. Auch die weitere Abgrenzung des Kontinentes an den Meerengen von Bosporus und Dardanellen, in der Ägäis und auf Zypern ist nicht weniger problematisch."

Michael Geiger: Europas Grenzen – grenzenloses Europa. In: Praxis Geographie 1997, H. 10, S. 5f.

Ist es also schon schwierig, Europa von seinen Außengrenzen her zu definieren, so schaffen auch die Binnengrenzen Probleme. Integration heißt, Grenzen überwinden. Aber die werden in Europa immer zahlreicher. Im ausgehenden 20. Jahrhundert hat sich die Anzahl der souveränen Staaten seit 1900 fast verdoppelt.

1. Stellen Sie fest, in welchen Bereichen Ihnen „Europa" im Alltag begegnet.
2. Formulieren Sie in einem kleinen Aufsatz, welche Vorstellungen Sie mit „Europa" verbinden.

Mind-Mapping

Mind-Mapping ist eine Technik, Informationen, Projekte, Ideen strukturiert zu visualisieren. Es lässt sich zum Planen, Erweitern, Organisieren und Wiederholen von Informationen und Lerninhalten spielerisch und effizient einsetzen. Diese Technik, die auf den kreativen und assoziativen Potenzialen des Gehirns beruht, lässt sich u. a. zum Planen von Referaten ebenso gut einsetzen wie zur Darstellung komplexer Sachverhalte.

Mind-Mapping Hinweise

– Legen Sie ein unliniertes Papier quer und setzen Sie das zentrale Thema als Bild oder in Blockschrift in die Mitte.
– Verwenden Sie mehrere Farben, je nach Ergiebigkeit des Themas. Ihre Mind-Map können Sie so anschaulicher strukturieren.
– Schreiben Sie in Blockschrift Ihre Leitgedanken auf Hauptlinien, dick, gebogen und dünn auslaufend, wie Äste, die von einem Baumstamm wegführen. Diese Linien sind direkt mit dem zentralen Bild oder Begriff verbunden; mit Farben lassen sich Bezüge zu dem Zentrum rascher erkennen.
– Diese Gedanken lösen weitere Assoziationen aus, die als kleinere Äste eingefügt werden, von denen wieder Zweige abgehen können.
– Arbeiten Sie mit Schlüsselworten, Symbolen, Pfeilen oder anderen Codes, um Ihre „Gehirn-Landkarte" einprägsam zu gestalten.
– Eine Mind-Map ist eine „unendliche Geschichte" – sie kann jederzeit und fast beliebig erweitert werden.

Mind-Map zum Thema Europa

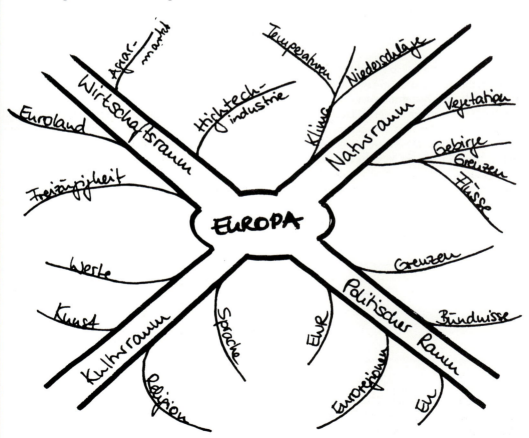

Der Natur- und Wirtschaftsraum

M 2 Ökozonen in Europa

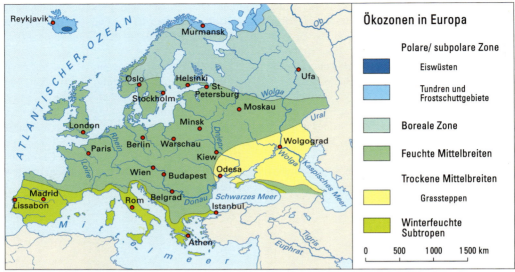

Nach Jürgen Schultz: Die ökozonale Gliederung der Erde. In: Geographische Rundschau 1990, H. 7–8, S. 424

Der Naturraum

Europa bietet nicht nur in politischer, kultureller und sprachlicher Hinsicht ein sehr differenziertes Bild. Auch sein Naturraum ist äußerst vielgestaltig. Das zeigt schon ein Blick auf entsprechende Atlaskarten. Das beweisen aber auch die verschiedenen *Ökozonen,* an denen Europa Anteil hat. Mit diesem System der ökozonalen Gliederung, das sich in Teilen von anderen Klassifikationen unterscheidet, wird versucht, weltweit Räume annähernd ähnlicher landschaftsprägender Faktoren und Merkmale zusammenzufassen. Damit wird es möglich, für jeden beliebigen Ort der Erde von vornherein eine Reihe wesentlicher Merkmale z. B. seiner natürlichen Umwelt zu nennen.

M 3 Vergleich von Ökozonen nach quantifizierbaren Merkmalen (Auswahl)

Merkmale	Ökozone	1. polare/ subpolare Zone		2. boreale Zone	3. feuchte Mittelbreiten	4. trockene Mittelbreiten		5. winterfeuchte Subtropen
		Eiswüsten	Tundren- u. Frostschutt- zone			Gras- steppen	Wüsten u. Halbwüsten	
Jahresniederschläge [N]		○	◐	◐	◐	◐	○	◐
Jahrestemperatur		○	◐	◐	◐	◐	◐	●
potenzielle jährliche Evapotranspiration[1]		○	◐	◐	◐	●	●	●
Abflusshöhe [Q]		◐	◐	◐	◐	○	○	◐
Abflusskoeffizient [Q/N]		●	●	◐	◐	○	○	◐
jährliche Globalstrahlung[2]		○	◐	◐	◐	●	●	●
Länge der Vegetationsperiode		○	◐	◐	◐	◐	◐	●
Globalstrahlung während der Vegetationsperiode		◐	◐	◐	◐	◐	◐	●
Temperatur während der Vegetationsperiode		◐	◐	◐	◐	●	●	●
Phytomasse gesamt[3]		○	●	●	●	◐	○	●

[1] Evapotranspiration: gesamte Verdunstung der vegetationsbedingten Erdoberfläche
[2] Globalstrahlung: Strahlungssumme aus der Sonneneinstrahlung
[3] Phytomasse: Menge lebender pflanzlicher organischer Substanz

● sehr hoher Wert ● hoher Wert ◐ mittlerer Wert ○ kleiner Wert ○ sehr kleiner Wert oder Null

Nach Jürgen Schultz: a. a. O., S. 426

M 4 Ausgewählte Klimastationen

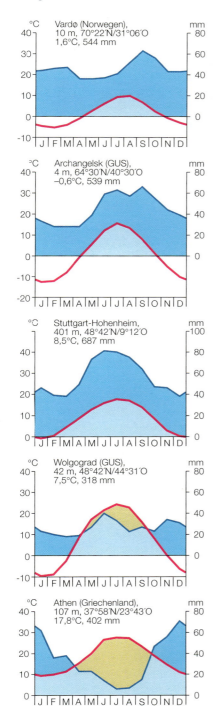

M 5 Tundra

Das Relief ist gekennzeichnet durch ein relativ kleinräumiges Mosaik, gebildet aus Hoch- und Mittelgebirgen, Schichtstufenländern und Beckenlandschaften, Flusstälern und Küstentiefländern. Diese naturräumlichen Einheiten erhalten ihre spezifische Ausprägung auch durch das Klima, das durch folgende Faktoren bestimmt ist:

– Zonen der Westwinde, der zirkumpolaren Ostwinde sowie der subtropischen Hochdruckgebiete und deren jahreszeitliche Verlagerungen,
– maritimer Einfluss, der aufgrund der starken Gliederung in große Halbinseln und Meeresbuchten weit in den Kontinent hinein reicht,
– warmer Golfstrom, der vor allem für Nordwesteuropa eine deutliche Temperaturerhöhung bringt,
– breitenparallele Lage der europäischen Faltengebirge, die den Luftmassenaustausch zwischen Nord und Süd behindern.

3. Ordnen Sie die Klimadiagramme und das Foto der jeweiligen Ökozone zu.
4. Beschreiben Sie möglichst umfassend mithilfe der Materialien und entsprechender Atlaskarten die naturräumliche Ausstattung der einzelnen Ökozonen Europas.

Der Wirtschaftsraum Europa

Die Integration Europas kann nur gelingen, wenn die daran beteiligten Staaten zunächst ihre wirtschaftlichen Strukturen und Entwicklungen einander angleichen. Wie schwer dieser Weg ist, zeigte sich bereits, als die meisten Mitgliedstaaten innerhalb der Europäischen Union darum rangen, die Kriterien für die vereinbarte Wirtschafts- und Währungsunion zu erfüllen. Noch größere Schwierigkeiten werden zu überwinden sein, wenn die Zusammenarbeit mit den mittel- und osteuropäischen Ländern oder den GUS-Staaten intensiviert werden soll. Deren Wirtschaftsstrukturen unterscheiden sich doch stark von denen der westlichen Industrienationen. Und darüber hinaus müssen diese Länder zunächst den Übergang von der Zentralverwaltungs- zur Marktwirtschaft bewältigen.

Ohnehin ist es nicht verwunderlich, dass in einem Gebiet von der Größe Europas vielfältige räumliche Unterschiede in der Bevölkerungs-, Wirtschafts- und Infrastruktur zu beobachten sind. Sein Reichtum an natürlichen Ressourcen ist genauso ungleich verteilt wie die ca. 700 Mio. Menschen (etwa 13% der Weltbevölkerung).

Und sehr verschieden sind auch die Traditionen und Leitbilder, auf deren Grundlage in den 44 Groß-, Mittel-, Klein- und Zwergstaaten über die Raumentwicklung entschieden wird.

M 7 *Die EU im Vergleich*

	Euro-Zone[1]	USA	Japan
Bevölkerung in Millionen	290	268	126
Anteil an der Weltbevölkerung in Prozent	5,0	4,6	2,2
Anteil am weltweiten Bruttoinlandsprodukt in Prozent	19,4	19,6	7,7
Anteil am Welthandel in Prozent	18,6	16,6	8,2
BIP in Milliarden Euro	5546	6848	3716
Beschäftigungsquote in Prozent[2]	58,1	72,9	69,5
öffentliche Verschuldung in Prozent des BIP	74,7	61,5	86,7

[1] Euro-Teilnehmer: Belgien, Bundesrepublik Deutschland, Finnland, Frankreich, Irland, Italien, Luxemburg, Niederlande, Österreich, Portugal, Spanien
[2] Beschäftigte in Prozent der Bevölkerung im erwerbsfähigen Alter

Nach Europäische Kommission und Institut der deutschen Wirtschaft

M 6 *EU, MOEL und GUS im Vergleich 1997*

Indikator	EUR 15	MOEL	GUS (BLR, MDA, RUS, UKR)	GUS (gesamt 1993)
Gesamtbevölkerung (1000)	370 156	127 218	212 201	285 459
Gesamtfläche (1000 km²)	3 191	1 317	17 921	22 102
Bevölkerungsdichte (Einwohner/km²)	116,0	96,6	11,8	12,9
Lebenserwartung (in Jahren) Männer	72,7	67,4	62,0	61,9
Lebenserwartung (in Jahren) Frauen	79,1	75,8	72,5	72,7
Beschäftigung in der Landwirtschaft (in % der Gesamtbeschäftigung)	4,2	22,3	–	21,6
Beschäftigung in der Industrie (in % der Gesamtbeschäftigung)	32,7	29,0	–	26,5
BIP je Einwohner (ECU) 1993	15 944	1 799	–	626
Landwirtschaft (in % des BIP)	2,6	8,1	–	10,4
Industrie (in % des BIP)	22,3	33,2	–	42,7

EUROSTAT, Europa in Zahlen. Luxemburg – Brüssel 1995, S. 394/395, 400/401;
EUROSTAT, Statistisches Jahrbuch Regionen 1997. Statistical Yearbook of the UN 1998, eigene Berechnungen

5. Stellen Sie mittels geeigneter Atlaskarten fest, über welche natürlichen Ressourcen Europa in besonders reichem Maße verfügt.
6. Vergleichen Sie anhand ausgewählter Indikatoren die EU mit anderen Wirtschaftsräumen.
7. Untersuchen Sie mithilfe von Atlaskarten den Wirtschaftsraum Europa, indem Sie Zentren von Industrie und Landwirtschaft, Aktiv- und Passivräume ausgliedern.

M 8 Bündnisse und Kooperationen in Europa

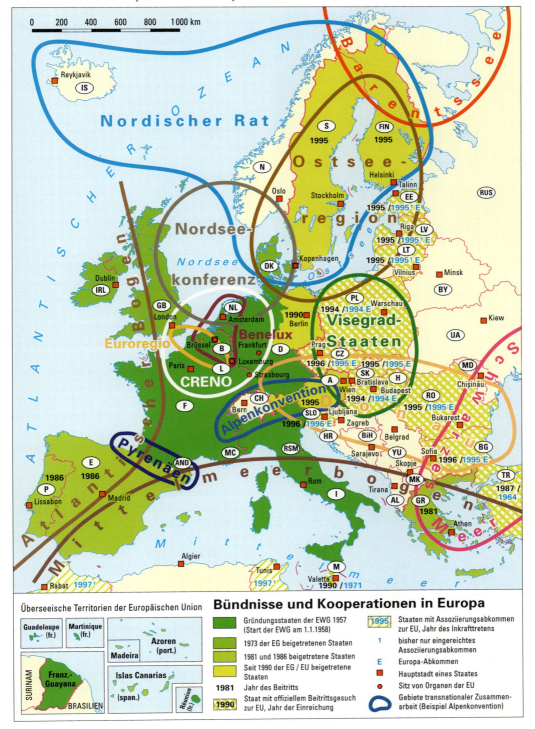

85

Wanderungsbewegungen in Deutschland und Europa

M 9 Vertreibung aus dem Kosovo 1999

Die Ursachen von Wanderungsbewegungen
lassen sich auf drei wesentliche Faktoren zurückführen
– Arbeitsmangel, Hunger und Armut,
– Strukturzerfall und (Bürger)Krieg,
– religiöse und politische Unterdrückung.
In den letzten Jahrzehnten kommt mit den großräumigen Umweltzerstörungen und den dadurch ausgelösten Strömen von „Umweltflüchtlingen" in zunehmendem Maße ein viertes Motiv hinzu.
Die genannten Ursachen gelten auch für Europa, allerdings stellten hier während des Kalten Krieges die drastischen Beschränkungen der Wanderungs- und Reisefreiheit durch totalitäre Regime ein wesentliches Mobilitätshindernis nicht nur zwischen Ost und West, sondern auch zwischen den sozialistischen Ländern dar.

„Seit dem Verschwinden des Eisernen Vorhangs haben sich die Perspektiven dramatisch verändert. Die ärmeren Länder in Ostmittel- und Osteuropa, auf dem Balkan und südlich des Mittelmeeres sehen die Möglichkeit ihrer Bürger, nach Westeuropa auszuwandern und dort Arbeit zu finden, als Chance, das hohe Niveau der im eigenen Land herrschenden Arbeitslosigkeit zu senken. Der Transfer von Geld- und Sachleistungen erfolgreicher *Migranten* (Wanderer, Auswanderer) ist ebenfalls willkommen und fördert die Stabilisierung der Herkunftsländer. ... Heute dominiert in Westeuropa die Sorge vor zukünftiger Zuwanderung aus Zentral- und Osteuropa aus Nordafrika und dem Mittleren Osten. Der Zustrom armer, arbeitsloser und politisch verfolgter Menschen aus diesen und anderen Regionen der Welt wird als Bedrohung empfunden. Die Tatsache, dass westeuropäische Zielländer in der Vergangenheit durch Immigranten in der Regel wirtschaftlich profitierten, spielt in der öffentlichen Diskussion kaum noch eine Rolle. Stattdessen ist *Migration* (Wanderung) zu einem der wichtigen Themen der Innen- und Sicherheitspolitik Westeuropas geworden. ... In Frankreich, Belgien, und – seit den späten achtziger Jahren – auch in Italien und Spanien hält man den Wanderungsdruck aus Nordafrika und dem Nahen Osten für ein Problem. In Deutschland, Österreich und Skandinavien gilt die Hauptsorge hingegen der Zuwanderung aus der östlichen Hälfte Europas. Geteilt werden diese Sorgen neuerdings auch von Ländern wie der Tschechischen Republik, Ungarn und Polen. Gleichzeitig wurde die russische Föderation durch die ‚Rückkehr' ethnischer Russen aus anderen Staaten der Gemeinschaft Unabhängiger Staaten (GUS) zum zweitwichtigsten Einwanderungsland unseres Kontinents. ... (Aber) trotz des gewachsenen Interesses am Thema ‚Wanderung' gilt: Massenmigration ist weder ein neues Phänomen, noch stellt sie den historischen Ausnahmefall dar. Seit Beginn der Industriellen Revolution in Europa ... ist räumliche Mobilität ein Charakteristikum moderner Gesellschaften. Allerdings haben sich die Gewichte verschoben. Europa als Ganzes war einst ein Auswanderungskontinent. Heute besteht Europa fast nur noch aus Ländern mit einer positiven Wanderungsbilanz."

Rainer Münz: Phasen und Formen der europäischen Migration. In: Steffen Angenendt (Hrsg.): Migration und Flucht. Bonn 1997. S. 34f.

Zu diesen Ländern mit einer positiven Wanderungsbilanz gehört insbesondere auch Deutschland, das seit dem Zweiten Weltkrieg zu einem Zielland von Migranten verschiedenster Art geworden ist.

Zuwanderung als Folge wirtschaftlicher Disparitäten in Europa: Die „Gastarbeiter"

M 10 Ausländische Bevölkerung im Bundesgebiet seit 1960 (ab 1991 gesamtdeutsches Ergebnis)

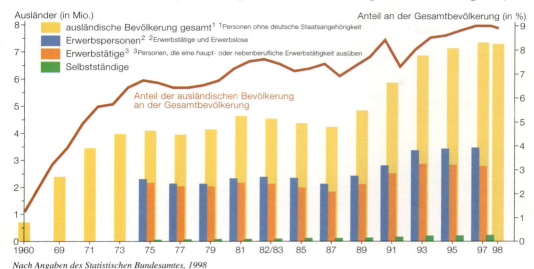

Nach Angaben des Statistischen Bundesamtes, 1998

Die Zuwanderung von Ausländern in die alten Bundesländer begann in der Zeit des „Wirtschaftswunders" der 50er- und 60er-Jahre. In dieser Aufschwungphase der Nachkriegszeit hatte die westdeutsche Wirtschaft einen hohen Bedarf an Arbeitskräften, der zunächst in vielen Bereichen durch Flüchtlinge aus der DDR gedeckt werden konnte. Der Bau der Mauer im Jahre 1961 stoppte diesen ständigen Zustrom. Verstärkt wurden nun „Gastarbeiter", wie sie zunächst genannt wurden, aus den weniger entwickelten Regionen Südeuropas und der Türkei angeworben. Die wirtschaftlichen Disparitäten lösten Migrationen aus, die nicht nur die ökonomischen Strukturen in den Ziel- und in den Herkunftsgebieten veränderten. Im Sinne eines zukunftsfähigen Miteinanders stellten sie unsere Gesellschaft vor neue Herausforderungen. Die Zuwanderer übernahmen als zunächst weitgehend ungelernte Arbeitskräfte die Stellen von besser ausgebildeten, aber teureren Deutschen. Vor allem im verarbeitenden Gewerbe gelang es auf diese Weise, unter Beibehaltung der Produktionsstrukturen die Lohn-Stück-Kosten zu senken.
Die wirtschaftlichen Folgen der ersten Ölkrise führten Ende 1973 zum Anwerbestopp und zunächst auch zu Ansätzen einer Rückwanderung, die aber bald durch den Zuzug von Familienangehörigen überlagert wurde. Seit Ende der 80er-Jahre nehmen die Ausländerzahlen in der Bundesrepublik wieder stärker zu, was im Wesentlichen auf „neue" Zuwanderergruppen wie Flüchtlinge, Asylbewerber und Arbeitsuchende aus Osteuropa zurückzuführen ist.

Eine Zuwanderung in die ehemalige DDR hat es in vergleichbaren Ausmaßen und Ursachen nicht gegeben. 1990 lag der Ausländeranteil bei ca. 1,2 %, wobei die „Kontraktarbeiter" die größte Gruppe darstellten. Sie wurden auf der Grundlage von Regierungsabkommen mit sozialistischen Staaten (vor allem Nordvietnam, Kuba) für zwei bis vier Jahre beschäftigt. Diesen etwa 90 000 – in der Mehrzahl männlichen – Kontraktarbeitern war ein Familiennachzug nicht gestattet.

8. Führen Sie anhand selbst entworfener Fragebogen Interviews unter ausländischen Mitschülerinnen und Mitschülern über Herkunft, Werdegang, Lebenssituation, Rückkehrabsichten der Familien durch.
9. Erläutern Sie soziale Probleme, die sich hinter den statistischen Angaben (M 10) verbergen.

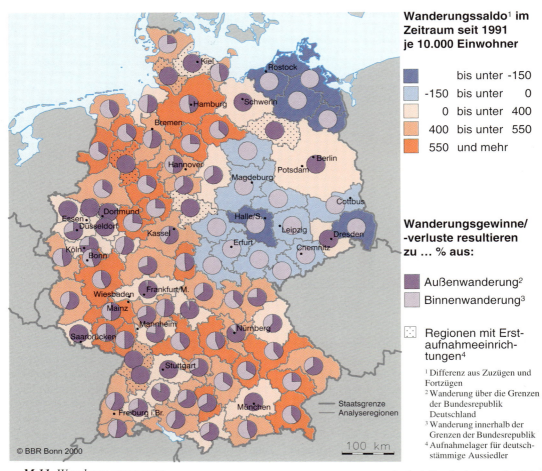

M 11 Wanderungsprozesse

Laufende Raumbeobachtung des BBR

Gegenwärtige regionale Wanderungsprozesse in Deutschland

Die regionale Bevölkerungsentwicklung in Deutschland wurde auch in den 1990er-Jahren maßgeblich von Wanderungsprozessen und immer weniger vom generativen Verhalten gesteuert. In den einzelnen Analyseregionen (M 3) lassen sich dabei im Wesentlichen folgende Trends beobachten:

– In den alten Bundesländern trugen Außen-, aber auch Binnenwanderungsgewinne in der Mehrzahl der Regionen zu einem Bevölkerungszuwachs bei.

– In den neuen Bundesländern überwogen Bevölkerungsverluste, die in erster Linie auf Ost-West-Wanderungen zurückzuführen sind.

M 12 Bevölkerungswanderung zwischen den alten und den neuen Bundesländern

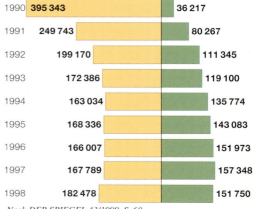

Nach DER SPIEGEL 43/1999. S. 60

Darüber hinaus haben sich auch traditionelle regionale Wanderungsmuster erhalten. Diese äußern sich u. a.:
– „in der anhaltenden räumlichen Verlagerung des Bevölkerungspotentials aus den nördlichen in die südlichen Regionen Westdeutschlands. Zwar hat sich die Intensität dieser Umverteilung verringert ... per Saldo liegen die Wanderungsgewinne dieser (südlichen) Regionen aber noch immer zum Teil deutlich über denen des Nordens,
– in der Selektivität der Migrationsprozesse ... So zeigte sich in den letzten Jahren bei den Binnen- wie bei den Außenwanderungen eine starke Konzentration der mobilen Bevölkerung auf die unter 30-Jährigen."

Steffen Maretzke: Regionale Wanderungsprozesse in Deutschland. In: Informationen zur Raumentwicklung H. 11/12. Bonn 1998. S. 752ff.

An kleinräumigen Bevölkerungsbewegungen sind in erster Linie die Stadt-Umland-Wanderungen zu nennen. Im Zuge der Suburbanisierung kommt es hierbei zu Wanderungsverlusten der Kernstädte und damit zur Dekonzentration.
„Nachdem in den alten Ländern nach der Hochphase der Wohnsuburbanisierung in den 60er- und 70er-Jahren ein Abflachen der Umlandwanderung zu beobachten war, erfolgte Anfang der 90er-Jahre ein erneuter, wenn auch geringerer Anstieg. Infolge des vereinigungsbedingten Wirtschaftsaufschwungs und der aus dem Ausland und der ehemaligen DDR in die größeren Städte gerichteten Wanderungsströme setzte eine ‚Bugwelle' in den größeren Stadtregionen ein, von den innenstadtnahen Quartieren in das engere und etwas abgeschwächt in das weitere Umland. Dabei gab auch das engere Umland Bevölkerung zugunsten des weiteren ab. ... Zeitgleich mit dieser ‚Bugwelle' war auch eine stark gegenläufige Wanderungsbewegung aus dem Umland in die Städte zu beobachten – Wanderungen von Jugendlichen und jungen Paaren der Babyboom-Generation, deren Ausbildungsplatz oder erster Job im Arbeitsmarkt der Kernstadt lag. Es handelt sich hier jedoch nicht um ein ‚back-to-the-city-movement' im Sinne einer Reurbanisierung, sondern um ein generationsspezifisches Phänomen. ...

In den neuen Ländern setzte die Stadt-Umland-Wanderung Anfang der 90er-Jahre mit einer unvergleichbar starken Dynamik ein, nachdem in der DDR jahrzehntelang die staatliche Wohnungsbaupolitik einseitig auf die Großwohnsiedlungen am Stadtrand orientiert war. Angesichts der Wanderungsströme aus den Großstädten ins Umland kann man Mitte der 90er-Jahre von einer kurzzeitigen Boomphase sprechen – die Wanderungsverluste waren durchschnittlich doppelt so hoch wie in den alten Ländern. ... Während aber die Städte in den alten Ländern ihre Verluste durch die Zuwanderung aus dem Ausland weitestgehend ausgleichen konnten, mussten die Städte in den neuen Ländern – nach der Abwanderungswelle Richtung Westen – zum zweiten Mal nach der Wende große Einwohnerverluste hinnehmen. ..."

Günter Herfert: Stadt-Umland-Wanderung in den 90er-Jahren. In: Informationen zur Raumentwicklung H. 11/12. Bonn 1998. S. 763f.

10. Benennen Sie mit Hilfe von M 3 und entsprechender Atlaskarten Beispiele für Regionen mit einem positiven bzw. negativen Wanderungssaldo.
11. „Wanderungen sind im Allgemeinen die Folge wahrgenommener und individuell gewichteter Disparitäten in den Lebensbedingungen."
Erläutern Sie diese Aussage am Beispiel einer Region mit Wanderungsverlusten.
12. Informieren Sie sich über den Prozess der Suburbanisierung (siehe Kapitel „Strukturen und Prozesse im städtischen Raum") und erläutern Sie die Bevölkerungsbewegungen im Zuge der Stadt-Umland-Wanderung.
13. Abbau der Disparitäten zwischen den alten und den neuen Bundesländern – eine unserer wichtigsten Zukunftsaufgaben?

**Demographische Situation in Europa:
Unser Kontinent wird älter**

M 13

14. Nehmen Sie zu der Karikatur Stellung. Gehen Sie dabei so vor, dass Sie
– genau beschreiben, was zu erkennen ist,
– den Sachverhalt erläutern, auf den der Zeichner aufmerksam macht,
– die mit der Karikatur verbundene Wertung wiedergeben,
– eine eigene Stellungnahme zur Aussage der Karikatur formulieren.

Nicht das Bevölkerungswachstum, sondern der geringe Anteil jüngerer Menschen ist das mit der Bevölkerungsentwicklung zusammenhängende Problem in vielen Industrieländern. Schon heute ist jeder fünfte Einwohner der Europäischen Union 60 Jahre und älter. Im Jahre 2020 wird innerhalb der Europäischen Union die Anzahl der über 65-Jährigen die Anzahl der unter 20-Jährigen deutlich übersteigen. Deutschland erreicht diese Situation bereits zur Jahrhundertwende. Für das Jahr 2030 wird erwartet, dass nur noch 48 % der Bevölkerung zu den erwerbsfähigen Jahrgängen (20 bis unter 60 Jahren) zählen. Verdeutlichen lässt sich der Trend auch daran, dass sich die Anzahl der über 90-jährigen Menschen mittlerweile alle sieben Jahre verdoppelt.

Die Lebenserwartung beträgt gegenwärtig in 60 Staaten für Frauen 75 Jahre und mehr; Männer erreichen diesen Wert bislang nur in 9 Ländern. Mit der erfreulichen Tatsache, dass immer mehr Menschen dank eines verbesserten Lebensstandards und erfolgreicher medizinisch-pharmazeutischer Forschung ein hohes Alter erreichen, sind jedoch auch problematische Folgen verbunden, die sich u. a. mit folgenden Stichworten beschreiben lassen:
– Sicherung der Altersversorgung,
– Erhöhung der sozialen Kosten für Gesundheit, Pflege und Betreuung alter Menschen,
– langfristig fehlender Nachwuchs auf dem Arbeitsmarkt.
Gefragt sind Maßnahmen, die den sich abzeichnenden Wandel „abfedern". Diskutiert wird in diesem Zusammenhang beispielsweise die Frage, ob mit dem zukünftigen technischen Fortschritt ein so großer Produktivitätszuwachs verbunden ist, um damit der wachsenden Gruppe alter Menschen eine angemessene Altersversorgung finanzieren zu können.
Andere Strategien favorisieren die Verlängerung der Lebensarbeitszeit, bessere Möglichkeiten der Erwerbstätigkeit für Frauen oder eine aktive Einwanderungspolitik. Letztlich wird es auf eine politisch konsensfähige Mischung verschiedener Lösungskomponenten ankommen.

M 14 Anteil der unter 20-Jährigen und der ab 60-Jährigen an der Gesamtbevölkerung in Europa, in %

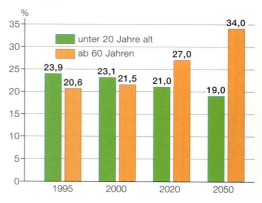

Nach Eurostat 1997

INFO

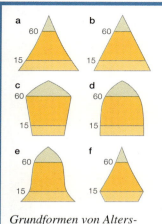

Grundformen von Alterspyramiden
Nach Süddeutsche Zeitung, 2. 9. 1998

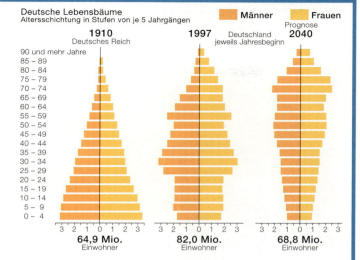

Alterspyramiden
Nach Statistisches Bundesamt

Mit Hilfe von Alterspyramiden lassen sich Gesellschaften – differenziert nach Geschlechtern – dem Alter nach gliedern.
Die Altersgruppen werden auf der Ordinate angegeben; auf der Abszisse lassen sich die Anteile der männlichen und weiblichen Bevölkerung abtragen. Veranschaulicht wird dadurch die bevölkerungsgeschichtliche Situation einer Gesellschaft. Einschneidende Ereignisse zurückliegender Jahre wie Kriege, Naturkatastrophen oder auch gezielte bevölkerungspolitische Maßnahmen spiegeln sich wider; Ausblicke auf die Zukunft werden möglich.

1. Beschreiben Sie die Grundformen und erläutern Sie deren Zustandekommen.
2. Wählen Sie die Pyramiden aus, die die Situation typischer Entwicklungs- bzw. Industrieländer besonders treffend kennzeichnen.
3. Die Pyramiden a, b, c, d lassen sich, in die richtige Reihenfolge gebracht, als aufeinander folgende Stadien einer Entwicklung ansehen. Erläutern Sie dies.

M 15 *Altersaufbau in den weniger entwickelten Ländern und in den Industriestaaten*

In den nächsten 50 Jahren wird sich der Anteil der alten Menschen weltweit von heute 6,8 % auf 15,1 % mehr als verdoppeln, so dass sich mittelfristig auch die Entwicklungsländer mit der Alterung ihrer Gesellschaften befassen müssen. Die meisten dieser Länder verfügen über keine staatliche Rentenversicherung. Die Frage nach der Versorgung der alten Menschen wird sich hier deshalb mit besonderer Schärfe stellen.

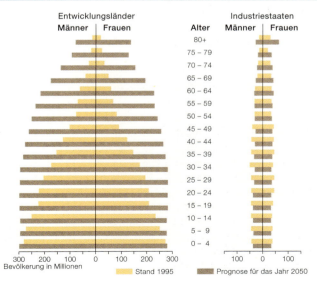

2.2 Von der Industrie- zur Dienstleistungsgesellschaft

M 1 Montagehalle des Opelwerks Eisenach während der Produktion. Im Roh- und Gerippebau sind 120 moderne Industrieroboter installiert. Der Automatisierungsgrad des Karosseriewerks beträgt 96 Prozent.

Alles eine Folge des Fortschritts?

Wie kommt es, dass so viele Arbeitsplätze gestrichen, so viele Betriebe aufgegeben werden, dass ganze Branchen verschwinden, neue Arbeitsplätze und ganz neue Berufe entstehen?
Schon vor 50 Jahren hat diese Frage der französische Wissenschaftler Jean Fourastié vorausgesehen und sich mit dem Problem beschäftigt. Er sah die Ursachen im technischen Fortschritt, denn der ermögliche auf unterschiedlichen Gebieten ganz unterschiedliche Steigerungen der Produktivität. Und dies führe dazu, dass in der Volkswirtschaft ganz unterschiedliche Sektoren entstehen entsprechend dem bei ihnen möglichen technischen Fortschritt.

„Primär" nannte er alle Produktionszweige mit mittelmäßigem technischem Fortschritt – wie die Landwirtschaft. „Sekundär" jene mit starken Fortschritten, also die Industrie, und „tertiär" alle wirtschaftlichen Tätigkeiten mit nur geringen technischen Fortschritten: Handel, Verwaltung, freie Berufe, Dienstleistungen.
Wenn die Fortschritte in der Landwirtschaft die Produktion bis zur Sättigung der Nachfrage steigern, müssen Arbeitskräfte freigesetzt werden, die dann vom sekundären Sektor aufgenommen werden. Aber da dort die größten technischen Fortschritte möglich sind, wird auch dort eine Sättigung eintreten. Und wieder werden Arbeitskräfte freigesetzt werden, die dann im tertiären Sektor eingesetzt werden können, da die Bedürf-

INFO

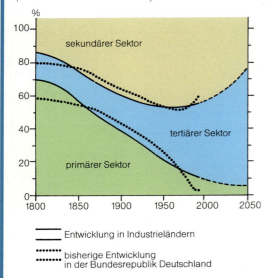

Entwicklung des Anteils der Erwerbstätigen an den Wirtschaftssektoren in Industrieländern (verändert nach Fourastié)

— Entwicklung in Industrieländern
······ bisherige Entwicklung in der Bundesrepublik Deutschland

Das 3-Phasen-Modell Fourastiés:
1. Jahrtausendelang gab es die „traditionelle Zivilisation", bei der über 80 % im primären Sektor tätig waren.
2. In der „Übergangsperiode" der Industriegesellschaft, deren Krisen durch Überproduktion entstanden, waren die meisten Beschäftigten im sekundären Sektor tätig.
3. Die Gesellschaft der Zukunft wird die „tertiäre Zivilisation" sein, die Dienstleistungsgesellschaft, mit über 80 % aller Beschäftigten.

Heute zählen wir Land- und Forstwirtschaft und Fischerei zum *primären Sektor*, Industrie und Handwerk, Bergbau und Baugewerbe zum *sekundären Sektor*. Die Industrie ist jener Teil der Wirtschaft, in dem mit konsequentem Einsatz von Maschinen und Energie Güter in großer Stückzahl oder in großen Mengen hergestellt werden. Die Produktion erfolgt arbeitsteilig, meist mit einer größeren Zahl von Beschäftigten in einem Betrieb.

Zum *tertiären Sektor* und damit zum Dienstleistungsbereich zählen neben Handel und Verkehr die privaten Dienstleistungen (Kreditinstitute, Versicherungen, Werbung, Körperpflege, Gaststätten und Hotels, Wissenschaft, Kunst, Theater, Sport, Rechtsberatung etc.) und die öffentlichen Dienstleistungen (Verwaltung, Erziehung und Lehre, Krankenpflege, Polizei und Zoll).

nisse nach Bildung, Freizeit, Kultur, Gesundheitsdiensten, überhaupt nach Dienstleistungen aller Art weiter steigen werden. Und da dort der technische Fortschritt gering ist, werden hier immer mehr Menschen beschäftigt werden können.

Das Modell von Fourastié war Anlass zu weiteren ähnlichen Überlegungen, die sich aber in einem wichtigen Punkt unterscheiden: Die Frage danach, ob dies denn gute oder schlechte Zukunftsaussichten eröffne.

Fourastié sah darin die Chance zur Lösung der Arbeitsplatzprobleme, aber auch die Chance für ein komfortableres und besseres Leben, da die industrielle Ballung mit ihren negativen Folgen aufgelöst werde. Die tertiäre Gesellschaft müsse nicht hoch konzentriert an einem Standort sein, sondern könne sich auch in menschenwürdigeren Randzonen entwickeln.

Andere Forscher aber kündigten Gefahren an: Weil die Fortschritte der Produktivität in der Güterproduktion viel größer seien als in den Dienstleistungen, sich die Löhne in den verschiedenen Sektoren aber gleich entwickelten, in den Dienstleistungen also ebenso wie in der Industrie steigen, müsse es zur „Kostenkrankheit der Dienstleistungen" kommen. Sie wären dann zu teuer und hätten nur ein begrenztes Wachstum. Sie müssten dann von anderen Teilen der Wirtschaft oder vom Staat mitgetragen werden, bis sie nicht mehr finanzierbar wären.

Inzwischen hat es sich herausgestellt, dass die technische Entwicklung auch im tertiären Sektor die Produktivität sehr stark erhöhen kann. Neue Produkte des sekundären Sektors können viele Dienstleistungen ersetzen und gefährden deshalb Arbeitsplätze im tertiären Sektor: Zum Beispiel kann Geld auch vom Automaten ausgegeben werden, nicht nur vom Bankangestellten; viele kleine Dienste können preiswerter durch Geräte und Maschinen erledigt werden.

Sind die Dienstleistungen also doch keine Chance zur Lösung des Arbeitsplatzproblems?

Deutschland: „überindustrialisiert" oder „unterentwickelt"?

M 2 *Erwerbstätige[1] nach Wirtschaftsbereichen in der Bundesrepublik (und der DDR) 1950–89 in %*

	1950		1970		1989	
Land-, Forstwirtschaft, Fischerei	23,2	(30,7)	8,5	(12,8)	3,9	(10,8)
Produzierendes Gewerbe[2]	44,5	(42,3)	48,8	(48,9)	39,6	(47,1)
Handel, Verkehr, Nachrichtenübermittlung	15,6	(14,6)	17,5	(18,5)	18,7	(17,7)
übrige Dienstleistungen, Staat	16,7	(12,4)	25,2	(19,8)	37,7	(24,4)

[1] *Erwerbstätige:* alle, die einer auf Erwerb gerichteten Arbeit nachgehen
Erwerbspersonen: alle, die Erwerbsarbeit ausüben oder suchen, also einschließlich der Arbeitslosen
Beschäftigte werden am Ort ihrer Arbeit gezählt, Erwerbstätige am Wohnort
[2] Produzierendes Gewerbe = Bergbau, Verarbeitendes Gewerbe, Baugewerbe, Elektrizitäts- und Gasversorgung

M 3 *Erwerbstätige nach Wirtschaftsbereichen in Deutschland 1991–98 in % und Bruttoinlandsprodukt[1] 1998*

	Erwerbstätige		BIP
	1991	1998	1998
Land- und Forstwirtschaft	4,2	2,9	1,3
Produzierendes Gewerbe	41,0	33,8	30,8
Handel, Verkehr, Nachrichtenübermittlung	17,8	22,9	17,1
übrige Dienstleistungen, Staat	37,0	40,4	50,9
ges. Mio.Erwerbst. / Mrd. DM	35,95	35,90	3799,4

[1] Summe aller innerhalb eines Landes von In- und Ausländern erbrachten wirtschaftlichen Leistungen

M 4 *Anteile der Wirtschaftsbereiche am Bruttoinlandsprodukt in den USA und in Japan in %*

	1965	1985	1996
USA			
Land-, Forstwirtschaft, Fischerei	3	2	2
Industrie	38	31	26
übrige Wirtschaftsbereiche	59	67	72
Japan			
Land-, Forstwirtschaft, Fischerei	9	7	2
Industrie	43	41	36
übrige Wirtschaftsbereiche	48	52	62

Alle Angaben nach Statistische Jahrbücher für die Bundesrepublik Deutschland, verschiedene Jahre

Auf den ersten Blick erscheint der sekundäre Sektor in Deutschland wesentlich stärker vertreten zu sein als in anderen Industriestaaten (Niederlande und Großbritannien 26 %, Frankreich 28 %, Belgien 29 % des BIP).

Bei genauerer Sicht relativiert sich dieser Eindruck. Denn viele Dienstleistungen tragen zur Gütererzeugung, also dem sekundären Sektor, bei. Forschung, Entwicklung, Verwaltung, Marketing sind *produktionsorientierte Dienstleistungen*, die Arbeitsplätze also Dienstleistungsarbeitsplätze, obwohl die Betriebe statistisch zum sekundären Sektor zählen. Wenn man sie miteinrechnet, sind die Unterschiede zu anderen Industriestaaten relativ gering. Der Anteil der Dienstleistungen an der Arbeit ist also höher als die Statistik vorgibt. Man spricht heute von einer „Tertiärisierung der Industrie".

Wo liegen dann die Defizite bei uns? Eindeutig bei den *konsumorientierten (personenbezogenen) Dienstleistungen*, also in der Gastronomie, im Einzelhandel, beim Friseur, bei den Hilfen im Haushalt, Reinigung, Sozialdienste, Kultur. Hier sind bei uns 29 % der Erwerbstätigen beschäftigt gegenüber z. B. 39 % in den USA und 42 % in Schweden.

Im Vergleich zu anderen Industriestaaten sind in Deutschland wenige Frauen berufstätig. Seit 1970 stieg zwar auch in den alten Ländern die Erwerbsquote der Frauen und damit der Anteil der Erwerbstätigen. Aber 1989 waren bei uns 42,3 % der Frauen nicht erwerbstätig, in den USA nur 32 %, in Schweden 19 %. Entscheidende Veränderungen ergaben sich auch nicht nach der deutschen Vereinigung, obwohl fast alle Frauen in der DDR normalerweise berufstätig waren.

1. Erläutern Sie die Veränderung der Anteile der Wirtschaftssektoren und die Abweichungen vom Modell, die sich in Deutschland ergaben.
2. Vergleichen Sie die Entwicklung der drei Sektoren in Deutschland, Japan und den USA.

Tertiärisierung

M 5 Verteilung der wichtigsten Berufsgruppen in den USA von 1900 bis 2000

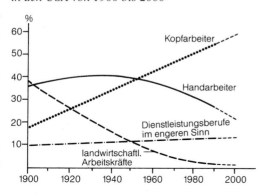

Nach Leo A. Nefiodow: Der fünfte Kondratieff: Strategien zum Strukturwandel in Wirtschaft und Gesellschaft. Frankfurt/M.: FAZ und Wiesbaden: Gabler 1991, S. 135

Von 1991 bis 1998 gingen in Deutschland 2,8 Mio. Arbeitsplätze in der Industrie verloren, 490 000 in der Landwirtschaft und 410 000 bei Handel und Verkehr. Dagegen gab es 1,6 Millionen neue Jobs in den übrigen Dienstleistungen. Wenn wir lesen, dass heute noch 33% der Erwerbstätigen in der Industrie beschäftigt sind, so sagt dies noch wenig über die Art ihrer Arbeit aus. In Deutschland sind gerade noch 19% der Beschäftigten direkt an der Herstellung von Gütern beteiligt. Die Ausweitung der Dienstleistungen auch innerhalb der Industrie geht auf die noch immer wachsende Bedeutung des Know-how zurück. Maschinen und Automaten reduzieren weiter den Anteil der „Production Workers". Zunehmend werden weniger „Sachen" produziert, sondern Entwürfe, Programme, Ideen, deren Verkauf einen erheblichen Teil der wirtschaftlichen Leistung ausmacht.

Man kann deshalb nicht nur nach sekundärem und tertiärem Sektor unterscheiden, sondern auch nach Handarbeit und Kopfarbeit.

Auch die Globalisierung der Wirtschaft und die neuen Kommunikationsmittel fördern die Tertiärisierung. So müssen bei der Produktion eines Autos Erzeugnisse von einigen tausend Zulieferern und komplexe Prozesse abgestimmt werden. Dies macht die steigende Bedeutung der Logistik in der Wirtschaft verständlich.

Wegen der zentralen Bedeutung der Informations- und Kommunikationstechnologien für die Wirtschaft der Zukunft mag es berechtigt sein, von der „Ablösung der Industriegesellschaft durch die Informationsgesellschaft" zu sprechen, die andere Schwerpunkte, andere Methoden und andere Fähigkeiten verlangt.

M 6 Unterschiede zwischen Industrie- und Informationsgesellschaft

Industriegesellschaft	Informationsgesellschaft
Zentrale, hierarchisch gegliederte Führungsstrukturen	Dezentralisierte Entscheidungsfindung
Arbeitsteilung und Spezialisierung	Integrativer Arbeitsstil (Mischarbeitsplätze, Gruppenarbeit)
Starre, auf große Stückzahlen und großen Energieeinsatz ausgerichtete Produktion	Flexible, auf wechselnde Aufträge und sparsamen Energie- und Rohstoffeinsatz ausgerichtete Fertigungstechniken
Herausragende Stellung der Güterproduktion	Herausragende Stellung der Informationsbetriebe
Bedarf an billigen Arbeitskräften	Bedarf an speziellem Know-how sowie engagierten und kreativen Mitarbeitern
Preiswettbewerb	Preis-, Zeit- und Qualitätswettbewerb
Marketing nach breiten Zielgruppen	Eingehen auf Kundenbedürfnisse
Klare Trennung zwischen Arbeit und Freizeit	Überlappen von Arbeits- und Freizeitbereich
Beschränkte Informierung und Beteiligung der Beschäftigten	Intensiver Informationsaustausch auf allen Ebenen innerhalb und zwischen Institutionen
Kooperation als regionales und nationales Anliegen	Transnationaler und weltweiter Kooperationsbedarf

Leo A. Nefiodow: a.a.O., S. 410, gekürzt

3. Untersuchen Sie kritisch M 6 und fassen Sie die Argumente zusammen, die für oder gegen einen „Übergang zur Informationsgesellschaft" sprechen.

Entwicklungszyklen der Wirtschaft

M 7 Wachstumsraten des BIP in der Bundesrepublik

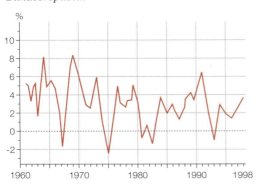

Nach Margot Körber-Weik: Konjunkturkrise oder Strukturkrise. In: Bürger im Staat, H. 2, Juni 1994, S. 112, ergänzt

Seit 1960 erlebt die deutsche Wirtschaft ein Auf und Ab der Konjunktur jeweils nach wenigen Jahren. Wie in anderen Ländern auch geht dies nicht nur auf Binneneinflüsse, sondern auch auf die weltweite Verflechtung der Wirtschaft zurück. Weniger bewusst ist uns, dass diese konjunkturellen Zyklen von einer langfristigeren Entwicklung überlagert werden.

Auf allen Gebieten der Wirtschaft, besonders deutlich in der Industrie, waren und sind Veränderungen und Entwicklungen von Innovationen abhängig. Diese Innovationen können durch Ideen, neue Produkte und Produktionsmethoden oder durch neue Bedürfnisse entstehen.

Ein Rückblick auf die Geschichte der Industrie zeigt, dass es einzelne Phasen gibt, in denen Innovationen gehäuft auftreten, dass bestimmte Zeiträume auch grundlegende Innovationen aufweisen, die eine Vielzahl von Folgeinnovationen nach sich ziehen und eine lange Periode des Wachstums auslösen können. Entscheidend für das Wachstum einer Volkswirtschaft – so die These von Leo Nefiodow – sei es, in welchem Maß sie diese Basisinnovationen nutzte und umsetzte.

Schon vor 50 Jahren stellte der Wissenschaftler Nikolai Kondratieff solche langen Wellen der industriellen Entwicklung fest.

– Die erste Welle: Von Großbritannien ausgehend bereitete die Erfindung der Dampfmaschine den Weg für die industrielle Revolution und ermöglichte die Mechanisierung der bisherigen Manufakturen (z. B. Textilien). Sie führte zum ersten starken Wachstum mit erheblichen Veränderungen in der Bevölkerungsstruktur und -verteilung durch das Wachstum der Städte.

– Die zweite Welle in der zweiten Hälfte des Jahrhunderts schaffte die Voraussetzungen für die Mobilität bei Gütern und Menschen durch die Erfindung und rasche Ausbreitung der Eisenbahn, auch der Dampfschiffe. Wie in der ersten Welle war die Kohle von großer Bedeutung. Die neue Infrastruktur schuf die Basis für eine Ausweitung der Stahlindustrie. Industriemächte entstanden: allen voran England, dann Deutschland, die USA.

M 8 Die langen Wellen der Konjunktur und ihre Basisinnovationen

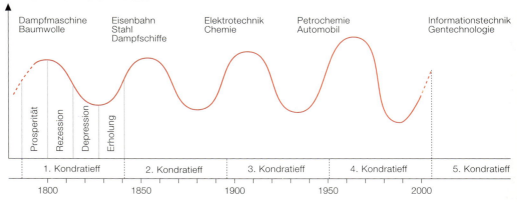

Nach Leo A. Nefiodow: a. a. O., S. 31

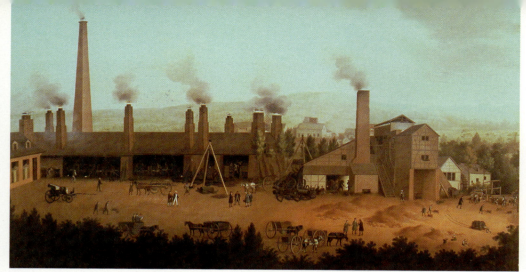

M 9 Das Lendersdorfer Walzwerk, Gemälde um 1830

– Die dritte Welle zu Beginn des 20. Jahrhunderts (bis zum Ausbruch des 1. Weltkrieges) war geprägt vom Aufschwung der Chemischen Industrie und der breiten Anwendung der Elektrizität. Es entstanden die ersten Großkonzerne mit einer Massierung wirtschaftlicher Macht. Massenproduktion und Massenkaufkraft breiteten sich aus, vor allem in Europa und den USA.
– Die vierte Welle ab 1945 war durch die überragende Bedeutung des Erdöls geprägt. Sie brachte Massenmotorisierung und den extremen Anstieg des Straßenverkehrs. Gleichzeitig expandierte der Luftverkehr. Erdöl war auch eine Basis der Kunststoffe, die große Bedeutung erlangten. In dieser Periode waren – mit Ausnahme des Computers, der zunächst wenig Bedeutung erzielte – keine grundlegenden Erfindungen zu verzeichnen, aber eine umfassende Anwendung und Verbesserung bisheriger Kenntnisse und Verfahren. Die USA waren der Hauptträger dieser Periode, später von europäischen Staaten und Japan ergänzt.
– Nach den Ölkrisen der 70er-Jahre und den späteren Rezessionen wird eine Umstrukturierung der Weltwirtschaft deutlich: Hightechbranchen ohne die starke Abhängigkeit vom Erdöl und neue Informations- und Kommunikationssysteme bestimmen die fünfte Welle.
– Die sechste Welle deutet sich bereits an. Sie wird wahrscheinlich geprägt von Umwelttechnologien, Solar- und Mikrosystemtechnik und dem Gesundheitssektor.

Auch einzelne Produkte durchlaufen einen Lebenszyklus mit verschiedenen Phasen, während denen sich die Anforderungen an den Produktionsstandort ändern. Deshalb wird die Fertigung häufig entsprechend den neuen Erfordernissen verlagert. In der Regel findet erst in der Schrumpfungsphase eines Produkts die Herstellung auch in weniger entwickelten Ländern statt.

M 10 Phasen des Produktzyklus

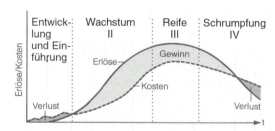

M 11 Produktzyklus nach Ländern/Regionen

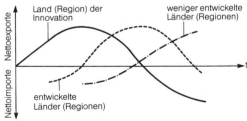

Nach Ludwig Schätzl: Wirtschaftsgeographie 1, Paderborn: Schöningh 1988, S. 198, 199

4. Ordnen Sie den Entwicklungszyklen der Wirtschaft jeweils Hauptgebiete der Basisinnovationen zu.

M 12 DaimlerChrysler AG, Wörth am Rhein

Standortfaktoren

Standortfaktoren geben die Bedingungen an, die einen Industriebetrieb oder ein Dienstleistungsunternehmen an einem bestimmten Ort begünstigen, *Standorttheorien* versuchen Einflussgrößen und Entscheidungsprozesse darzustellen.

Nach der Standorttheorie von Alfred Weber (1868–1958) gibt es keine regionalen Unterschiede in den Produktionskosten. Der optimale Standort eines industriellen Einzelunternehmens wird allein durch die *Transportkosten* bestimmt. Da diese Kosten nur vom Gewicht der zu befördernden Güter abhängen, ist der optimale Standort das Transportkostenminimum (Gewicht in t x Entfernung in km).

Weber unterscheidet in seinen Modellannahmen Reingewichtsmaterialien (Beispiel) und Gewichtsverlustmaterialien, die im Produktionsprozess erheblich an Gewicht verlieren bzw. gar nicht in das Fertigprodukt eingehen, wie z. B. Kohle bei der Eisenerzverhüttung. Sie werden deshalb kostengünstiger am Ort des Vorkommens verarbeitet. Daraus ergibt sich: Ein Gut ist um so transportkostenempfindlicher, je höher der Gewichtsverlust ist. Ist dagegen der Gewichtsverlust gering, nähert sich der Produktionsort dem Konsumort. Unternehmen richten sich primär nach diesem Kalkulationsprinzip. Unterschiedliche *Arbeitskosten* haben nur im Zusammenhang mit dem Transportkostenminimum eine Bedeutung. Sie können den Ort der Produktion vom Transportkostenminimum zu einem Ort mit höheren Transportkosten aber niedrigeren Arbeitskosten ablenken, wenn die Arbeitskostenersparnis den erhöhten Transportkostenaufwand übersteigt. Von sekundärer Bedeutung waren für ihn auch die *Agglomerationsfaktoren*, d. h. Kosten senkende Einflüsse, die sich aus einer räumlichen Konzentration der Produktion ergeben, z. B. Zusammenarbeit mit Betrieben derselben oder ähnlichen Branche.

Beispiel 1
Wenn M 1 und M 2 zu je 20 Tonnen in ein Endprodukt von 40 t eingehen, so liegt das Transportkostenminimum („tonnenkilometrischer Minimalpunkt") im Punkt A, dem Absatzort oder Konsumort.

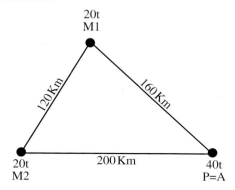

P = Produktionsstandort
A = Absatzort oder Konsumort
M 1 = Reingewichtsmaterial
M 2 = Reingewichtsmaterial

Berechnung
Für P = A gilt:
(20 t × 160 km) + (20 t × 200 km) = 7200 tkm
im Vergleich dazu gilt für P = M 1:
(20 t × 120 km) + 40 t × 160 km) = 8800 tkm
Für P = M 2 gilt:
(20 t × 120 km) + (40 t × 200 km) = 10 800 tkm

Beispiel 2
Handelt es sich um Gewichtsverlustmaterialien ist das Transportkostenminimum am Materialfundort. Es gilt dann:
M 2 = P wenn M 2 ≥ M 1 + Fertigprodukt
M 1 = P wenn M 1 ≥ M 2 + Fertigprodukt

Ist diese Bedingung jeweils nicht erfüllt, befindet sich das Transportkostenminimum zwischen den Materialorten und dem Konsumort. Die Lage hängt von den Proportionen der einzelnen Gewichtskomponenten zueinander ab. Im dargestellten Beispiel beträgt der Gewichtsverlust der beiden gleich schweren Materialien jeweils 50 %.

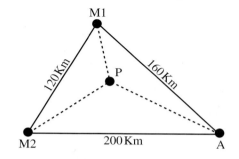

Nach Ludwig Schätzl: Wirtschaftsgeographie 1, Paderborn: Schöningh 1978, S. 35ff.

Aus heutiger Sicht zeigt sich, dass Webers Theorie zu statisch ist und vor allem heute wichtige ökonomische Faktoren nicht berücksichtigt. Die Einwände betreffen vor allem die Unterschätzung der Dynamik der Märkte. Weltwirtschaftliche Verflechtung, die Entwicklung der Informationstechnologien und der Trend zu Dienstleistungsgesellschaften konnten so nicht vorausgesehen werden. Durch diesen Wandel spielen bei vielen modernen Industrien Rohmaterialien nur noch eine untergeordnete Rolle. Transportkosten sind somit zu vernachlässigen.
Trotzdem helfen die theoretischen Überlegungen Webers die Prinzipien der Standortwahl von Unternehmen zu verstehen. Die Auswirkungen dieser Entscheidungsprozesse sind heute noch an räumlichen Mustern traditioneller Industrieräume erkennbar.

Das *Standortwahlverhalten* bei Betriebsneugründungen ist wesentlich von der Betriebsgröße abhängig. Nur große Unternehmen führen umfassende Analysen zur Standortwahl nach Kostengesichtspunkten und marktstrategischen Überlegungen durch. Die in Frage kommenden Standortfaktoren werden dabei gewichtet in Entscheidungstabellen zusammengeführt und bilden damit eine wichtige Entscheidungsgrundlage. Klein- und Mittelbetriebe entscheiden sich eher für bekannte Räume.
Sie sind deshalb mit ihren Niederlassungsbereichen stark verflochten. Entsprechend gehen von ihnen höhere regionale *Agglomerationseffekte* aus. Standortentscheidungen von Industriebetrieben können ein kumulatives Wachstum einer ganzen Region auslösen und damit weitreichende Raumveränderungen bewirken.

M 13 Modell des ungleichmäßigen regionalen Wachstums (nach G. Myrdal)

Die Bedeutung einzelner Standortfaktoren differiert erheblich bei Standortentscheidungen im lokalen Bereich von den Überlegungen auf nationaler sowie auf internationaler Ebene. Entscheidend bei weltweiten Standortanalysen sind Marktnähe und Produktionskosten, vor allem die Lohnkosten je Produktionseinheit.

M 14 Lohnstückkosten und Produktivität im Verarbeitenden Gewerbe 1997 (Westdeutschland = 100)

	Lohnstückkosten	Produktivität
Großbritannien	107	56
Norwegen	102	92
Westdeutschland	100	100
Belgien	90	92
Dänemark	88	96
Italien	87	72
USA	85	78
Schweden	85	97
Frankreich	84	80
Japan	84	87
Kanada	80	76
Niederlande	78	98

Datengrundlage IWD 32/1998

Diese *Lohnstückkosten* in nationaler Währung sind durch die Relation von Arbeitskosten je Beschäftigungsstunde zur realen Bruttowertschöpfung je Beschäftigungsstunde definiert. Sie sind bei der Wahl eines Produktionsstandortes immer häufiger von ausschlaggebender Bedeutung.
Hohe Arbeitskosten belasten die internationale Wettbewerbsfähigkeit solange nicht, wie sie von entsprechenden Produktivitätsvorteilen kompensiert werden. Auf der Basis einer gemeinsamen Währung informiert die Lohnstückkostenentwicklung über Positionsveränderungen gegenüber Konkurrenten auf den Weltmärkten.
In den traditionellen Industrieländern sind nicht wenige Standortfaktoren wichtig, sondern ganze Bündel von Faktoren werden in die Entscheidungsfindung miteinbezogen. Die Bedeutung harter, betriebsbezogener Faktoren, wie Lohnkosten, Grundstückspreise oder Subventionen verlieren an Bedeutung. Institutionelle Faktoren, wie eine moderne Infrastruktur mit optimal ausgebautem Kommunikationsnetz, die Nähe zu Technologietransferstellen, Kammern und Banken, gewinnen an Bedeutung. Weiche Standortfaktoren, wie z. B. das Image eines Standortes, das Kultur- und Freizeitangebot oder der Wohnwert, beeinflussen ebenfalls die Entscheidungsprozesse.

M 15 Gründe für die Standortwahl (Antworten ausgewählter Unternehmen)

Nahbereich[1] (Bsp. München)		Nationale Ebene[2] (Bsp. Bundesrepublik Deutschland)		Internationale Ebene[3] (Bsp. Direktinvestitionen der BR Deutschland in Entwicklungsländern)	
1. Bodenpreis	50 %	1. Verfügbarkeit von Flächen	48 %	1. Markt des Entwicklungslandes	74 %
2. großes Flächenangebot	31 %	2. Arbeitskräfteangebot	27 %	2. Produktionskosten	57 %
3. gute Straßenanbindung	10 %	3. günstige Absatz- und Transportsituation	10 %	3. Politik gegenüber Importen	56 %
4. persönliche Gründe	10 %	4. öffentliche Förderung	6 %	4. stabile politische Verhältnisse	54 %
5. Nähe zu früherem Standort bzw. zum Hauptsitz	9 %	5. günstige Rohstoffgewinnung	2 %	5. Politik gegenüber Investoren	46 %
6. günstige Miete und Pacht	9 %	6. sonstige Faktoren	8 %	6. Infrastruktur	41 %
7. gute Verbindungen mit öffentlichen Verkehrsmitteln	9 %			7. Exporte aus dem Entwicklungsland	34 %
8. Arbeitskräfteangebot	8 %			8. Förderpolitik in der BR Deutschland	20 %
9. erschlossenes Gewerbegebiet	7 %			9. Rohstoffsicherung	12 %
10. niedriger Gewerbesteuersatz	5 %				

[1] Nennungen in % aller Betriebe; [2] Anteil an der Gesamtzahl aller Nennungen in %,
[3] gewichtete Zusammenfassung von Bewertungen in %

Elmar Kulke: Faktoren industrieller Standortwahl - theoretische Ansätze und empirische Ergebnisse. In: Geographie und Schule 63, S. 7

Der Bedeutungswandel der Standortfaktoren

Standortfaktoren sind nicht stabil. Ihre Bedeutung verändert sich unter verschiedenen Einflüssen. Durch diese Veränderungen werden Räume wirtschaftlich gestärkt oder geschwächt.

– Veränderungen der Technologie können einen einstigen Standortvorteil entwerten oder andere Faktoren in Wert setzen: So hat sich der einstige Vorteil eines Schwerindustriestandortes „auf der Kohle" durch Veränderungen in der Verhüttungs- und Stahltechnologie relativiert, bis er abgelöst wurde durch Vorteile „beim Erz" bzw. beim transportgünstigen Küstenstandort, bei billigem Strom und Schrott (Elektrostahlwerke) und später bei „Erz und Erdgas".

– Politische Veränderungen gestalten Räume neu, wie z. B. die Grenzziehungen in Europa als Folgen des Zweiten Weltkrieges. Traditionelle Absatz- und Zulieferbeziehungen wurden durchschnitten. Durch neue Wirtschaftsblöcke entstanden neue Verflechtungen. Die traditionellen europäischen Hauptverkehrsströme änderten sich von einer Ost-West-Richtung in eine Nord-Süd-Richtung. Ebenso haben sich die politischen Veränderungen der Jahre 1989 und 1990 in Mittel- und Osteuropa erheblich auf die Bedeutung bestimmter Industriestandorte ausgewirkt.

– Veränderungen des Marktes durch schnell wechselndes Konsumverhalten und Produktinnovationen vor allem in den Industrieländern, zwingen zur Aufgabe bisheriger Produktion. Die Erzeugung anderer Güter führt dann auch zu anderen Standortanforderungen. Erhebliche Auswirkungen auf Beschaffungs-, Absatz- und Arbeitsmärkte werden von der Entwicklung zur „Informationsgesellschaft" erwartet, die wiederum andere Standortqualitäten erfordert.

5. Begründen Sie, warum der Standortfaktor Arbeit heute eine viel größere Bedeutung hat als Weber annahm.
6. Geben Sie Erklärungen für die unterschiedliche Bedeutung der Standortfaktoren in M 15 an.
7. Stellen Sie den Zusammenhang zwischen Arbeitskosten, Lohnstückkosten und Produktivität dar.

M 16 Fach- und Verbrauchermärkte bei Senden (direkter Autobahnanschluss)

Standorte des tertiären Sektors

Die öffentlichen Dienstleistungen haben wie die in den Cities der Großstädte konzentrierten Banken und Versicherungen ihre Standorte meist behalten.

Beim Handel haben sich jedoch neue Standortbeziehungen gebildet. Die Entwicklung randlicher Wohnbezirke und die gestiegene Mobilität haben dazu beigetragen, dass mit dem PKW leicht erreichbare und mit großen Parkplätzen versehene *Verbrauchermärkte* und *Einkaufszentren* im Randbereich oder an Verkehrsknoten dem Einzelhandel in den Innenstädten und Wohnvierteln den Rang ablaufen. Sie decken heute auch einen erheblichen Teil des periodischen und des Langzeitbedarfs. Große, spezialisierte Dienstleistungszentren wählen vergleichbare Standorte.

Ein Beispiel ist die Entwicklung der Verbrauchermärkte bei der kleinen Stadt Senden, 10 km von Ulm entfernt. Dort entstand in den frühen 80er-Jahren das größte geschlossene Einkaufszentrum der Region, das bereits Mitte der 80er-Jahre ca. 250 Mio. DM Kaufkraft aus dem Oberzentrum Ulm/Neu-Ulm abzog. Heute steht dort u. a. die „größte Einrichtungs-Schau der Welt" mit einer Verkaufsfläche von fast 100 000 m^2, 8 km entfernt im Randbezirk von Neu-Ulm ein Konkurrent mit 60 000 m^2.

M 17 Verkaufsfläche des Einzelhandels im Gewerbegebiet Senden Nord in m^2 1994

Gesamt	143 000
Nahrungs- und Genussmittel	6 900
Bekleidung, Schuhe, Sport etc.	19 300
Elektrowaren	3 250
Möbel, Hausrat	97 500
Pflanzen, Gartenbedarf etc.	4 850
Sonstiges	11 200

Verkaufsfläche in der Großstadt Ulm (118 000 Ew.) 1994: 165 000 m^2

Nach Angaben des Stadtbauamts Senden und des Regionalverbandes Donau–Iller

8. Diskutieren Sie die Vor- und Nachteile von Gewerbeparks und Verbrauchermärkten „auf der grünen Wiese".

Wirtschaftsstandort Deutschland

Seit vielen Jahren nennen Unternehmen die Sozial- und Arbeitskosten als maßgebliche Nachteile des Standorts Deutschland (vgl. M 14). 1998 waren für 59 % der Unternehmen die hohen Sozialabgaben das größte Problem vor den eigentlichen Lohnkosten. Zwar ist der Anteil der Personalkosten an den gesamten Betriebskosten in den meisten Branchen gesunken und über deren tatsächliche Auswirkungen gibt es kontroverse Positionen. Es wird betont, dass bei hochwertiger Arbeit, vor allem im Bereich der Informationstätigkeit, das Lohnniveau kein wesentliches Hindernis für neue Beschäftigung sei. Aber die Spitzenstellung deutscher Löhne bei gleichzeitig kurzer Arbeitszeit steht außer Frage. Sie wirkt sich auch wesentlich auf die internationale Standortbewertung aus.

M 18 Die besten Standorte 1998

1. Singapur	82	11. Österreich	60
2. Schweiz	76	12. UK	58
3. Japan	74	13. Portugal	57
4. Belgien	72	14. Südkorea	56
5. Taiwan	70	15. Spanien	56
6. USA	69	16. Italien	54
7. Niederlande	66	17. Tschech. Rep.	53
8. Frankreich	65	18. Türkei	52
9. Deutschland	64	19. Mexiko	51
10. Schweden	62	20. Indien	50

[1] Je höher die Punktzahl, desto günstiger der Standort für ein Unternehmen (max. 100). Kriterien für die Standortwahl: Arbeitsproduktivität, Arbeits- und Tarifrecht, Leistungsbereitschaft, Ausbildungsstand.
Nach Globus 4767, Hamburg

Sind die Arbeitskosten die einzige Ursache der Probleme?
Fachleute sprechen von den „verschlafenen 80er-Jahren", als beispielsweise die Vorzeigebranche Automobilbau den großen amerikanischen Markt weitgehend verloren und den Absatz auf die EG-geschützten Nachbarländer verlagert und in einem *up-grading* (Verteuerung der Produktpalette), also der Entwicklung luxuriöser Fahrzeuge, den Ausweg gesucht habe. Dieses „regionale Einigeln" statt der Globalisierung sei ebenso ein Fehler gewesen wie die „versäumte Qualitätsrevolution" dieser Jahre, ohne Null-Fehler-Zielsetzung und strikter Kundenorientierung. Weitere Rückschläge habe die „verzögerte Einführung der Teamarbeit" gebracht, die in Japan längst erfolgreich gewesen sei. Die „Verspätung im Zeitwettbewerb", die eine kürzere Entwicklungs- und Vorlaufzeit für neue Produkte verhinderte, sei eine der zusätzlichen Schwächen dieser verschlafenen Jahre.

Nach Frieder Naschold: Das deutsche Wirtschaftsmodell auf dem Prüfstand. In: Der Bürger im Staat, 2/1994: Wirtschaftsstandort Deutschland ohne Zukunft? S. 134/135

M 20 Konkurrenten in der Textilindustrie (1997)

	Brutto-lohn/Jahr	Steuern/Sozialabgaben	Arbeitszeit/Woche	Urlaubs-tage/Jahr
Russland	1 760 DM	14 %	40 Std.	22
Tschechien	2 700 DM	18 %	43 Std.	18
Polen	3 630 DM	17 %	42 Std.	20
Ungarn	3 750 DM	29 %	41 Std.	19
Deutschland	30 120 DM	36 %	35 Std.	30

Nach Süddeutsche Zeitung vom 25. 9. 1998

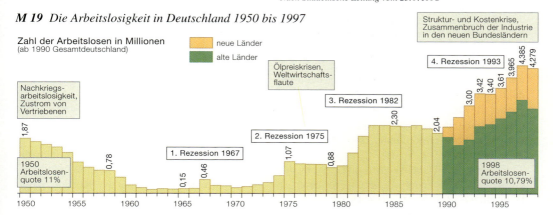

M 19 Die Arbeitslosigkeit in Deutschland 1950 bis 1997

M 21 Der Arbeitsplatzabbau in der Industrie

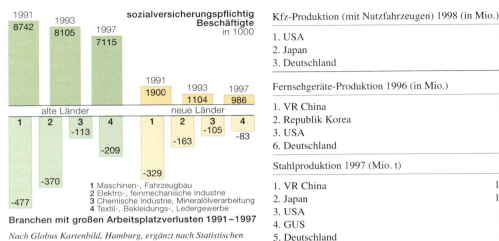

1 Maschinen-, Fahrzeugbau
2 Elektro-, feinmechanische Industrie
3 Chemische Industrie, Mineralölverarbeitung
4 Textil-, Bekleidungs-, Ledergewerbe

Branchen mit großen Arbeitsplatzverlusten 1991–1997

Nach Globus Kartenbild, Hamburg, ergänzt nach Statistischen Jahrbüchern

M 23 Daten zur Produktion weltweit

Kfz-Produktion (mit Nutzfahrzeugen) 1998 (in Mio.)

1. USA	12,0
2. Japan	10,1
3. Deutschland	5,7

Fernsehgeräte-Produktion 1996 (in Mio.)

1. VR China	35,5
2. Republik Korea	21,4
3. USA	14,0
6. Deutschland	6,5

Stahlproduktion 1997 (Mio. t)

1. VR China	107,5
2. Japan	104,5
3. USA	97,5
4. GUS	77,6
5. Deutschland	45,0

M 22 Exporte (Mrd. US-$) 1990–1996 und Exportintensität 1996 (Anteil der Exporte am BIP in %) und Exporte pro Einwohner

Exporte Mrd. US-$ 1990		Exporte Mrd. US-$ 1996		Exportintensität 1996		Exporte pro Einw. 1995	
1. Deutschland	398,4	1. USA	625,1	USA	8,5 %	Deutschland	6257 US-$
2. USA	393,6	2. Deutschland	521,1	Deutschland	22,1 %	Japan	3540 US-$
3. Japan	286,9	3. Japan	410,9	Japan	8,9 %	USA	2225 US-$

Nach iwd und Statistisches Jahrbuch

Hohe Lohnkosten verstärken den Zwang zur Produktivitätssteigerung durch höheren Automatisierungsgrad und verstärkte Auslastung. Dies zeigt sich auch in Deutschland, wo der Lohnstückkosten-Nachteil gegenüber den anderen führenden Industrieländern in den vergangenen Jahren halbiert wurde. Die Auswirkungen auf die Arbeitsplätze sind aber nicht zu übersehen.

Kein Zweifel kann aber auch darüber bestehen, dass die deutsche Wirtschaft in den 90er-Jahren mit Elan an die Reform veralteter Strukturen gegangen ist, Hierarchie-Ebenen abgeschafft und sich neuen Unternehmensformen geöffnet hat mit dem Resultat weiterer Steigerung der Produktivität und der Exportfähigkeit – ein schlagender Beweis für die internationale Konkurrenzfähigkeit der deutschen Wirtschaft – aber auch Ursachen tief greifender Umwälzungen im Arbeitsmarkt.

Trotz der hohen Arbeitskosten und der auf der vorherigen Seite angesprochenen Probleme ist Deutschland exportstark: 1986–1988 und 1990 war Deutschland der größte Warenexporteur der Welt. Bei den „unsichtbaren" Exporten und Importen, in der *Dienstleistungsbilanz* (Reiseverkehr, Kapitalerträge, Patente, Transporte) aber sind die Ergebnisse negativ, und zwar so stark, dass die *Leistungsbilanz*, die Summe aus Handels- und Dienstleistungsbilanz, negativ wird.

Die Veränderungen des letzten Jahrzehnts haben die schon bezweifelte Hightechfähigkeit der deutschen Wirtschaft wieder bewiesen. In diesen Branchen liegt der Beschäftigtenanteil in etwa in Höhe Japans und ist höher als in den USA. Nur bei der extrem von Forschung und Entwicklung abhängigen Spitzentechnologie hängt Deutschland teilweise noch zurück.

Wie komplex und differenziert die Verhältnisse sind zeigt sich an aktuellen Beispielen.

M 24 *Beispiel Gartenmöbel:* 1995 eröffnete ein Gartenmöbelhersteller aus Baden-Württemberg in Tschechien ein Werk als „verlängerte Werkbank", wo Polster und Bezüge genäht und Metallgestelle gegossen werden. Dafür wurden 100 Stellen im Stammwerk gestrichen. In Deutschland kostete eine Arbeitskraft 50000 DM jährlich, in Tschechien kosten die 100 neuen Arbeitskräfte 1,2 Mio. DM im Jahr, mit zusätzlichen Kosten (für Transport, Abschreibungen etc.) sind es insgesamt 2 Mio. DM; Ersparnis im Jahr: 3 Mio. DM. Nach Anlaufschwierigkeiten und der Anlernphase (z.T. durch die gekündigten Mitarbeiter) stimmt nun die Produktivität.

M 25 Beispiel Varta: Der Batteriehersteller Varta stellte in Singapur Knopfzellen (wieder aufladbare Minibatterien) her. 500 Arbeitskräfte fertigten 100 Mio. Knopfzellen pro Jahr bei Stundenkosten von 8,00 DM. 1998 wurde die Produktion nach Ellwangen (Baden-Württemberg) verlegt. Hier fertigen 70 Arbeitskräfte auf modernsten Hochgeschwindigkeitsmaschinen 150 Mio. Knopfzellen im Jahr. Die Löhne sind fünfmal höher als in Singapur.

Auch hier wurden Opfer verlangt: Zahlreiche Umsetzungen und Frühpensionierungen, Mehr- und Samstagsarbeit ohne Zuschläge für die Mitarbeiter, zum Ausgleich Arbeitszeitkonten, zinsgünstigen Darlehen vom Staat (Kosten für Baden-Württemberg 1,5 Mio. DM), 2,9 Mio. DM vom Bundesumweltministerium, weil die Umstellung auf neue Techniken jährlich 90 t Cadmium und 10 t Quecksilber spart.

M 26 Beispiel Siemens: Im November 1995 nahm Siemens in Dresden die Chip-Fertigung auf. Die Fertigungsstätten mit zahlreichen Reinstlufträumen sind mit einem aufwendigen Forschungs- und Entwicklungszentrum verbunden.
Bei einer Gesamt-Investitionssumme von 2,7 Mrd. DM, vorgesehen sind 1450 Mitarbeiter in der Ausbauphase, gab es staatliche Beihilfen mit hohen Millionen-Werten. Diese High-Invest-Arbeitsplätze (1,86 Mio. DM/Mitarbeiter) relativieren die hohen Stundenkosten für spezialisierte Arbeitskräfte in Deutschland.

M 27 Beispiel Bosch: Mit einem Aufwand von 200 Mio. DM baute Bosch in Reutlingen eine Halbleiterfertigung auf (300 Mitarbeiter). Voraussetzung für die Investition war eine Vereinbarung mit den Beschäftigten über eine kontinuierliche Fertigung im 7-Tage-Betrieb, die sowohl wegen der steigenden Anforderung an die Qualität als auch wegen der Maschinenauslastung verlangt war (drei Nacht- und vier Tagesschichten, wöchentliche Arbeitszeit 28 Stunden).
1996 übernahm Bosch AlliedSignal. Der US-amerikanische Bremsenhersteller hat 24 Fertigungsstätten in Europa, Nord- und Südamerika und ist an Gemeinschaftswerken in Korea, China und Indien beteiligt. Bosch wird so zum Anbieter gesamter Systeme für alle Fahrzeugklassen in allen Kontinenten.

M 28 Aspekte zum Standort Bundesrepublik

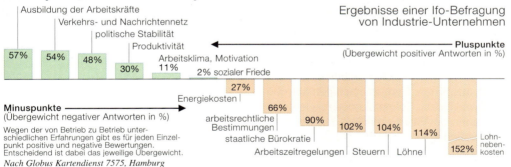

Ergebnisse einer Ifo-Befragung von Industrie-Unternehmen

Pluspunkte (Übergewicht positiver Antworten in %)
- Ausbildung der Arbeitskräfte 57%
- Verkehrs- und Nachrichtennetz 54%
- politische Stabilität 48%
- Produktivität 30%
- Arbeitsklima, Motivation 11%
- sozialer Friede 2%

Minuspunkte (Übergewicht negativer Antworten in %)
- Energiekosten 27%
- arbeitsrechtliche Bestimmungen 66%
- staatliche Bürokratie 90%
- Arbeitszeitregelungen 102%
- Steuern 104%
- Löhne 114%
- Lohnnebenkosten 152%

Wegen der von Betrieb zu Betrieb unterschiedlichen Erfahrungen gibt es für jeden Einzelpunkt positive und negative Bewertungen. Entscheidend ist dabei das jeweilige Übergewicht.
Nach Globus Kartendienst 7575, Hamburg

9. Fassen Sie die unterschiedlichen Positionen in der Bewertung des Standortes Deutschland in M 19-28 zusammen.
10. Versuchen Sie eine Bewertung des Wirtschaftsstandorts Deutschland, berücksichtigen Sie dabei auch die geographische Lage und die Lage zu den Nachbarn.
11. Die Daten der Materialien in diesem Kapitel ändern sich rasch. Sammeln Sie deshalb einschlägige Meldungen aus der Tagespresse und beziehen Sie sie in eine Diskussion über den Wirtschaftsstandort Deutschland ein.

Globalisierung, neue Unternehmensformen und die Zukunft der Arbeit

Globales Kaufhaus und globaler Produktionsstandort

1974 kostete die Luftfracht für ein Hemd aus Südostasien ca. 1,00 DM, die Stundenlöhne betrugen dort ungefähr 10 % der deutschen. Die Frachtkosten konnten deshalb durch die Lohnkostenvorteile leicht ausgeglichen werden. Seitdem haben sich zwar die Löhne in manchen Entwicklungsländern verdoppelt, der Abstand zu den deutschen Löhnen ist aber weiter gewachsen.

Die Transportkosten haben sich dagegen nicht erhöht. Neue Verkehrsmittel, direkte und indirekte Subventionen haben den Transport zum Teil sogar billiger und, fast immer, schneller gemacht. Frischgemüse aus Holland kann in Nordspanien konkurrenzfähig angeboten werden und Betriebe am Bodensee kaufen Stahl aus Belgien, ohne dass die Transportkosten auf den Preis durchschlagen. Zu erklären ist dies durch vielfältige Subventionen. So müsste heute ein Liter Dieselkraftstoff 2,30 bis 5,30 DM (ca. 1,20 bis 2,70 Euro) kosten, wenn die ungedeckten LKW-Kosten nach dem Verursacherprinzip umgelegt würden.

„Ein Kilogramm Mikrochips im Wert von 100 000 DM kann heute per E-Mail in Singapur bestellt und mit Nachtflug zu Transportkosten von unter 10 DM nach Deutschland gebracht werden, wenn der inländische Lieferant aus irgendwelchen Gründen ausfällt oder zu teuer wird. Und wenn die Blumen in London wegen der Beerdigung einer Prinzessin ausgehen, sind am nächsten Morgen genügend frische Schnittblumen aus Israel in den Läden der Stadt erhältlich. Die Welt ist, und das finden wir doch alle gut und profitieren davon, zu einem globalen Kaufhaus geworden. Aber, und das scheint die Kehrseite zu sein, die Welt ist auch zu einem globalen Produktionsstandort geworden, auf dem sich das ‚scheue' Kapital die günstigsten Produktionsmöglichkeiten aussuchen kann."

Joachim Voeller: Globalisierung: Chance oder Wohlstandsfalle? Universität Ulm, Abt. Wirtschaftswissenschaften: Working Papers in Economics, 1998

Glasfaserkabel sind die neuen Verkehrswege. Die heutige Informationstechnologie ermöglicht es, den Raum ohne Zeitverlust zu überwinden – und dies bei minimalen Kosten im Vergleich zu den transportierten Werten. Auf den Finanzmärkten fließen börsentäglich weltweit Umsätze von ca. 1 500 Mrd. US-$ – Schwindel erregende Werte, gegenüber denen, die für den gesamten weltweiten Warenaustausch in Höhe von 7 000 Mrd.US-$ pro Jahr beinahe winzig wirken.

Der internationale Kapitalmarkt erlaubt Devisenspekulanten innerhalb weniger Stunden riesige Gewinne aus kleinen Schwankungen des Außenwerts von Währungen, praktisch ohne Kosten. Auch Währungen großer Staaten können dadurch unter Druck kommen.

Mit weltweiten Niederlassungen werden heute Firmen gebildet, so dass zwar rund um die Uhr, jedoch trotzdem stets zu normalen Arbeitszeiten gearbeitet werden kann – ein Unternehmensteil in Tokyo, ein anderer in London, ein dritter in Los Angeles. Sie sind direkt verbunden, Entwicklungszeiten können so verkürzt, Computer-, z. T. auch Maschinen-Laufzeiten verlängert, Investitionen also besser genutzt werden, ohne zusätzliche Belastung durch Schichtarbeit.

Globalisierung zeigt sich auch in der internationalen Verflechtung der Konzerne mit einer steigenden Zahl von immer größeren Fusionen zu noch größeren international handelnden Einheiten, deren Wirtschaftsleistung dem Haushalt ganzer Staaten entspricht. Auch Handelsbetriebe erwirtschaften große Anteile im Auslandsgeschäft.

M 29 *Die größten Firmenübernahmen*

Übernahmeziel	Käufer	Volumen in Mrd.DM
Mannesmann	Vodafone[1]	129
Sprint Corp	MCI Worldcom[1]	127
Mobil Corp	Exxon Corp[2]	86
Warner-Lambert	Pfizer[3]	82
Warner-Lambert	AHP[3]	76
Citicorp	Travelers[4]	72
Ameritech	SBC[1]	72
GTE	Bell Atlantic[1]	71
Tele-Comm. Inc.	AT&T[1]	69
Airtouch	Vodafone[1]	65
MediaOne	AT&T[1]	63

Branchen: [1]Telekom, [2]Energie, [3]Pharma, [4]Finanzen

Nach Süddeutsche Zeitung vom 16.11.1999

M 30 Veränderung der Beschäftigung zum Vorjahr in Unternehmen mit und ohne ausfließende Direktinvestitionen, 1981–1997 in %

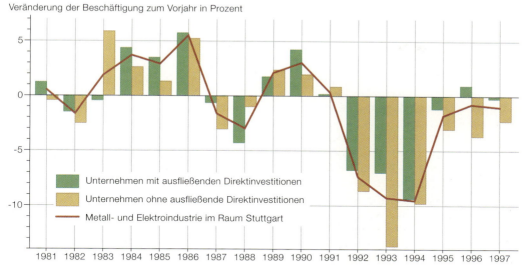

Bernhard Holwegler, Hans-Michael Trautwein: Beschäftigungswirkungen der Internationalisierung. Stuttgart: Universität Hohenheim, Institut für VWL 1998, S. 45

Mit der Globalisierung hängen auch die stark gewachsenen grenzüberschreitenden *Direktinvestitionen* (1996: 350 Mrd. US-$) zusammen. Von 1984 bis 1994 investierten deutsche Unternehmen im Ausland für 274,4 Mrd. US-$, ausländische in Deutschland nur für 43,2 Mrd. US-$. Dafür investierten Ausländer mehr in deutsche Aktiengesellschaften als Deutsche in ausländische.
Als Motiv für solche Investitionen werden oft die Schwächen des Standorts Deutschland genannt.

Eine immer wieder gestellte Frage lautet, ob denn die Investitionen im Ausland zur Arbeitslosigkeit in Deutschland mit beigetragen haben, ob also der Kapitalexport auch Arbeitsplatzexport sei. Untersuchungen der Metall- und Elektroindustrie im Raum Stuttgart geben Hinweise (M 30). Zu bedenken ist dabei auch, dass nur ein kleiner Teil der Investitionen in Niedriglohnländer floss.

M 31 Motive für deutsche Direktinvestitionen im Ausland

	hohe Priorität	mittlere Priorität
Erschließung neuer Märkte	18	0
Überwindung von Exporthindernissen	10	4
Sicherung bestehender Märkte	7	4
Markt-/Kundenpflege	7	3
Größe und Wachstum des Auslandsmarktes	7	4
Staatliche Investitionsförderung	6	4
Minderung des Wechselkursrisikos	5	2
Niedrigere Lohn-/Lohnnebenkosten	4	11
Höhere Flexibilität des Arbeitsmarktes	3	7
Niedrigere Steuerbelastung	2	7

Bernhard Holwegler und Hans-Michael Trautwein: a. a. O., S. 45

12. Seit Jahren sinkt der Materialanteil an den Produktionskosten. Erklären Sie die daraus folgenden Konsequenzen für die Standortfaktoren.
13. Beobachten Sie die Firmenzusammenschlüsse ab dem Jahr 2000 in den Medien. Nutzen Sie dazu auch das Internet.
14. Untersuchen Sie die Motive für Direktinvestitionen und deren Zusammenhänge mit der Standortproblematik Deutschlands.

Neue Standortbewertung, neue Unternehmensformen

Die weltweite Verflechtung der Wirtschaft und die Öffnung der Märkte haben den internationalen Wettbewerb gefördert und weltweit einen Preisdruck ausgelöst. Gleichzeitig stiegen also die Absatzchancen für die Unternehmen und der Konkurrenzdruck, der sie gefährden kann.

Ein global operierendes Unternehmen „kann und wird die Vorteile eines Landes nutzen, seine Nachteile aber zu meiden suchen. Globalisierte Unternehmen werden im Unternehmensinteresse – und dafür beschäftigen sie hoch qualifizierte Experten – völlig legal die ihnen genehmen Teile unterschiedlicher nationaler Ordnungen auswählen. Seien dies die Arbeitsmarktbedingungen oder die nationalen Steuervorschriften oder die zur Finanzierung des Sozialen in der Marktwirtschaft gültigen Abgabensysteme. Nationale Unterschiede können beliebig gegeneinander ausgespielt werden. ... Damit wird aber, das ist offensichtlich, letztlich jede Regel, jede gesetzliche Reglementierung, jede Steuer, jeder Tarifvertrag, ja sogar jede staatliche Institution dem Test der internationalen Wettbewerbsfähigkeit unterzogen."

Joachim Voeller, a. a. O., S. 8

Dies bedeutet natürlich, dass beispielsweise umweltschädliche Produktionsstätten im Zweifel eben dorthin verlagert werden, wo geringere Auflagen drohen und keine Proteste zu erwarten sind. Auch die deutschen Unternehmen haben sich, wenn auch teilweise mit Verspätung, diesen Auswirkungen der Globalisierung angepasst, mit betrieblichen Neuorganisationen wie Lean Production und Lean Management, mit Just-in-Time-Produktion, Outsourcing und Electronic Commerce. Ihnen allen ist gemeinsam, dass sie Druck auf die Arbeitsplätze ausüben. Das Resultat zeigt sich auch in der Veränderung der *Lohnquote* (Anteil der Löhne am Volkseinkommen).

M 32 *Brutto- und Nettolohnquote in Deutschland 1983–1998 (ab 1993 mit neuen Ländern)*

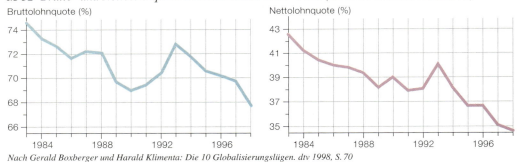

Nach Gerald Boxberger und Harald Klimenta: Die 10 Globalisierungslügen. dtv 1998, S. 70

M 33 *Chancen und Risiken von Electronic Commerce*

Nach IHK: Wirtschaft zwischen Alb und Bodensee 8/98, S. 23

**Arbeit und Arbeitsplätze
in einer globalisierten Wirtschaft**

Der Wirtschaftswissenschaftler Joachim Voeller fasst die Folgen für die Arbeit in fünf Punkten zusammen:

– 1. Kapitalintensive, hochproduktive Produktionszweige, die vom arbeitssparenden technischen Fortschritt profitieren und durch Innovation wettbewerbsfähig bleiben, gewinnen an Bedeutung. Arbeitsintensive Industriebereiche ... sind zu Standortverlagerungen ins lohnkostengünstigere Ausland gezwungen.

– 2. Die Tertiärisierung der Gesellschaft ... wird durch die Globalisierung beschleunigt. Die neuen Medien und Informationssysteme eröffnen technologiegetriebenen Dienstleistungen, auch im industrienahen Bereich, enorme Wachstumsfelder. Hier könnten die wegbrechenden Industriearbeitsplätze wenigstens teilweise kompensiert werden.

– 3. Der Charakter der Arbeitsplätze selbst wandelt sich, „Normalarbeitsplätze", d. h. Vollerwerbsarbeitsplätze mit unbefristetem Arbeitsvertrag, gehen zurück. An ihre Stelle treten zunehmend „nicht-normale", „unsichere" Arbeitsverhältnisse wie befristete Arbeitsverhältnisse, Teilzeitarbeit, 620-DM-Jobs. Die weltweite Konkurrenz auf dem Arbeitsmarkt nimmt zu.

– 4. Hoch qualifizierte und mobile Experten der neuen Technologien profitieren von dieser Entwicklung. Ihnen winken steigende Einkommen, während im mittleren und unteren Segment Stillstand oder Einkommensverluste angesagt sind. Schlecht sieht es für einfache Arbeit aus.

– 5. Diese Lohnspreizung wird aber das Risiko des einzelnen Arbeitnehmers kaum verringern; auch in der Mittelklasse der Gesellschaft droht der Absturz. Insgesamt nimmt auch in Deutschland die Ungleichverteilung der Primäreinkommen deutlich zu. Nur unseren relativ gut ausgebauten Sozialsystemen haben wir es zu verdanken, dass sich die Einkommensunterschiede nicht so extrem entwickeln wie in den USA.

Nach Joachim Voeller: a. a. O., S. 11, 12, leicht geändert

INFO

Electronic Commerce: Elektronischer Geschäftsverkehr auf allen Gebieten bei Beteiligung, Entwicklung, Produktion, Handel.

Direktinvestitionen: Grenzüberschreitende Investitionen zur Gründung von Produktionsanlagen oder zur dauerhaften Beteiligung an einem Unternehmen im Ausland; Handelsbarrieren (Zölle) und Währungsunsicherheiten sollen umgangen werden.

Global Sourcing: Weltweiter Einkauf von Arbeit, Material, Vorprodukten nach Gunst des Angebots durch transnationale Unternehmen.

Joint Ventures: Gemeinsame Unernehmensgründungen einheimischer und ausländischer Investoren.

Just-in-Time-Produktion: Zahlreiche selbstständige Unternehmen liefern dem Abnehmer die Zulieferprodukte erst zum benötigten Zeitpunkt und in Reihenfolge des Bedarfs an die Stelle des Werks, wo sie eingesetzt werden. Ziel: Verringerung der Lagerhaltung, Verkürzung der Durchlaufzeiten; Folge: zusätzliche Belastungen der Zulieferer und des Straßenverkehrs („rollendes LKW-Lager", erhöhter Logistikbedarf.

Lean Production, Lean Management: Verschlankung von Produktion und/oder Management zur Verkürzung der Produktionsabläufe und Kostensenkung. Ziel: Stärkere Orientierung am Kundenwunsch und raschere Reaktion auf Marktbedürfnisse.

Outsourcing: Ausgliederung von Funktionen an spezialisierte externe Dienstleister.

Spin-off-Betriebe: Von ehemaligen Mitarbeitern eines Unternehmens gegründete Betriebe, die z. T. in Abstimmung mit dem früheren Unternehmen einzelne Funktionen/Produktionen übernehmen und dort die Fertigungstiefe (Anteil der im Unternehmen selbst entworfenen/gefertigten Komponenten) verringern.

Virtuelle Unternehmen: Wirtschaftlich selbstständige Unternehmen schließen sich mittels Telekommunikation zu einem Verbund zusammen. Für die einzelnen Funktionen (Entwicklung, Einkauf, Absatz, Finanzierung, Marketing) sind jeweils unterschiedliche Unternehmen zuständig.

M 34 „Just-in-Time"-Systeme[1] *nach Teileklassifikation, Zeitregime und Kooperationsraum*

Zeitregime (Abruf-Verfahren)	Klassifikation von Zulieferteilen (A-, B-, C-Teile) nach Wertschöpfungsanteil (Beispiele)	Kooperationsraum (Lieferantenstandorte)
bis 4 Monate wahrscheinlich monatlich	DIN- und Normteile, Meterware	unabhängig
bis 4 Monate LAB (Lieferabruf) wochengenau	B- und C-Teile Kleinteile Rohmaterial	unabhängig
bis 15 Arbeitstage FAB (Feinabruf) tagesgenau	A- und B-Teile Spiegel, Getriebe Teppiche, Lenkräder Stromverteiler etc.	EU-Raum logistisch gut erschlossen bis 1000 km
bis 2 Arbeitstage VAB (Versandabruf) stundengenau	A- und B-Teile Stoßfänger, Tanks Türverkleidung, Heizungen etc.	Werksnähe ca. 100 – 200 km
bis 4 Stunden auftragsgenau Reihenfolge	A-Teile	50 km Werksnähe

[1] Die Abbildung bezieht sich auf die Just-in-Time-Strategie von BMW. Das BMW-Teilespektrum umfasst 57 000 Teile, davon sind 41 000 Kaufteile und 16 000 Hausteile aus eigener Produktion. Sie werden in rund 200 Fahrzeugtypen mit zahllosen Sonderausstattungen verbaut. Die Anlieferungsfrequenzen sind unterschiedlich; A-Teile kommen vierstündlich, DIN-Normteile u. U. in vorher nicht festgelegtem monatlichen Abruf.
Bei Audi erfolgt die Anlieferung alle 38 Minuten taktgesteuert. Dabei dient ein in unmittelbarer Nähe gelegenes Speditionslager als Puffer, von wo entsprechend der Datenübermittlung die benötigten Teile direkt in Montagewagen gepackt werden.

Nach Dieter Läpple: Güterverkehr, Logistik und Umwelt. Berlin: Edition Sigma 1995, S. 49

Obwohl heute die Globalisierung noch längst nicht konsequent durchgeführt ist, beispielsweise bleiben noch 1997 90 % der in der EU erzeugten Güter in der EU, hat ihre Wirkung die Arbeitswelt tief greifend verändert. Bisherige Strukturen wurden schneller als gedacht aufgebrochen, gewachsene Arbeitsbeziehungen abrupt beendet, neue Marktorientierungen etabliert. Wie kann es weitergehen?

Als eines der großen ungelösten Probleme wird der ungehinderte weltweite Devisenstrom und die damit verbundene Spekulation angesehen. Die Tobin-Steuer, nach einem Vorschlag des Nobelpreisträgers James Tobin, will den freien Kapitalverkehr beschränken, indem Devisengeschäfte mit einer einprozentigen Steuer belegt werden. Chance zur Realisierung gibt es vor allem wegen des Widerstands der USA nicht.

Auch eine ökologische Steuerreform könnte Auswüchse der Globalisierung beschneiden, da sie prinzipiell auf einer zusätzlichen steuerlichen Belastung des Energieverbrauchs, und damit der Transportkosten, und einer Entlastung bei anderen Steuern beruht. Ansätze zu einer dafür notwendigen internationalen Abstimmung sind nicht zu erkennen.

Im Zeichen der Globalisierung müssen Unternehmen international konkurrenzfähig sein, auch wenn sie vorrangig den heimischen Markt beliefern. Damit muss sich auch die Arbeit dieser internationalen Konkurrenz stellen – eine wesentliche Ursache des Rückgangs der Arbeitsplätze in unserer Wirtschaft. Die Versuche, die negativen Auswirkungen auf den Arbeitsmarkt zu beschränken, sind vielfältig, die verschiedenen Modelle dazu stehen im Mittelpunkt der wirtschaftspolitischen Diskussionen.

Während lange von den Nachteilen staatlicher Eingriffe in die Wirtschaft gesprochen wurde, warnen heute die Experten vor einem völligen Rückzug des Staates.

„Globalisierung entmachtet die staatlichen Entscheidungsträger in einem Ausmaß, wie es in der Geschichte souveräner Staaten noch nie möglich gewesen ist. Der immense internationale Wettbewerb zwingt die einzelnen Länder, sich in ihren Regelsystemen dem jeweils erfolgreichsten Konkurrenten anzupassen, um Ausweichreaktionen der ihren Nutzen maximierenden globalen Akteure zu vermeiden. ... Gleichzeitig steigen die finanziellen Ansprüche an den Staat nicht zuletzt wegen der Auswirkungen der Globalisierung. Wir haben es also mit einer gefährlichen Scherenentwicklung zu tun: Einerseits werden wegen des internationalen Wettbewerbdrucks permanent staatliche oder soziale Leistungskürzungen verlangt und teilweise auch durchgesetzt, andererseits verstärkt derselbe internationale Druck den Ruf nach staatlichen Sonderhilfen und Unterstützungen. ...

Die größte Schwierigkeit ergibt sich aus der im wahrsten Sinn des Wortes ‚grenzenlos' gewordenen Macht der globalen Akteure ... Der Entgrenzungsprozess frisst seine Kinder, wenn es nicht gelingt, eine neue Ausbalancierung von Macht und Gegenmacht, Checks und Balances zu finden. ...

Deshalb wird Globalisierung nur dann und auf Dauer mehr positive als negative Wirkungen entfalten, wenn das Problem auf globaler Ebene gelöst wird."

Joachim Voeller: a. a. O., S. 14–16, leicht geändert

Jeremy Rifkin hat in einem viel zitierten Buch („Das Ende der Arbeit und ihre Zukunft") dargelegt, dass es genug Arbeit gibt, sie aber zu erheblichen Teilen immer weniger finanziert wird, da sie für Investoren nicht lohnend genug ist. Dazu zählt er die Alten- und Jugendpflege, den Naturschutz, Obdachlosenbetreuung, Krankenpflege, Nachbarschaftshilfe, Sozialarbeit und Gesundheitspflege, auch Teile des Bildungswesens, Rechtshilfe etc. Er nennt diesen Bereich den „Dritten Sektor", der auf unabhängiger, freiwilliger Arbeit beruhen könne und der Zufluchtsort für die Opfer der dritten industriellen Revolution werden solle. Es gelte die Verknüpfung von Arbeit und Einkommen in Zukunft aufzulösen.

Jeremy Rifkins „Dritter Sektor" weist in Teilen Ähnlichkeiten mit den in Deutschland unterrepräsentierten konsumorientierten Dienstleistungen auf. Es zeigt sich, dass es eine einfache Antwort auf die Frage, die am Anfang des Kapitels gestellt wurde, ob denn die Dienstleistungen eine Chance zur Lösung des Arbeitsplatzproblems seien, nicht gibt. Wir werden uns auf weitreichende Veränderungen einstellen müssen, auf eine völlig veränderte Arbeitswelt, die neue Ansprüche stellt, aber auch neue Chancen bietet.

15. Fassen Sie die Auswirkungen der Globalisierung auf den Standort Deutschland zusammen, berücksichtigen Sie dabei besonders die Folgen für den Arbeitsmarkt.

16. Stellen Sie die Vor- und Nachteile der Just-in-Time-Produktion für die verschiedenen Gruppen im Wirtschaftsprozess und die Allgemeinheit gegenüber.

17. Diskutieren Sie die Frage, ob bzw. welche Dienstleistungen eine Lösung des Arbeitsplatzproblems bilden könnten.

2.3 Verkehrs- und Kommunikationsnetze – ihre Bedeutung für die globale Verflechtung

M 1 Ein virtuelles Unternehmen

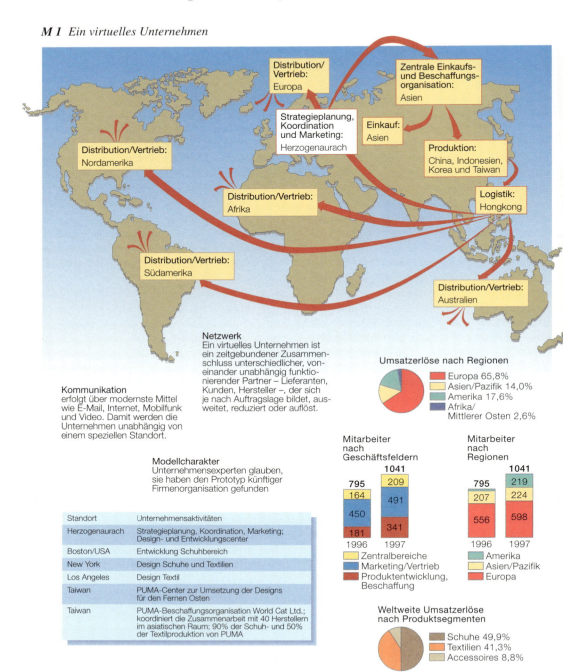

Kommunikation
erfolgt über modernste Mittel wie E-Mail, Internet, Mobilfunk und Video. Damit werden die Unternehmen unabhängig von einem speziellen Standort.

Netzwerk
Ein virtuelles Unternehmen ist ein zeitgebundener Zusammenschluss unterschiedlicher, voneinander unabhängig funktionierender Partner – Lieferanten, Kunden, Hersteller –, der sich je nach Auftragslage bildet, ausweitet, reduziert oder auflöst.

Modellcharakter
Unternehmensexperten glauben, sie haben den Prototyp künftiger Firmenorganisation gefunden

Standort	Unternehmensaktivitäten
Herzogenaurach	Strategieplanung, Koordination, Marketing; Design- und Entwicklungscenter
Boston/USA	Entwicklung Schuhbereich
New York	Design Schuhe und Textilien
Los Angeles	Design Textil
Taiwan	PUMA-Center zur Umsetzung der Designs für den Fernen Osten
Taiwan	PUMA-Beschaffungsorganisation World Cat Ltd.; koordiniert die Zusammenarbeit mit 40 Herstellern im asiatischen Raum; 90% der Schuh- und 50% der Textilproduktion von PUMA

Umsatzerlöse nach Regionen
- Europa 65,8%
- Asien/Pazifik 14,0%
- Amerika 17,6%
- Afrika/Mittlerer Osten 2,6%

Mitarbeiter nach Geschäftsfeldern

	1996	1997
	795	1041
Zentralbereiche	164	209
Marketing/Vertrieb	450	491
Produktentwicklung, Beschaffung	181	341

Mitarbeiter nach Regionen

	1996	1997
	795	1041
Amerika		219
Asien/Pazifik	207	224
Europa	556	598

Weltweite Umsatzerlöse nach Produktsegmenten
- Schuhe 49,9%
- Textilien 41,3%
- Accessoires 8,8%

Nach FOCUS 5/1996, S. 169, verändert nach PUMA Geschäftsbericht 1997

Die Produktionsweise der Zukunft?
„Es gibt führende Intellektuelle, die behaupten, unsere Zukunft läge in der Abkehr von der Industriegesellschaft und einer Hinwendung zur Dienstleistungsgesellschaft. Sie verbannen die Güterproduktion ins wirtschaftliche Abseits und huldigen stattdessen einer Nation von Geistesarbeitern. ... Aber es ist gefährlich zu glauben, eine große Volkswirtschaft könne ohne ein solides industrielles Fundament existieren. ... Die bittere Wahrheit ist, dass eine Dienstleistungswirtschaft nicht autark überleben kann. Ihre Existenz hängt zutiefst von einer gesunden Produktionswirtschaft ab – nur sie schafft den Wohlstand, um die Dienste zu bezahlen, und die Kunden, die sie kaufen. Wenn die Industriestaaten ihren hohen Lebensstandard halten und ihre sozialen Probleme lösen wollen, dann müssen sie einen neuen Motor der Prosperität finden. Dieser Motor ist das virtuelle Unternehmen. Der Erfolg eines solchen virtuellen Unternehmens wird von seiner Fähigkeit abhängen, in all seinen Abteilungen einen ungeheuren Datenfluss zu sammeln und zu integrieren und auf dieser Basis intelligent zu entscheiden. ... Das Management geht immer stärker dazu über, Entscheidungen und Kontrollfunktionen an die Mitarbeiter zu übertragen, die am nächsten an der Arbeit dran sind. Computer sammeln und verteilen heute die Informationen, die früher von den Managementhierarchien ausgingen. ... Vom modernen Mitarbeiter erwartet man, dass er mit Computerinformationen umgehen kann und weiß, was er zu tun hat, statt auf Instruktionen zu warten.
Die Fertigung im virtuellen Unternehmen basiert auf der schlanken Produktion und dem ständigen Einfließen neuer Technik, die eine flexible, rechnerintegrierte Fertigung und preisgünstige Maschinenausstattung ermöglicht. Dadurch wird es oft praktikabel, Waren immer näher am Kunden zu produzieren. ...
Es ist unschwer zu erkennen, dass Just-in-Time im virtuellen Unternehmen eine wichtige Rolle spielen wird. Die rentable Massenfertigung von Spezialprodukten erfordert eine strikte Kontrolle von Lagerhaltung und Produktion, um die Fertigung fast augenblicklich auf ein anderes Modell umzustellen, wenn es der Markt verlangt. Das kann nur geschehen, wenn sich der Hersteller nicht mit teuren und kurzlebigen Lagerbeständen belastet. ...
Das Management im virtuellen Unternehmen sorgt für Schulungsprogramme, Entlohnungssysteme und die nötige Entscheidungskompetenz der Mitarbeiter. ... Außerdem muss das Management eine vertrauensvolle Partnerschaft mit den Zulieferern aufbauen, damit Just-in-Time-Systeme wirksam eingesetzt werden können."

William H. Davidow und Michael S. Malone: Das virtuelle Unternehmen. Frankfurt/M.–New York: Campus 1993, S. 21 ff.

Globale Verflechtung ist die wesentliche Grundlage solcher virtueller Unternehmen. Gut ausgebaute Verkehrsnetze und modernste Kommunikationsmittel wie Mobilfunk, Internet und E-Mail lockern die Bindung derartiger Firmen an einen bestimmten Standort. Was bisher an einem 8-Stunden-Tag unter einem Firmendach geleistet wurde, läuft nun rund um die Uhr und rund um den Globus ab: Konzeption und Forschung in einer Zentrale in Europa, der Einkauf gesteuert von einem Partner in Asien, die Produktion verlagert auf die im Moment kostengünstigsten Standorte, Werbung und Vertrieb übertragen an Logistik-Dienstleister von Nordamerika bis Australien. Managementexperten in aller Welt sehen in solchen virtuellen Unternehmen das Modell künftiger Firmenorganisation – ein zeitlich befristetes Geflecht von miteinander vernetzten selbstständigen Produktionseinheiten. Der große Vorteil dieser Kooperationsformen ist die Flexibilität und Schnelligkeit, mit der sie – je nach Auftrags- und Projektlage – gebildet, ausgeweitet und wieder reduziert oder aufgelöst werden.

1. Erarbeiten Sie Zusammenhänge zwischen modernen Verkehrs- bzw. Kommunikationsnetzen und der Produktionsweise sowie Standortentscheidung global operierender Unternehmen.
2. Stellen Sie Auswirkungen auf das künftige Arbeitsleben und die Qualifikationsanforderungen der Mitarbeiterinnen und Mitarbeiter fest.

Transport- und Kommunikationsnetze als Voraussetzung für moderne Unternehmensformen

1990 kostete ein Telefongespräch 2 Prozent des Preises von 1940 und seitdem haben sich die Kosten weiter verringert. Die neuen Techniken erlauben es, jederzeit an jedem Ort zu telefonieren und Zugriff zu den internationalen Kommunikationssystemen zu haben sowie jederzeit und überall erreichbar zu sein und in Datennetze eingebunden zu werden. Internationale Standards für den Datenaustausch ermöglichen die praktisch verzögerungslose weltweite Kommunikation, ohne die die Globalisierung der Wirtschaft nicht vorstellbar wäre. Beim Austausch von Nachrichten hat der Standortfaktor Nähe also erheblich an Bedeutung verloren.

Für den immer stärker global orientierten Warenaustausch aber spielt die Übrwindung der Entfernung nach wir vor eine entscheidende Rolle, trotz der Fortschritte der Verkehrssysteme und der Senkung der Transportkosten.

M 2 Binnenländischer Verkehr: Verkehrsleistung des Güterverkehrs in Mrd. tkm und Verkehrsaufkommen in Deutschland in Mio. t

	1980 BRD	1980 DDR	1988 BRD	1988 DDR	1996 Deutschl.
Eisenbahn	64,9	56,5	60,0	60,4	67,7
Binnenschifffahrt	51,4	2,1	52,9	2,5	61,4
Straßengüterverkehr	124,4	20,9	151,3	16,4	213,0
Rohrfernleitungen	14,3	5,0	9,0	4,2	14,5
Luftverkehr	0,25	–	0,38	–	0,52
Binnenländischer Verkehr gesamt	255,3	84,6	273,6	83,6	425,5
Verkehrsaufkommen ges. Mio. t	3229,0	1111,8	3161,1	965,6	3815,2

Bundesverkehrsministerium (Hrsg.): Verkehr in Zahlen 1997, Köln: FGSV 1997, S. 228–233; Ökonom. und soziale Geographie der DDR 1989, Gotha: Haack 1990, S. 235, 236

Dabei sind es nicht gestiegene Gütermengen, die neue Aufgaben schaffen, denn prinzipiell nimmt in der modernen Dienstleistungswirtschaft der Materialanteil ab. (Das BIP stieg von 1980 bis 1996 um ca. 31% real, exakte Werte können wegen unterschiedlicher Bemessungsgrundlagen im Jahr 1980 in der Bundesrepublik und der DDR nicht angegeben werden.) Die rasch wechselnden Bedürfnisse des Marktes können besser durch flexible, kleinere Produktionseinheiten befriedigt werden. Durch die Senkung der Fertigungstiefe werden die Transportmengen auf kleinere Ladungen verteilt, entstehen immer mehr Transportvorgänge und zugleich räumliche Ausdehnungen der Produktlinien und Absatzbeziehungen. International sind die Verkehrsleistungen und -verflechtungen durch die Globalisierung gewaltig angestiegen.

M 3 Grenzüberschreitender Verkehr Deutschlands (Versand und Empfang) in Mio. t

	1980	1996
Eisenbahn	66,4	75,0
Straßen	106,7	215,0
Binnenschifffahrt	139,9	142,0
Seeschifffahrt	152,5	198,6
Luftverkehr	0,458	1,720
Rohrfernleitungen	65,0	68,6
gesamt	531,0	700,9

Bundesministerium (Hrsg.): Verkehr in Zahlen 1997, S. 192

Bei diesen hoch differenzierten Lieferverflechtungen stehen nicht mehr die Transportkosten im Vordergrund, sondern immer mehr die Lieferzeit, die Flexibilität und Zuverlässigkeit der Lieferung („Flugzeug statt Schiff").

Die Aufspaltung der Lieferströme durch die Just-in-Time-Produktion hat „rollende Läger" gebracht mit höheren Frequenzen und kleineren Versandmengen. Einzelwirtschaftlich, also bezogen auf ein Unternehmen, ist dies rational, gesamtwirtschaftlich und ökologisch jedoch irrational.

Im Handel werden Lagerbestände reduziert und regionale Lager durch Zentrallager ersetzt, werden die Lagerhaltungsaufgaben mehr und mehr durch Liefervorgänge abgelöst, die oft an Dritte übertragen werden. Damit soll die Kapitalbindung durch Lagerbestände und Lagerflächen reduziert werden.

Auch beim Einzelhandel haben sich neue Strukturen der Warenbeschaffung gebildet mit vernetzten Transportbeziehungen und der Aufspaltung in kleine und vor allem zeitlich flexiblere Einheiten.

Statistik/Tabelle

Auch einfache Tabellen können komplexe Zusammenhänge enthalten und bei oberflächlicher Betrachtung zu Fehlinterpretationen führen, die dann Sätze wie „ich glaube nur der Statistik, die ich selbst gefälscht habe" verständlich machen. Daten können manipuliert sein, auf zweifelhaften Quellen beruhen, können falsch aufgearbeitet oder ungünstig dargestellt sein. Es ist deshalb notwendig, zuerst jene formalen Kriterien zu überprüfen, die eine Beurteilung erlauben.

Für die Anfertigung einer Tabelle gelten die gleichen Kriterien, wobei als erster Schritt die Prüfung der Datenquellen und deren Eignung für das angestrebte Ziel erfolgen sollte.

1. Formales

Überschrift	Inhalt, Begriffsklärung, räumliche und zeitliche Einordnung und Abgrenzung, Maßeinheiten, Bezüge	
Tabellenkopf	zeitliche/räumliche Abstände der Bezugspunkte und -werte	
Vorspalte Zeilen	Spalten (senkrecht) (waagrecht) eingerückte Zeilen geben Teilwerte der vorigen Zeile	
Zahlen	absolute, relative, Indexwerte (Ausgangswert = 100), fehlende Werte: k. A. = keine Angabe, • = nicht vorhanden, – = nichts	
Summenzeile		
Quelle	Amtlich? nachprüfbar? Erscheinungsort und -jahr? Verlag?	

Beispiel M 2: Binnenländischer Verkehr

Hilfen, Hinweise

Die Verkehrsleistung in Mrd. tkm (Gewicht mal Entfernung) bezieht sich auf die im Bundesgebiet zurückgelegte Entfernung.
Das Verkehrsaufkommen in Mio. t umfasst den Verkehr zwischen deutschen Orten sowie den grenzüberschreitenden Verkehr und den Durchgangsverkehr.

1980 und 1988 sind die Werte auf das Gebiet der alten und der neuen Bundesländer aufgeteilt.

Wegen Rundungen sind in den Summen geringfügige Abweichungen möglich.

2. Beschreibung
Stellen Sie höchste, tiefste Werte, Veränderungen, Entwicklungen fest, ziehen Sie Vergleiche und stellen Sie Hypothesen auf. Durch Umrechung (z. B. in Prozentwerte) oder grafische Umsetzung (Diagramme) lassen sich die Zusammenhänge verdeutlichen.

3. Erklärung
Ein Vergleich nach Raum, Zeit oder unterschiedlicher Entwicklung (z. B. Verkehrsleistung und -aufkommen) erleichtert die Erklärung. Für eine vollständige Auswertung müssen Vorkenntnisse verwendet werden (hier z. B. die Bedeutung des Straßenverkehrs in der DDR und der Bundesrepublik, Rhein-Main-Donau-Kanal seit 1992). Verwenden Sie Zusatzmaterialien (hier M 3, wodurch Zusammenhänge zwischen Verkehrsträgern und internationaler Verflechtung klar werden). Nutzen Sie Nachschlagewerke und Fachliteratur. Beachten Sie besonders jene Resultate, die Sie nicht erwartet hätten (z. B. Rückgang der Tonnage trotz Wirtschaftswachstum). Fassen Sie die Ergebnisse zusammen und betonen Sie die wesentlichen Punkte.

4. Bewertung und Kritik
Entspricht der Inhalt der Überschrift? Sind die Aussagen eindeutig, die Abstände der Zeitreihen gleichmäßig? Was fehlt? Welche Vor- und Nachteile hätte die Umsetzung in ein Diagramm?

M 4   Güterverkehrszentrum Bremen

Das Güterverkehrszentrum Bremen. Der Bundesverkehrsplan von 1992 sieht in Deutschland 42 Standorträume für Güterverkehrszentren vor. Das GVZ Bremen war die erste in Deutschland vollständig in Betrieb befindliche Anlage. Die 200 ha des vom Senat in den 80er-Jahren zur Verfügung gestellten Geländes werden voll genutzt. 70 Firmen des Güterverkehrs, der Logistik, Paketdienste und Dienstleistung arbeiten an der Schnittstelle zwischen Wasser-, Schienen- und Straßenverkehr. Die Anlage hat folgende Schwerpunkte:

– eine große Container-Umschlaganlage mit einer Kapazität von 230 000 TEU (= 6,10 m Normallänge),

– zahlreiche Speditionen und Logistikdienstleister für Beschaffungspakete für Kunden, deren Logistik in das GVZ ausgelagert wurde,

– die „City-Logistik", um die Sendungen mehrerer Speditionen in die verkehrsbelastete Innenstadt zusammenzufassen,

– ein Beratungssystem in Zusammenarbeit mit der Bremer Wirtschaftsförderungsgesellschaft,

– Lagerhäuser, Zollamt und Einrichtungen für Fahrzeug-Service und -Reparatur.

Ziele: Synergie-Effekte durch räumliche Konzentration und Vorteile durch bessere Auslastung von Fahrzeugen bis hin zu Ganzzügen der Bahn.

Einwände: Die Konzentration bringe eine teilweise unerträgliche Belastung (in Bremen ist die Zufahrtsstraße der neuralgische Punkt) und dieser Ausbau der Verkehrsinfrastruktur begünstige eine weitere Steigerung des Verkehrs.

Ob sich die von den Befürwortern der Güterverkehrszentren angesagte Vermeidung von unnötigen Verkehrsleistungen tatsächlich erreichen lässt, kann mit dem Bremer Beispiel noch nicht schlüssig beantwortet werden.

Das Beispiel eines Filialisten: „Die Warenbeschaffung erfolgt auf unterschiedlichem Weg. Der eine Teil der Ware kommt von einem Zentrallager. Mit der Bundesbahn wird die Ware zum Hauptgüterbahnhof Hamburg transportiert und von dort mit der Bahnspedition per Lkw zur Filiale gebracht. Der andere Teil der Ware wird von verschiedenen Regionallägern ... angeliefert. Nur ein ganz kleiner Teil (ca. 2 %) wird vom Hersteller/Lieferanten direkt zur Filiale transportiert. Bei Waren, die vom Zentrallager kommen, beträgt der Zeitraum zwischen der Anforderung der Artikel bis zum Eintreffen in der Filiale nicht mehr als 40 Stunden. Sämtliche Filialen im Bundesgebiet werden vom gleichen Zentrallager versorgt. Daneben gibt es unterschiedliche Regionalläger. Auch zwischen den Filialen findet Warentausch statt."

Jürgen Glaser: Distributionslogistik und Stadtentwicklung. In: Dieter Läpple (Hrsg.): Güterverkehr, Logistik und Umwelt. Berlin: Edition Sigma 1995, S. 157–158

M 5 *Warenbeschaffung bei einem Filialisten*

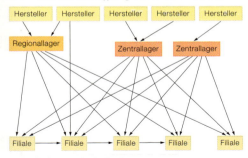

Jürgen Glaser: a. a. O., S. 159

Bei dieser Entwicklung nimmt die Belastung der Straßen zu, da Eisenbahn oder Binnenschifffahrt wenig konkurrenzfähig sind. Sie werden trotz Containerverkehr durch die langen Lade- und Umladezeiten benachteiligt. Das rasche Wachstum der Expressdienste ist für die neuen Transportleistungen symptomatisch. Sie werden auch dort eingesetzt, wo bei der Just-in-Time-Produktion z. B. wegen Verkehrsstaus die Belieferung gefährdet ist und nur durch kleine Fahrzeuge gewährleistet werden kann.
Diese Entwicklungen rufen die Forderung nach einer Bündelung der Ladungen hervor.

Güterverkehrszentren sollen einige der Probleme lösen. Als Knotenpunkte im Netz verknüpfen sie verschiedene Verkehrsträger (meist Schiene und Straße, z. T. auch Wasser, Luft), sind aber auch logistische Dienstleistungszentren zum Lagern, Sammeln, Umschlagen, Verteilen und für Service, teilweise auch in Verbindung mit Zentren für die Belieferung von Industriebetrieben. Die Vorteile dieser Verkehrsgewerbebetriebe:
– räumliche Konzentration und Bündelung von Dienstleistungen, Strukturverbesserungen für Klein- und Mittelbetriebe, Anreize für Neuansiedelungen;
– Entlastung der Städte vom Güterverkehr, bessere Versorgung und Entsorgung;
– rationellere Nutzung der Verkehrswege und Umladestationen, bessere Fahrzeugauslastung, geringere ökologische Belastung.
Die Komplexität der Beförderungsleistungen und die neuen Funktionen der Spediteure erfordern eine ebenso komplexe Logistik.
Logistik ist über die Verteilung und Lagerbewirtschaftung hinaus heute das ganze Spektrum von der Produktionsplanung und -steuerung und der Materialwirtschaft bis zum Vertrieb.

„Die Rolle der Spedition hat sich in den letzten 40 Jahren stark gewandelt. Während die Spedition noch bis in die 70er-Jahre hinein primär für den reinen Transport von Gütern vom Absender zum Empfänger zuständig war („Transportnetz"), wird heute von einem Logistik-Dienstleister verlangt bis in die innerbetrieblichen Abläufe hinein einzugreifen und zu steuern. Die Spedition des neuen Typs, also der Logistikdienstleister, ist in die Organisation innerhalb von Betrieben und in das Netzwerk zwischen Betrieben und deren Partnern verflochten.
Die Herausforderungen der Globalisierung und ihrer Folgen, wie zum Beispiel der hohe internationale Kostendruck, führen dazu, dass sich immer mehr Produktionsunternehmen auf ihr Kerngeschäft konzentrieren. Gesucht sind also in zunehmendem Maße Dienstleister, die umfassende Logistikleistungen ... bieten."

Peter Fuchs: Globalisierung und Logistik. In: Globalisierung, Beispiele und Perspektiven für den Geographieunterricht. Gotha: Klett-Perthes 1998, S. 40

Internet – seine Auswirkungen auf Wirtschaft und Gesellschaft

Die Wettbewerbsfähigkeit eines modernen Unternehmens hängt wesentlich davon ab, wie rasch und kostengünstig Informationen zwischen den Partnern, also den Zulieferern, Dienstleistern, Produzenten und Kunden, ausgetauscht werden können. Information und deren Übermittlung wird zunehmend als vierter Produktionsfaktor neben Boden, Kapital und Arbeit angesehen. Demzufolge weist die Informationstechnologie gegenwärtig die höchsten Wachstumsraten aller Wirtschaftszweige auf. Besondere Bedeutung erlangt dabei das Internet mit seinen vielfältigen Nutzungsmöglichkeiten:

– Als Instrument zur Informationsbeschaffung bietet das Internet den Unternehmen eine rasche Zugriffsmöglichkeit zu vielfältigen wirtschaftsrelevanten Daten, vor allem über mögliche Zulieferer, Abnehmer und Dienstleister oder über ganze Produktkataloge. Auch der Zugang zu Forschungsergebnissen wird erleichtert. Auf bestimmten „Patent Servern" zum Beispiel können Firmen heute schon Millionen von Patenten abrufen und sich alle erforderlichen Daten bis hin zu Konstruktionszeichnungen ausdrucken lassen. Die räumliche Nähe zu Hochschul- und Forschungseinrichtungen, ein für viele Unternehmen in den letzten Jahrzehnten zunehmend wichtiger gewordener Standortfaktor, könnte auf diese Weise einen Bedeutungswandel erfahren.

– Als Plattform zur Firmenpräsentation bietet das Internet den Unternehmen vielfältige Formen der Kundenwerbung, angefangen bei einer einfachen „Homepage" mit einer Kurzbeschreibung des eigenen Angebots bis hin zur interaktiven, dreidimensionalen Informationsübermittlung in Filmen.

– Als Instrument zur Geschäftsabwicklung und somit als Mittel zur Raumüberwindung bietet das Internet die Möglichkeit zur papierlosen Abwicklung von Geschäftsprozessen. Dieser „Electronic Commerce" umfasst neben Werbung, Online-Banking und Online-Verkauf von Waren und Dienstleistungen („Business-to-Consumer"-Bereich) auch den elektronischen Geschäftsverkehr zwischen den Unternehmen („Business-to-Business"-Bereich).

Internet als Mittel zur Raumüberwindung
„Für Unternehmen entstehen im Internet deutlich geringere Marketing- und Betriebskosten. Die Produkte können preisgünstiger angeboten werden als beim Verkauf über die traditionellen Vertriebswege, da keine Ladenflächen erforderlich und weniger Mitarbeiter nötig sind. Für Kunden liegt der Vorteil im bequemen ‚Rund-um-die-Uhr-Einkaufen' von zu Hause oder vom Büro aus. Der Kunde ist unabhängig von Öffnungszeiten und muss keine Anfahrtswege in Kauf nehmen. … Nimmt man als Beispiel eine weiterverarbeitende Firma und einen Zulieferer, könnte sich zunächst die Firma die Produktpalette des Zulieferers auf dessen Internetseiten ansehen. … Will sie das Produkt kaufen, kann dies über ein elektronisches Auftragsformular oder über E-Mail geschehen. Der Zulieferer bestätigt dann elektronisch den Auftragseingang oder schickt die gewünschten Informationen zu. Nach Lieferung des Produkts kann die Firma die Rechnung elektronisch bezahlen. …"

Wirtschaft und Unterricht. Hrsg. vom Institut der Deutschen Wirtschaft Köln. 24/8, 24. 9. 1998

Die Arbeitsmarkteffekte des Internets lassen sich nicht exakt bestimmen. Durch Rationalisierungsmöglichkeiten, vor allem im Bankwesen, werden sicher Arbeitsplätze verloren gehen. Aber das Internet gehört zum Bereich der *Informationswirtschaft,* die zum einen aus der Computer- und Softwaretechnik mit den entsprechenden Dienstleistungen besteht, zu der aber auch der gesamte Telekommunikationssektor mit der Unterhaltungselektronik zu zählen ist. Ein weiterer großer Teilbereich der Informationswirtschaft sind die Medien, also das Verlags- und Druckgewerbe, Film, Funk und Fernsehen sowie der Buch- und Musikhandel. Dieser junge Wirtschaftszweig gehört gegenwärtig zu den Boom-Branchen, die nicht nur hohe jährliche Wachstumsraten aufweisen, sondern die auch ständig neue Berufsfelder wie z. B. Multimedia-Programmierer oder Multimedia-Netzwerker mit entsprechenden neuen Hochschul-Studiengängen und Ausbildungsberufen hervorbringen.

„Das virtuelle Unternehmen fühlt sich am wohlsten in einer Gesellschaft, in der die Menschen sehr gut ausgebildet sind und ein hohes Maß an technischen und computerbezogenen Fähigkeiten aufweisen. Es wird gerade dort erfolgreich sein, wo man über die Technologie verfügt, die Verbraucherwünsche optimal erfüllen zu können. Es wird am besten in einem Land funktionieren, das ihm eine exzellent ausgebildete Infrastruktur der Kommunikation und des Transportwesens zur Verfügung stellt."

W. H. Davidow, a. a. O., S. 230

Das Signal aus der Wirtschaft war eindeutig und die Politik hat reagiert. Unter dem Motto „Schulen ans Netz" wurde in Deutschland die Einrichtung von Computern und Netzanschlüssen so weit vorangetrieben, dass inzwischen jede achte Schule (Stand 1998) einen Internetanschluss aufweist. Der Bundestagskommission „Zukunft der Medien" ist das noch immer zu wenig, auch wegen des Vergleichs mit unseren Wirtschaftskonkurrenten auf dem Weltmarkt. So verfügen zum Beispiel in den USA bereits 60 und in den Niederlanden 40 Prozent aller Schulen über die entsprechende technische Ausstattung.

Die ökonomischen Umwälzungen des 18. und vor allem des 19. Jahrhunderts, also die Industrialisierung und die Fabrikarbeit, hatten zu einer Trennung der Arbeitssphäre vom Wohn- und Familienbereich geführt. Zwar lagen zunächst aufgrund der geringen Einkommen und der langen Arbeitszeiten Wohn- und Arbeitsstätte relativ eng beieinander. Der steigende Lebensstandard in Verbindung mit einer immer höheren Mobilität sowie dem Wunsch nach Wohnen im Eigenheim und „im Grünen" ließen dann aber im 20. Jahrhundert die Entfernungen zwischen Wohnung und Arbeitsplatz stark zunehmen. Folge war ein stetes Anwachsen des Pendlerverkehrs, noch verstärkt durch den Prozess der Suburbanisierung mit seiner Verlagerung nicht nur von Wohnungen, sondern auch von Betrieben des sekundären und tertiären Sektors aus den Innenstädten in ein immer weiteres Umland.

„**Telearbeit** ist ein bedeutender Aspekt des zunehmenden Einsatzes von Computern im Produktionsprozess und ein Schaufenster auf den Arbeitsplatz der Zukunft. Sie bedeutet einen Standortwechsel der Arbeitstätigkeit vom üblichen Arbeitsplatz an fast jeden anderen denkbaren Ort. Das Arbeitsangebot und das Produkt der Arbeit werden zwischen Arbeitgeber und Arbeitnehmer oder Arbeitnehmer und Kunden via Telekommunikation vermittelt. Damit entsteht künftig eine Teilung der Arbeitszeit zwischen dem traditionellen Büro und der Wohnung des Arbeitnehmers. …

Telearbeit wird neue Potenziale eröffnen, doch auch der Druck auf den einzelnen Arbeitnehmer wird wachsen, der zusätzlich zu seinem Fachwissen auch die Anforderungen der neuen Technik bewältigen muss. … Gleichzeitig wird die Bedeutung der sozialen Kontakte am Arbeitsplatz abnehmen, während die anderer Bereiche des menschlichen Zusammenlebens zunimmt. Die Arbeit wird zunehmend in den häuslichen Bereich vordringen. Als Konsequenz werden sich Privat- und Geschäftsleben immer stärker durchdringen. …

Gesellschaftliche Interessengruppen wie Gewerkschaften und Arbeitgeberorganisationen werden andere Verfahren finden müssen, um Konflikte zwischen ihren Mitgliedern zu vermeiden und zu regeln. Der höhere Freiheitsgrad der Telearbeit birgt auch ein höheres Risiko ausgebeutet zu werden, ob durch andere oder sich selbst. … Trotzdem kann man wohl mit einiger Sicherheit vorhersagen, dass die Gesellschaft lernen muss mit einer Wirtschaft umzugehen, die zukünftig noch stärker auf Telearbeit beruhen wird als heute. Manche Fachleute glauben sogar, sie sei die vorherrschende Arbeitsform der Zukunft."

Oro Giarini und Patrick M. Liedtke: Wie wir arbeiten werden. Der neue Bericht an den Club of Rome. Hoffmann und Campe 1998, S. 168

3. Untersuchen Sie anhand folgender Stichworte mögliche räumliche Auswirkungen des Internets: Standortorientierung, Büroraumbedarf, Verkehr.

4. Erörtern Sie positive und negative Folgen der Telearbeit.

2.4 Standortfragen und Raumwandel – Ruhrgebiet

M 1 *Veränderung einer Landschaft. Ehemaliges Hüttenwerk Oberhausen. Blick aus östlicher Richtung (oben)*
CentroO – neue Mitte Oberhausen auf dem Gelände der ehemaligen Hütte Oberhausen. Blick aus südöstlicher Richtung (unten)

M 2 Das Ruhrgebiet – Überblick in Zahlen

	KVR*	NRW	Deutschland
Fläche (km^2)	4 434	34 070	356 854
Wohnbevölkerung (1000) 1950	4 595	13 208	68 377
1961	5 674	15 912	73 300
1970	5 658	16 915	77 709
1980	5 396	17 058	78 275
1990	5 396	17 350	79 753
1997	5 414	17 975	82 052
Bevölkerungsdichte (1997, E/km^2)	1 221	527	230

Erwerbstätige nach Wirtschaftsbereichen in %	KVR		NRW		Deutschland	
	1970	1996	1970	1996	1970	1996
I Land- und Forstwirtschaft	1,5	1,1	4,2	1,7	9,1	2,8
II Produzierendes Gewerbe	58,4	33,1	55,7	34,1	49,4	34,0
III Tertiärer Sektor	40,1	65,0	40,1	64,2	41,5	63,2
Arbeitslosenquote (Arbeitslose in % der abhängigen Erwerbspersonen) 1997		13,8		11,1		11,4

Industriebeschäftigte nach Industriegruppen (1996, in %) im Ruhrgebiet	
Bergbau	16,2
Metallerzeugung	26,7
Chemische Industrie	8,4
Fahrzeugbau	6,3
Maschinenbau	14,0
Ernährungs- und Textilgewerbe	7,4
Papier- und Druckgewerbe	3,9
sonstige	17,1

Strukturbestimmende Industriebranchen (Beschäftigte) im Ruhrgebiet	1969	1997
Bergbau	203 170	61 908
Metall erzeugende und bearbeitende Industrie	201 381	103 469
Maschinenbau	72 874	53 830
Elektro- und elektrotechnische Industrie (1996)	44 651	35 283
Chemische Industrie	40 483	32 782

Anteile des Ruhrgebiets an der Gesamtproduktion Deutschlands (1996)	
Steinkohlenförderung	71,4
Rohstahlerzeugung	44,0

*KVR = Kommunalverband Ruhrgebiet. Der KVR ist der älteste deutsche regionale Kommunalverband. Ihm gehören die kreisfreien Städte Bochum, Bottrop, Dortmund, Duisburg, Essen, Gelsenkirchen, Hagen, Hamm, Herne, Mülheim und Oberhausen sowie die Kreise Ennepe-Ruhr, Recklinghausen, Unna und Wesel an (vgl. M 5). Der KVR nimmt u. a. planerische Dienstleistungen für die Mitgliedkörperschaften wahr und betreibt regionale Öffentlichkeitsarbeit. Seine Grenzen werden heute allgemein zur Abgrenzung des „Ruhrgebietes" genommen.

Kommunalverband Ruhrgebiet (Hrsg.): Städte- und Kreisstatistik Ruhrgebiet. Essen (verschiedene Jahrgänge) und Statistisches Bundesamt Wiesbaden (Hrsg.): Statistisches Jahrbuch der Bundesrepublik Deutschland. Wiesbaden (verschiedene Jahrgänge)

Die beiden nebenstehenden Bilder verdeutlichen, welch schnellen und umwälzenden Wandel das Ruhrgebiet in den letzten Jahrzehnten durchlaufen hat. Begründet durch die Nachfrage nach dem Energierohstoff Steinkohle hatte es sich Ende des 19. Jahrhunderts zum bedeutendsten Schwerindustriegebiet Deutschlands, wenn nicht Europas, entwickelt. Infolge der Umbewertung dieses Standortfaktors veränderten sich in der Folgezeit mehrfach die Standortbedingungen und damit auch die Raumstrukturen.

Das Ruhrgebiet steht stellvertretend für viele Montanreviere, die ab Mitte des 20. Jahrhunderts einem starken Verdrängungswettbewerb ausgesetzt waren und dadurch gezwungen wurden, die überkommenen wirtschaftlichen, sozialen, urbanen und ökologischen Strukturen grundlegend zu erneuern.

M 3 Ablassen der Rohsteinschlacke in einer Schmelzhütte, zweite Hälfte des vorigen Jahrhunderts

Industrieller Aufstieg – Steinkohlenbergbau und Schwerindustrie

Die eigentliche Industrialisierung begann im Ruhrgebiet erst um die Mitte des 19. Jahrhunderts, wesentlich später als in einigen anderen westeuropäischen Ländern. Abgesehen von dem noch wenig entwickelten Tage- und Stollenbau an den Hängen der Ruhr, einigen kleinen Eisenhütten, die mit Holzkohle betrieben wurden, sowie angeschlossenen Verarbeitungsbetrieben – sie nutzten die Wasserkraft der Flüsse und Bäche für ihre Eisenhämmer bzw. zum Antrieb der Maschinen – gab es kaum Industrie. Noch 1825 betrug der Anteil des Ruhrgebiets an der Roheisenerzeugung des Gesamtgebietes des späteren Deutschen Reiches lediglich 5%. Vorherrschend waren die zahlreichen kleinen Produktionsstätten in den Mittelgebirgen, wie z. B. im Siegerland.

Der Aufstieg zu einem der größten Industrieräume Europas konnte erst erfolgen, nachdem eine Reihe wichtiger Voraussetzungen geschaffen waren:

– 1834 gelang es dem Bergbau, mithilfe moderner Techniken die wasserhaltigen Deckgebirgsschichten zu durchstoßen und in größere Tiefen vorzudringen. Damit war die Ausweitung des Bergbaus nach Norden möglich. Die verkokbare Fettkohle konnte nun gefördert werden, eine entscheidende Voraussetzung für eine Eisenverhüttung großen Stils.

– Etwa gleichzeitig erfolgte der verstärkte Einsatz der Dampfmaschine im Steinkohlenbergbau für das Anlegen und die Bewetterung der Schächte, die Hebung des Grundwassers sowie für die Abraum- und Kohleförderung; Übergang vom Stollen- zum Schacht- bzw. Tiefbau.

– 1849 gewann man im Ruhrgebiet erstmalig Roheisen mithilfe von Steinkohlenkoks (100 Jahre später als in England und 50 Jahre später als in Oberschlesien). Da man zur Verhüttung von einer Tonne Erz wenigstens zwei Tonnen Koks benötigte, wurden die Steinkohlenvorkommen standortbestimmend für die Hüttenindustrie.

– 1847 wurde zwischen Duisburg, Oberhausen, Dortmund und Hamm die erste Eisenbahn (Köln-Mindener-Bahn) durch das Revier eröffnet. Es folgten rasch weitere Bahnen, so dass dem expandierenden Bergbau und der Eisen schaffenden Industrie ein leistungsfähiger und billiger Verkehrsträger für ihre Massenprodukte zur Verfügung stand, der gleichzeitig Großabnehmer war und zur räumlichen Ausweitung des Absatzmarktes beitrug.

Industrieller Verbund. Um 1850 setzte die erste große Entwicklungsphase ein. Die Jahre bis 1914 wurden hektische „Gründerjahre", vom Fieber des Gewinns, aber auch von wirtschaftlichen Krisen und Zusammenbrüchen gekennzeichnet.

Die Abbaulinie des Bergbaus verschob sich weiter nach Norden, die ersten Großzechen entstanden. Bergwerke und Hüttenwerke vereinigten sich und es entwickelte sich der industrielle Verbund Steinkohle – Koks – Roheisen – Stahl. Gleichzeitig bildeten sich erste Großunternehmen wie Thyssen oder Krupp. Der weitere Ausbau der Verkehrssysteme und Fortschritte bei der Stahlherstellung trugen wesentlich zum Aufschwung bei. Mit dem *Thomasverfahren,* welches das Ausscheiden von Phosphor bei der Stahlherstellung ermöglicht (Phosphor macht das Eisen brüchig), begann das Zeitalter des Massenstahls. Die Überlegenheit Englands war damit gebrochen; denn nun konnten die riesigen Mengen der phosphorreichen Minette-Erze Lothringens, das durch den Krieg 1870/71 an Deutschland gefallen war, verhüttet werden.

Die Hellwegzone wurde zum Zentrum der Stahlindustrie und damit zur Kernzone des Ruhrgebiets – mit den Schwerpunkten im Rheinmündungsbereich in und um Duisburg und um Dortmund am Ende des Dortmund-Ems-Kanals (1899 fertig gestellt).

Mit der wachsenden Abhängigkeit von Importerzen – die Kohleneisensteinförderung im mittleren Ruhrgebiet wurde Ende des Jahrhunderts eingestellt – wurde für die Hüttenindustrie nun die Lage zu transportgünstigen Wasserstraßen ausschlaggebend. Neben der Steinkohle entwickelte sich die Verkehrsorientierung somit zum entscheidenden Standortfaktor. Das mittlere Ruhrgebiet verlor an Bedeutung, während das östliche Ruhrgebiet seinen Standortnachteil durch den Bau des Dortmund-Ems-Kanals (s. o.) ausgleichen konnte.

Weitere Impulse gingen u. a. von dem Einsatz von *Elektrostahlöfen* kurz vor dem Ersten Weltkrieg aus. Mit ihnen konnte besonders reiner Stahl gewonnen werden. Die Herstellung von Sonderstählen begann, die bis heute einen wesentlichen Teil der Stahlproduktion ausmachen.

M 4 Duisburg mit ThyssenKrupp Stahl AG.
Im Vordergrund Duisburg-Beekerwerth mit dem Kaltbandwerk, dahinter das Warmbandwerk und rechts daneben die Stranggießanlage. Rechts dahinter ein Schlackenaufbereitungswerk und dahinter liegend das alte Werk Duisburg-Hamborn

Kohlenwertstoffindustrie. Bereits 1870 hatte der Kohlenbergbau die Emscher überschritten, und kurz nach 1900 war die Lippe erreicht. Mit der Erschließung der ballast- und gasreichen Gas- und Flammkohlearten dieser Zone erfuhr die Ruhrgebietsindustrie eine entscheidende Erweiterung. Die Kohle wurde in zunehmendem Maße als Rohstoff verarbeitet und als dritter Hauptindustriezweig entstand die Kohlechemie. Dieser Industriezweig basiert auf der Nutzung der bei der Kokserzeugung anfallenden „Wertstoffe" (Teer, Amoniak, Benzol u. a. m.).

Eine klare Standortorientierung an den Fördergebieten, besonders der Gas- und Flammkohlearten, zeigen auch die Kraftwerke, vor allem im Norden und Westen des Reviers.

An diese Hauptindustriezweige schloss sich eine Vielzahl von Betrieben der Weiterverarbeitung und Zulieferung an, die aber die einseitige Struktur des Ruhrgebiets lange Zeit nicht entscheidend beeinflussen konnten. Steinkohle, Eisen schaffende Industrie und die auf Kohle aufbauende Chemische Industrie (heute Petrochemie) blieben bis in die späten 70er-Jahre die strukturbestimmenden Branchen.

M 5 Stand des Bergbaus und der Eisen schaffenden Industrie im Ruhrgebiet 1998

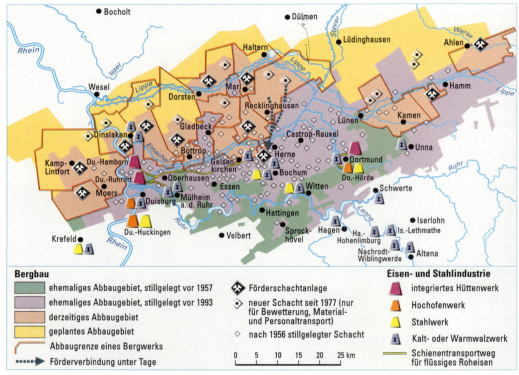

Nach Kommunalverband Ruhrgebiet, Essen 1998

1. Zeigen Sie die Zusammenhänge zwischen den technischen Entwicklungen in der Montanindustrie und der Gesamtentwicklung des Industrieraumes Ruhrgebiet.

2. Die Standortgunst ließ das Ruhrgebiet im 19. Jahrhundert zum größten Industrieraum Westeuropas werden. Nennen Sie die Gunstfaktoren und erklären Sie, wie es bereits damals zu einem Standortwandel der Hüttenindustrie kam.

3. Informieren Sie sich über die technischen Abläufe bei der Roheisen- und Stahlerzeugung. Welche unterschiedlichen Standortanforderungen ergeben sich aus den verschiedenen Verfahren?

Die Krise der Montanindustrie

Lange galt die Höhe der Kohle- und Stahlproduktion als Kennzeichen wirtschaftlicher Macht und industrieller Leistungsfähigkeit eines Landes. In der Bundesrepublik Deutschland war die „Wirtschaftswunderzeit" nach dem Zweiten Weltkrieg auch die Glanzzeit des Bergbaus und der Stahlindustrie. Das Ruhrgebiet wurde zum bedeutendsten Wachstumsträger beim Wiederaufbau der kriegszerstörten deutschen Wirtschaft.
Um die notwendige Energieversorgung zu sichern, wurde die Steinkohle durch den Bau neuer Schachtanlagen und durch die Vermehrung der Arbeitsplätze stark vorangetrieben, aus heutiger Sicht oft unter Vernachlässigung von Rentabilitätsmaßstäben.
Etwa 1960 setzten tief greifende Wandlungen ein, die zuerst den Steinkohlenbergbau, später auch die Eisen schaffende Industrie betrafen, also beide strukturbestimmenden Industriezweige.

Die Steinkohlenkrise leitete Ende der 50er-Jahre den Wandel ein. Infolge Überangebot und Absatzschwierigkeiten musste die Kohleförderung stark reduziert werden. Bis 1997 sank sie um ca. 69 %. Gleichzeitig verringerte sich die Zahl der Beschäftigten (über und unter Tage) um 87 % und die Zahl der Schachtanlagen ging von 153 auf 15 zurück. Die Ursachen für den Rückgang sind zu einem erheblichen Teil auf die hohen Produktionskosten zurückzuführen, die u. a. durch die besondere geologische Situation (durchschnittliche Abbautiefe 1000 m, maximal 1600 m) und hohe Sicherheitsstandards zu erklären sind. Hinzu kommen noch einige andere Gründe, wie die Materialien auf der folgenden Seite belegen.
Diese Zwänge machten durchgreifende Rationalisierungsmaßnahmen erforderlich, z. B. Mechanisierung der Kohlegewinnung, Aufgabe von Schachtanlagen mit ungünstigen Lagerungsverhältnissen, Verminderung der Abbaubetriebspunkte, d. h. der Stellen unter Tage, an denen Kohle abgebaut wird. Die Produktivität pro Beschäftigten erhöhte sich, die Krise wurde aber nicht behoben, das Zechensterben ging weiter.
Um die Aktivitäten des Bergbaus zu koordinieren und nach und nach auf eine volkswirtschaftlich gesunde Basis zu stellen, wurde am 1.1.1969 die „Ruhrkohle AG" gegründet. Unter Mitwirkung des Staates schlossen sich Bergbaubetriebe aus 26 Altgesellschaften in einer Aktiengesellschaft zusammen, die ungefähr 200 000 Beschäftigte umfasste und einen Jahresumsatz von 6,7 Mrd. DM erbrachte.

M 6 Daten zur Entwicklung der Ruhrkohle AG

	1969	1985	1997
Bergwerke	52	22	13
Zahl der Abbaubetriebe	390	130	49
Belegschaft	182 700	124 733	60 000
Förderung je Bergwerk (t pro Tag)	6 600	10 769	11 289
Schichtleistung unter Tage (kg/MS)	3 781	4 298	5 529
Gesamtförderung (Mio. t)	85	64	37
Kokereien	29	10	3

Nach Angaben der Ruhrkohle AG

Begleitet wurden die Rationalisierungs- und Neuordnungsmaßnahmen durch Programme des Staates, z. B. Einführung der Heiz- und Mineralölsteuer, Zollerhöhung für Importkohle.
Einen Weg, um die Absatzverluste in der Industrie, im Verkehrsbereich und in den privaten Haushalten auszugleichen, sah man in dem verstärkten Einsatz der Kohle in Kraftwerken. Dazu wurde 1977 ein Stufenplan zwischen dem Gesamtverband des deutschen Steinkohlenbergbaus und der Elektrizitätswirtschaft geschlossen, der erste „Kohle-Strom-Vertrag", der eine Verstromung von 33 Mio. t Kohle pro Jahr vorsah. Ihm folgten weitere Verträge, die schließlich 1997 durch das „Gesetz zur Neuordnung der Steinkohleverstromung" abgelöst wurden. Danach nehmen die Zuwendungen aus dem Bundeshaushalt von 7 Mrd. DM im Jahr 1998 auf 3,8 Mrd. DM im Jahr 2005 ab. Der Bergbau wird deshalb seine Förderkapazität von 47 auf 30 Mio. t und die Belegschaft von 84 000 auf 36 000 bis zum Jahre 2005 reduzieren.
Zur Gesundung der Betriebe wurde u. a. die Zusammenführung der deutschen Steinkohlenbergbaubetriebe und eine stärkere Diversifizierung beschlossen (jetzt wird über 50 % des Umsatzes außerhalb des Bergbaus getätigt).

M 7 Steinkohlenförderung im Ruhrgebiet und in anderen Regionen

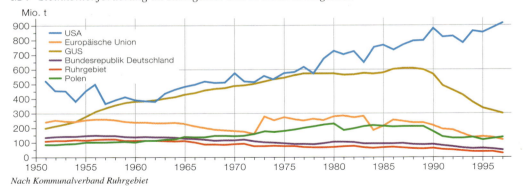

Nach Kommunalverband Ruhrgebiet

M 8 Anteile der Hauptenergieträger an der Energieversorgung der Bundesrepublik Deutschland in %

	1950	1958	1970	1980	1988	1997[1]
Steinkohle	72,8	65,4	28,8	19,8	19,2	14,1
Braunkohle	15,2	12,3	9,1	10,1	8,1	11,0
Mineralöl	4,2	11,0	53,1	47,5	42,1	39,5
Erdgas	0,1	0,7	5,5	16,3	16,0	20,6
Kernenergie	–	–	0,6	3,7	12,0	12,8

[1] alte und neue Bundesländer

AG Energiebilanzen, VDEW

M 9 Veränderung der Absatzstruktur des deutschen Steinkohlenbergbaus

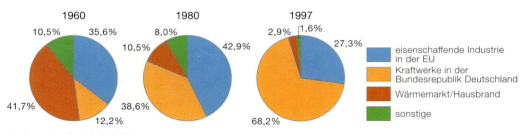

Nach Angaben der Ruhrkohle AG

M 10 Rohstahlerzeugung im Ruhrgebiet und in anderen Regionen

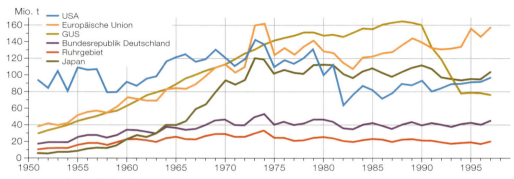

Nach Kommunalverband Ruhrgebiet

Die Stahlkrise zeichnete sich bereits Anfang der 60er-Jahre durch unterdurchschnittliche Wachstumsraten und starke Absatzschwankungen ab. Gleichzeitig wuchsen aber die Erzeugungskapazitäten im Ruhrgebiet und weltweit.

„Zyklische Schwankungen" sind in der Stahlindustrie jedoch nichts Ungewöhnliches; entscheidend für die Wirtschaftlichkeit ist die Kapazitätsauslastung. Sie betrug in der Bundesrepublik Deutschland 1964 noch 95 %, sank seitdem ständig, z. T. sogar auf ein unwirtschaftliches Niveau.

Die Rezession der Stahlindustrie wird auf folgende Ursachen zurückgeführt:
– Rückgang des Absatzes im Inland wegen Sättigung des Marktes,
– Substitution des Stahls durch Kunststoffe, Keramik u. a. m.,
– weltweite Überkapazitäten und Konkurrenz von Billiganbietern auf dem Weltmarkt (z. B. Japan, Korea, Brasilien, Nigeria, Indien),
– hohe Kosten der heimischen Kohle und Verschlechterung der internationalen Wettbewerbssituation durch steigende Produktionskosten,
– Wettbewerbsverzerrungen durch Dumpingpreise anderer Exporteure bzw. durch staatliche Subventionen in vielen Ländern (z. B. Frankreich, Italien).

Die Stahlunternehmen des Ruhrgebiets versuchen durch umfassende Werkskonzentrationen, Hinwendung zur Produktion höherer Stahlqualitäten oder durch Standortverschiebungen ihre Wettbewerbsfähigkeit zu verbessern bzw. sich durch eine Veränderung der Produktionsstruktur ein weiteres Standbein zu schaffen. So hat sich z.B. Mannesmann zu einem modernen Technologiekonzern gewandelt, dessen Name mittlerweile eher für Mobilfunk steht als für Stahlprodukte.

Standortverlagerungen der Eisen- und Stahlindustrie. Infolge der technologischen Fortschritte im Verhüttungsprozess, die zu einem ständigen Rückgang des Kokseinsatzes führten, und durch die Umstellung auf überseeische Importerze verlor die Eisen schaffende Industrie des mittleren und östlichen Ruhrgebiets ihren ursprünglichen Standortvorteil „auf der Kohle". Im Vergleich zu den „*nassen Hütten*" an der Küste wandelte er sich zu einem Standortnachteil.

Dies zwang zu einer Neuorientierung der Produktionsschwerpunkte. So haben inzwischen die großen Hüttenkonzerne fast die gesamte Roheisen- und Stahlproduktion am kostengünstigen Massentransportweg Rhein (Duisburg) konzentriert. Die Hochöfen im mittleren Ruhrgebiet wurden völlig aufgegeben und der Dortmunder Standort am Dortmund-Ems-Kanal konnte sich nur halten, da die dortigen Werke sich auf die Stahlveredlung und die Weiterverarbeitung spezialisiert haben.

„Wie ein Sog ziehen die verloren gehenden Stahlarbeitsplätze Arbeitsplatzverluste in Handel und Gewerbe nach sich, ganzen Revierstädten droht der finanzielle Kollaps. Angesichts dieser Situation sind die Industriestädte im Ruhrgebiet, das Land Nordrhein-Westfalen, die Bundesregierung, die Gewerkschaften und Stahlunternehmen auf der Suche nach Lösungsmöglichkeiten, um die soziale Verelendung und Verödung der Ruhrregion zu verhindern."

Ernst Berens. In: Rheinischer Merkur/Christ und Welt vom 4. 12. 1987

Eine Konsequenz aus diesen Entwicklungen ist die zunehmende Firmenkonzentration, wie der 1992 erfolgte Zusammenschluss von Krupp und Hoesch, mit dem eine Straffung der Produktionsstruktur beschleunigt werden konnte. Sieht man von den kleineren Elektrostahlwerken ab, konzentriert sich die Eisen- und Stahlerzeugung gegenwärtig auf ein Unternehmen: ThyssenKrupp Stahl AG mit Standorten in Duisburg, Dortmund, Bochum und Duisburg-Huckingen.

4. Stellen Sie die Entwicklung des Steinkohlenbergbaus und der Eisen schaffenden Industrie seit den 50er-Jahren dar und nennen Sie Ursachen für die „Krise des Ruhrgebietes".
5. Beschreiben Sie die Standorte der Hütten- und Stahlwerke im EU-Raum und ermitteln Sie die entscheidenden Standortfaktoren (Atlas).
6. Vergleichen Sie die Standortqualität des Ruhrgebietes mit der anderer Montanreviere.
7. „Standortprobleme sind Transportprobleme." Erklären Sie das Zitat und nehmen Sie Stellung dazu.

Reindustrialisierung und Tertiärisierung

1968 umschrieb der damalige Wirtschaftsminister von Nordrhein-Westfalen die Lage im Ruhrgebiet wie folgt:

„Der alte Produktionsauftrag des Ruhrgebietes ist praktisch erloschen."
15 Jahre später sagte er in einem Interview: „Die Industriestruktur hat sich in den zurückliegenden Jahren auf breiter Front erneuert. Das volkswirtschaftlich so wichtige Investitionsgütergewerbe dringt weiter vor – das ist auch ein Beleg für den technischen Fortschritt. Die Dominanz der Großbetriebe lockert auf. Bestehende Klein- und Mittelbetriebe beginnen sich von den Großbetrieben unabhängig zu machen. Dienstleistungen sind überdurchschnittlich auf dem Vormarsch."

Leonhard Spiegel. In: Stuttgarter Zeitung vom 2.10.1992

Industriewandel. Um den Niedergang im Montansektor aufzufangen, bot sich als erste Strategie die Schaffung von Ersatzarbeitsplätzen in anderen Industriezweigen an. Dabei lassen sich drei Phasen des industriellen Strukturwandels unterscheiden.

„In einer ersten Phase ab 1960 wurde versucht auf drei Wegen das Problem zu lösen: durch ‚Bestandspflege', d. h. Förderung von Industrien, die bereits vor der Blüte im Montanbereich vorhanden waren und davon unabhängig sich weiterentwickelten (Textilindustrie, Nahrungsmittelindustrie), zum anderen durch eine Weiterentwicklung in den Folgeindustrien von Kohle einerseits (Chemische Industrie) und Stahl andererseits (Anlagen-, Maschinen- und Apparatebau), zum dritten durch die Ansiedlung bisher ‚ruhrgebietsfremder' Industrien, vor allem der Elektronik, des Fahrzeugbaues (Opel Bochum) und der Kunststoffindustrie. ...
In einer zweiten Phase ab 1970 begannen die traditionellen Ruhrkonzerne sich in ihrer Produktionsstruktur mehr zu Technologiekonzernen zu wandeln. Deutsche Bergbautechnologie wurde zu einem Exportschlager. Heute weist man im Ruhrgebiet darauf hin, dass die meisten Konzerne nur mehr weniger als die Hälfte ihres Umsatzes im Montansektor erwirtschaften. ...
Die dritte Phase ab 1980 brachte den Einzug der so genannten neuen Technologien. Mit dieser neuesten Entwicklung verbunden ist nicht nur eine radikale Wandlung in der Produktpalette – sozusagen von den Großmaschinen zu den Mikrochips –, sondern auch eine grundlegende Veränderung der Industriephysiognomie und der Betriebsorganisation oder mit anderen Worten ausgedrückt: ‚Weg vom Hütten- und Stahlwerk, hin zum Technologiepark'."

Ewald Michel: Das Ruhrgebiet – Struktur eines Altindustriegebietes. In: Geographie und Schule, H. 72, Ausgust 1991, S. 3 (stark gekürzt)

Beispiel Industriepark Unna. Bis etwa 1957 wurde die Wirtschaftsstruktur im Kreis Unna eindeutig vom Montansektor dominiert: Fast jede dritte Erwerbsperson war im Bereich Bergbau/Energie tätig. Infolge der Kohlekrise gingen von 1957 bis 1963 ca. 12 000 Arbeitsplätze verloren – mit fatalen Folgen für den gesamten Raum.

Um dem Niedergang entgegenzusteuern, wurde in den 60er-Jahren ein Programm zur Wirtschaftsförderung beschlossen. Dazu wurde u. a. eine privatrechtliche Organisation geschaffen: die „Wirtschaftsfördergesellschaft für den Kreis Unna" (WFG). Eine vordringliche Aufgabe der WFG war die Ansiedlung von kleineren und mittleren Betrieben, die möglichst nicht zum Bergbau bzw. zur Eisen- und Stahlindustrie gehören, um so die montanindustrielle Prägung des Raumes zu durchbrechen.

Von 1970 bis 1983 errichtete die WFG u. a. den Industriepark Unna. Ein etwa 120 ha großes Gelände wurde in Grundstücke verschiedener Größe aufgeteilt und mit den notwendigen Ver- und Entsorgungseinrichtungen versehen. Aus ökologischen Gründen legte man besonderen Wert auf die Ansiedlung von „sauberen" Gewerbebetrieben und auf die Ausweisung von Grün- und Freiflächen.

M 11 Industriepark Unna – Luftbild

M 12 Industriepark Unna – Flächennutzung

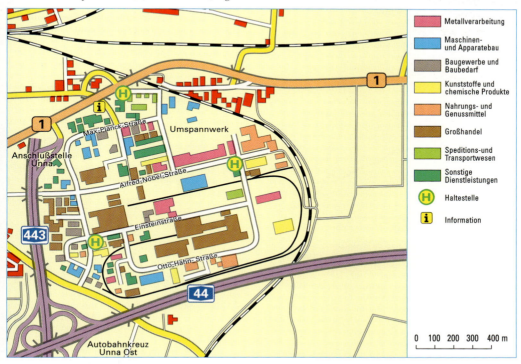

Kommunalververband Ruhrgebiet, Essen 1995

Tertiärisierung. Der strukturelle Wandel beschränkt sich keineswegs auf den Industriesektor. Noch umfassender und in seinen Auswirkungen tief greifender ist der allgemeine wirtschaftliche Wandel, wie er sich in der Entwicklung der Beschäftigten und der Bruttowertschöpfung widerspiegelt.

Dem Rückgang der Industriebeschäftigten um ca. 520 000 im Zeitraum 1970 bis 1995 stand eine Zunahme der Beschäftigten im tertiären Sektor um ca. 380 000 gegenüber.

Dieser Wandel ist jedoch kein Spezifikum des Ruhrgebietes, sondern typisch für nahezu alle Ballungsräume in den Industrieländern, die sich im Zuge der Tertiärisierung auf dem Weg zur postindustriellen Dienstleistungsgesellschaft bewegen. Für das Ruhrgebiet ist das Ausmaß dieses Wandels aber insofern außergewöhnlich, als man geradezu von einer Umkehrung der Verhältnisse sprechen kann. Während der sekundäre Sektor von 58 % im Jahre 1970 auf 37 % im Jahre 1995 fiel, stieg der tertiäre Sekor von 39 % auf nunmehr 60 %.

Der tertiäre Sektor gliedert sich in öffentliche Dienstleistungen (Gebietskörperschaften, Sozialversicherungen und andere Organisationen ohne Erwerbscharakter), in private produktionsorientierte Dienstleistungen (z. B. Kredit- und Versicherungsgewerbe, Immobiliengewerbe, Rechts- und Steuerberatung, Verlagswesen) und sonstige Dienstleistungen (z. B. Groß- und Einzelhandel, Verkehrswesen).

Die Verteilung der Dienstleistungen ist durch unterschiedliche Standortfaktoren bedingt. Ein besonders enger Zusammenhang ergibt sich mit der Bevölkerungszahl und dem Grad der Zentralität einer Gemeinde. Dies erklärt auch, warum gerade in den Oberzentren der Hellwegzone der tertiäre Sektor überproportional stark vertreten ist, während er in den Städten der Emscherzone in der Regel weniger stark ausgeprägt ist.

Die beiden herausragenden Zentren produktionsorientierter Dienstleistungen sind innerhalb des Ruhrgebietes Dortmund und Essen. Essen gilt heute als „Schreibtisch des Ruhrgebietes". Elf der hundert größten Unternehmen Deutschlands haben hier ihre Verwaltungszentrale. Darüber hinaus ist Essen Sitz regionaler Planungs- und Wirtschaftsunternehmen, zahlreicher Forschungsinstitute, mehrerer Gerichte und anderer Behörden, es ist Universitätsstadt und Bischofssitz.

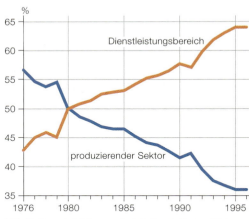

M 13 Entwicklung der Bruttowertschöpfung[1] im Ruhrgebiet nach Sektoren

[1] Die Bruttowertschöpfung umfasst die innerhalb eines Wirtschaftsgebietes erbrachte wirtschaftliche Leistung (Produktionswert abzüglich Vorleistungen) der einzelnen Wirtschaftsbereiche oder der Volkswirtschaft insgesamt.
Nach KVR: Städte- und Kreisstatistik Ruhrgebiet 1997. Essen 1998, S. 210

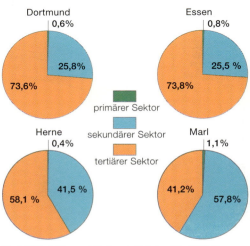

M 14 Beschäftigte nach Wirtschaftsbereichen in ausgewählten Städten des Ruhrgebietes, 1995

Nach KVR: Städte- und Kreisstatistik Ruhrgebiet 1997. Essen 1998, S. 120/121

M 15 Ruhr-Universität Bochum, rechts die Fachhochschule, im Hintergrund die Opel AG, Werk I, dazwischen Unicenter und Wohnsiedlungen

Standortfaktor Hochschulbildung. „Der aus heutiger Sicht wohl wichtigste Impuls zur Erneuerung der Ruhrwirtschaft ging von der Gründung der Universitäten seit Mitte der 60er-Jahre aus, die seinerzeit primär mit dem Ziel der Ausschöpfung der Bildungsreserven erfolgt war. Mit seinen 13 Hochschulen, darunter sechs Universitäten, sowie zahlreichen außeruniversitären Forschungseinrichtungen verfügt das Ruhrgebiet heute über ein leistungsfähiges, in einigen Disziplinen weltweit anerkanntes Lehr- und Forschungspotenzial. ... Unter dem Gesichtspunkt der wirtschaftlichen Erneuerung dieses Raumes stellt die Schwerpunktsetzung der Revierhochschulen auf die Wirtschaftswissenschaften sowie die naturwissenschaftlich-technischen Disziplinen einen entscheidenden Aktivposten dar. So sind in den Revierhochschulen 20 % der Studenten in den Wirtschaftswissenschaften eingeschrieben, im Bundesdurchschnitt 14 %. Bei den technisch-naturwissenschaftlichen Fächern lauten die Vergleichszahlen 43 % gegenüber 36 %. ... Durch den gezielten Aufund Ausbau von Technologietransfereinrichtungen im Rahmen des Aktionsprogramms und die Errichtung von Technologie- und Gründerzentren ... ist der Kontakt zwischen Wissenschaft und Wirtschaft wesentlich intensiver geworden. So wird die Einführung neuer Forschungsergebnisse in Produktion und Dienstleistungen und damit die Modernisierung der Produktionsstrukturen entscheidend beschleunigt."

<small>Wilfried Dege: Das Ruhrgebiet im Wandel – Versuch einer Zwischenbilanz. In: Deutscher Verband für angewandte Geographie (Hrsg.): Material zur angewandten Geographie. Bochum 1989, S. 69</small>

8. *Die wirtschaftliche Entwicklung des Ruhrgebietes nach 1960 lässt sich treffend mit den Schlagworten „Deindustrialisierung – Reindustrialisierung – Tertiärisierung" umschreiben. Erläutern Sie die Begriffe, indem Sie die entscheidenden Entwicklungsstadien anhand konkreter Beispiele darlegen.*

9. *„Das Ruhrgebiet – ein Wirtschaftsraum mit Zukunft!" Nehmen Sie Stellung zu dieser Aussage. Auf welche Faktoren könnte sich diese optimistische Einschätzung begründen?*

Ein neues Profil für das Revier

Problemraum Emscherzone. Trotz aller Bemühungen zur Überwindung der Strukturkrise ist das Ruhrgebiet immer noch eine benachteiligte Region. Die beachtlichen Erfolge lassen – bei einer undifferenzierten Betrachtung – z. B. nicht erkennen, dass längst nicht alle Regionen in gleichem Maße vom Strukturwandel profitiert haben. Als „sanierungsbedürftig" erweist sich vor allem die Emscherzone, die im Zuge der Hochindustrialisierung gleichsam überrollt wurde und deren Erscheinungsbild bis in die jüngste Vergangenheit von jenen „raumvernebelnden Stahlküchen und landzerfressenden Großschachtanlagen" geprägt war.

Zwei Indikatoren reichen aus, um das Problem zu verdeutlichen. Zum einen liegt die Arbeitslosigkeit hier signifikant höher als in anderen Regionen des Ruhrgebietes und zum anderen liegt der Anteil der Arbeitsplätze in den produktionsorientierten Dienstleistungen, ein Schlüsselindikator für die Modernität einer Wirtschaft, deutlich unter den Werten der anderen Ruhrgebietszonen. Hinzu kommen weitere negative Hinterlassenschaften, z. B. Zersiedlung, Verbrauch und Formung der Landschaft ausschließlich im Interesse der Montanindustrie, Industriebrachen mit gefährlichen Altlasten, städtebauliche Missstände, Verrohrung und Verschmutzung von Bächen, unterdurchschnittliche Frauenerwerbstätigkeit u. a. m.

Internationale Bauausstellung (IBA) Emscherpark. Einen Impuls zur Erneuerung dieser industriellen „Verbrauchslandschaft" soll die „Internationale Bauausstellung Emscherpark" bringen.

„Leitidee der Internationalen Bauausstellung ist der Begriff ‚Park'. Mit diesem Begriff verbindet sich die Vorstellung von Natur und gestalteter Umwelt gleichermaßen. Natur, Kultur, Arbeit und Wohnen sollen in zukunftsgerichteter Form neu entstehen."

Landesentwicklungsbericht Nordrhein-Westfalen 1988. Düsseldorf 1989, S. 319

Die *IBA Emscherpark* ist also keine Ausstellung im klassischen Sinn, sondern ein regionalpolitisches Programm mit vielen Akteuren. Als Moderator agiert die IBA GmbH, die Verantwortung für die Verwirklichung der einzelnen Projekte (insgesamt ca. 90) liegt jeweils in der Hand der einzelnen Träger. Als „Werkstatt für die Zukunft von Industrieregionen", so der Untertitel der IBA, soll sie Modellcharakter haben für die Erneuerung nicht nur der Emscherzone, sondern auch anderer Altindustrieregionen.

Den Planungsrahmen bilden sieben Arbeitsfelder bzw. „Leitprojekte":

– Emscher-Landschaftspark: ein durchgehender Grünzug beiderseits der Emscher zwischen Duisburg und Bergkamen;

– ökologischer Umbau des Emscher-Systems: Die ca. 350 km langen offenen Abwassersysteme der Emscher und ihrer Zuflüsse und Nebenbäche sollen von Beton befreit und renaturiert werden;

– Rhein-Herne-Kanal: Der 46 km lange Kanal soll zu einem Erlebnisraum umgestaltet werden mit Yachthafen und anderen Freizeiteinrichtungen;

– Industriedenkmäler als Kulturträger: Stillgelegte Schachtanlagen und andere ehemalige Industriegebäude sollen zu Museen und Kulturstätten umgebaut werden;

– Arbeiten im Park: Auf Industriebrachen sollen Gewerbe-, Dienstleistungs- und Wissenschaftsparks entstehen;

– integrierte Stadtentwicklung: Neubau bzw. Modernisierung von Wohnungen und ganzen Stadtteilen unter ökologischen und sozialen Gesichtspunkten;

– neue Akzente für soziale Integration: Beschäftigung und Qualifikation von Arbeitslosen und Frauen, Förderung des Tourismus und der Kulturwirtschaft.

Im Mai 1989 begann die IBA-Planungsgesellschaft mit ihrer Arbeit, 1999 werden die Ergebnisse in einer abschließenden Ausstellung präsentiert. Viele Projekte werden aber weit mehr Zeit erfordern, wie z. B. der Umbau des Emscher-Systems, der mit geschätzten Gesamtkosten von 8,7 Mrd. DM in einem Zeitraum von ca. 25 Jahren schrittweise durch 300 Einzelmaßnahmen realisiert werden soll.

M 16 ‚Colani-Ei' – neuer Kopf auf dem Förderturm des stillgelegten Bergwerkes Minister Achenbach, Wahrzeichen des Technologiezentrums Lüntec in Lünen

M 17 Gewerbe- und Landschaftspark Nordstern in Gelsenkirchen

M 18 Planungsraum des IBA Emscherpark

M 19 Deiniger Bach in Castrop Rauxel nach der Renaturierung

3 Raumplanung, Stadtentwicklung und ländlicher Raum

3.1 Raumstrukturen – Raumwahrnehmung – Raumverhalten

M 1 Das Ruhrtal bei Duisburg (aus 2600 m Höhe)

1. a) Stellen Sie auf diesem Foto fest, wo der Mensch durch welche Nutzungsansprüche die Landschaft, den Raum verändert.
b) Zeigen Sie anhand ausgewählter kleiner Teilräume, wo Nutzungsansprüche in Konkurrenz zueinander stehen.

Raumstrukturen im Wandel

Auf Luftbildern aus Deutschland sind die traditionellen Formen unserer Natur- und Kulturlandschaft meist kaum noch zu erkennen. Zu sehr ist die Landschaft geprägt von der Entwicklung der letzten Jahrzehnte. Da durchschneiden elegant geschwungene Autobahntrassen das Bild, Wohnbebauung und Industriegebiete breiten sich aus und selbst die Flüsse folgen dem vom Kurvenlineal der Planer vorgegebenen Lauf. Die letzten Reste landwirtschaftlich genutzter Flächen finden sich eingeklemmt zwischen Straßen, Schienen und Gebäuden.

Wo liegen die Ursachen dieses Landschaftsverbrauchs? Bei Planern, Investoren, Grundstücksspekulanten? Oder sind wir alle, jeder Einzelne von uns, mit dafür verantwortlich, dass aus Natur- und traditioneller Kulturlandschaft mehr und mehr eine „verbrauchte", eine „verbaute Landschaft" entsteht?

Eine erste Antwort auf die Frage nach unserer eigenen Verantwortung gibt folgender kleiner Zahlenvergleich: 1950 betrug die durchschnittliche Wohnfläche pro Kopf in den Großstädten der Bundesrepublik Deutschland 14 m^2, heute liegt dieser Wert bei 40 m^2. Fuhren damals auf unseren Straßen etwa eine Million Pkw, so sind es heute bereits knapp 50 Millionen. Unsere Ansprüche an den uns umgebenden Raum, unsere Flächenansprüche, nehmen also immer mehr zu. Ist uns das bewusst?

Überprüfen Sie Ihr „Raumverhalten"

1. Verkehrsteilnahme
a. Mit welchem Verkehrsmittel kommen Sie zur Schule?
b. Welche Verkehrsmittel benutzen Ihre Eltern auf dem Weg zum Arbeitsplatz?
c. Gäbe es jeweils umwelt-/landschaftsschonendere Alternativen?

2. Wohnort und Arbeitsplatz
a. Wie groß ist die Entfernung zwischen Wohnort und Arbeitsplatz Ihrer Eltern?
b. Welche Gründe waren für die Wahl des Wohnortes ausschlaggebend?

3. Wohnsituation
a. Stellen Sie die Gesamtfläche Ihrer Wohnung, Ihres Arbeitszimmers fest.
b. Berechnen Sie die durchschnittliche Wohnfläche pro Kopf.

4. Freizeitverhalten
a. Nennen Sie Ihre wichtigsten Freizeitaktivitäten.
b. Überprüfen Sie, wie viel Fläche verbraucht wurde, damit Sie diese Aktivitäten ausüben können.

5. Versorgung und Einkaufsverhalten
a. Wo gehen Sie bevorzugt einkaufen (Innenstadt, Einkaufszentrum „auf der grünen Wiese")?
b. Welche Verkehrsmittel benutzen Sie, um dorthin zu gelangen?
c. Gibt es umweltschonendere, sinnvolle Alternativen?

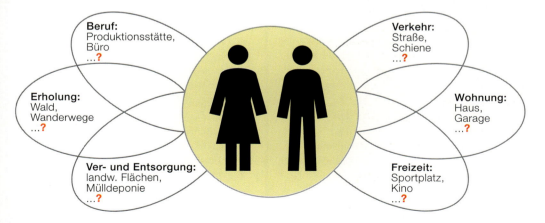

M 2 „Ich brauche Platz!"

Konkurrierende Nutzungsansprüche – ein Rollenspiel

Der Gemeinderat von „Wupperdorf" soll auf Veranlassung des Regierungspräsidiums für einen auf seiner Gemarkung liegenden Baggersee eine Nutzungsverordnung beschließen. Nach Einstellung des Kiesabbaus ist es in der Umgebung des Sees immer wieder zu Verkehrsbeeinträchtigungen und Schäden durch Camper, Wassersportler, Wochenendausflügler usw. gekommen.

Vor der entscheidenden Gemeinderatssitzung lässt der Bürgermeister durch sein Planungsamt untersuchen, welche Gruppen aus der näheren und weiteren Umgebung den Baggersee nutzen wollen und ob bzw. wie sich die verschiedenen Nutzungsansprüche miteinander vereinbaren ließen. Die Planer erarbeiten auf dieser Grundlage den ersten Entwurf einer Nutzungsverordnung.

Zu der Gemeinderatssitzung, die über die Nutzungsverordnung diskutieren und beschließen soll, hat der Bürgermeister Vertreter der folgenden Interessengruppen bzw. Institutionen eingeladen:
– Schwimmverein
– Anglergruppe
– Surfcenter
– Segelclub
– Wasserwirtschaftsamt
– BUND (Bund für Umwelt und Naturschutz Deutschland)

Jede Gruppe unterbreitet nun einen eigenen Vorschlag, den sie im Plenum begründet. Es entspinnt sich eine heftige, vom Bürgermeister geleitete Diskussion, in die sich auch die Vertreter des Planungsamtes sowie die Gemeinderäte der Fraktionen A, B, C und D einmischen. Im Laufe der Diskussion stellt auch das Planungsamt seinen Vorschlag vor. Kompromisslösungen werden gesucht und diskutiert.

Am Schluss der Sitzung wird über den Vorschlag des Planungsamtes, u. U. auch über eine inzwischen gefundene Kompromisslösung abgestimmt (wobei nur die Gemeinderäte und der Bürgermeister stimmberechtigt sind).

M 3 *Überprüfung konkurrierender Nutzungsansprüche (Beispiel Baggersee)*

vorrangige Nutzung / nachrangige Nutzung	Baden	Surfen	Segeln	Angeln	Trinkwasser-entnahme
Baden	✗				
Surfen		✗			
Segeln			✗		
Angeln				✗	
Trinkwasser-entnahme					✗

++ gut vereinbar + vereinbar 0 unentschieden – schwer vereinbar – – unvereinbar

Aufgaben zum Rollenspiel

1. Diskutieren und entscheiden Sie zunächst mit Hilfe von M 3, in welcher Weise die oben angeführten Nutzungsansprüche miteinander vereinbar sind (fünf Stufen: von „gut vereinbar" bis „unvereinbar").
2. Führen Sie die beschriebene Gemeinderatssitzung als Rollenspiel in Ihrer Lerngruppe durch (Beziehen Sie u. U. noch weitere Interessenvertreter in die Diskussion ein; z. B. Grundstücksanlieger, Anwohner der betroffenen Zufahrtsstraßen, potentielle Restaurant-/Kioskbetreiber usw.).
3. Werten Sie anschließend dieses Rollenspiel unter folgenden Fragestellungen aus:
   – Kriterien, an denen sich die Interessengruppen, die Gemeinderäte, die Planer, der Bürgermeister orientierten?
   – angemessene Berücksichtigung der Interessen von Minderheiten?
   – Kompromissfähigkeit der Beteiligten?
4. Übertragen Sie Ihre Erkenntnisse auf raumplanerische Entscheidungen mit überörtlicher Bedeutung: Ermitteln Sie Interessen und Konflikte, die bei der Standortentscheidung z. B. für eine Müllverbrennungsanlage, bei der Trassenplanung einer Straße oder Schienenstrecke usw. auftreten.

Rollenspiel – Planspiel

Hier übernehmen die Mitspielerinnen und Mitspieler in einer angenommenen oder tatsächlich vorhandenen Konfliktsituation bestimmte Rollen. Sie haben also die Möglichkeit, in wirklichkeitsnahen Spielsituationen soziale Interaktionen zu erproben, ohne Strafe befürchten zu müssen: Da sie eine Rolle spielen, können sie als Person nicht diffamiert werden. Für bestimmte Problemstellungen in der Geographie bieten sich derartige Simulationsspiele als erlebnisbetonte Bereicherung des Unterrichts an. Die Schülerinnen und Schüler können zum Beispiel auf spielerische Weise analysieren und simulieren, wie soziale Gruppen den uns umgebenden Raum bewerten und wie diese Gruppen versuchen, Entscheidungen über dessen Umgestaltung in ihrem Sinne herbeizuführen. Simulationsspiele, in denen also unser Lebensraum und die darin wirkenden sozialen Kräfte im Mittelpunkt stehen, erfüllen in besonderer Weise das zentrale Anliegen der modernen Geographie und ihrer Didaktik: die handlungsorientierte und selbstbestimmte Untersuchung des geographischen Raumes als Verfügungsraum des Menschen.

Rollenspiel

Vorrangige Ziele eines Rollenspiels sind die Selbsterfahrung, die Einsicht in Wertmaßstäbe und deren eventuelle Korrektur, das Probe-Handeln in einer Konfliktsituation. Das Rollenspiel kann daher weniger formal strukturiert sein als das Planspiel. Im Mittelpunkt stehen das Spiel selbst und die anschließende Spielkritik. In der Ausfüllung der eigenen Rolle und in der Diskussion überprüfen die Spielerinnen und Spieler ihre eigenen Wertmaßstäbe bzw. Interessen und lernen die der anderen kennen. Die Informationen und Vorgaben an die Spielerinnen und Spieler müssen deshalb zwar sachlich korrekt sein, sollten aber möglichst viel Raum zu einer kreativen Ausgestaltung einer Rolle lassen.

1. Vorbereitung
– Darstellung einer Problemlage
– Benennung eines Spiel- bzw. Diskussionsleiters (ggf. auch Lehrerin/Lehrer)
– Besetzung der Rollen und Rollenstudium

2. Spiel
– entscheidende Bedeutung des Spielleiters für das Gelingen (sich selbst zurücknehmen, „Schweiger" aktivieren, Bezüge zwischen vorgebrachten Argumenten herstellen)
– Schülerinnen/Schüler ohne Rolle sind Zuhörer

3. Spielkritik
– Spieler distanzieren sich von ihren Rollen, analysieren ihr eigenes Rollenverhalten und das der anderen
– Lerngruppe bewertet die Qualität der Argumente, die Glaubwürdigkeit der vertretenen Standpunkte und die Entscheidung

Planspiel

Das Planspiel erweitert die Zielsetzungen des Rollenspiels. Auch hier sollen in einer politischen, sozialen oder ökonomischen Konfliktsituation durch die Übernahme bestimmter Rollen Wertmaßstäbe aufgedeckt werden. Stärker als beim Rollenspiel stehen hier aber das selbstständige Aufspüren und Verarbeiten von Sachinformationen sowie der Entscheidungsprozess selbst im Mittelpunkt. Entsprechend strenger sind die Regeln und Vorgaben.

1. Vorbereitung
– Darstellung einer (aktuellen) Problemlage
– Klärung der konkreten Spielanleitung; z. B. Geschäftsordnung mit Redezeit, Protokoll usw.; Wahl eines Diskussionsleiters
– Verteilung von (Einstiegs-)Informationen und Rollenanweisungen an die Gruppen

2. Informationsphase
– Beschaffung weiterer Materialien durch die einzelnen Interessengruppen selbst (z. B. Fachliteratur, Lexika, Expertenbefragung)
– Zusammenstellung von Argumenten, Erarbeitung gemeinsamer Ziele und Strategien für die Plenumsdiskussion durch die einzelnen Gruppen

3. Spiel-/Entscheidungsphase
– Plenumsdiskussion (Sitzordnung)
– zunächst Abgabe eines ersten Statements mit Grundposition jeder einzelnen Gruppe
– Debatte mit Austausch von Argumenten, Suche nach Lösungen und Kompromissen
– Entscheidung durch Abstimmung

4. Spielkritik (siehe Rollenspiel)

Eine „Ordnung des Raumes" – wozu?

Raumordnung, also die planerische Gestaltung unseres Lebensraumes, greift tief in die Privatsphäre jedes einzelnen Bürgers ein – aber den wenigsten ist das bewusst. Ob es um den Bau eines Hauses geht, um eine neue Straße oder den sicheren Radweg zur Schule, um die Anlage von Kinderspielplätzen, Sportstätten oder anderen Freizeiteinrichtungen, um die Genehmigung eines Jugendhauses oder einer Schulhauserweiterung, um die Ausweisung von Gewerbe-, Grün- oder Erholungsflächen, um das Schulbussystem und die Gestaltung des öffentlichen Personenverkehrs, immer sieht sich der Bürger mit raumordnerischen Planungsentscheidungen konfrontiert. Und nur selten durchschaut er die Interessen und Leitbilder, die diesen Entscheidungen zu Grunde liegen. Auch weiß er häufig nicht, dass er sich bis zu einem gewissen Grad selbst an diesem Prozess beteiligen kann. Im Gegenteil, er hat gelegentlich sogar das Gefühl, einer anonymen und allmächtigen Planungsbürokratie ausgeliefert zu sein.

Unsere Verfassung aber geht von dem mündigen Bürger aus, der die Aufgabe hat, in verantwortungsvoller Weise Entscheidungen des Staates zu legitimieren, zu steuern und zu kontrollieren. Bürgerbeteiligung bei öffentlichen Planungen ist ein Stück lebendiger Demokratie. Auf die Raumordnung bezogen heißt das, dass jeder Einzelne an der planerischen Gestaltung seiner Umwelt mitwirken soll. Diese Idealvorstellung setzt aber nicht nur den mündigen, sondern auch den kundigen Bürger voraus:

Dieser kundige Bürger muss zunächst erkennen, dass eine hoch entwickelte Industriegesellschaft wie die der Bundesrepublik Deutschland ohne eine planerische Gestaltung des Raumes nicht auskommt. Ließe man den gesellschaftlichen Gruppen in der Verfolgung ihrer Interessen und Nutzungsansprüche freien Lauf, so wäre zerstörerische Ausbeutung der Landschaft, also „räumliche Unordnung", die Folge. Mit steigendem Lebensstandard wachsen die Ansprüche des Einzelnen. Der Flächenverbrauch nimmt zu, der Boden wird knapper, aber er ist nicht vermehrbar.

Der einzelne Bürger verlangt zum Beispiel nach mehr und immer hochwertigerem Wohnraum, möglichst „draußen im Grünen", aber über moderne, mehrspurige Verkehrswege gut angebunden an seinen Arbeitsplatz. Das aber geht zu Lasten von Nutzflächen für die Landwirtschaft, die ihrerseits in Konkurrenz mit den Flächenansprüchen von Industrie- und Dienstleistungsbetrieben steht. Gleichzeitig aber verlangt der in einem Verdichtungsraum lebende Bürger nach Möglichkeiten der Erholung in naturnahen Freiräumen, fordern Umweltschützer die Bewahrung unserer Lebensgrundlagen und den Erhalt wertvoller Ökosysteme.

Die wachsenden Ansprüche der Menschen an den Raum stehen also in Konkurrenz zueinander. Es ist Aufgabe von Bund, Ländern und Gemeinden, hier nach einem Ausgleich zu suchen, auch räumliche Prioritäten zu setzen und jene Interessen zu kanalisieren, die in zunehmendem Maße „Landschaft verbrauchen". Diese Steuerungsaufgabe übernimmt die Raumordnung, die mit dem 1965 vom Bundestag verabschiedeten „Raumordnungsgesetz" ihre erste verfassungsmäßige Grundlage erhielt.

***M 4** Bodennutzung im Bundesgebiet 1997*

Nutzungsart	Alte Länder[1]		Neue Länder[2]		Bundesgebiet	
	Insgesamt 1 000 ha	Anteil an der Gesamtfläche v. H.	Insgesamt 1 000 ha	Anteil an der Gesamtfläche v. H.	Insgesamt 1 000 ha	Anteil an der Gesamtfläche v. H.
Siedlungs- und Verkehrsfläche	3 300	13,3	903	8,4	4 205	11,8
Landwirtschaftsfläche	13 133	52,8	6 180	57,2	19 314	54,1
Waldfläche	7 528	30,2	2 963	27,4	10 492	29,4
Wasserfläche	478	1,9	316	2,9	794	2,2
Sonstige Flächen	454	1,8	444	4,1	899	2,5
Gesamtfläche	24 893	100,0	10 806	100,0	35 704	100,0

[1] einschließlich Berlin (Westteil)
[2] einschließlich Berlin (Ostteil)
Statistisches Bundesamt. Mitteilung für die Presse 28.4.1998, Internet 1999

3.2 Der Prozess der Raumordnung in Deutschland

M 1 Hierarchie der räumlichen Planung

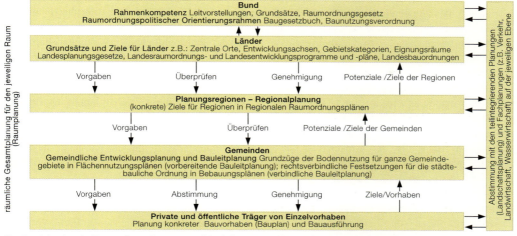

Bundesministerium für Raumordnung, Bauwesen und Städtebau (Hrsg.): Raumordnung in Deutschland. Bonn 1996, S. 48

Raumordnung in Deutschland erfolgt hierarchisch von oben nach unten – aber mit einem gewissen Gegenstromprinzip. Der Bund als oberste Planungsinstanz gibt die Rahmendaten vor. Die nachgeordneten Ebenen sind aber nicht nur „Befehlsempfänger", sondern sowohl die Länder wie die Regionen oder Gemeinden formulieren eigene Vorstellungen, so dass sich die Planung in einem Ausgleich örtlicher, regionaler und überregionaler Interessen vollzieht.

Die Kompetenz des Bundes, ein Raumordnungsgesetz zu formulieren, ergibt sich aus den Grundgesetzartikeln 75 und 72, in denen es heißt: „Der Bund hat das Recht, ... Rahmenvorschriften zu erlassen ... über die Raumordnung", wenn „die Wahrung der Einheitlichkeit der Lebensverhältnisse sie erfordert." Diesem Verfassungsauftrag folgend hat der Deutsche Bundestag erstmals 1965 ein Bundesraumordnungsgesetz verabschiedet, in dem übergeordnete Leitbilder und Grundsätze für die weitere Entwicklung formuliert wurden. In der Folgezeit sind diese Zielsetzungen in Anpassung an die sich ändernden Ansprüche und Problemstellungen immer wieder ergänzt und fortgeschrieben worden.

Zu diesen Zielen gehören:
– die Schaffung von Bedingungen, die „der freien Entfaltung der Persönlichkeit" dienen,
– „Schutz, Pflege und Entwicklung der natürlichen Lebensgrundlagen",
– die Herstellung „gleichwertiger Lebensbedingungen der Menschen in allen Teilräumen",
– die Entwicklung einer Struktur „mit einem ausgewogenen Verhältnis von Verdichtungsräumen und ländlichen Räumen",
– der Abbau der Disparitäten zwischen den alten und den neuen Bundesländern,
– die Schaffung der „räumlichen Voraussetzungen für die Zusammenarbeit im europäischen Raum".
Auszüge aus dem Grundgesetz und Raumordnungsgesetz

Die Leitvorstellungen des *Bundesraumordnungsgesetzes* sind sehr allgemein gehalten. Sie müssen konkretisiert und in praktische Maßnahmen umgesetzt werden. Es ist zum Beispiel zu fragen, was unter „gleichwertigen Lebensbedingungen" oder unter „einem ausgewogenen Verhältnis von Verdichtungsräumen und ländlichen Räumen" zu verstehen ist. Messbare Indikatoren bzw. quantifizierbare Mindeststandards müssen gefunden werden, sollen die Lebensbedingungen eines Gebietes mit dem Bundesdurchschnitt verglichen werden. Nur so lassen sich Defizite feststellen und konkrete Raumordnungsmaßnahmen ergreifen.

Notwendig ist eine Planung für überschaubare Teilräume. Diese Aufgabe übernehmen die *Landesplanungsgesetze* bzw. *Landesentwicklungspläne*. Sie füllen den von der Bundesraumordnung gesetzten Rahmen mit konkreten Entwicklungsmaßnahmen aus. Im Bundesraumordnungsgesetz heißt es zum Beispiel: „In einer für die Bevölkerung zumutbaren Entfernung sollen zentrale Orte mit den zugehörigen Einrichtungen gefördert werden." In der Umsetzung dieses Auftrags weisen nun die Landesentwicklungspläne ein System zentraler Orte aus, in denen der Aufbau von Infrastruktureinrichtungen und Dienstleistungsbetrieben gefördert wird.

Zusammenschlüsse von Gemeinden und Landkreisen, sogenannte „Regionalverbände" (auch „Nachbarschaftsverbände"), übernehmen die Aufgaben der *Regionalplanung*. Sie setzen einerseits den Landesentwicklungsplan in ihrer Region in konkrete Entwicklungsmaßnahmen um, wirken andererseits nach oben bei dessen Formulierung mit, indem sie ihre Interessen und Wünsche geltend machen.

Am stärksten unmittelbar betroffen von Planungsentscheidungen ist der Bürger bei der Bauleitplanung der Gemeinde.

Der Planungsablauf beim Bau einer Bundesstraße zeigt die Raumplanung „von oben nach unten" sowie das „Gegenstromprinzip":
– Bund: erstellt den Bundesverkehrswegeplan
– Bundesland (Verkehrsministerium): prüft und leitet zur Detailplanung der Trassenführung an die zuständigen Planungsregionen weiter
– Planungsregion: erstellt für ihren Bereich eine Detailplanung für die Bundesstraße
– betroffene Gemeinden: vergleichen die Trassenentwürfe mit eigenen Planungsinteressen, melden Wünsche an, legen ggf. Einspruch ein
– Planungsregion: sucht nach Kompromissen, ändert die Detailplanung, leitet diese nach Abschluss an das Land zurück
– Bundesland: prüft und genehmigt die Detailplanung, leitet sie an den Bund weiter
– Bund: prüft und genehmigt, leitet das Planfeststellungsverfahren ein.

Die Bauleitplanung der Gemeinde

Die größte Eigenständigkeit in ihren Gestaltungsmöglichkeiten hat die Gemeinde im Bereich der Bauleitplanung. Allerdings müssen auch die im Gemeinderat beschlossenen Pläne von der übergeordneten Verwaltungsbehörde, also vom Landkreis, genehmigt werden. Sie müssen sich in die überörtliche Planung einpassen. Das Bundesbaugesetz eröffnet dem Bürger Möglichkeiten, auf diese Bauleitplanung Einfluss zu nehmen. Zugleich ist er aber auch von ihren Auswirkungen in vielerlei Hinsicht betroffen.

Die *Bauleitplanung* hat die Aufgabe, die bauliche und sonstige Nutzung der Gemeindeflächen vorzubereiten und zu „leiten". Grundlage hierfür ist eine kartografische Erfassung des Ist-Zustandes, also der räumlichen Verteilung von Bevölkerung, Wirtschaft, Ver- und Entsorgungseinrichtungen, Verkehrs- und Grünflächen innerhalb einer Gemeinde. Auch deren finanzielle Möglichkeiten sind zu berücksichtigen. Als so genannte vorbereitende Bauleitplanung wird ein *Flächennutzungsplan* ausgearbeitet, der das gesamte Gemeindegebiet (meistens im Maßstab 1:10 000 oder 1:5 000) erfasst. Ihm liegen bestimmte Annahmen über die künftige Entwicklung der Gemeinde hinsichtlich der Einwohnerzahl, der Arbeitsplätze, des Bedarfs an Gemeindeeinrichtungen usw. zu Grunde. Er verkörpert gleichsam das Leitbild der Gemeindeentwicklung, legt er doch für einen längeren Zeitraum (etwa 10 Jahre) die Grundzüge der Bodennutzung für das gesamte Gemeindegebiet fest. Der Flächennutzungsplan hat die Zielvorgaben und Planungsmaßnahmen der übergeordneten Instanz zu berücksichtigen. Für den Grundstückseigentümer sehr wichtig: Er entscheidet über Wertzuwachs oder Wertverlust von bisherigen Freiflächen oder Grundstücken.

Für Teile des Flächennutzungsplanes werden detaillierte *Bebauungspläne* erstellt. Sie schreiben für den Bürger bzw. Bauherrn verbindlich Art und Maß der baulichen Nutzung, Bauweise, Hausgröße, Baulinien, Baugrenzen usw. vor. Ein Blick in die Baunutzungsverordnung und den Bebauungsplan einer Gemeinde verdeutlicht die Vielzahl der vom Bauherrn zu beachtenden Vorschriften (siehe M 2, M 3).

Art der baulichen Nutzung			Maß der baulichen Nutzung		
BAUFLÄCHEN (IM FLÄCHEN- NUTZUNGSPLAN)	BAUGEBIETE (IM BEBAUUNGSPLAN)	ZULÄSSIGE BEBAUUNG	VOLLGESCHOSSE (Z)	GRUNDFLÄCHEN- ZAHL (GRZ)	GESCHOSSFL.- ZAHL (GFZ)
W Wohnbau- flächen	WS Kleinsiedlungs- gebiet	vorwiegend Kleinsiedlungen und landwirtschaftliche Neben- erwerbsstellen	1 2	0,2 0,2	0,3 0,4
	WR reines Wohngebiet	reine Wohngebäude; ausnahmsweise: Läden des täglichen Bedarfs, nicht störende Handwerksbetriebe	ATRIUMHAUS 1 1 2 3 4 u. 5 6 u. mehr	0,6 0,4 0,4 0,4 0,4 0,4	0,6 0,5 0,8 1,0 1,1 1,2
	WA allgemeines Wohngebiet	Wohngebäude Läden, Gastwirtschaften, nicht störende Handwerksbetriebe, kirchliche, kulturelle u. soziale Einrichtungen; ausnahmsweise: Hotels, Verwaltungsgebäude Tankstellen			
M gemischte Bauflächen	MD Dorfgebiet	Land- und Forstwirtschaftsbetriebe mit den dazugehörigen Wohngebäuden, sonstige Wohngebäude, Läden und Gastwirtschaften, kirchliche, kulturelle u. soziale Einrichtungen nicht störende Gewerbebetriebe	1 2 u. mehr	0,4 0,4	0,4 0,8
	MI Mischgebiet	Wohngebäude, Gewerbebetriebe, die das Wohnen nicht wesentlich stören, Geschäfts-, Büro- und Verwaltungsgebäude Läden, Gaststätten, Hotels, kirchliche, kulturelle u. soziale Einrichtungen	Wie WR und WA		
	MK Kerngebiet	Geschäfts-, Büro- und Verwaltungsgebäude, Läden, Gaststätten und Hotels, Vergnügungsstätten, nicht störende Gewerbebetriebe, kirchliche, kulturelle u. soziale Einrichtungen, Wohnungen oberhalb eines festgesetzten Geschosses	1 2 3 4 u.5 6 u. mehr	1,0 1,0 1,0 1,0 1,0	1,0 1,6 2,0 2,2 2,4
G gewerbliche Bauflächen	GE Gewerbegebiet	Gewerbebetriebe aller Art, soweit sie für die Umgebung keine erhebliche Belästigung zur Folge haben, Geschäfts-, Büro- und Verwaltungsgebäude, Tankstellen; ausnahmsweise: Wohnungen für Betriebspersonal	1 2 3 4 u. 5 6 u. mehr	0,8 0,8 0,8 0,8 0,8	1,0 1,6 2,0 2,2 2,4
	MD Industriegebiet	Industriebetriebe, Tankstellen; ausnahmsweise: Wohnungen für Betriebspersonal		0,8	Baumassenzahl (BMZ): 9,0 (d. h. 9,0 m³ Baumasse je m² Grundstücksfläche
S Sonder- bauflächen	GI Wochenendhaus- gebiet	Wochenendhäuser als Einzelhäuser	1	0,2	0,2
	SO Sondergebiet	Bauten, die viel Platz brauchen: Hochschulen, Kliniken, Hafengebiete, Kuranlagen, Einkaufszentren außerhalb der Kerngebiete			

M 2 Regelungen aus Flächennutzungsplan und Bebauungsplan

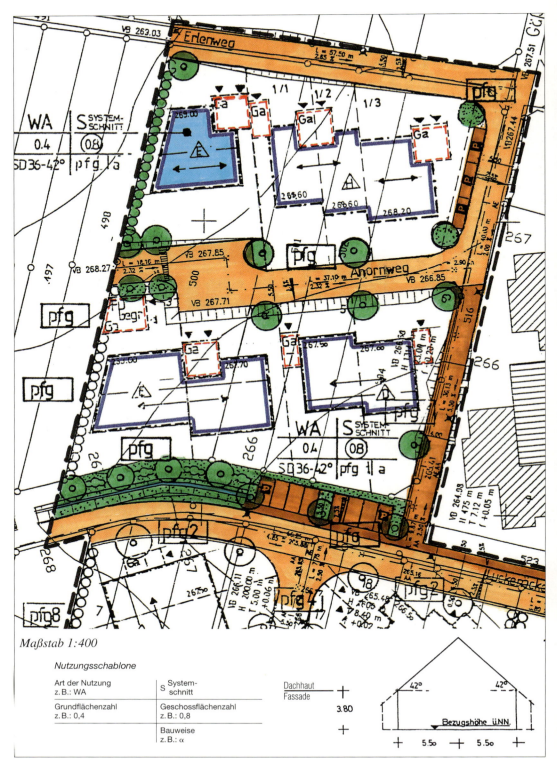

M 3 *Auszug aus dem Bebauungsplan der Gemeinde K.*

Erläuterungen zum Bebauungsplan:
Die *Grundflächenzahl* gibt an, wie viel Quadratmeter Hausgrundfläche je Quadratmeter Grundstücksfläche zulässig sind (§ 19,1 Baunutzungsverordnung). Beispiel: Die Grundflächenzahl (GRZ) 0,2 bedeutet, daß $2/_{10}$ oder das 0,2fache des Grundstücks durch Gebäude überdeckt sein darf. Hat das Grundstück eine Fläche von 700 m², so ist die höchstzulässige Grundfläche eines Gebäudes 0,2 x 700 m² = 140 m².

Die *Geschossflächenzahl* gibt an, wie viele Quadratmeter Geschossfläche je Quadratmeter Grundstücksfläche zulässig sind (§ 20,1 Baunutzungsverordnung).
Beispiel: Bei 800 m² Grundstücksfläche erlaubt die Geschossflächenzahl (GFZ) 0,3 eine Geschossfläche von 0,3 x 800 m² = 240 m². Bei zweigeschossiger Bauweise dürfte damit jedes Geschoss 120 m² groß sein.

Gemäß Planzeichenverordnung gibt es zur *Bauweise* folgende Kürzel:
o = offene Bauweise,
g = geschlossene Bauweise,
a = abweichende Bauweise (wird in einer Anlage zum Bebauungsplan näher erläutert).
Beispiel: a_1 = Einzel- und Doppelhäuser sowie Hausgruppen sind zulässig.
a_2 = Einzel- und Doppelhäuser sowie Hausgruppen über 50 m Länge sind zulässig.

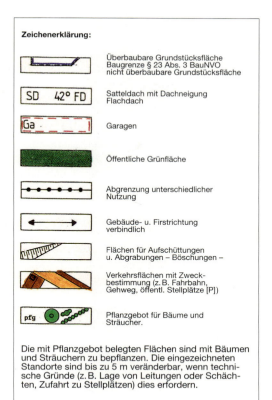

2. Stellen Sie fest, wann, wo und wie Sie persönlich in letzter Zeit von einer raumordnerischen Maßnahme unmittelbar betroffen waren.
3. Informieren Sie sich beim örtlichen Stadtbauamt über den gegenwärtig gültigen Flächennutzungs- und Bebauungsplan Ihrer Gemeinde. Besuchen Sie ggf. eine Gemeinderatssitzung, in der die Fortschreibung eines Bauleitplanes auf der Tagesordnung steht.
4. a) Sie sind Eigentümer des im Bebauungsplan M 3 farbig (blau) gekennzeichneten Grundstücks. Erläutern Sie, welche baulichen Nutzungsmöglichkeiten Sie haben und welche Auflagen Sie beachten müssen.
b) Erklären Sie, welche Absichten wohl der Gemeinderat mit der Festlegung einer „GRZ 0,4" verfolgte.
c) Bewerten Sie diesen Bebauungsplan unter den Gesichtspunkten „nachhaltige Nutzung" und „Landschaftsverbrauch". Entwerfen Sie ggf. eine Alternative.

Instrumente der Raumordnung

Gleichwertigkeit der Lebensbedingungen in allen Teilen des Bundesgebietes herstellen, so lautet der Grundgesetzauftrag. Räumliche Disparitäten innerhalb des gesamten Bundesgebiets und gewaltige Entwicklungsunterschiede zwischen den alten und den neuen Bundesländern, das ergibt die Untersuchung der Raumstruktur Deutschlands. Das Bemühen, die Lebensbedingungen der Bevölkerung in allen Landesteilen einander anzugleichen, entspringt dabei nicht nur dem Verfassungsauftrag. Es ist auch ein Gebot der politischen Stabilität und des sozialen Friedens in unserem Lande.

Zur Erfüllung ihrer Aufgabe stehen der Raumordnung folgende Planungsinstrumente zur Verfügung:
– das System der zentralen Orte,
– der Aufbau von Entwicklungsachsen,
– das Prinzip der Vorranggebiete.

Das System der zentralen Orte
Die Versorgungseinrichtungen einer Stadt werden nicht nur von der eigenen Bevölkerung, sondern auch von der des Umlandes in Anspruch genommen. Der Bedeutungsüberschuss, den diese Stadt also gegenüber ihrer Umgebung aufweist, wird als „Zentralität" definiert. Siedlungen mit einem solchen Bedeutungsüberschuss sind „zentrale Orte".

Die klassische Theorie der zentralen Orte geht auf Walter Christaller (1933) zurück. Sie lässt sich in vier Thesen zusammenfassen:
„1. Die Stadt – Christaller selbst spricht fast nur von zentralen Orten – hat Mittelpunktfunktion. In ihr werden Güter und Dienste zentral angeboten, die dispers (hier: im Raum verteilt) verbraucht werden. ...
2. Da die (zentral angebotenen) Güter und Dienstleistungen jeweils spezifische Reichweiten haben bzw. die Nachfrage nach ihnen mit wachsender Enternung und wachsenden Transportkosten unterschiedlich stark abnimmt, ergeben sich Größenklassen zentraler Orte mit jeweils bestimmtem Güter- und Dienstleistungsangebot, also eine Hierarchie, und zwar eine gestufte Hierarchie, keine kontinuierliche Rangfolge.
3. Die beste Versorgung wird bei gleichen Abständen der zentralen Orte erreicht, d.h. wenn diese auf den Kanten gleichseitiger Dreiecke liegen, die sich zu Sechsecken zusammenfügen. Die Verteilung der Städte über ein Gebiet und ihre Lage zueinander sind also durch ihre jeweiligen Ergänzungsgebiete so festgelegt, dass sich auf jeder Stufe der Hierarchie die symmetrische Anordnung des Hexagons ergibt. ...
4. Ein dynamisches Moment besteht darin, dass sich in der Entwicklung des zentralörtlichen Systems ständig das Versorgungs- oder Marktprinzip, das Verkehrsprinzip und das Prinzip der (politisch/administrativen) Zuordnung im Widerstreit miteinander befinden."

Burkhardt Hofmeister. Stadtgeographie. Das Geographische Seminar. Westermann, 7. Auflage Braunschweig 1997. S. 91f

M 4 Modell der unterschiedlichen Zentralität

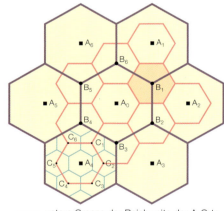

Nach Ludwig Schätzl: Wirtschaftsgeographie, Bd. 1, UTB 782. Paderborn: Schöningh 3., überarbeitete Auflage 1988, S. 76

Die Zentralität eines Ortes wird heute mit Hilfe von Ausstattungsmerkmalen bestimmt. Vereinfacht dargestellt, ergibt sich dabei folgende Gliederung:
– Zentraler Ort höchster Stufe: überregionales Verwaltungs-, Wirtschafts-, Kulturzentrum; z. B. Landeshauptstadt:
Angebote des hochspezialisierten und seltenen Bedarfs;

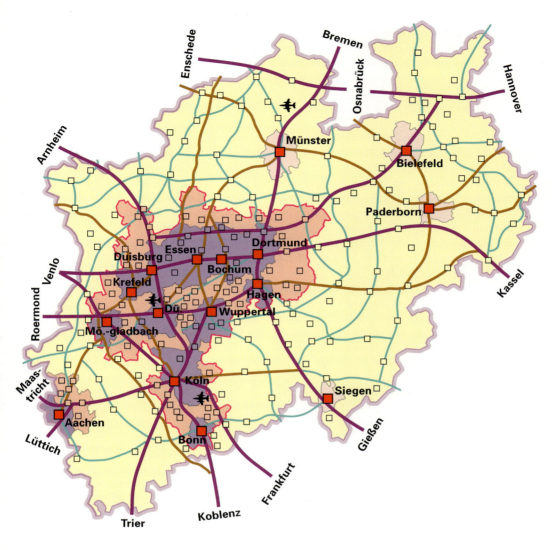

Landesentwicklungsplan Nordrhein-Westfalen

Siedlungsräumliche Grundstruktur
- Ballungskerne
- Ballungsrandzonen
- Solitäre Verdichtungsgebiete
- Gebiete mit überwiegend ländlicher Raumstruktur

Zentralörtliche Bedeutung
- Oberzentren
- Mittelzentren
- Grundzentren sind nicht dargestellt
- Europäische Metropolregion Rhein-Ruhr

Dü. = Düsseldorf

0 10 20 30 40 50 km

Entwicklungsachsen
- Großräumige Achsen von europäischer Bedeutung
- Großräumige, Oberzentren verbindende Achsen
- Überregionale Achsen
- Internationaler Flughafen

M 5 Zentrale Orte, Entwicklungsachsen und Verdichtungsräume in Nordrhein-Westfalen

– Zentraler Ort höherer Stufe (Oberzentrum): Einkaufsstädte mit Sitz oberer Behörden, mit Theater, Museen, Fach- und Hochschulen, Spezialkliniken sowie größeren Sport- und Vergnügungsstätten:
Deckung des allgemeinen episodischen und des spezifischen Bedarfs;
– Zentraler Ort mittlerer Stufe (Mittelzentrum): Sitz der wichtigsten unteren Behörden; mit Organisationen von Handel, Handwerk und Landwirtschaft, Banken sowie Sparkassen; Einkaufsstraßen mit wichtigen Fachgeschäften; höhere Schule und Krankenhaus mit mehreren Fachabteilungen; Fachärzte, Rechtsanwälte; zahlreiche Einrichtungen für kulturelle Veranstaltungen:
Deckung des allgemeinen periodischen und des normalen gehobenen Bedarfs;
– Zentraler Ort unterer Stufe (Unterzentrum): mit Verwaltungsbehörden niederen Ranges, Kirche, Mittelpunktschule (evtl. auch Realschule); Geschäfte der Grundbranchen, Apotheke, praktischer Arzt und Zahnarzt, Sparkasse; je nach Struktur des Umlandes auch Sitz einer bäuerlichen Genossenschaft:
Deckung des allgemeinen täglichen und kurzfristigen Bedarfs.
Die höherrangigen Zentren enthalten alle Einrichtungen der niederen Stufen.

Wie lässt sich nun dieses Modell der zentralen Orte für die Raumordnung nutzen? Durch das konzentrierte Angebot von Dienstleistungen auf engem Raum kann einerseits der Landschaftsverbrauch begrenzt werden, andererseits lassen sich Problemgebiete gezielt durch Infrastrukturausbau fördern. Denn durch die Ansiedlung zentraler Einrichtungen in öffentlicher Trägerschaft besitzt der Staat ein raumordnerisches Instrument, die Struktur einer Region zu verbessern. Allerdings stellt sich die Frage nach den Kosten. Der Staat finanziert Vorleistungen im tertiären Sektor und will damit Impulse für die Entwicklung in anderen Wirtschaftssektoren geben. Die durch solche raumordnerischen Investitionen erzeugte Nachfrage ist dabei – von der Theorie her – auch Bestandteil der antizyklischen Konjunkturpolitik. Die Vergangenheit hat aber gezeigt, dass die öffentliche Hand gerade in Phasen wirtschaftlicher Rezession und bei wachsender öffentlicher Verschuldung bald an die Grenzen ihrer finanziellen Möglichkeiten stößt. Trotzdem ist das Prinzip der zentralörtlichen Gliederung ein wichtiges Planungsinstrument.

Aufbau von Entwicklungsachsen
Im Sinne der geforderten Gleichwertigkeit der Lebensbedingungen muss im System der zentralen Orte bis in die Randgebiete eines Versorgungsbereichs ein optimaler Zugang zu den zentral angebotenen Dienstleistungen gewährleistet sein. Erforderlich ist also ein gezielter Ausbau der Verkehrsinfrastruktur. Das Zentrale-Orte-Konzept wird von der Raumordnung daher verbunden mit dem Ausbau so genannter Entwicklungsachsen.
Entwicklungsachsen sind gekennzeichnet durch eine bänderartige, dichte Folge von Siedlungen, die sich entlang leistungsfähiger Verkehrsstränge und anderer Infrastruktureinrichtungen erstrecken. Nach den Vorstellungen der Raum- und Landesplanung soll sich entlang dieser Achsen die Entwicklung von Wirtschaft, Verkehr und Siedlungen konzentrieren. Das soll – unter Wahrung aller Agglomerationsvorteile – einer flächenhaften Ausbreitung von Verdichtungen entgegenwirken, die Zersiedlung der Landschaft stoppen und Freiräume erhalten.
Auf dem Prinzip der Entwicklungsachsen und der zentralen Orte basieren auch die *Landesentwicklungspläne* in Deutschland. Diese Pläne kennzeichnen das Grundgerüst der angestrebten räumlichen Entwicklung. Wie aus der Karte M 5 hervorgeht, lässt sich dieses Grundgerüst als „punkt-axiale Verdichtung" beschreiben. Die Landesplanung zielt also darauf ab, die ringförmige Ausdehnung besonders der großen Verdichtungen zu bremsen und statt dessen eine strahlenförmige Ausbildung von größeren und kleineren Zentren entlang von Achsen zu fördern. Auf diese Weise soll eine engere Verknüpfung der Verdichtungsbereiche mit dem ländlichen Raum erreicht werden. Zwischen den Zentren und Achsen bleiben Freiräume ausgespart.

5. Erläutern Sie das System der zentralen Orte.
6. Begründen Sie, warum es für Gemeinden sehr wichtig sein kann, als Ober-, Mittel- oder Unterzentrum eingestuft zu werden.

Prinzip der Vorranggebiete

Die nachhaltige Sicherung von Räumen mit bedeutsamen Natur- und Landschaftspotenzialen wird zu einer immer wichtigeren Aufgabe der Raumordnung. Es gilt, ökologisch wertvolle Ausgleichsflächen zu schützen und die Vielfalt der Kulturlandschaft zu erhalten. Zu diesem Zweck werden durch die Raumplanung umweltbezogene *Vorrang-* und *Schutzgebiete* ausgewiesen. Je nach Einstufung sind hier die Möglichkeiten einer wirtschaftlichen oder sonstigen Nutzung eingeschränkt.

Naturschutzgebiete und *Nationalparke* genießen den stärksten Schutz. In den Naturschutzgebieten sind mit Ausnahme behördlicher Pflegemaßnahmen keine weiteren Eingriffe oder Nutzungen erlaubt. Bannwälder innerhalb dieser Gebiete dienen dabei nicht nur als Lawinenverbauung in den Alpen, auch anderswo sind sie als Waldschutzgebiete frei von jeglichen Eingriffen.

Als *Naturdenkmale* werden einzelne landschaftliche Besonderheiten wie Wasserfälle, Findlinge, Bäume oder Baumgruppen mit ihrer unmittelbaren Umgebung unter Schutz gestellt.

Landschaftsschutzgebiete und *Biosphärenreservate* dienen vor allem der Erhaltung gewachsener Kulturlandschaften. In ihnen ist jede Veränderung der bisherigen wirtschaftlichen Nutzung untersagt.

Naturparke weisen den schwächsten Schutzstatus auf. Diese Räume von besonderer landschaftlicher Schönheit sind der Erholungsfunktion gewidmet. In ihnen können entsprechende Dienstleistungseinrichtungen aufgebaut werden. Sie dürfen aber insgesamt in ihrem landschaftlichen Reiz und in ihrer ökologischen Vielfalt nicht beeinträchtigt werden.

Das Prinzip der Vorranggebiete ist einleuchtend, seine Verwirklichung schwierig. Schützenswerte Naturlandschaften weisen in aller Regel auch einen hohen Freizeit- und Erholungswert auf. Das führt zwangsläufig zu Konflikten zwischen Fremdenverkehrs- bzw. Freizeitinteressen und Naturschutz. Und wie die Beispiele Wattenmeer oder Alpenraum zeigen, sind die bevorzugten Gebiete des Freizeittourismus gerade die ökologisch empfindlichsten Räume. Hier stellt sich deshalb der Flächennutzungskonflikt mit besonderer Schärfe.

7. Erarbeiten Sie aus M 6, wie das „Naturschutzkonzept Nationalpark Bayerischer Wald" versucht, einen Kompromiss zwischen Naturschutz und Fremdenverkehr zu finden.

M 6 *Naturschutzkonzept Nationalpark Bayerischer Wald (nach Nationalparkverwaltung)*

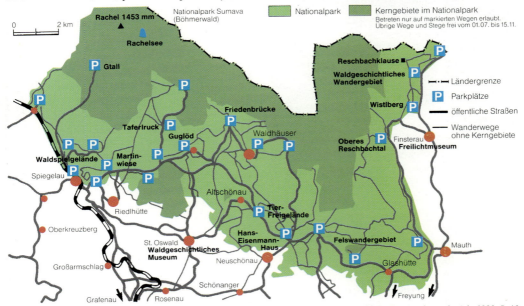

Nationalparkverwaltung Bayerischer Wald. In: Raumordnungsbericht 1993, S. 46

3.3 Nutzungskonflikte und Nutzungsansprüche: Tourismusregion Alpen

M 1 Stopp – so weit wollen wir es doch nicht kommen lassen

STOPP
Was können wir tun?

Umfrage – Alpentourismus und Umweltbewusstsein

Führen Sie eine Umfrage unter Gleichaltrigen durch, die regelmäßig Urlaub in den Alpen verbringen, und diskutieren Sie die Antworten.

1. Wählst du die Alpen in erster Linie als Ziel für den Sommer- oder den Winterurlaub?
2. Mit welchem Verkehrsmittel reist du gewöhnlich zum Urlaub in die Alpen?
3. Nenne deine bevorzugten Urlaubsaktivitäten.
4. Welche Erwartungen richtest du an die Ausstattung eines Urlaubsortes (Infrastruktur, Komfort, Service)?
5. Hast du bei deinem Alpenurlaub bereits Umweltfolgen der touristischen Erschließung wahrgenommen? Wenn ja, welche?
6. Wärst du bereit, zur Beseitigung derartiger Folgen an deinem Urlaubsort eine „Umweltgebühr" zu bezahlen?
7. Unter welchen Voraussetzungen wäre es für dich akzeptabel, bei der Anreise vom Pkw auf umweltfreundlichere Verkehrsmittel (Bahn, Bus) umzusteigen?

Die alpine Fremdenverkehrsindustrie meldet beeindruckende Zahlen: Mit über fünf Millionen Ferienbetten, jährlich 150 Mio. Hotelgästen und 500 Mio. Übernachtungen sind die Alpen eine der größten Tourismusregionen der Welt. Woher rührt diese Anziehungskraft? Der Naturraum mit seinem für Wanderer, Kletterer und Skifahrer gleichsam interessanten Relief und die traditionelle Kulturlandschaft in Verbindung mit attraktiven charakteristischen Ortsbildern reichen heute als Angebotsfaktoren nicht mehr aus. Viele Touristenorte haben auf die aktuellen Wünsche der Urlauber reagiert und technische Infrastrukturen für Aktivsportarten sowie eine breite Palette von Unterhaltungsmöglichkeiten in den Ortszentren bereitgestellt. Aber die Suche nach dem Außergewöhnlichen, nach dem Abenteuer im Urlaub ist ungebrochen, so dass auch die letzten Naturnischen erschlossen werden.

Der Tourismus bietet vor allem für die von der *Bergbauernwirtschaft* geprägten Regionen eine willkommene Chance neuer Einnahmequellen. Die Landwirtschaft sieht sich einer wachsenden europäischen Konkurrenz ausgesetzt, wobei ihre Produktionsbedingungen durch kurze Vegetationszeiten, Reliefungunst sowie geringwertige Böden belastet sind. Betriebsaufgaben und Abwanderungen vor allem jüngerer Menschen aus den Bergdörfern waren die Folge. Viele Einheimische sehen nun in der touristischen Erschließung eine Möglichkeit, ihre wirtschaftliche und soziale Situation zu verbessern. Inzwischen hat sich aber in einigen Regionen der Tourismus zum „Alleinherrscher" entwickelt. Immer stärker wird die Umwelt belastet, wird die kulturelle Identität gefährdet. Dadurch zerstört der Tourismus seine eigenen Grundlagen.

M 2 Bergwandern in den Allgäuer Alpen

„Auf 26 Hütten legte der Schweizer Alpenclub den Benutzern detaillierte Fragebögen vor, um Auskunft über Komfortansprüche, Anreise und individuelles Problembewusstsein zu erhalten. Demnach verfolgen die Alpinisten die Zerstörung der Gebirgslandschaft mit großer Aufmerksamkeit. Sie beklagen die Erschließung immer neuer Gebiete mit Straßen und Seilbahnen, den ungebremsten Zweitwohnungsbau im Gebirge, ... aber auch die zunehmende Lärmbelästigung durch Hubschrauber, verursacht durch Heliskiing und Versorgungsflüge.

Groß ist die Bereitschaft, einen eigenen Beitrag zur Entschärfung der Situation zu leisten: Die Mehrheit der Befragten wäre bereit, in Hütten den doppelten Preis für Getränke und Verpflegung zu bezahlen, wenn diese nicht mit dem Helikopter, sondern etwa mit einem Saumtier heraufgetragen würden. Auch halten es zwei Drittel der Alpinisten für ‚sinnvoll, wenn in den Hütten eine Art Abfallentsorgungsgebühr zu bezahlen wäre'. ...

(Aber) jeweils mehr als die Hälfte der Befragten erwarten auf der Hütte ... eine gewisse Getränkeauswahl und die Möglichkeit zur Halbpension, Serviceleistungen also, deren Realisierung genau die Probleme produziert, deren Beseitigung man fordert.

Bestätigt wurde auch der Trend zum umweltbelastenden Kurzurlaub: Mehr als zwei Drittel der Befragten reisten allenfalls für zwei Tage in die Berge und taten dies mehrheitlich mit dem eigenen Pkw (im Winter sogar zu fast 80 Prozent). ... Drei Viertel der Autofahrer hätten selbst dann nicht auf die Anreise mit ihrem Fahrzeug verzichtet, wenn ‚Bus oder Bahn genau dorthin gefahren wären, wo das Auto parkiert wurde'."

Gerhard Fitzthum. In: DIE ZEIT vom 27. 12. 1996

Fremdenverkehr als Belastungsfaktor in den Alpen

M 3 *Jahresgang der Luftverschmutzung[1] und Zahl der Ankünfte / Übernachtungen in Davos*

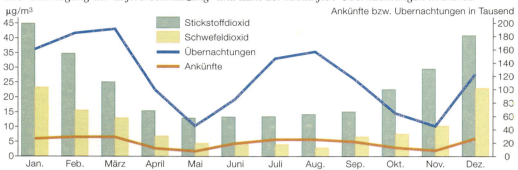

[1] Zu berücksichtigen ist der stärkere sommerliche Windeinfluss, der eine bessere Durchmischung sowie einen schnelleren Abtransport belasteter Luftmassen bewirkt. Zu beachten ist auch, dass es sich bei alpinen Ferienorten meist um so genannte Luftkurorte handelt.

Nach Manfred Meurer und Hans-Niklaus Müller: Tourismus und Verkehrsbelastung in den Schweizer Alpen. In: Geographische Rundschau 1996, H. 3, S. 143

M 4 *Entwicklung der Beschneiungsanlagen*

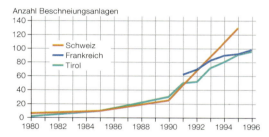

Nach Internationale Alpenschutz-Kommission CIPRA.
1. Alpenreport. Bern – Stuttgart – Wien: Paul Haupt 1998, S. 436

„Mögliche Auswirkungen des Kunstschnees:
– tieferes Durchfrieren des Bodens,
– längeres Andauern der niedrigeren Bodentemperatur im Frühjahr,
– Schneeschmelze bei noch gefrorenem Boden und damit erhöhte Gefahr von Oberflächenabfluss und Erosion,
– Mineralstoffeintrag des Kunstschnees (durch mineralstoffhaltiges Sickerwasser),
– Verzögerung der Ausaperung und infolgedessen ein verspäteter Wachstumsbeginn,
– erfordert ein umfangreiches Wasserleitungsnetz mit Pumpwerken und entsprechendem Strombedarf."

Karl Partsch (Hrsg.): Alpenbericht. Sonthofen: Europa-Büro, Völkstr. 2a, 1990, S. 30

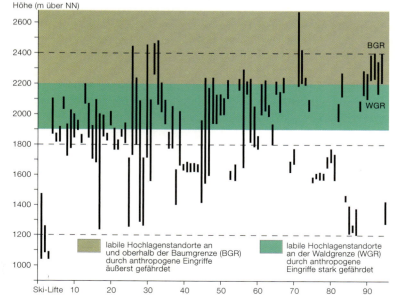

M 5 *Höhenamplitude der Skilifte im Einzugsbereich des Grödener Tales*

Nach Manfred Meurer: Der Wintersport im Spannungsfeld zwischen Ökologie und Ökonomie. Eichstätter Hochschulreden. 76. Eichstätt 1990, S. 17

M 6 Mögliches Wirkungsgefüge des Pistenskilaufs

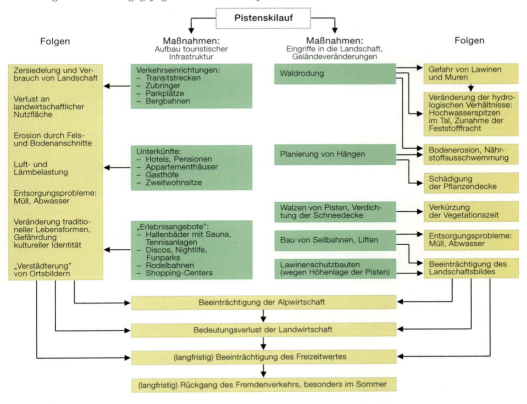

Das **Ökosystem Alpen** reagiert wie alle Hochgebirgsräume besonders empfindlich auf Eingriffe und Störungen. Die Steilheit des Reliefs sowie die mit zunehmender Höhenlage immer deutlicher reduzierten Temperaturen und größeren Niederschlagsmengen behindern die Vegetationsentwicklung. Wachstums- und demzufolge auch Regenerationsprozesse laufen extrem langsam ab. Eine Alpenrose zum Beispiel braucht bis zur ersten Blüte 80 bis 90 Jahre und das Felsenröschen, ein rasenbildender Zwergstrauch, wächst in 30 Jahren nur etwa drei Zentimeter. Schäden an einzelnen Pflanzen oder an der Vegetationsdecke, wie sie zum Beispiel bei extremer Trittbelastung oder beim Planieren einer Skipiste auftreten, sind daher zumeist irreparabel.

Seitdem das Skifahren ein Massensport geworden ist, haben die Eingriffe in das Ökosystem Alpen besonders in Form von Geländeveränderungen sehr stark zugenommen. Hatte sich früher die Skiabfahrt dem Relief angepasst, so muss sich heute vielfach der Berg der Abfahrt anpassen. Für den Wintertouristen sind die Eingriffe kaum erkennbar, deckt doch der Schnee gnädig alle Sünden zu. Erst nach der Schmelze werden die Wunden sichtbar. Die Veränderungen im Landschaftsbild sind in einigen Regionen bereits derart schwerwiegend, dass der Sommertourismus zurückgeht. Zu den ökonomischen treten die ökologischen Folgen. Eingriffe in Gelände und Vegetation verringern die Wurzelmasse, beeinträchtigen damit den Bodenschutz und das Wasserspeichervermögen des Bodens.

„Sanfter" oder „nachhaltiger" Tourismus als Lösung?

„Nehmen wir einmal an, es gelänge, alle Urlauber von der Notwendigkeit sanfterer Reiseformen zu überzeugen. Alle wären bereit, dafür tiefer in die Tasche zu greifen und würden umweltschädigende Hotels meiden, sich ‚sanft' verhalten u. dgl. ... Nehmen wir an, alle Alpin-Skifahrer würden in der nächsten Saison auf die verpönten mechanischen Aufstiegshilfen (Lifte, Sesselbahnen etc.) verzichten und auf Tourenski oder auch auf reine Schneewanderungen umsteigen. Die Folgen für die Natur wären katastrophal! Es bleibt festzuhalten: Sanfter Tourismus ‚in Reinform' ist angesichts der heutigen Reiseströme nicht realisierbar. Einziger Ausweg: Man müsste Reisen verbieten oder Reiseberechtigungsscheine ausgeben, um die Quantität und die zeitliche Verteilung von Reiseströmen gezielt zu steuern. Dies ist ... in einer freiheitlichen Gesellschaftsordnung jedoch absolut undenkbar."

Torsten Kirstges: Sanfter Tourismus. München – Wien: Oldenbourg 1995, S. 73

Die ökologischen und sozialen Folgeprobleme des modernen Massentourismus führten bereits seit den 70er-Jahren dazu, nach alternativen, weniger infrastrukturintensiven und technisierten Formen des Fremdenverkehrs zu suchen. Das Schlagwort *„Sanfter Tourismus"* beinhaltet die Förderung naturnaher Tourismusangebote, die eigenständige Entwicklung von Fremdenverkehrsregionen und insgesamt die Korrektur negativer Auswirkungen touristischer Freizeitgestaltung. Angesichts stetig weiter wachsender Urlauberzahlen stößt dieses Konzept jedoch an seine Grenzen.

Da aber von der Tourismusindustrie – weltweit inzwischen der größte Wirtschaftszweig – für viele Regionen besonders auch im Alpenraum positive Impulse ausgehen, muss nach weiteren Möglichkeiten gesucht werden, ökonomische, kulturelle und ökologische Belange sinnvoll in Einklang zu bringen. Ziel ist die *nachhaltige Entwicklung* und Sicherung der Ressourcen für den Fremdenverkehr.

M 7 *Checkliste für eine nachhaltige Tourismusentwicklung*

Zielbereich	Warngrenzen[1]
Landschaft	eine aufgrund der Planung (Baugebiete) mögliche Verdoppelung der Dorfgröße innerhalb von weniger als 50 Jahren
Landwirtschaft	Rückgang der landwirtschaftlichen Nutzfläche von mehr als 2 % in fünf Jahren
Beherbergung	Verhältnis von Zweitwohnungsbetten zu Hotelbetten von mehr als 3:1
Selbstbestimmung	Besitzanteil der Ortsansässigen bei den Ferien- und Zweitwohnungen von unter 50 %
Kulturelle Identität	Verhältnis von Betten zu Ortsansässigen von mehr als 3:1

[1] Kennziffern sind auf die Verhältnisse in der Schweiz bezogen

Christoph Becker u. a.: Tourismus und nachhaltige Entwicklung. Darmstadt: Wissenschaftliche Buchgesellschaft 1996, S. 115

1. Untersuchen Sie die Materialien M 3 – M 5 und Winter-Reiseprospekte im Hinblick auf touristische Angebote, die eine Belastung für das lokale oder regionale Ökosystem darstellen können.

2. a) Erläutern Sie das in M 6 dargestellte Ursachen-Wirkungs-Gefüge.
b) Stellen Sie weitere, noch nicht durch Pfeile markierte Zusammenhänge zwischen Maßnahmen und Folgen fest.
c) Ordnen Sie Ihre bei Aufgabe 1 ermittelten Belastungsfaktoren in M 6 ein und erläutern Sie die Wirkungskette.

3. Stellen Sie fest, inwieweit Reiseveranstalter Belange eines nachhaltigen Umweltschutzes in ihren Prospektangeboten berücksichtigen (z. B. durch „Umweltsiegel", kostenlose Nahverkehrssysteme u. Ä.).

4. Setzen Sie sich kritisch mit der Aussage von T. Kirstges auseinander: „Sanfter Tourismus ‚in Reinform' ist angesichts der heutigen Reiseströme nicht realisierbar."

5. Erläutern und diskutieren Sie die in M 7 angeführten „Warngrenzen".

Maßnahmen zur Sicherung der Alpen als Lebens- und Erholungsraum

Die zunehmenden Folgeprobleme des Fremdenverkehrs haben inzwischen nicht nur einzelne Gemeinden veranlasst, über „sanftere" Tourismusangebote nachzudenken. Immer häufiger versuchen ganze Talschaften oder Fremdenverkehrsregionen gemeinsame Konzepte zu entwickeln, um eine nachhaltige Sicherung der Ressourcen für den Fremdenverkehr zu erreichen. Auch staatliche Institutionen, insbesondere die für Umwelt und Raumordnung zuständigen Ministerien, sind gefordert, Naturschutzgebiete bzw. Nationalparks und Landschaftsschutzgebiete oder Biosphärenreservate auszuweisen. Für ökologisch besonders labile und gefährdete Hochgebirgsregionen können durch Gesetz auch strenge Nutzungsverbote erlassen werden. Die wachsende Belastung des Alpenraumes nicht nur durch den Tourismus, sondern auch durch den Transitverkehr, durch die Nutzung der Wasserkraft und der Wasservorräte machte es immer dringender erforderlich, eine Lösung der anstehenden Probleme durch internationale Zusammenarbeit anzustreben. Ein Ergebnis dieser Kooperation ist die 1995 in Kraft getretene „Alpenkonvention", ein zwischenstaatliches Übereinkommen zum Schutz der Alpen.

Das Fellhorn im Allgäu: Ansätze für ein landschaftsschonendes Nutzungskonzept

Das Fellhorngebiet in der Nähe von Oberstdorf wurde in den 70er- und 80er-Jahren für den Massenskisport erschlossen. Umfangreiche Werbemaßnahmen und ein gut ausgebautes Straßennetz lockten immer mehr Wintersportler nicht nur für einen längeren Urlaub, sondern vor allem an den Wochenenden ins Allgäu. Der wirtschaftliche Erfolg wurde erkauft mit erheblichen ökologischen Schäden. Ein Ende der 80er-Jahre entwickeltes Nutzungskonzept versucht nun, Ansprüche des Tourismus mit denen des Naturschutzes in Einklang zu bringen. Es sieht u.a. vor:

– Freihaltung bestimmter Flächen (z. B. Wildschutzgebiete) von jeglicher touristischen Nutzung durch Absperrungen,
– Verlegung von Skipisten und Rekultivierung planierter, erosionsgefährdeter Flächen,
– Einstellen des Skibetriebs bei Absinken der Schneehöhe unter einen festgelegten Wert,
– Ausgabe von Informationsmaterial an die Skifahrer mit Hinweisen auf ein verantwortungsbewusstes Verhalten (vor allem auch im Hinblick auf die Nutzung von Bus oder Bahn zur An- und Abreise),
– Eindämmung unerlaubter Tiefschneeabfahrten durch Androhung von Strafen.

M 8 Pistenplanierung im Bereich des Fellhorns Mitte der 80er-Jahre

M 9 Nach den Sanierungsmaßnahmen im Juli 1997

**Internationale Zusammenarbeit:
die Alpenkonvention**

Bereits im Jahre 1952 hatten sich Natur- und Landschaftsschutzorganisationen zu einer „Commission Internationale pour la Protection des Alpes" (CIPRA) zusammengeschlossen. Deren Initiative ist es zu verdanken, dass nach zähem Ringen 1995 ein zwischenstaatliches Vertragswerk zur Förderung einer *nachhaltigen Entwicklung* im Alpenraum zustande kam. Die Vertragspartner sind Deutschland, Frankreich, Italien, Liechtenstein, Österreich, Schweiz, Slowenien und die Europäische Gemeinschaft. Die Alpenkonvention soll dabei nicht nur ein Instrument des Natur- und Umweltschutzes darstellen, ihr Ziel ist auch, eine ressortübergreifende Raumordnungspolitik. Angefangen von dem Ziel der „Erhaltung und Förderung der kulturellen und gesellschaftlichen Eigenständigkeit der ansässigen Bevölkerung" bis hin zur Luftreinhaltung, zum Schutz von Boden, Wasser, Landschaft und Bergwald ist eine enge, grenzüberschreitende Zusammenarbeit vorgesehen.

Die wichtigsten Ziele der Alpenkonvention bei Tourismus und Freizeitgestaltung lauten:
„Die touristischen und die Freizeitaktivitäten in Einklang bringen mit den ökologischen und sozialen Erfordernissen (Art. 2i), z.B. durch
– qualitativen Umbau der touristischen Zentren, insbesondere in Sachen Verkehr, Energie, Ver- und Entsorgung,
– verbesserte Informationen und Angebote über umweltbewusstes Anreisen,
– Ausweisung von Zonen ohne technische Erschließung (Ruhezonen),
– Verzicht auf belastende Tourismusformen (z.B. Helitourismus, Ultraleichtflugzeuge, Mountainbikefahren abseits von Wegen, Einsatz von Geländefahrzeugen und Motorschlitten zu Sport- und Freizeitzwecken),
– Förderung des längerfristigen Urlaubsverkehrs vor dem Tagesausflugsverkehr,
– Verzicht auf weitere skitechnische Erschließungsmaßnahmen in Schutzgebieten und auf Gletschern."

CIPRA: Die Alpenkonvention. Informationskampagne. Vaduz 1994, S. 4

Bei der Umsetzung der in der Alpenkonvention formulierten Ziele in politisches Handeln ergeben sich allerdings zahlreiche Probleme.
„Die positive Entwicklung erfuhr mit dem Protokoll ‚Tourismus' einen ersten Knick. Es ist das Resultat zahlreicher Kompromisse und besteht vor allem aus verwässerten Formulierungen. Die Forderung der Alpenkonvention nach Eindämmung umweltschädigender Aktivitäten wird nicht erfüllt: Die künstliche Beschneiung unterliegt auch weiterhin keiner sinnvollen Beschränkung und die Bestimmungen über die motorisierten Freizeitsportarten sind viel zu vage. Was über Heliskiing gesagt wird, könnte gar dazu missbraucht werden, bestehende Einschränkungen in einzelnen Staaten aufzuweichen.
Bei den Verhandlungen um das Verkehrsprotokoll geriet die Alpenkonvention endgültig ins Stocken. Hier schreibt das Vertragswerk vor, dass die Staaten Maßnahmen treffen müssen, um ‚Belastungen und Risiken des inneralpinen und alpenquerenden Verkehrs auf ein Maß zu senken, das für Menschen, Tiere und Pflanzen sowie für deren Lebensräume erträglich ist, unter anderem durch eine verstärkte Verlagerung des Verkehrs, insbesondere des Güterverkehrs, auf die Schiene …'. Österreich forderte, gestützt auf diesen Artikel, den Verzicht auf neue hochrangige, alpenquerende Straßenverkehrsachsen. Davon wollten die anderen Staaten … nichts wissen. Als Kompromissvorschlag bot Österreich an, dass alpenquerende Straßen nur unter sehr restriktiven Bedingungen gebaut werden dürften. Eine davon ist, dass ‚dieses Straßenprojekt die Zustimmung aller Vertragsparteien, auf die sich dieses Projekt auswirkt oder auswirken kann, findet.' Dem halten Deutschland, Italien und die EU entgegen, dass sie für den Bau von Straßen auf ihrem Territorium keiner anderen Vertragspartei ein Vetorecht einräumen können, auch wenn solche Vorhaben von zwei Seiten her Blechlawinen direkt an die österreichische Grenze führen."

Internationale Alpenschutz-Kommission CIPRA. 1. Alpenreport. Bern – Stuttgart – Wien: Paul Haupt 1998, S. 282–283

**Den Alpen helfen:
Was kann der Einzelne tun?**

– „Die drei Grundfunktionen des Alpenraumes nachhaltig sichern: Lebens- und Wirtschaftsraum für die einheimische Bevölkerung, Erholungsraum von europäischer Bedeutung, ökologischer Ausgleichsraum ....
☞ Was Sie dafür tun können:
Kaufen Sie regionale Erzeugnisse und Produkte direkt ab Hof. Stellen Sie mal kritische Fragen am Urlaubsort. Gibt es ein Umweltticket für den öffentlichen Verkehr, was wird für die Müllvermeidung getan etc.

– Natürliche Lebensgrundlagen wiederherstellen: Dazu ist auf natur- und umweltverträgliche Wirtschaftsformen umzusteigen.
☞ Was Sie dafür tun können:
Beziehen Sie ökologische Aspekte bei der Wahl Ihres Urlaubsortes mit ein. Ist der Ort mit öffentlichen Verkehrsmitteln erreichbar? Verwendet die Gastronomie Produkte aus der heimischen Landwirtschaft? Gibt es eine Selbstbegrenzung für die Bettenkapazität?

– Erschließungstätigkeit beenden: Die touristische Wachstumsspirale in Richtung Kapazitätserhöhung muss zur ökologischen Qualitätsverbesserung umgebogen werden.
☞ Was Sie dafür tun können:
Verzichten Sie bei wenig Schnee aufs Skifahren und fragen Sie auch hier – etwa, ob Pisten mit Planierraupen bearbeitet worden sind, ob es eine Kapazitätsgrenze für das Skigebiet gibt, ob Schneekanonen eingesetzt werden etc.

– Ökologisch verträgliche Tourismusformen fördern: Es muss zu einem Ausgleich zwischen Naturnutz und Naturschutz kommen.
☞ Was Sie dafür tun können:
Ganz einfach aufs Auto verzichten, Bahn, Bus und Fahrrad benützen.

– Konsens zwischen Naturschutz und Erholung anstreben: Die wachsende Nachfrage nach Erholung und Sport in freier Natur muss in Einklang gebracht werden mit dem Erhalt gefährdeter Biotope und Lebensräume.

M 10 *Autos vor Skilift am Fellhorn*

☞ Was Sie dafür tun können:
Halten Sie sich an die Regeln zur Schonung von Lebensräumen; nie Wegabkürzungen benutzen, vor der Dämmerung zurück sein, Rad fahren nur auf den freigegebenen Wegen, Schutzzonen respektieren.

– Eigene Umweltschutzaktivitäten intensivieren: Der Grundbesitz der Alpenvereine muss eine Funktion als Sperrgrundstück haben, d. h., hier dürfen keine neuen Hütten gebaut werden und die bestehenden müssen umweltverträglich umgerüstet werden.
☞ Was Sie dafür tun können:
Verzichten Sie bewusst in der Berghütte auf Komfort: kalter Wasserhahn statt warme Dusche, mitgebrachter Hüttenschlafsack im Matratzenlager statt Federbett. ..."

Alpenvereine aus Deutschland, Österreich, Südtirol. Helfen wir den Alpen. Bozen, Innsbruck, München 1995

Mögliche Themen für eine Facharbeit:
– Sommertourismus in den Alpen: Ökologische Folgeprobleme und landschaftsschonende Nutzungskonzepte
– Die „Alpenkonvention": Notwendigkeit – Inhalt – Maßnahmen
– Touristische Erschließung als Motor für die Entwicklung von Alpendörfern?
– Tourismus und Landschaftsschutz an der deutschen Nordseeküste

Facharbeit

Das Anfertigen einer Facharbeit ist in besonderem Maße geeignet, sich mit Prinzipien und Formen selbstständigen Lernens vertraut zu machen und sich auf Studium sowie auf Beruf vorzubereiten.

1. Vorüberlegung: Eingrenzung des Themas

Das Thema einer Facharbeit umfasst in der Regel ein mehr oder weniger weit gestecktes Inhaltsfeld, innerhalb dessen sich die Verfasserin und der Verfasser erst eine eigene Fragestellung erarbeiten müssen. Das Problem „Tourismus und Landschaftsschutz an der deutschen Nordseeküste" zum Beispiel kann im schulischen Rahmen (begrenzte Zeit, maximaler Seitenumfang) nicht erschöpfend untersucht werden. Das Thema muss eingegrenzt und folgende Aspekte müssen berücksichtigt werden:
– Inwieweit fühlt sie/er sich selbst betroffen, in welche Richtung zielt also das Erkenntnisinteresse, was soll das Ergebnis der Arbeit sein, welches Ziel bzw. welche Absicht verfolgt sie/er damit?
– Wo liegen die Interessen der Mitschülerinnen und Mitschüler bzw. (späteren) Zuhörerinnen und Zuhörer, welche Informationen und Zusammenhänge sind für sie wichtig und welche Vorkenntnisse sind bereits vorhanden?
– Welchen Beitrag leistet die Facharbeit zur Behandlung des gesamten Kursthemas, welche Kenntnisse müssen also vermittelt werden (Sachinteresse)?

Ist dieser Klärungsprozess abgeschlossen, sollte das Thema leicht verständlich und klar, aber auch so „spannend" formuliert werden, dass das Interesse der Zuhörer/Leser geweckt wird.
Beispiel: „Nationalpark Wattenmeer: Vorrang für Robbe oder Tourist?"

2. Suchstrategien zur Informationsbeschaffung

Um sich einen ersten Überblick über das zu bearbeitende Themenfeld zu verschaffen, kann es sich lohnen, zunächst ein enzyklopädisches Lexikon (z. B. Brockhaus oder Meyers) zu Rate zu ziehen. Der entsprechende Stichwortartikel liefert – auch über die Querverweise – bereits eine Reihe von Grundinformationen sowie Literaturangaben. Aktuellere Titel mit spezialisierten Fragestellungen müssen dann aber in den Bibliotheken durch eine Katalogrecherche (mit Computer und/oder Internet) ermittelt werden. In Zeitungsberichten haben Journalisten zu einem bestimmten Thema häufig wichtige Hintergrundinformationen aus verschiedenen Quellen zusammengetragen. Eine Stichwortanfrage bei den entsprechenden Archiven kann helfen solche Artikel aufzuspüren.

3. Erstellen einer Gliederung

Beim Anfertigen einer Facharbeit ist es schon in einem frühen Stadium notwendig, eine Gliederung zu entwerfen. Die Autorin und der Autor sollten bereits über eine Reihe von Grundinformationen und Ideen verfügen, andererseits hilft ihnen aber eine solche Disposition, gezielt nach weiteren Informationen für bestimmte Kapitel zu suchen. Eine Methode, einen „roten Faden" für die zu verarbeitenden Informationen zu finden und eine Gliederung zu erstellen, ist das Mindmapping.

4. Umgang mit der Sekundärliteratur

Bei der Suche nach Informationen ist es häufig notwendig, sich Texte rasch zu erschließen, das Wichtigste „auszufiltern" sowie die inhaltliche und logische Gliederung herauszuarbeiten. Folgende Verfahren können das erleichtern:
– Einen ersten Überblick über einen Sachtext bieten die Disposition (bei einem Buch), die Einleitung oder das Textende, Überschriften und Untertitel.
– Beim Exzerpieren wird der grundsätzliche Gedankengang durch das Herausschreiben von Kernaussagen festgehalten.
– Die Gliederung eines Textes in Sinnabschnitte mit selbst entwickelten Überschriften vertieft das Textverständnis, hält die wesentlichsten Informationen und die Argumentationslinie des Autors fest.
– Ein Text kann auch dadurch erschlossen werden, dass an ihn Fragen gerichtet werden, die sich aus der Problemstellung der eigenen Facharbeit ergeben haben.

5. Anlegen eines Arbeitsordners

Um die Fülle an Informationen rechtzeitig zu kanalisieren, um Ideen für Einleitung, Hauptteil oder Schluss zu sortieren und das Literaturverzeichnis immer auf dem neuesten Stand zu halten, sollte rechtzeitig ein Arbeitsordner angelegt werden. Das kann ein Aktenordner mit Trennblättern oder ein Karteikartensystem mit folgender Minimalgliederung sein: Titelblatt, Disposition, Einleitung, einzelne Hauptkapitel, Schlussteil, Literaturverzeichnis. Die Ergebnisse der Literaturbearbeitung oder sonstige Aufzeichnungen werden nun auf DIN-A 4-Blättern oder Karteikarten festgehalten und entsprechend eingeordnet. Bei den Literaturauszügen sollte dabei sorgfältig zwischen „Zitaten", „Paraphrasen" (sinngemäße Wiedergabe) und „Eigenem Kommentar" unterschieden werden.
Für die Anlage der DIN-A 4-Blätter bzw. Karteikarten empfiehlt es sich, eine Kopiervorlage z. B. nach folgendem Muster herzustellen:

1		2
3	4	5

1 = Autor, Titel (Sekundärliteratur)
2 = Kapitel
3 = Schlagworte zum Textauszug
4 = Literaturauszug (Zitat, Paraphrase)
5 = Eigener Kommentar

6. Abfassen der Facharbeit

Hierbei sind bestimmte formale und inhaltliche Aspekte zu beachten:
– Deckblatt: Es enthält Titel der Arbeit, Name der Verfasserin, des Verfassers, Jahrgangsstufe sowie Datum der Abgabe und kann ansprechend gestaltet werden (z. B. mit Foto/Grafik zum Thema),
– Gliederung: Sie lässt in logischer Zuordnung von Ober- und Unterkapiteln in übersichtlicher Form den „roten Faden" erkennen und enthält auch die Seitenangaben,
– Einleitung: In ihr werden die Problemstellung sowie das Anliegen skizziert und sie gibt Hinweise auf den Gang der Untersuchung,
– Durchführungsteil: Neben dem Inhalt sollte hier auch auf die sprachliche Form, auf die korrekte Verwendung von Fachbegriffen, auf die grafische Ausgestaltung und das Layout geachtet werden,
– Schlussteil: Fasst die wichtigsten Ergebnisse knapp zusammen. Es wird z. B. auch geprüft, ob das in der Einleitung formulierte Anliegen eingelöst werden konnte,
– Literaturverzeichnis: Es muss in korrekter Form sämtliche verwendete Quellen oder Werke der Sekundärliteratur anführen.

Für die Zitierweise gilt folgende Grundregel:
Name und Vorname des Autors: Titel. Verlag, Erscheinungsort und Erscheinungsjahr (ggf. mit Auflage), Seitenangabe.
Für Sonderfälle wie Monographien in mehrbändigen Werken muss die Bandangabe oder bei Zeitschriften nach dem Autor und dem Titel der Name der Zeitschrift, das Jahr, die Heft-Nummer, evtl. der Jahrgang und die Seitenzahl aufnotiert werden.

7. Tipps für einen möglichen Vortrag (Kolloquium)

– Zeitbedarf genau kalkulieren,
– Anschaulichkeit herstellen durch klare Gliederung und lebendige Sprache,
– Kreativität beim Medieneinsatz entwickeln,
– Vortragstechniken (Rhetorik) beachten,
– Thesenpapier/Exposé erstellen.

3.4 Regionale Disparitäten in der Europäischen Union

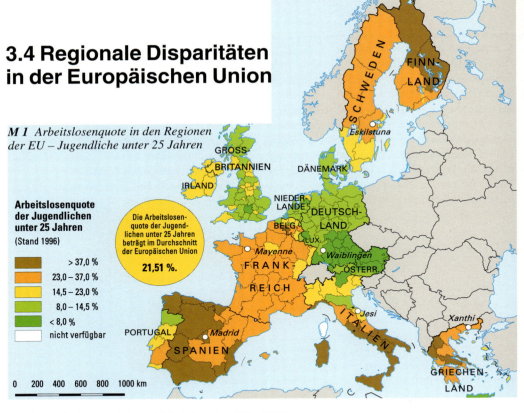

M 1 Arbeitslosenquote in den Regionen der EU – Jugendliche unter 25 Jahren

Nach Eurostat Regionen. Statistisches Jahrbuch. Luxemburg/Brüssel 1997

Einheit und Vielfalt

„Nach dem Vertrag von Maastricht (1992) haben alle Bürger der Europäischen Union die gleichen Rechte und die gleichen Pflichten." So haben es die verantwortlichen Politiker verkündet. Welches Bild von „Europa" wird hier vermittelt? Wie nehmen wir dieses „Europa" wahr?
Im Vordergrund stehen meistens wirtschaftliche und politische Dimensionen: Begriffe wie „Wirtschaftsgemeinschaft", „europäischer Binnenmarkt", „gemeinsame Außen- und Sicherheitspolitik", „Integration", der „Euro" beherrschen die Diskussion und das Denken. Sie erzeugen ein Bild, das von zunehmender Angleichung und Einheitlichung geprägt ist. Aber diesem Bild fehlt die geographische Dimension, die räumliche Differenzierung.
Die Familie eines irischen Schafzüchters lebt wirtschaftlich anders als die eines Fiat-Arbeiters in Oberitalien. Ihre Kinder haben unterschiedliche Bildungsmöglichkleiten und Berufsperspektiven. Nicht nur zwischen den einzelnen Staaten der Europäischen Union gibt es starke wirtschaftliche und soziale Unterschiede, auch innerhalb der meisten dieser Staaten stehen sich zentrale Akiväume und strukturschwache periphere Gebiete gegenüber.
Diese *räumlichen* oder *regionalen Disparitäten* haben ihre Ursachen in unterschiedlichen naturräumlichen Ausstattungen, in sozialen oder politischen Einflüssen. Die Industrialisierung hat die regionalen Unterschiede in den Lebensbedingungen und -chancen verstärkt, da sich die wirtschaftliche Dynamik in erster Linie auf die Städte bzw. bereits bestehende gewerbliche Akiväume konzentrierte. Heute sieht die europäische Politik die Hauptaufgabe darin, diese strukturellen Unausgewogenheiten abzuschwächen. Über den Abbau regionaler Disparitäten soll der politische Einigungsprozess gefördert werden. Die angestrebte Angleichung soll aber die kulturelle Identität der Regionen nicht gefährden: „Einheit und Vielfalt" heißt die Devise.

Vereintes Europa und „Heimatregion" aus der Sicht von Jugendlichen

Ein vereintes Europa ist auf Dauer nur lebensfähig, wenn die Menschen des Alten Kontinents ein europäisches Bewusstsein, eine gemeinsame Identität entwickeln. Identität entsteht aus dem Gefühl des Dazugehörens. Europa aber umfasst eine Vielzahl an eigenständigen Sprachen und Kulturen, an Regionen mit unterschiedlicher naturräumlicher Ausstattung, Tradition und Wirtschaftskraft. Wie kann da ein Zusammengehörigkeitsgefühl überhaupt entstehen? Wie kann aus dieser kulturellen und regionalen Vielfalt eine wirtschaftliche und politische Einheit werden?

Um die Einstellung gegenüber Europa als Ganzem und gegenüber dem unmittelbaren eigenen Lebensraum zu ermitteln, wurden Jugendlichen (17–20 Jahre) in verschiedenen Regionen Europas folgende gleich lautende Fragen vorgelegt, die Antwort zur ersten Frage ist nachfolgend wiedergegeben.

Stellen Sie bei Reisen in andere EU-Länder die Fragen 2 und 3 dort wohnenden Jugendlichen.

Fragenkatalog
1. Auf einer Skala von +5 („bin sehr zufrieden") bis –5 („bin äußerst unzufrieden") sollen Sie die Region, in der Sie gegenwärtig leben, unter folgenden Gesichtspunkten bewerten:
   – Ausbildungsangebote
   – berufliche Perspektiven
   – Einkommenssituation meiner Familie
   – Kultur-, Freizeiteinrichtungen
   – Wohnsituation
   – Zustand von Natur/Umwelt
2. Aus Berichten in den Medien und evtl. aus eigener Anschauung kennen Sie den Alltag und den Lebensstil von Gleichaltrigen in einer anderen Region der EU.
   a. Nennen Sie eine solche Region und beschreiben Sie, was Ihnen dort besonders aufgefallen ist.
   b. Vergleichen Sie mit Ihrer eigenen Situation: Nennen Sie Gemeinsamkeiten und Unterschiede.
3. „Vereintes Europa" – Was bedeutet das für Sie? Nennen Sie Ihre persönlichen Wünsche, Hoffnungen, Befürchtungen.
4. Stellen Sie sich bitte noch kurz vor: Vorname, Alter, Schul-/Berufsausbildung, Land/Region/Ort.

Eine Auswahl der Antworten:
Wahrnehmung der eigenen Region

Gesichtspunkt	Beatrice, 17 J. Mayenne – F	Susanna, 17 J. Eskilstuna – S	Raquel, 20 J. Madrid – E	Elisabetta, 18 J. Jesi – I	Georgios, 17 J. Xanthi – GR	Tobias, 17 J. Waiblingen – D
Ausbildungsangebote	+5	+4	+3	+1	0	+1
berufliche Perspektiven	+4	–3	+3	+2	–2	–4
Einkommenssituation meiner Familie	+3	+3	+3	+3	+3	+3
Kultur-, Freizeiteinrichtungen	+5	+1	+4	+3	–3	+4
Wohnsituation	+4	+2	+2	+3	+4	+4
Zustand von Natur/Umwelt	+2	+4	+2	+2	+3	+1

Raumordnungspolitische Ziele der EU und Messung regionaler Disparitäten

Die Befragung hat gezeigt, dass und wie Jugendliche die Disparitäten zwischen den Regionen in Europa wahrnehmen. Aber wollen sie, dass diese Unterschiede auch eingeebnet werden? Halten sie eine Angleichung für unerlässlich, um ein gesamteuropäisches Bewusstsein zu erzeugen? Die Politiker haben sich in dieser Frage eindeutig entschieden.

„Die Staats- und Regierungschefs messen dem Ziel, in der Gemeinschaft strukturelle und regionale Unausgewogenheiten zu beheben, ... hohen Vorrang zu. ... Von dem Wunsch getragen, ihre Bemühungen auf eine gemeinschaftliche Lösung der regionalen Probleme auszurichten, fordern sie die Gemeinschaftsorgane auf, einen Fonds für Regionalentwicklung zu schaffen. ... Dieser Fonds ... soll ermöglichen, im Zuge der Verwirklichung der Wirtschafts- und Währungsunion die hauptsächlichsten regionalen Unausgewogenheiten in der erweiterten Gemeinschaft zu korrigieren, insbesondere solche, die sich aus überwiegend landwirtschaftlicher Struktur, industriellen Wandlungen und struktureller Unterbeschäftigung ergeben."

Abschlusskommunikee der Gipfelkonferenz der Staats- und Regierungschefs vom 19. bis 20. Oktober 1972 in Paris

Um die wirtschaftliche und soziale Entwicklung im Gesamtraum der Europäischen Union zu erfassen, hat das „Statistische Amt der Europäischen Union" (Eurostat) eine regionale Gliederung in verschiedenen Maßstabsebenen entworfen. Diese „Nomenclature des Unités Territoriales Statistiques" (NUTS) unterscheidet neben der Ebene der Mitgliedsstaaten drei weitere Stufen. Die NUTS-1-Ebene entspricht dabei in Deutschland etwa den größeren Bundesländern. Auf der NUTS-2-Ebene sind die Regierungsbezirke und kleineren Bundesländer (Berlin, Brandenburg, Bremen, Hamburg, Mecklenburg-Vorpommern, Saarland, Schleswig-Holstein, Thüringen) erfasst und auf der NUTS-3-Ebene die Landkreise und kreisfreien Städte.

Für diese territorialen Einheiten erhebt Eurostat eine Fülle statistischer Daten zu allen wichtigen Wirtschafts- und Lebensbereichen. Als wichtigste Indikatoren gelten dabei das Pro-Kopf-Bruttoinlandsprodukt sowie die Arbeitslosenquote. Zur genaueren Erfassung der Lebensbedingungen sind aber auch Daten zum Gesundheitswesen (z. B. Ärzte pro 1000 E) oder zur Wohnsituation (z. B. Ausstattung der Wohnungen mit WC in Prozent des Gesamtbestandes) usw. verfügbar.

***M 2** Indikatoren zur Messung regionaler Disparitäten (Auswahl)*

I. Bevölkerung			IV. Landwirtschaft	
– Dichte	E/km²		– Ernteflächen und Erträge	1000 ha bzw.
– Geburten	pro 1000 E			100 kg/ha
II. Erwerbstätigkeit und Arbeits-			V. Energie	
losigkeit			– Erzeugung, Verbrauch	Mio. kWh
– Erwerbsquote nach Alters-			VI. Verkehr	
gruppen	Prozent		– Eisenbahnnetz	km
– Arbeitslosenquote	Prozent		– Autobahnen	km
III. Volkswirtschaftliche			VII. Lebensbedingungen	
Gesamtgrößen			– Gesundheitswesen	Krankenhaus-
– Bruttowertschöpfung zu				betten pro 1000 E
Marktpreisen	Mrd. ECU		– Ausstattung der Haushalte	Telefonanschlüsse
– Einkommen aus unselbst-				pro 1000 E
ständiger Tätigkeit nach				bzw. Stromver-
Produktionsbereichen	Mio. ECU			brauch in kWh
				pro E

M 3 Das regionale BIP/Kopf in der EU 1996

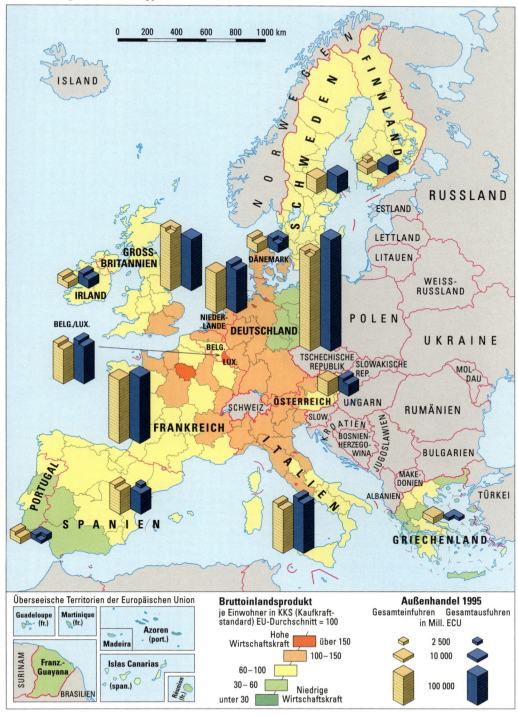

Nach Eurostat. Regionen. Statistisches Jahrbuch. Luxemburg/Brüssel 1997

M 4 Die europäischen Wachstumszentren[1]

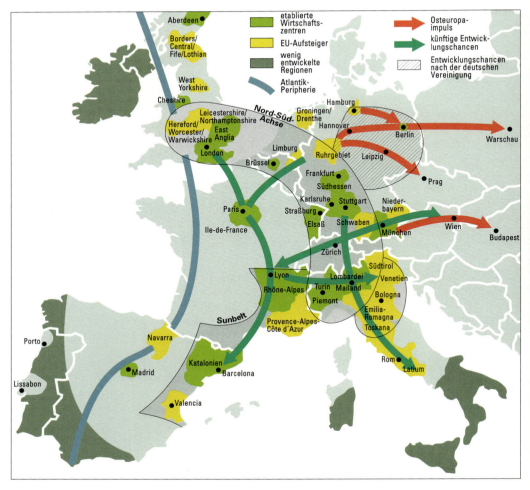

[1] Gezeichnet auf der Basis einer Untersuchung des Ifo-Instituts nach 15 Kriterien, darunter Branchenstruktur, Anteil der Wachstumsbereiche, Arbeitsmarkt nach Angebot und Ausbildungsqualität, Forschungsdichte, Zentralität, Wohn- und Gewerbeflächen, Infrastruktur, Freizeitangebot, Telekommunikation, Dienstleistungszentren (Börsen, Banken usw.).

Europa aus der Sicht der Raumwissenschaft

Die Schaffung eines gemeinsamen Binnenmarktes wird den Wettbewerb zwischen den Unternehmen, Städten und Regionen Europas verschärfen. Dieser Kampf um Standortvorteile in einem wachsenden Markt erhöht die Nachfrage nach raumwissenschaftlichen Untersuchungen, nach Studien zur Wettbewerbsfähigkeit von Kommunen und Regionen.

Ein Ergebnis solcher Analysen ist in M 4 abgebildet. Das vorgestellte Modell formuliert konkrete Aussagen über gegenwärtige sowie künftige Aktiv- und Passivräume in Europa, über mögliche „Gewinner" und „Verlierer" des europäischen Einigungsprozesses. Zu fragen ist nach der Wirkung dieses Raumbildes, das in der Wissenschaft, in der Politik und bei den Betroffenen eine starke Beachtung gefunden hat. Wirkt es im Sinne einer „Self-fulfilling Prophecy" trendverstärkend oder sollte es eher dazu dienen, die Verantwortlichen in einigen Regionen aufzurütteln, den Anschluss an die Binnenmarktentwicklung nicht zu verpassen? In welcher Weise wird es das Investitionsverhalten der Unternehmen beeinflussen? Was geschieht in den Regionen, die (bereits jetzt) im „Wachstumsschatten" liegen?

Und zu fragen ist auch nach den Kriterien, mit denen ein Raum bewertet wird. Ist der wirtschaftliche Entwicklungsstand oberster Indikator für „Lebensqualität"?

Die EU versucht, die Entwicklung durch entsprechende raumordnungspolitische Konzepte zu steuern. Die Europäische Kommission hat 1995 das Weißbuch „Europa 2000+" veröffentlicht, in dem die Grundzüge für die „Europäische Zusammenarbeit bei der Raumentwicklung" niedergelegt sind. Eine der wichtigsten darin vorgesehenen Maßnahmen ist der Aufbau transeuropäischer Informations- und Kommunikations- sowie Verkehrs- und Energienetze. Sie sollen die internationale Wettbewerbsfähigkeit der Wirtschaft stärken, aber auch die Erreichbarkeit der Peripherregionen verbessern und dort Wachstumsimpulse auslösen. Sie sollen eine ausgeglichene Raumentwicklung in der gesamten Union gewährleisten.

In M 5 sind als Beispiel die „Vorrangigen Verkehrsprojekte" dargestellt. Kann die geplante Trassenführung dazu beitragen, die vorausgesagten Ungleichgewichte in der Raumentwicklung (M 4) zu vermindern, oder wird sie sie eher verstärken?

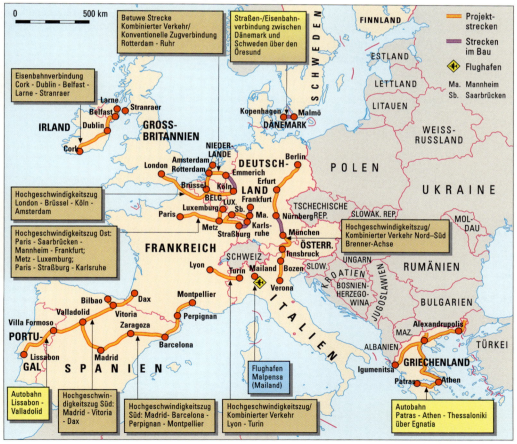

M 5 Transeuropäische Netze – Vorrangige Verkehrsprojekte

Nach Europäische Kommission. Europa 2000 + Europäische Zusammenarbeit bei der Raumentwicklung. Luxemburg 1995, S. 58

Steuerung der Regionalentwicklung durch die Europäische Union

Auf welche Weise können die regionalen Disparitäten abgebaut werden? Zur Unterstützung entsprechender nationaler wirtschaftspolitischer Anstrengungen hat die EU verschiedene Strukturfonds eingerichtet: den Europäischen Sozialfonds (ESF 1958), den Europäischen Ausrichtungs- und Garantiefonds für die Landwirtschaft (EAGFL 1964), den Europäischen Fonds für regionale Entwicklung (EFRE 1975) sowie das Finanzinstrument für die Ausrichtung der Fischerei (FIAF 1993). Durch die Vorgabe von sechs klar definierten Zielen wird versucht, eine Konzentration und bessere Überprüfbarkeit des Mitteleinsatzes zu erreichen.
– Ziel Nr. 1: Förderung und strukturelle Angleichung der Regionen mit Entwicklungsrückstand;
– Ziel Nr. 2: Umstellung von Regionen, Grenz- oder Teilregionen, die besonders stark vom Niedergang bestimmter Industriezweige betroffen sind;
– Ziel Nr. 3: Bekämpfung der Langzeitarbeitslosigkeit, Erleichterung des Berufseinstiegs für junge Leute (unter 25 Jahren) und Eingliederung von Personen, die vom Arbeitsmarkt ausgeschlossen sind;
– Ziel Nr. 4: Erleichterung der Anpassung der Arbeitnehmer an den industriellen Wandel und die Veränderungen der Produktionssysteme;
– Ziel Nr. 5a: Beschleunigung der Anpassung der Agrarstrukturen, Förderung der Modernisierung und Umstrukturierung von Fischerei und Aquakultur;
– Ziel Nr. 5b: Entwicklung des ländlichen Raumes;
– Ziel Nr. 6 (seit 1995): Förderung der nördlichen Gebiete in den neuen skandinavischen Mitgliedsstaaten (Finnland, Schweden).

Aus geographischer Sicht besonders interessant sind die Ziele 1, 2, 5b und 6, denn in ihnen sind regionale Kriterien für die Vergabe von Finanzhilfen genannt.

M 6 *Strukturfondsmittel nach Mitgliedsstaaten 1994–1999 (in Mio. ECU)[1]*

Länder	Ziel 1	Ziel 2	Ziel 3	Ziel 4	Ziel 5a	Ziel 5b	Ziel 6	Gesamt
B	730,0	160,0	396,2	25,4	194,9	78,1	–	1 584,6
DK	–	56,0	263,0	13,0	266,9	54,0	–	652,9
D	13 640,0	733,0	1 682,1	104,5	1 144,4	1 229,0	–	18 533,0
EL	13 980,0	–	–	–	0,0	–	–	13 980,0
E	26 300,0	1 130,0	1 474,4	368,6	445,6	664,0	–	30 382,6
F	2 189,2	1 763,2	2 562,4	299,6	1 935,4	2 239,4	–	10 989,2
IRL	5 620,0	–	–	–	0,0	–	–	5 620,0
I	14 860,0	684,0	1 316,3	398,8	814,4	903,7	–	18 977,2
L	–	7,0	20,7	0,9	40,1	6,0	–	74,7
N	150,0	300,0	922,8	156,2	164,6	150,0	–	1 843,6
AT	165,6	101,0	334,0	61,0	387,8	411,0	–	1 460,4
P	13 980,0	–	–	–	0,0	–	–	13 980,0
FI	–	69,2	258,4	84,6	354,0	194,0	459,9	1 420,1
SE	–	160,0	347,0	173,0	130,1	138,0	252,0	1 200,1
UK	2 359,8	2 142,0	1 501,0	329,7	449,7	820,5	–	7 602,7
INSGES.	93 974,6	7 305,4	11 078,3	2 015,3	6 327,9	6 887,7	711,9	128 301,1

1 ECU = ca. 1,96 DM = ca. 1 Euro

Europäische Kommission. Der Strukturfonds in 1995. Siebter Jahresbericht. Luxemburg 1996, S. 27

M 7 Fördergebiete für Regionalbeihilfen der Gemeinschaft

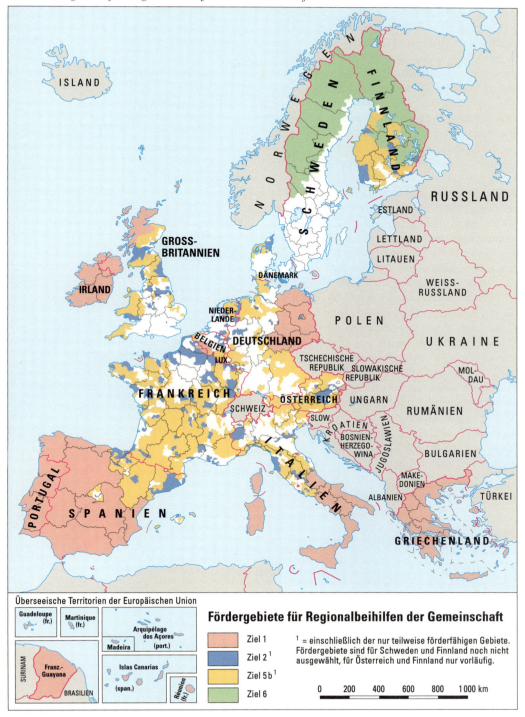

Die in M 7 und im Text (S. 164) dargestellten Förder- und Zielgebiete sollen im Rahmen neuer Strukturfondsverordnungen reformiert werden. Für den Zeitraum 2000–2006 hat die Europäische Kommission vorgeschlagen, die vorrangigen Ziele der Strukturfonds auf drei zu verringern, um so eine stärkere Konzentration der Mittel sowie eine vereinfachte, dezentrale und effektivere Durchführung der Programme zu erreichen.

Mit Ziel 1 sollen weiterhin die Regionen mit Entwicklungsrückstand bei ihren Aufholbemühungen unterstützt werden. Allerdings soll künftig strikt das Kriterium eines BIP von weniger als 75% des Unionsdurchschnitts zu Grunde gelegt werden. Außerdem sollen alle Gebiete in äußerster Randlage sowie die derzeitigen Ziel-6-Gebiete einbezogen werden. Im Zuge der finanziellen Konzentration sollen zwei Drittel der gesamten Strukturfondsmittel auf Ziel 1 entfallen.

Es soll ein neues Ziel 2 geschaffen werden, das die wirtschaftliche und soziale Umstellung von Gebieten mit Strukturproblemen wie z. B. Industriegebiete sowie ländliche, städtische und von der Fischerei abhängige Gebiete zum Gegenstand hat. Die Kommission sieht vor, dass das neue Ziel auf 18% der Gesamtbevölkerung begrenzt wird.

Insgesamt sollen die neuen Ziele 1 und 2 der Strukturfonds bis zum Jahre 2006 nur etwa 35–40 % der Gesamtbevölkerung der Union umfassen, während derzeit noch etwa 50% der Gemeinschaftsbevölkerung unter die regionalen Ziele 1, 2, 5b und 6 fallen.

Zur Modernisierung der Bildungs-, Ausbildungs- und Beschäftigungspolitik soll ein neues Ziel 3 eingeführt werden. Es dient der Umsetzung der vom Europäischen Rat erarbeiteten Beschäftigungsstrategie. Für dieses Ziel ist eine finanzielle Unterstützung nur außerhalb der Ziel-1- und Ziel-2-Gebiete vorgesehen.

Es handelt sich, wie gesagt, um Vorschläge der Europäischen Kommission. Sie werden gegenwärtig von den Mitgliedsstaaten der Gemeinschaft erörtert. Eine Entscheidung über das endgültige Aussehen dieser Reformvorschläge steht bevor. Welchen Stellenwert aber insgesamt die Strukturpolitik der Europäischen Union laut der im Jahre 1999 verabschiedeten „Agenda 2000" einnimmt, verdeutlicht M 8.

M 9 Verfallenes Gehöft in der Auvergne

***M 8** EU-Finanzen, in Milliarden Euro*

	2000	2001	2002	2003	2004	2005	2006
insgesamt	92,0	93,4	100,3	102,0	103,1	105,0	107,0
Landwirtschaft	40,9	42,8	43,9	43,8	42,8	41,9	41,7
Strukturpolitik	32,0	31,5	30,9	30,3	29,6	29,6	29,2
Interne Politikbereiche [1]	5,9	6,0	6,0	6,1	6,1	6,2	6,2
Externe Politikbereiche [1]	4,6	4,6	4,6	4,6	4,6	4,6	4,6
Verwaltung	4,6	4,6	4,7	4,8	4,9	5,0	5,1
Reserven	0,9	0,9	0,7	0,4	0,4	0,4	0,4
Beitrittsvorbereitungen	3,1	3,1	3,1	3,1	3,1	3,1	3,1
Erweiterung [2]			6,5	9,0	11,6	14,2	16,8

[1] Interne Politikbereiche: zum Beispiel Forschung, und technologische Entwicklung; externe Politikbereiche: Ausgaben in Drittstaaten;
[2] Erweiterung: um sechs Mitgliedsstaaten im Jahr 2002 (Arbeitshypothese); Quelle: Europäischer Rat

Informationsdienst des Instituts der deutschen Wirtschaft. Köln. Jahrgang 25/22. April 1999. S. 8

Bestandsaufnahme und Perspektiven künftiger Entwicklung

„Der Abstand zwischen den Regionen hat sich in den letzten Jahren leicht vergrößert und auf hohem Niveau stabilisiert. ... Bis in die 70er-Jahre herrschte eine lange Phase der Konvergenz und der hohen Wachstumsraten in Europa vor, die erst ab 1976 von der bis heute anhaltenden Phase der Divergenz und der geringen Zuwächse abgelöst wurde. Die Prosperität der 50er- und 60er-Jahre ging einher mit Produktivitätssteigerungen, Einkommenszuwächsen und Vollbeschäftigung. ... Durch sozialstaatliche Maßnahmen wurde nahezu jedem die Teilnahme am Konsum ermöglicht. ... Aufbauend auf dem Grundsatz sozialer Gerechtigkeit und dem Ziel der Angleichung der Lebensbedingungen entstand ein Geflecht von finanziellen Transferleistungen des Staates in benachteiligte Regionen, bestehend aus öffentlichen Infrastrukturinvestitionen, aus Investitionsbeihilfen und Steuervergünstigungen für Unternehmen. ... Dies führte ... zu einem Abbau der regionalen Disparitäten. ...
In den 70er- und 80er-Jahren kam es zu einem tief greifenden Umbruch. ... Zunehmende Internationalisierung der Produktion ... und wachsende Liberalisierung des Welthandels entziehen den Nationalstaaten die Handlungsmöglichkeiten in der Beeinflussung des nationalen Wirtschaftsgeschehens. Steigende Weltmarktkonkurrenz, Ölkrise, sinkende Produktivitätsfortschritte und gesättigte Märkte führen zu Wachstumseinbrüchen, Arbeitslosigkeit und einem Schwund von Massenkaufkraft. Steigende Haushaltsdefizite ... verursachen einen fundamentalen Umbruch in der Verteilung staatlicher Fördermittel. Öffentliche Ausgaben werden aus den peripheren Gebieten in die aktiven Zentren wirtschaftlicher Entwicklung umgeleitet. ... Das Prinzip des Disparitätenausgleichs wird durch das Ziel der internationalen Wettbewerbsfähigkeit ersetzt."

Manfred Miosga: Räumliche Disparitäten in Europa und Perspektiven künftiger Entwicklung. In: Geographische Rundschau 1995, H. 3, S. 145 ff.

1. a) Erläutern Sie, welche Aussagen über die Lebensbedingungen in einer Region aus den in M 2 angeführten Indikatoren abgeleitet werden können.
b) Überprüfen Sie die Indikatoren im Hinblick darauf, ob sie Ihrer Meinung nach die „Lebensqualität" in einer Region ausreichend erfassen.
c) Nennen Sie – unter Angabe einer Maßeinheit – ggf. weitere Indikatoren zur Messung regionaler Disparitäten.
2. a) Stellen Sie mithilfe von M 1 und M 3 „Wohlstands- und Problemregionen" in der EU fest.
b) Untersuchen Sie anhand entsprechender Atlaskarten die naturräumliche Ausstattung und die Wirtschaftsstruktur dieser Regionen.
3. Die Abbildung M 4 zeigt das Ergebnis einer raumwissenschaftlichen Studie.
a) Gliedern Sie Räume unterschiedlichen Entwicklungsstandes aus: Welche Regelhaftigkeiten stellen Sie fest?
b) Ermitteln Sie mithilfe entsprechender Atlaskarten „klassische" Industrieregionen Europas.
c) Beurteilen Sie die aktuelle Dynamik dieser klassischen Industrieregionen mithilfe von M 4.
4. Ermitteln Sie Beispiele für Ziel-1-, 2-, 5- und 6-Regionen (M 7, Atlas).
5. a) Ordnen Sie das Gebiet in M 9 einem der „Fördergebiete für Regionalbeihilfen der Gemeinschaft" (M 7) zu.
b) Untersuchen Sie – z.B. im Rahmen eines Referates – die wirtschaftliche Situation dieses Raumes.
c) Entwickeln Sie auf der Grundlage Ihrer Untersuchungen Vorschläge für einen gezielten Einsatz der Mittel aus den EU-Strukturfonds.
6. „Die Staats- und Regierungschefs messen dem Ziel, in der Gemeinschaft strukturelle und regionale Unausgewogenheiten zu beheben, hohen Vorrang zu" (Text S. 160).
a) Vergleichen Sie diese Zielformulierung von 1972 mit dem Ergebnis einer entsprechenden Untersuchung von 1995 (Text S. 167).
b) Verfolgen Sie die Berichterstattung in den Medien zu diesem Thema.

3.5 Strukturen und Prozesse im städtischen Raum

M 1 Einkaufsstraße in Düsseldorf

In Deutschland leben heute drei von vier Einwohnern in Städten. Ganz anders die Situation vor 100 Jahren: Damals dominierte mit etwa 80 % der Bevölkerungsanteil in ländlichen Gemeinden. Die Tendenz, dass die Anteile der in städtischen oder stadtnahen Räumen lebenden Bevölkerung zunehmen, wird als *Verstädterung* bezeichnet. Ihre Ursachen sind vielfältig. Als Folge dieses Prozesses dehnen sich die Städte über ihre Grenzen in den ländlichen Raum aus, was zu Veränderungen in der Bodennutzung und in den agraren Strukturen sowie zu Flächennutzungskonflikten führt. Der Alltag von immer mehr Menschen wird durch städtische Wirtschafts-, Lebens-, Sozial- und Wohnformen bestimmt. Das heißt, ein immer größerer Bevölkerungsanteil löst sich beruflich vom primären Wirtschaftssektor, lebt in einer der Natur entfremdeten, mehr und mehr virtuellen Umwelt. Soziale Kontakte und Wertvorstellungen verändern sich und mit ihnen auch das generative Verhalten.

Die Stadt ist also der unmittelbare Erfahrungsraum, in dem die meisten von uns den größten Teil ihres Lebens verbringen. Was aber bedeutet für den einzelnen das Leben und Wohnen in der Stadt? Mit welchen Augen sehen wir „unsere" Stadt, wie nehmen wir sie überhaupt wahr? Was schätzen, was genießen, was vermissen, was kritisieren wir? Welche Bedeutung hat unsere Stadt für die verschiedenen sozialen Gruppen, die in ihr leben?

Die folgende Übersicht gibt Anregungen, die „Heimatstadt", also den eigenen unmittelbaren Lebensraum aus mehreren Blickwinkeln zu erforschen. Dabei gilt es auch, den verschiedenen Interessen, Ansprüchen und Vorstellungen nachzuspüren, die versuchen, auf die Stadtgestaltung und entsprechende Entscheidungsprozesse Einfluss zu nehmen.

Projekt: Leben und Wohnen in der Stadt (siehe S. 206-207)

Untersuchungsbereiche	Arbeitsaufträge/Teamarbeit/Projekte
Wohnformen – Leben in charakteristischen Stadtvierteln – Zusammenleben mit Minderheiten (z. B. Spätaussiedler, Türken, Griechen usw.) – Wohnformen von Randgruppen **Wohngemeinschaften unterschiedlicher sozialer Gruppen** – junge Ehepaare („Yuppies", „Donkeys") – Senioren – Studenten – Singles	– Führen Sie eine Stadtexkursion durch und fertigen Sie Dias/ein Video an, um im Unterricht charakteristische Stadtviertel vorzustellen. – Schreiben Sie auf der Grundlage von Interviews die „Wohngeschichte" einer Minderheiten-Familie. – Befragen Sie Mitglieder verschiedener sozialer Gruppen nach deren Interessen, Ansprüchen, Vorstellungen hinsichtlich der Ausgestaltung Ihrer Stadt.
Wohnungsmarkt – „Wohnung gesucht" – „Nachmieter gesucht" – Annoncen mit Wohnunsangeboten im städtischen Raum, ländlichen Raum, in neuen und alten Bundesländern	– Veranstalten Sie ein Rollenspiel mit Vermietern, Wohnungssuchenden, Maklern. Artikulieren Sie die verschiedenen Interessen, suchen Sie nach Kompromissen. – Werten Sie den Anzeigenteil von Tageszeitungen aus. Ziehen Sie zum Vergleich z. B. einen Mietspiegel sowie Aussagen von Vertretern des Haus- und Grundbesitzervereins bzw. des Mieterbundes heran (Interviews).
Wohnungsbau – Neubaugebiete (alte/neue Bundesländer) – Umbau und Nutzungsänderung von Gebäuden und Räumen (z. B. Kasernen, Fabrik-, Gewerbegebäude)	– Befragen Sie Experten (Stadtplanungsamt) nach dem Stand der Planung von Neubaugebieten. – Untersuchen Sie einen Bebauungsplan im Hinblick auf den Haus- und Wohnungsbau. – Entwerfen Sie im Rahmen eines Planspiels einen eigenen Bebauungsplan für ein Neubaugebiet. – Stellen Sie im Rahmen einer Begehung und durch Auswertung topographischer Karten fest, wo in Ihrer Gemeinde Gebäude oder Flächen in ihrer Nutzung verändert werden. – Zeichnen Sie eigene Entwürfe zur Nutzungsänderung.
Verbesserung der Wohnqualität – Altbautensanierung – Familien- bzw. kindgerechtes Wohnen	– Verfassen Sie ein Referat zum Thema „Altbautensanierung" (Fachliteratur!). – Veranschaulichen Sie Ihre Aussagen mit Hilfe von Fotos aktueller Sanierungsbeispiele. – Befragen Sie Experten und Betroffene über deren Vorstellungen von „Familien- bzw. kindgerechtem Wohnen". – Formulieren Sie eigene Vorschläge.
ökologisches Wohnen – Wohnen ohne (eigenes) Auto – energiesparendes Wohnen (Rasendächer, Dachbegrünung, Solarenergie) **Die Wohn- und Lebensqualität „unserer" Stadt im Urteil ihrer Bürger**	– Entwerfen Sie das Szenario einer autofreien Stadt. – Skizzieren Sie (Verbesserungs-)Vorschläge für einen Radwegeplan in Ihrer Stadt. – Befragen Sie Experten über Möglichkeiten der Energieeinsparung in Wohnungen. – Charakterisieren Sie Ihre Stadt anhand wesentlicher Merkmale. Entwerfen Sie auf der Grundlage dieser Merkmale ein Stadtwappen oder einen „Stadtslogan".

Der geographische Stadtbegriff: Merkmale von Städten

Stadt wird von jedem einzelnen von uns und auch von verschiedenen sozialen Gruppen in sehr differenzierter Weise wahrgenommen. Was aber sind die wesentlichen, allgemein anerkannten Grundmerkmale der Stadt? Als Anwort auf diese Frage werden am häufigsten genannt: große Bevölkerungszahl, vielfältige Einkaufsmöglichkeiten, großes Angebot an Arbeitsplätzen und kulturellen Veranstaltungen. Auch negative Erscheinungen wie Verkehrsprobleme, Umweltbelastung und hohe Mieten werden zur Kennzeichnung herangezogen. Wie sehr diese Kriterien noch einer genaueren Festlegung bedürfen, mag das folgende Beispiel verdeutlichen: In Befragungsergebnissen verbinden die meisten Menschen mit dem Begriff Stadt Größenordnungen von 50000 bis 500000 Einwohnern. In der Realität schwanken die Stadtgrößen zwischen 200 Einwohnern und mehreren Millionen.

Der *statistische Stadtbegriff* ist allerdings wegen der etwas willkürlichen Festlegung der Mindestgrößen und der von Land zu Land sehr unterschiedlichen administrativen Abgrenzung wenig aussagekräftig. Das Gleiche gilt für den *rechtlich-historischen Stadtbegriff*, nach dem jede Gemeinde, die irgendwann im Lauf ihrer Geschichte das Stadtrecht erhalten hat, als Stadt („Titularstadt") bezeichnet wird. Zwar beinhaltete im Mittelalter die Verleihung des Stadtrechts besondere Privilegien wie Marktrecht, Zollrecht, Gerichtsbarkeit und Aufhebung der Leibeigenschaft („Stadtluft macht frei"). Im Zuge der Industrialisierung hat sich aber die auf alten Stadtansichten noch erkennbare – räumlich scharfe – Trennung zwischen Stadt und Umland mehr und mehr aufgelöst. Darüber hinaus verloren vor allem in Deutschland ab Anfang des 19. Jahrhunderts viele Titularstädte ihr Landgericht oder andere zentrale Einrichtungen und mussten, als Folge des Abzugs dieser Behörden, meist auch einen deutlichen Rückgang von Handel und Handwerk hinnehmen. Ein solcher Bedeutungsverlust führte also dazu, dass derartige Gemeinden ihre ursprünglichen städtischen Funktionen nicht mehr oder nur noch begrenzt ausübten, allerdings ohne den Stadttitel zu verlieren.

M 2 Statistische Untergrenze von Städten in ausgewählen Staaten

Untergrenze der Einwohnerzahl	Staat
200	Spanien, Norwegen
2 000	Frankreich, Deutschland, Niederlande
2 500	USA
10 000	Griechenland, Schweiz
50 000	Japan

Elisabeth Lichtenberger: Stadtgeographie. Stuttgart–Leipzig: Teubner 1998, S. 32

Der statistische wie der rechtlich-historische Stadtbegriff erfasst jeweils nur einen Aspekt des räumlichen Systems „Stadt", was die Verwendbarkeit stark einschränkt. Eine aussagekräftige Definition müsste also mehrere und vor allem inhaltliche Kriterien berücksichtigen, wobei festzuhalten ist, dass es keinen für alle Zeiten und Länder gültigen Stadtbegriff geben kann. Zur Charakterisierung der Stadt der Gegenwart schlägt Hofmeister folgende Kriterien eines *geographischen Stadtbegriffs* vor:

– Kompakter Siedlungskörper mit hoher Wohnstätten- und Arbeitsplatzdichte,
– durch Wanderungsgewinn wachsende Bevölkerung, begleitet vom generativen Verhalten der Stadtbevölkerung mit Trend zu Einpersonenhaushalten und Kleinfamilien,
– weit gefächertes Berufsspektrum der Einwohner bei überwiegend tertiär- und sekundärwirtschaftlichen Tätigkeiten,
– gut ausgebaute Infrastruktur mit hoher Verkehrswertigkeit,
– Marktfunktion und ein mit wachsender Größe zunehmender Bedeutungsüberschuss des Waren- und Dienstleistungsangebots auch für einen außerhalb des Stadtgebiets gelegenen Bereich,
– mit wachsender Größe zunehmender Grad innerer räumlicher Differenzierung (z. B. Viertelsbildung),
– hohes Maß künstlicher Umweltgestaltung und meist starke Umweltbelastung.

Nach Burkhard Hofmeister: Stadtgeographie. Braunschweig: Westermann 1997, S. 232ff.

Andere Autoren ergänzen diesen Stadtbegriff:

„Die Stadt ist ein zentriertes System. Ihrer Existenz liegt daher bis heute die Prämisse zugrunde, dass das Stadtzentrum der Ort bester Erreichbarkeit ist und gleichzeitig als Motor der Stadtentwicklung fungiert. In zeitlich-räumlicher Perspektive wird dabei dem Stadtzentrum vom jeweiligen Gesellschaftssystem eine unterschiedliche Funktion zugeschrieben. In der mittelalterlichen Bürgerstadt und in der Residenzstadt des Barockzeitalters war das Stadtzentrum stets auch die ‚soziale Mitte' der Stadt. Die arbeitsteilige Gesellschaft des Industriezeitalters hat im Stadtzentrum die Arbeitsstätten mit der höchsten Rendite lokalisiert (City). Die Konsumgesellschaft will hier ihr Einkaufsvergnügen ansiedeln; die Verknüpfung von Fußgängerzone und Kaufhauskomplexen kommt dieser Ideologie am besten entgegen. Nun ist die eingangs erwähnte Prämisse heute nur mehr teilweise gültig. Bodenpreiskrater und sichtbarer Verfall der Innenstädte sind ein Indikator für den ‚Verlust der Mitte' von Stadträumen in den USA und in Teilen Westeuropas. Dies ist nicht nur das Ergebnis reduzierter Zugänglichkeit, sondern ebenso das Ergebnis der Preisgabe historischer Leitbilder von Städten zugunsten des Leitbilds von Suburbia."

Elisabeth Lichtenberger: a. a. O., S. 102

Der geographische Stadtbegriff ist keine statische Größe. Vielmehr beinhaltet er als wesentliches Merkmal auch die dynamischen Veränderungen, denen sich die heutigen Städte ausgesetzt sehen und die die Stadtentwicklungspolitik – nicht nur in Deutschland – an der Wende zum 21. Jahrhundert vor gewaltige Aufgaben stellen.

„In den Städten konzentrieren sich die Güterproduktion, die Energie- und Stoffumsätze, die intensive Nutzung von Flächen sowie Verkehrsleistungen. Städte sind deshalb die Orte, in denen die Umweltprobleme besonders deutlich auftreten. Schaut man sich die Entwicklung der Siedlungsfläche an, so kamen 1930 nur 80 Quadratmeter auf jeden Einwohner, heute ist dieser Wert rund dreimal so hoch. ... Folgende Trends stellen die größten Herausforderungen an einen ressourcenschonenden und umweltverträglichen Städtebau dar:
– Zunehmender Siedlungsdruck und disperser Verstädterungsprozess sowie räumliche Ausdehnung der Siedlungsfläche in das weitere Umland der Agglomerationen, ...
– ein zunehmendes Auseinanderfallen der Standorte für Wohnen und Arbeiten, Versorgungs- und Freizeiteinrichtungen. ...
Damit entstehen zunehmend separierte ‚monofunktionale Nutzungseinheiten' vor allem am Stadtrand und im suburbanen Raum,
– ein Anstieg und eine räumliche Ausweitung des Individualverkehrs mit dem Pkw und des Wirtschaftsverkehrs mit dem Lkw. ...
Diese drei Trends – die Siedlungsdispersion, die Entmischungsprozesse und das Verkehrswachstum – sind in den einzelnen Städten in Abhängigkeit von Lage, Größe und wirtschaftlicher Leistungskraft unterschiedlich wirksam. ..."

Bundesforschungsanstalt für Landeskunde und Raumordnung (Hrsg.): Städtebaulicher Bericht. Bonn 1996, S. 5f.

M 3 *Erreichbarkeit von Infrastruktureinrichtungen*

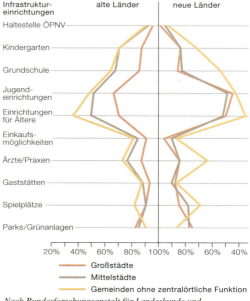

Nach Bundesforschungsanstalt für Landeskunde und Raumordnung 1995

Modelle der funktionalen Gliederung

Städte erfüllen für die Gesellschaft und die Wirtschaft bestimmte Funktionen. Sie sind nicht nur Wohnort, sondern auch Sammelstellen für Ressourcen, Standorte von Güterproduzenten, Verteilerstellen, Innovations- sowie Macht- und Verwaltungszentren. Diese Funktionen siedeln sich innerhalb des Stadtgebietes in bestimmten Zonen, Gürteln oder Quartieren an. Ihr Standort wird beeinflusst durch Faktoren wie Verkehrsanbindung und Transportkosten, Boden- und Mietpreise, Flächenbedarf sowie historische Voraussetzungen. Wenn sich auch in der Standortverteilung für jede einzelne Stadt unterschiedliche Ausprägungen ergeben, so lassen sich doch insgesamt deutliche Regelhaftigkeiten in der funktionalen Gliederung erkennen. In der Wissenschaft sind verschiedene Modelle entwickelt worden, um diese komplexen Zusammenhänge in vereinfachter Weise darzustellen und zu erklären.

Das *Kreis-Modell* geht davon aus, dass das Wachstum einer Stadt zentrifugal von einem (historischen) Ortskern ausgeht. Nutzungen, Funktionen und Bevölkerungsgruppen ordnen sich in konzentrischen Zonen um diesen Kern herum an. Gegen dieses Modell ist vorgebracht worden, dass derart homogene und symmetrische Zonen in der Realität kaum auftreten. Schon deshalb nicht, weil für das Wachstum einer Stadt nach außen nicht die Luftliniendistanz zum Zentrum entscheidend sei, sondern der Zeit-Kosten-Aufwand, also die Erreichbarkeit. Die ist entlang von Ausfallstraßen oder Eisenbahnlinien am besten gewährleistet. Daher ist – zunächst in den USA – die Vorstellung entwickelt worden, dass sich Stadtteile unterschiedlicher Nutzungs- und Sozialstruktur eher keilförmig in Sektoren an die zentrale City anlagern. Dieses *Sektoren-Modell* geht von der Beobachtung aus, dass sich Wohngebiete, insbesondere die der gehobenen Schichten, sektoral ausbilden, dass sich diese Sektoren mit dem Städtewachstum vergrößern und dass sich diese Entwicklung entlang radialer Verkehrslinien vollzieht. Demgegenüber geht das *Mehr-Kerne-Modell* davon aus, dass es beim Wachstum einer Stadt zwangsläufig zur Ausbildung mehrerer Geschäftszentren kommt. Um diese „Kerne" herum konzentrieren sich – je nach Größe der Stadt – Bereiche mit speziellen Funktionen (z.B. Verwaltungsviertel oder Industrieviertel).

In der Realität ergeben sich, beeinflusst vor allem durch die wirtschaftliche Situation einer Stadt, aber auch durch den ökonomischen oder ethnischen Status von Bevölkerungsgruppen, Überlagerungen aller drei Modelle.

M 4 Modelle der funktionalen Differenzierung

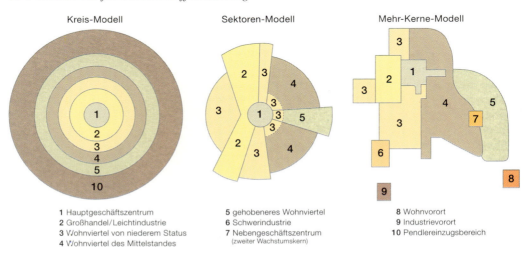

1 Hauptgeschäftszentrum
2 Großhandel/Leichtindustrie
3 Wohnviertel von niederem Status
4 Wohnviertel des Mittelstandes
5 gehobeneres Wohnviertel
6 Schwerindustrie
7 Nebengeschäftszentrum (zweiter Wachstumskern)
8 Wohnvorort
9 Industrievorort
10 Pendlereinzugsbereich

Nach Burkhard Hofmeister: Stadtgeographie. Braunschweig: Westermann, 1997, S. 158

Analyse städtischer Teilräume

Der **Begriff** „*City*" bezeichnet das funktionale Zentrum einer größeren Stadt. Er ist nicht identisch mit der *Altstadt*, die den in vielen deutschen Städten bis ins Mittelalter zurückreichenden historischen Kern umfasst. Sie bildet zusammen mit den angrenzenden Vierteln geschlossener Bebauung die *Innenstadt*. Das Wort „City" leitet sich ab von der „City of Westminster", in der öffentliche Einrichtungen, insbesondere die Regierungsfunktionen Großbritanniens, konzentriert sind. Zwischen ihr und der östlich gelegenen „City of London" mit ihrem Banken- und Zeitungsviertel haben sich die Hauptgeschäftsstraßen der britischen Hauptstadt entwickelt. Daher beinhaltet der Begriff „City" heute allgemein den Standort hochrangiger Wirtschafts- und Verwaltungsfunktionen. Im amerikanischen Sprachgebrauch sind hierfür die Bezeichnungen „Downtown" oder *Central Business District* (CBD) entstanden.

Unter den **Funktionen der City** sind in erster Linie diejenigen zu nennen, die den Standort im Zentrum zugleich nötig haben und die ihn sich auch leisten können. Es sind also Einrichtungen des Einzelhandels und der Dienstleistungen, die den Citystandort wegen der Erreichbarkeit durch einen großen Kundenkreis und wegen der Möglichkeit direkter Kontakte, der so genannten *Fühlungsvorteile*, aufsuchen. Sie erzielen so hohe Umsätze pro Flächeneinheit, dass sie die extremen Boden- und Mietpreise tragen können. Spezialgeschäfte, Großkaufhäuser, Zentralen von Banken und Versicherungen, Makler-, Architekten-, Ingenieurbüros, aber auch Werbeagenturen und Rechtsanwaltskanzleien gehören zu dieser Kategorie. Daneben besitzt häufig die öffentliche Verwaltung Grundstücke und Gebäude in zentraler Lage. Einen weiteren Funktionsbereich bildet das Zeitungs- und Verlagswesen, das aus Gründen der Informationsbeschaffung und -übermittlung, aber auch wegen der Nähe zu zentralen Auftraggebern häufig in der City angesiedelt ist. Mit zunehmender Freizeit spielen zentrale Angebote im Bereich Unterhaltung und Vergnügen, Kunst und Kultur sowie Gastronomie eine immer größere Rolle. Dagegen zieht sich der Einzelhandel immer mehr zurück.

Zur **Abgrenzung der City** werden Kriterien wie Flächennutzung, Beschäftigtenstruktur, Bodenpreisniveau, Verkehrsintensität (hier insbesondere die Fußgängerströme in einzelnen Straßenabschnitten) sowie physiognomische Merkmale herangezogen. Geschlossenheit und Kompaktheit fallen dabei besonders ins Auge. Weitere äußere Kennzeichen sind Gebäudeüberhöhungen, durchgehende Ladenfronten, hohe Schaufensterdichte, Ballung der Werbung, weitgehende Rückverlegung von Wohnungseingängen, Passagen, Arkaden sowie Fußgängerzonen. Die horizontale Ausdehnung ist den Erfordernissen des Fußgängerverkehrs angepasst, d. h. die City kann flächenmäßig nicht unbegrenzt wachsen. Fußgänger wollen in der Regel die Einrichtungen der City in maximal 10 Gehminuten erreichen. Die Citybereiche umfassen in deutschen Großstädten nicht mehr als 45 ha (Stuttgart) bzw. 75 ha (Frankfurt) oder 110 ha (München).

In Abhängigkeit von der Größe der Stadt, der historischen Entwicklung und der Kulturraumzugehörigkeit weist jede City innere Differenzierungen auf. So nehmen in der Regel die Flächennutzungsintensität und die Höhe der Gebäude vom *City-Kern* in Richtung *City-Mantel* ab, der Fahrzeugverkehr zum Beispiel aber zu.

Probleme der City. „Der Einzelhandelsverband Baden-Württemberg will die Kommunen des Landes stärker in die Pflicht nehmen, wenn es um die großflächige Ansiedlung von Einzelhandel im Umland der Städte geht. Die Gemeinden würden zu wenig von ihren bau- und planungsrechtlichen Möglichkeiten Gebrauch machen, um eine mit dem vorhandenen Einzelhandel verträgliche Ansiedlungsstruktur zu gewährleisten. … ‚Der Einzelhandel fordert die Politik auf, endlich Chancengleichheit zwischen Innenstädten und grüner Wiese herzustellen.' Durch die ‚rasante' Ausweitung großflächiger Ansiedlung im Umland gerate die angespannte Absatzlage des Einzelhandels in den Stadtzentren zusätzlich unter Druck. … Die Entwicklung führe häufig dazu, dass die Vielfalt des Angebots in den Innenstädten ausgedünnt werde. …

173

‚Dies kann rasch in eine Verödung der Cities umschlagen', so der Präsident des Einzelhandelsverbandes. ... Verschärfend hinzu komme für den innerstädtischen Handel das Aufkommen so genannter Factory-Outlet-Centers, wo auf Verkaufsflächen von 10 000 bis 20 000 Quadratmetern im Stil des Fabrikverkaufs Markenware angeboten wird. Daher sei eine neue Dimension des Verdrängungswettbewerbs zu erwarten, ‚der wie ein Rasenmäher über die Citylagen hinwegfegen wird'."

Stuttgarter Zeitung, 12.11.1997

Weitere städtische Teilräume
Die citynahen Viertel sind in der Regel aus den Stadterweiterungen des 19. Jahrhunderts im Zuge von Industrialisierung und Landflucht hervorgegangen. Sie bilden einen Kranz von Vierteln höchster Wohndichte mit kompakter Überbauung. Ursprünglich waren diese Gebiete stark durchsetzt von Gewerbebetrieben, die die Standortvorteile dieser citynahen Lagen nutzten. Mit ihrer überalterten Bausubstanz und ihrer unzureichenden sanitären Ausstattung stellten sie ein schwieriges Erbe für viele Städte dar. In den meisten deutschen Großstädten begannen hier bereits Ende der 1920er-Jahre Sanierungstätigkeiten, die heute weitgehend abgeschlossen sind.

Die Außenzone von Städten zeichnet sich durch aufgelockerte Bebauung sowie durch Heterogenität von Baukörpern und Flächennutzung aus. Die Vielfalt dieses städtischen Teilraumes liegt darin begründet, dass mit dem Städtewachstum die unterschiedlichsten Siedlungselemente miteinander verbunden wurden. Dazu gehören alte Dorfkerne genauso wie einst selbstständige Städte, Vorstadtgründungen des 18./19. Jahrhunderts, Werkssiedlungen großer Industriebetriebe, Kleingartenkolonien, Industrieflächen oder neue Wohnsiedlungen. Hinzu kommen viele Einrichtungen, die einen hohen Flächenverbrauch bzw. starke Emissionen aufweisen. Als Beispiele seien die meist kommunalen Ver- und Entsorgungseinrichtungen wie Wasser- oder Kraftwerke, Klär- und Müllverbrennungsanlagen oder Verkehrs- und Messeeinrichtungen, aber auch Vergnügungsparks und Sporteinrichtungen genannt.

Projekt: Untersuchen Sie die City „Ihrer" Stadt durch Befragung und Kartierung

1. Vergleichen Sie anhand der folgenden Kriterien eine Hauptgeschäftsstraße mit einer Straße in einem anderen Stadtteil:
– Physiognomie: Größe und Höhe der Gebäude, Dichte der Bebauung, bauliche Gestaltung durch Plätze oder Grünanlagen (Stadtexkursion),
– Grundstückspreise und Ladenmieten (Befragung: Eigentümer, Mieter, Rathaus),
– Wohnungsdichte und Wohndichte (Zahl der Wohnungen bzw. Einwohner pro ha; Stadtverwaltung),
2. Erfassen Sie im Rahmen einer Innenstadtkartierung folgende Nutzungsarten:
– Einzelhandel differenziert nach Branchen,
– öffentliche und private Dienstleistungen,
– Gastronomie-, Freizeitangebote,
– kulturelle Einrichtungen,
3. Führen Sie an verschiedenen Stellen der Innenstadt zu bestimmten Tageszeiten (morgens, mittags, abends) Fußgängerzählungen durch.
4. Untersuchen Sie die Erreichbarkeit der City:
– Wo befinden sich Parkmöglichkeiten und ÖPNV-Haltestellen?
– In wie viel Gehminuten kann von dort aus der City-Kern erreicht werden?
5. Befragen Sie Passanten: Wie beurteilen Sie die Hauptgeschäftsstraße „Ihrer" City im Hinblick auf
– Angebot an Waren, Geschäften, Dienstleistungen,
– Atmosphäre,
– architektonische Gestaltung,
– Anschluss an ÖPNV,
– Parkmöglichkeiten,
– Begrünung und Bepflanzung.
6. Überprüfen Sie, ob die Schlagzeilen zum City-Problem auch für „Ihre" Stadt gelten (Befragung bei Stadtverwaltung, Geschäftsinhabern, Kunden).

Präsentieren Sie die Ergebnisse Ihres „City-Projekts" in Form einer Ausstellung oder eines „Gutachtens" an die Stadtverwaltung.

Kartierung

Die Geschäfts-, Nutzungs- oder Funktionskartierung in einer Innenstadt stellt eine detaillierte Bestandsaufnahme dar, die in erster Linie die kommerziell-zentralen Einrichtungen erfasst. Derartige Einrichtungen werden vom Verbraucher oder Kunden in der Regel persönlich aufgesucht, das heißt, es besteht eine direkte Verbindung zwischen den angebotenen Funktionen und der Kundenwohnung. Daher liefert eine solche Bestandsaufnahme wichtige Hinweise auf die Umlandverflechtungen zentralörtlicher Einrichtungen. Kartierungen bzw. die durch sie erfassten und sichtbar gemachten wirtschaftsräumlichen Strukturen stellen somit eine wichtige Grundlage für die Stadtplanung dar (z. B. für Maßnahmen zur Erhöhung der Attraktivität von Geschäftsstraßen, zur Verkehrsberuhigung, zur Sanierung usw.). Innenstadtkartierungen können auch dazu beitragen, die „eigene" Stadt bewusster wahrzunehmen und sich aktiver an den Diskussionen um ihre Weiterentwicklung zu beteiligen.

Eine Kartierung erfordert einen hohen personellen und zeitlichen Aufwand sowohl für die Durchführung wie auch für die Auswertung und Präsentation der Ergebnisse. Sie kann in sehr detaillierter oder stärker generalisierter Form durchgeführt werden.

Der Befund sollte „vor Ort" zunächst in einer Kartierungsliste festgehalten, die einzelnen Gebäude(teile) aber gleichzeig in einen großmaßstäbigen Orientierungsplan aufgenommen werden. Derartige Pläne (ca. 1:5000) sind bei den Kataster- oder den Stadtplanungsämtern erhältlich. Es ist zweckmäßig, einen solchen Plan für die einzelnen Arbeitsgruppen nach zu untersuchenden Straßenabschnitten zu gliedern, (die Kopien) entsprechend in Streifen zu schneiden und auf Untersuchungsbögen aufzukleben. Hier können dann die Gebäude bestimmt, markiert und mit ihren Funktionen eingetragen werden.

Wichtig ist, dass sich die Arbeitsgruppen „vor Ort" durch eine Bescheinigung der Schule ausweisen können!

Beispiel für eine Kartierungsliste *(kursiv: Kartierung in der Stadt W.)*

Straße: *Lange Gasse.*		Kartierungstermin: *03. 05. 1999.*			Kartierer: *Juliane, Tobias, Steffen*				
1	2	3	4	5	6	7	8	9	10
7 bis 9	*Kaufhaus K: Lebensmittel E: Textilien, Parfüm I: Damen-, Herrenoberbekleidung*	| | | |		*90*	*100*	*190*	*3*	*Geschäft ohne Produktion*	*episodisch*	*keine*
10	*Metzgerei*	⌐			*40*	*4*	*Ladenhandwerk*	*täglich*	*1 Wohnung*

Erklärungen der Kopfspalte	
1	Haus-Nr.
2	Geschosse und ihre Nutzung K: Keller E: Erdgeschoss I: 1. Obergeschoss usw.
3	Schaufenstertyp | Fronttyp ⌐ Winkeltyp ⊓ Buchttyp • Bucht-Schaukastentyp • (Schau-)Fenster von Geldinstituten, Gaststätten, Reisebüros, Fahrschulen, Zeitungsbüros u. ä.
4	Schaufensterindex = Schaufensterlänge (in m) × 100/Hausfrontlänge (in m) – < 20 % = Straße mit Läden – 20–55 % = Nebengeschäftsstraße – 55–90 % = Hauptgeschäftsstraße – > 90 % = Citygeschäftsstraße
5	Geschäftsdichte = Anzahl der Läden × 100/Gesamtzahl der Häuser; wie bei 4 jeweils bezogen auf Straße oder Straßenabschnitt und ausgedrückt in Prozentwerten

Erklärungen der Kopfspalte	
6	Verkaufsraum (in m^2)
7	Modernisierungsgrad, Zustand 1 = mäßig, 2 = unterdurchschnittlich, 3 = Durchschnitt, 4 = überdurchschnittlich 5 = sehr gut (Benutzen oder erweitern Sie das vorgeschlagene Raster, und definieren Sie die einzelnen Klassifikationen)
8	Grundcharakter der Versorgungsleistung z. B. – Geschäft (mit/ohne eigene Warenproduktion) – Dienstleistungen (Gaststätte, Geldinstitut, Ladenhandwerk, Praxis)
9	Bedarfsdeckung = Häufigkeit, mit der eine Einrichtung von den Kunden aufgesucht wird – täglich – periodisch – episodisch
10	Anzahl der Wohnungen (in den Geschäftshäusern)

Sozioökonomische Differenzierung von Städten

M 5 Berlin-Kreuzberg

Die Gliederung in City, citynahe Wohn- und Gewerbeviertel sowie Außenzonen ergibt sich in erster Linie aus der Konzentration bestimmter Funktionen in einzelnen Teilräumen der Stadt. Die Misch- und insbesondere die Wohngebiete einer Stadt lassen sich aber auch nach der Sozialstruktur ihrer Bewohner charakterisieren. Man spricht z. B. von Arbeitervierteln, Mittelschichtvierteln oder Villenvierteln der Prominenz.

Die deutliche lokale Konzentration bestimmter Bevölkerungsgruppen, die in Bildungsstand, Beruf und Einkommen weitgehende Gemeinsamkeiten aufweisen, wird als *soziale Segregation* bezeichnet. Sie ist in erster Linie auf das Preisniveau des Immobilienmarktes und auf die Zahlungsfähigkeit zurückzuführen. Untersuchungen der ungleichen Verteilung von Personen bzw. Haushalten über die städtischen Teilräume haben ergeben, dass sozial schwächere Gruppen wie Hilfsarbeiter und Arbeiter sowie obere Berufsgruppen wie leitende Angestellte und Angehörige freier Berufe stärker segregiert leben als Angestellte, Beamte und kleine Selbstständige.

Eine besondere Art der Segregation stellen die vorwiegend von einer bestimmten Minderheitengruppe bewohnten Stadtteile dar. Sie sind in der Regel das Ergebnis von Diskriminierung. Als Beispiele seien die mittelalterlichen Judenviertel oder die Gastarbeiterviertel europäischer Städte genannt. Die den Juden zugewiesenen Stadtviertel wurden mit dem jüdisch-italienischen Begriff als *Ghetto* bezeichnet. Da sie in den meisten Städten nachts durch Tore abgeschlossen wurden, beinhaltet der Begriff *Ghettoisierung* heute allgemein die weitgehende Isolierung einer bestimmten Bevölkerungsgruppe.

Um ein Stadtviertel als Ghetto zu bezeichnen, müssen folgende Kriterien erfüllt sein:
– ein von einer bestimmten Bevölkerungsgruppe bewohntes Stadtgebiet, das mehr als nur einzelne Straßenzüge oder Häuserblocks umfasst,
– weitgehende Versorgung mit Waren und Dienstleistungen durch Angehörige der eigenen Gruppe,
– bewusst auf ein Mindestmaß beschränkte Kontakte zu anderen Gruppen aufgrund der als groß empfundenen kulturellen und sozialen Distanz.

Nach Burkhard Hofmeister: a.a.O., S. 153f.

M 6 Idealtypische Wohnviertel in Deutschland

Typ	Merkmale	Sozialstruktur (Tendenz)
Altbauviertel in zentraler Lage	geschlossene Bebauung	Überalterung; unterprivilegierte Gruppen, z. B. Gastarbeiter
Innenstadtrandlagen	Zeilenbauweise	schwächerer Grad von Überalterung, Mittelschicht
Kleinsiedlungen (sog. „Kolonien")	Einfamilienhäuser und mehrgeschossige Wohnblocks	gemischte Sozialstruktur
neue Stadtrandsiedlungen	starke Verdichtung und rasches Wachstum	hoher Anteil an sozialem Wohnungsbau
Neubausiedlungen	starke Verdichtung, mit Hochhäusern; rasches Wachstum	Mischung aus Sozial- und Eigentumswohnungen

Nach Burkhard Hofmeister: a. a. O., S. 151 ff.

„Wie bereits in den früheren Berichten der Beauftragten ausgeführt, scheinen der ausländischen Bevölkerung im Allgemeinen nur bestimmte Segmente des Wohnungsmarktes offen zu stehen. Gruppenmerkmale wie der Rechtsstatus oder die Nationalität sowie individuelle Merkmale (Familiengröße, Einkommen, sozialer Status) haben Einfluss auf die Chancen, angemessene Wohnungen in den von ihnen gewünschten Wohngegenden zu finden. Die Chancen sind im Allgemeinen geringer als die der deutschen Bevölkerung, so dass Migrantenfamilien meist in Gebieten mit niedrigem Status leben: in Spekulationsobjekten, Häusern schlechter Bausubstanz, in schlechter Lage, in dicht besiedelten peripheren Hochhaussiedlungen; in Wohnquartieren also, die für andere Bevölkerungsgruppen unattraktiv sind. Ausländische Familien wohnten zunächst häufig in den Innenstädten der Großstädte, verließen diese Stadtviertel jedoch, als diese saniert und damit teurer wurden. Sie zogen an den Stadtrand. Mittlerweile beziehen Migrantenfamilien auch alte Häuser in Dörfern, falls der Arbeitsweg dies zulässt.

Die Gründe für die Benachteiligung auf dem teilweise angespannten Wohnungsmarkt sind vielfältig. Zum Teil können Migranten aufgrund geringerer Einkommen höhere Mieten nicht bezahlen, haben jedoch einen relativ großen Wohnraumbedarf, da die Haushalte größer sind. Zudem werden Ausländer von einigen Vermietern diskriminiert, so dass ihnen keine andere Wahl bleibt, als unattraktive Wohnquartiere zu beziehen. Laut Repräsentativuntersuchung '95 sind die häufigsten Schwierigkeiten bei der Wohnungssuche Wohnraummangel und zu hohe Mieten (von 66 bzw. 62% der Befragten genannt). Die lange Zeit der Suche folgt an dritter Stelle (44%). Ein Drittel gibt an, Schwierigkeiten gehabt zu haben, weil Vermieter Ausländer ablehnen. Im Vergleich zur Untersuchung 1985 wird deutlich, dass sich die Probleme von Migranten am Wohnungsmarkt verändert haben: Damals wurde die ablehnende Haltung der Vermieter gegenüber Ausländern als größtes Problem genannt. ...

Die Ergebnisse der Wohnungsstichprobe zeigen, dass Ausländer sehr viel schlechter mit Wohnraum versorgt sind als Deutsche. ... Während sich für jeden Angehörigen eines Hauptmieterhaushaltes mit ausschließlich ausländischen Personen im Durchschnitt eine Wohnfläche von 21 m^2 und 1,1 Räume ergeben, errechnen sich für Haushalte, die ausschließlich von Deutschen gebildet werden, die entsprechenden Werte 33 m^2 und 1,8 Räume."

Bericht der Beauftragten der Bundesregierung für Ausländerfragen, Dezember 1997, S. 605

M 6 Halberstadt

M 7 Fachwerkbauten in der Altstadt von Halberstadt (Sachsen-Anhalt; 47 000 Einwohner 1993)

Jahr	Status	Anzahl	%
1943	bewohnt	1 605	100
8. 4. 1945	zerstört[1]	676	42
1950–1991	abgerissen	482	30
1993	baufällig[2]	447	28

[1] Bombenangriff
[2] überwiegend unbewohnbar

Stadt Halberstadt/NILEG (Hrsg.): Halberstadt. Modellvorhaben zur Stadtsanierung. Bürgerinformation 1993. Halberstadt o. J., S. 4

M 8 Halberstadt

Stadtsanierung

In beiden deutschen Staaten stand in der Nachkriegszeit zunächst die Beseitigung der kriegsbedingten Zerstörungen im Vordergrund. Danach wurde der Wohnungsbau in der Bundesrepublik Deutschland weitgehend dem „Spiel der Marktkräfte" überlassen. Die Stadtentwicklung dagegen wurde durch städtebauliche Leitbilder (z. B. „autogerechte Stadt" oder „ökologisch orientierte Stadt") indirekt gesteuert. Allerdings konnten Fehlentwicklungen (z. B. vorschnelle „Kahlschlagsanierungen") nicht überall vermieden werden, auch die Bürgerbeteiligung wurde mancherorts nicht angemessen organisiert. Letztlich aber sind in vielen Städten der Bundesrepublik Deutschland überzeugende Beispiele für die erhaltende Stadtentwicklung entstanden.

In der DDR wirkten vor allem ideologische Steuerungsfaktoren: Priorität bei der Stadtentwicklung hatten die größeren Städte, wo z. B. repräsentative („sozialistische") Stadtzentren angelegt wurden. Beim Wohnungsbau wurden Substanzerhaltung und Eigenheimbau vernachlässigt. Bevorzugt dagegen wurden große Wohneinheiten, die in industrieller Fertigbauweise (Plattenbauten) errichtet werden konnten. In den sozialistischen Haus- und Wohnblockgemeinschaften sollte das kollektive Verantwortungsgefühl gestärkt werden und eine neue sozialistische Lebensauffassung entstehen. Erst 1982 betonte ein Parteiprogramm die „Gleichrangigkeit von Neubau, Modernisierung und Werterhaltung". Die wenigen bis 1990 durchgeführten Sanierungsmaßnahmen waren jedoch nicht mit dem flächendeckenden Erhalt der Altbausubstanz oder städtebaulichen Gesamtkonzeptionen verbunden.

Das Beispiel Halberstadt. Die Situationsanalyse nach der Wende ergab – ähnlich wie in vielen anderen Klein- und Mittelstädten der DDR – ein ernüchterndes Bild: Versorgungsnetze, Straßen und Gehwege waren in desolatem Zustand. Die historische Bausubstanz war weitgehend verfallen. Städtebaulich ungeordnete und brachliegende Flächen prägten das Bild der bevölkerungsarmen Altstadt. Städtisches Leben war nicht erkennbar.

Diese Konzentration städtebaulicher Missstände ist nicht zufällig entstanden. Der Staat hatte kein Interesse an substanzerhaltenden Maßnahmen, den Hauseigentümern fehlten die finanziellen Mittel und technischen Möglichkeiten. Wenn die Gebäude schließlich unbewohnbar geworden waren, wanderten die Bewohner in Neubaugebiete ab. Nach dem Abriss der Fachwerkhäuser wurden die Baulücken mit Neubauten geschlossen.

Die Stadtsanierung in Halberstadt hat 1990 als Modellvorhaben für die neuen Bundesländer begonnen. Neben der schwierigen städtebaulichen Ausgangslage haben finanzielle, rechtliche und organisatorische Unklarheiten sämtliche Planungs- und Entscheidungsabläufe behindert. Trotzdem wurden anspruchsvolle Sanierungsziele festgelegt:
– Wiederherstellung/Weiterentwicklung des historischen Straßen- und Platzgefüges,
– Revitalisierung der Innenstadt durch die Mischung von Wohn- und Gewerbefunktion,
– Verbesserung der Verkehrserschließung und der ökologischen Verhältnisse.

Inzwischen sind in Halberstadt umfassende Sanierungsmaßnahmen durchgeführt worden. Die Sanierungsziele sind vielfach schon erreicht. Halberstadt gehört schon heute wieder zu den schönsten Fachwerkstädten Deutschlands. Die Sozialstruktur der Innenstadtbevölkerung ist ausgewogen, urbanes Leben ist wieder eingekehrt. Dieses Ergebnis ist vor allem deshalb möglich gewesen, weil Verwaltung und Sanierungsträger es verstanden haben, die Bevölkerung durch Information und intensive Beratungsarbeit in den Prozess der erhaltenden Stadterneuerung einzubeziehen.

1. Nennen Sie die Steuerungsfaktoren von Stadtentwicklung und Wohnungsbau in der DDR bzw. in der Bundesrepublik Deutschland.
2. Leiten Sie aus dem Text Bildunterschriften für die beiden Fotos ab.
3. Erhaltende Stadterneuerung soll ein lebendiges Nebeneinander von Altem und Neuem, von Wohnen und Arbeiten, von Ruhe und Betriebsamkeit ergeben. Diskutieren Sie die damit verbundenen Zielkonflikte.

INFO

Stadtsanierung: Begriffe und Verfahren

Städtische Teilräume, die den Anforderungen an zeitgemäße Wohn- und Arbeitsverhältnisse sowie Bauvorschriften (z. B. Brandschutz) nicht mehr genügen, können als *Sanierungsgebiete* (lat. sanare: gesund machen, heilen) ausgewiesen werden. „Städtebauliche Missstände" sind z. B: verfallende Bausubstanz, mangelhafte sanitäre Ausstattung der Wohnungen, übermäßig verdichtete Bebauung, umweltbelastende Gewerbebetriebe, fehlende Freiflächen, hohe Verkehrsbelastung oder unzureichende Besonnung und Belüftung. Sanierungsmaßnahmen können auch dann nötig sein, wenn Stadtgebiete ihre gesamtstädtischen Funktionen nicht mehr erfüllen (z. B. im Rahmen der Gesamtverkehrsplanung) oder wenn in einem Gebiet überwiegend soziale Randgruppen leben.

Man unterscheidet die auf das Mittelalter zurückgehenden Altstadt-Sanierungsgebiete und die gründerzeitlichen Sanierungsgebiete, die ursprünglich als Mietwohnungsbauten im Zuge der Industrialisierung entstanden sind.

Die Wiederherstellung einzelner erhaltenswerter Häuser wird als *Objektsanierung* bezeichnet. *Flächensanierung* (Abriss und Neuaufbau) erfolgt, wenn ganze Straßenzüge oder Baublocks nur zu unverhältnismäßig hohen Kosten saniert werden könnten. *Blockentkernung* bedeutet, dass der Innenraum eines überbauten Baublocks abgeräumt und durch Grünflächen, Spielplätze usw. ersetzt wird. Die Wiederherstellung städtischer Funktionen (z. B. Versorgungsfunktion) wird als Funktionsschwächesanierung bezeichnet.

Aus einer Situationsanalyse (städtebauliche, strukturelle und soziale Gegebenheiten) werden die Sanierungsziele abgeleitet. Nach Festlegung des Sanierungsgebietes und Aufstellung eines Bebauungsplanes wird die beabsichtigte Neugestaltung mit den betroffenen Bürgern erörtert. In einem Sozialplan werden die Auswirkungen der Sanierung auf Mieter und Eigentümer erfasst und Vorschläge zur Vermeidung oder Milderung nachteiliger Sanierungsfolgen formuliert.

Sanierungskosten müssen zum Teil von den Eigentümern getragen werden. Der überwiegende Anteil aber stammt aus öffentlichen Mitteln (Bund, Bundesland und Gemeinde).

M 12 Reutlingen 1957 (Aufnahme aus südlicher Richtung)

Probleme städtischer Räume und Suburbanisierung

Die Nutzungsansprüche des Menschen an den Raum steigen – und sie werden in besonderer Weise in den Großstädten bzw. Ballungsgebieten befriedigt. Hier stehen eine hohe Zahl differenzierter Arbeitsplätze, ein breites und spezialisiertes Warenangebot, eine Fülle von Bildungseinrichtungen ebenso zur Verfügung wie eine weite Palette an Unterhaltungs- und Freizeitmöglichkeiten.

Ein Blick auf das Luftbild eines Verdichtungsraumes zeigt beim Vergleich mehrerer Jahre, wie sich die wachsenden Ansprüche des Menschen im Raum niederschlagen. Sie geben unserer Umwelt ein neues Gesicht, besonders in Ballungsgebieten.

Das „verdichtete" Angebot hat seinen Preis. Es wird bezahlt mit dem täglichen Verkehrschaos auf den Straßen, den steigenden Mieten, den schrumpfenden Erholungsmöglichkeiten und einer wachsenden Umweltbelastung.

Um die negativen Verdichtungsfolgen zumindest teilweise oder auch nur vorübergehend abzumildern, werden an den Rändern der Ballungsräume stets neue Flächen für Wohnungen, für Industrie und Gewerbe, für Dienstleistungs-, Verkehrs- und Freizeiteinrichtungen erschlossen. Die Städte wachsen und wuchern mit ihren Neubauten ins Umland, der ländlich geprägte Raum in ihrem Einzugsbereich verändert seinen Charakter, er „verstädtert". Dieser Prozess, den die Geographie als *Suburbanisierung* bezeichnet, hat in Deutschland nach dem Zweiten Weltkrieg eingesetzt. Er lief in mehreren Phasen ab.

Durch den Prozess der Suburbanisierung verwischen sich die Grenzen zwischen Stadt und Land. Für die Raum- und Stadtplaner wird es immer schwieriger, diese Entwicklung zu kontrollieren und zu steuern. Dabei wäre eine enge Zusammenarbeit zwischen der jeweiligen Kernstadt und den selbstständig gebliebenen Umlandgemeinden vonnöten. Ohnehin lassen sich bei dem Ausufern der Städte und ihrer Nachbarorte die alten Gemeindegrenzen häufig kaum noch erkennen. Können sie als Trennung von Verwaltung und Planung noch aufrechterhalten werden?

M 13 Reutlingen heute

M 14 Entwicklung von Stadt und Umland seit dem Zweiten Weltkrieg (alte Bundesländer)

Phasen- und Rahmenbedingungen	Innenstadt	Stadtrand	Umland
1945–50 Erste Nachkriegsphase: Wiederaufbau von Infrastruktur, Produktionsstätten und Wohnraum für Heimkehrer, Vertriebene, wachsende Bevölkerung	Wiederaufbau, Beginn des sozialen Wohnungsbaus traditionelles (Klein-)Gewerbe und Einzelhandel	Beginn des sozialen Wohnungsbaus	ländliche Struktur
1951–65 Zweite Nachkriegsphase: „Wirtschaftswunder"; Trennung der Funktionen Arbeiten – Wohnen – Versorgen; steigende Wohn- und Infrastrukturbedürfnisse	Citybildung: Geschäfts- und Büroviertel; beginnende Abwanderung von Wohnbevölkerung und traditionellem Gewerbe	Eigenheimsiedlungen („Wohnen im Grünen"), Großwohnanlagen Errichtung von Gewerbeflächen	einzelne Wohnsiedlungen für Beschäftigte aus der Stadt; einzelne gewerbliche Standorte
Ab 1965 Konsolidierung: Ausbau des Verkehrsnetzes, zunehmende Motorisierung, verbesserte Kommunikation, gestiegene Einkommen, wachsende Ansprüche an Infrastruktur und Wohnqualität	Ausbau der Cityfunktionen: Büro- und Bankenviertel; Abwanderung von Teilen des Einzelhandels und der Wohnbevölkerung	Großwohnanlagen; Ausbau der Gewerbeflächen	Eigenheimsiedlungen („Wohnen im Grünen"); weitere Gewerbeflächen; teilweise Übernahme städtischer Funktionen
		SUBURBANISIERUNG	
	STADT UND VERSTÄDTERTE ZONE		

1. Beschreiben Sie anhand markanter Veränderungen die Erscheinungsmerkmale eines Verdichtungsraumes. Benutzen Sie zur Orientierung die Eisenbahnlinie (nach Metzingen und Stuttgart), die schräg durch beide Fotos verläuft.
2. Stellen Sie fest, wo sich welche Nutzungsansprüche des Menschen im Raum niederschlagen.

Verkehrsprobleme durch Suburbanisierung

Noch die Städte des Industriezeitalters zeichneten sich durch eine sehr kompakte Bauweise aus, da das Wohnen nahe bei den Arbeitsstätten eine große Rolle spielte. Ursache waren die geringen Einkommen und die langen Arbeitszeiten in der frühen europäischen und nordamerikanischen Industrialisierung. Erst der gestiegene Lebensstandard und die zunehmende Freizeit führten bei immer größeren Teilen der Bevölkerung zu dem Wunsch, im eigenen Heim „draußen im Grünen" zu wohnen. Mit dem Pkw-Besatz erhöhte sich die Mobilität, so dass immer mehr Menschen diesen Wunsch auch realisieren konnten. Auch die Zuwanderungen aus dem ländlichen Raum richteten sich immer stärker auf stadtnahe Gemeinden als auf die Großstädte selbst. Zunehmend wurden industrielle, später auch tertiärwirtschaftliche Arbeitsplätze an die Peripherie verlegt, was zu einem rapiden Flächenwachstum vieler Städte in ihr Umland hineinführte. Es ist ein Prozess, der in den USA bereits nach dem Ersten Weltkrieg, in anderen Industrieländern mit einer Phasenverschiebung von mehreren Jahrzehnten einsetzte.

Auch wenn im Zuge dieser Suburbanisierung ein Teil der städtischen Funktionen ins Umland verlagert wurde, blieben doch viele Arbeitsplätze im Stadtbereich selbst erhalten. Die zunehmende Trennung von Wohn- und Arbeitsstätten führte daher zu einem stark ansteigenden Pendlerverkehr. Darüber hinaus werden die zentralen Dienstleistungen der Großstädte (Verwaltung, kulturelle Angebote, medizinische Einrichtungen usw.) auch von den Bewohnern des Umlandes genutzt, was das Verkehrsaufkommen weiter erhöht. Insgesamt führt die mit der Suburbanisierung verbundene Verkehrsbelastung zu einer Verschlechterung der Lebensqualität sowohl in den zentrumsnahen Wohnlagen wie in der gesamten Stadtregion.

Die Kernstädte der Verdichtungsräume weisen sowohl in den alten wie in den neuen Bundesländern nach wie vor eine hohe Attraktivität als Arbeitsmarktzentren auf. Demzufolge entwickeln sich zwischen ihnen und ihrem Umland im Zuge der Suburbanisierung immer intensivere Berufspendlerbeziehungen, wobei München, Frankfurt am Main und Hamburg als größte Einpendlerzentren gelten.

„Der typische Pendler ... wohnt in der Nähe einer Metropole oder einer mittelgroßen Stadt, in der er sich werktäglich zur Arbeit aufmacht: 15 Millionen Deutsche fahren zur Arbeit in eine andere Gemeinde, davon 11,3 Millionen mit dem Auto. Doch nur 13 Prozent der werktätigen Bevölkerung sind weiter als 25 Kilometer zu ihrem Arbeitsplatz unterwegs.

Fast 40 Prozent der deutschen Arbeitnehmer haben in Großstädten einen Job gefunden, weit mehr, als dort leben. Nach Frankfurt am Main zieht es so viele wie in keine andere Stadt – gemessen an der Zahl der Einwohner. Von denen arbeiten gerade mal 174 000 in der Stadt, aber 435 000 kommen täglich von außerhalb. Viele von ihnen stammen eigentlich aus der Mainmetropole. Binnen fünf Jahren sind 20 000 Frankfurter ins Umland gezogen. Denn in Großstädten entstehen kaum neue Wohnungen, die meisten werden an ihrem Rand oder auf dem Land gebaut. Besonders viele Neubauten verzeichnen Orte ohne Schienenanschluss – die pendelnden Neuankömmlinge steigen folglich meist ins Auto.

Vor allem wenn die Familiengründung ansteht, zieht es die Deutschen ins Grüne. Der Verdiener der Familie allerdings steuert weiter seinen Arbeitsplatz in der Stadt an und vermehrt so sie Smogbelastung für die Kinder der Zurückgebliebenen – die ihrerseits bei nächster Gelegenheit das Weite suchen."

Jochen Paulus: Der verwöhnte Pendler. In: Die Zeit, Nr. 48 vom 19.11.1998

M 15 *Der motorisierte Stadtverkehr*

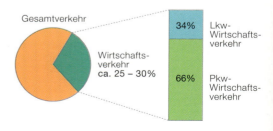

Nach ExWoSt-Informationen zum Forschungsfeld „Städtebau und Verkehr" Nr. 6, 12. Juni 1997, S. 4

Zur Lösung von Verkehrsproblemen in Verdichtungsräumen sind bisher vielfältige Maßnahmen entwickelt und erprobt worden. Zu nennen sind insbesondere:
– die Anlage zusätzlicher Straßen und Straßensysteme (Umgehungsstraßen, Stadtautobahnen),
– Verkehrsregelungen in Abstimmung auf das tageszeitliche Verkehrsaufkommen,
– die Einrichtung von Park-and-Ride-Systemen in Verbindung mit dem Ausbau des ÖPNV,
– die Zurückdrängung des Kfz-Verkehrs in den Städten durch Restriktionen (z.B. durch Bewirtschaftung der Verkehrsflächen),
– die Schaffung verkehrsberuhigter Zonen,
– der Ausbau stadtgerechter Radwegenetze,
– die Einrichtung von elektronischen Leitsystemen und Mobilitätszentralen.
Es bleibt aber festzuhalten, dass viele dieser Maßnahmen nur zu punktuellen Korrekturen führen. Oft werden auch Verbesserungen in einem städtischen Teilraum mit Benachteiligungen an anderer Stelle erkauft, z.B. wenn Verkehrsströme aus Fußgängerzonen oder verkehrsberuhigten Bereichen ausgelagert werden. Langfristig aber werden sich Verkehrsprobleme in Verdichtungsräumen nur durch eine integrierte Siedlungs- und Verkehrsplanung beheben bzw. abmildern lassen.

„Der Anstieg und die räumliche Ausweitung des motorisierten Individualverkehrs (MIV) und des Wirtschaftsverkehrs stellen große Herausforderungen an einen Ressourcen schonenden und umweltverträglichen Städtebau. ... Die enge wechselseitige Abhängigkeit zwischen Städtebau und Verkehr erfordert sowohl den Einsatz von Instrumenten der Verkehrsplanung und Verkehrsordnung für die Umsetzung städtebaulicher Zielvorgaben als auch eine abgestimmte Raumordnungs- bzw. Stadtentwicklungsstrategie ... für die Umsetzung verkehrlicher Zielvorgaben."
ExWoSt-Information zum Forschungsfeld „Städtebau und Verkehr" Kongressausgabe. Mai 1997

So abstrakt diese Lösungsstrategie formuliert ist, so konket ist ihre einzig schlüssige Folgerung: Eine nachhaltige Stadtentwicklung kann nur funktionieren mit weniger Autoverkehr!

Aber wie lässt sich dieser Verkehr vermeiden? Welche Verkehrsfolgen haben städtebauliche Entscheidungen? Wo bleibt die Mobilitätsgarantie? Wie kann insgesamt eine zukunftsfähige Stadtentwicklung aussehen? Politiker und Städteplaner müssen Antworten auf die Fragen ge-

M 16 Umweltbelastungen durch Wirtschaftsverkehr

Partikelemissionen
– z.B. Stäube, Abrieb, Ruß

Abgasemissionen
– überproportionaler Anteil des Wirtschaftsverkehrs an den Schadstoffemissionen des Verkehrs insgesamt
– Lkw-Emissionen in Ortsdurchfahrten

Lärmemissionen
– hohe Lärmemissionen (1 Lkw = 25 Pkw)
– Verschärfung der Problematik durch teilweise stattfindende Nachtbelieferung (Kfz-Werkstätten, Teile des Einzelhandels)

Bodenversiegelung
– hohe Bodenverdichtung
– Notwendigkeit dichter und stabiler Pflasterverbände

Auswirkungen auf
– Boden
– Gewässer
– Wasserhaushalt
– Wohnnutzung
– Geschäftsnutzung
– Passanten

ExWoSt-Informationen zum Forschungsfeld „Städtebau und Verkehr" Nr. 06. 12. Juni 1997, S. 5

3. Berechnen Sie den täglichen „Mobilitätsbedarf" einer durchschnittlichen Großstadtfamilie (Summe aller Fahrten wegen Ausbildung, Beruf, Versorgung, Unterhaltung).
4. Erläutern Sie – möglichst anhand konkreter Beispiele aus Ihrem persönlichen Erfahrungsbereich – aktuelle Verkehrsprobleme der Verdichtungsräume.
5. Nennen Sie mögliche Folgen der in M 16 aufgeführten Belastungen für Naturhaushalt und Lebensqualität.

Städtewachstum und Verstädterung als weltweiter Prozess

M 17 *Urbanisierungsgrad ausgewählter Länder 1965–1997 in Prozent*

Land	1965	1980	1990	1997
Vereinigte Staaten	72	74	75	77
Kanada	73	76	77	77
Deutschland	78	83	84	87
Großbritannien	87	89	89	89
Polen	50	58	62	64
Honduras	26	35	44	45
Mexiko	55	66	73	74
Peru	52	65	70	72
Brasilien	50	66	75	80
China	18	20	26	32
Japan	67	76	77	78
Kambodscha	11	12	12	22
Malaysia	26	42	43	55
Australien	83	85	86	86
Äthiopien	8	11	13	16
Namibia	17	23	28	38

Weltentwicklungsbericht 1992 und 1999/2000

Nach Hofmeister (1997) erfasst der Begriff *Urbansierung* bzw. *Urbanisierungsgrad* den Anteil der Bevölkerung eines bestimmten Gebietes, der in Städten lebt. Andere Wissenschaftler verwenden hierfür den Begriff *Verstädterung*. Um internationale Vergleichbarkeit herzustellen, wird dabei die Untergrenze einer Stadt bei 20 000 Einwohnern angesetzt. Wie aus M 16 hervorgeht, hat der Verstädterungsprozess – wenn auch mit Unterschieden in den Zeiträumen und in der Dynamik – alle Gebiete der Erde erfasst. Dabei verbirgt sich hinter der Statistik mehr als das rein zahlenmäßige Anwachsen der Stadtbevölkerung. Urbanisierung ist ein gesamtgesellschaftlicher Vorgang.
„Er vollzieht sich in Form einer
– *physiognomischen Verstädterung,* d. h. der Ausbreitung von städtischen Wohnbauformen, Einrichtungen und Flächennutzungen im ländlichen Raum, weiter einer
– *funktionellen Verstädterung,* d. h. einer Ausbreitung sämtlicher Organisationsstrukturen von städtischer Produktion und Verteilung, einer Ausweitung der Verflechtungsbereiche über die Pendelwanderung, der Dienstleistungsbereiche durch neue Verortungen von Einrichtungen, einer Entwicklung neuer Kommunikations- und Informationsnetze, sowie einer
– *soziologischen Verstädterung* des ländlichen Raumes, d. h. einer Angleichung von Normen und Werthaltungen der Bevölkerung hinsichtlich der generativen Struktur, der Organisationsformen der Arbeitswelt, der Haushaltsführung und des Konsumniveaus an diejenigen der städtischen Bevölkerung."
Elisabeth Lichtenberger: a. a. O., S. 26

Die Ursachen dieses weltweiten Verstädterungsprozesses liegen nicht nur in der natürlichen Bevölkerungszunahme. Städte wachsen in erster Linie aufgrund von Zuwanderungen. Die Anziehungskraft eines Zentrums kann auf verschiedene Faktoren zurückgeführt werden. In der Neuzeit war es zunächst die Industrialisierung, die mit ihrem vielfältigen Angebot neuer Erwerbsmöglichkeiten in den aufblühenden Industriezentren Binnenwanderungen von erheblichem Ausmaß ausgelöst hat. Heute wird dieser Prozess – auch in Räumen außerhalb der Industrieländer – überlagert durch die *Tertiärisierung,* also die Zunahme der Beschäftigtenanteile im tertiären Sektor. Viele Standorte von Dienstleistungseinrichtungen (Banken, Versicherungen, Kommunikationssysteme, öffentliche Verwaltung) sind an Städte bzw. Großstädte gebunden. Nur so können diese Zentren ihre umlandbezogenen Funktionen erfüllen. Sie bieten bis in das von der Suburbanisierung erfasste Stadtumland hinein attraktive Arbeitsplätze an.

Megastädte und Metropolen

Die Verstädterung hat weltweit riesige Bevölkerungsballungen entstehen lassen, die heute mit Begriffen wie *Megastadt* oder *Megalopolis* bezeichnet werden. Als „formal-statistische Abgrenzung" wird dabei die „5-Mio.-Untergrenze bei einer Mindestdichte von 2 000 Einw./km² sowie eine monozentrischen Struktur" (D. Bronger) zugrunde gelegt. In einigen Staaten, besonders in Entwicklungsländern, ist dabei der Konzentrationsprozess so weit fortgeschritten, dass oft über 25 % der Gesamtbevölkerung in der Hauptstadt leben.

M 18 Wohnwabenwelt São Paulo

„Das Phänomen Megastadt ist längst außer Kontrolle; nichts und niemand ist in der Lage, exakt zu messen und zu analysieren: allein die fehlende oder umgangene Meldepflicht reicht zur Vereitelung. Einigermaßen verlässlich scheint eine Studie der Vereinten Nationen und der Weltbank (1996). Im Jahre 2025, so steht darin zu lesen, werden zwei Drittel der dann etwa achteinhalb Milliarden Erdbewohner in Städten leben. Bereits bis zum Jahre 2015 gebe es voraussichtlich 33 Megastädte. ...
Europäische Städte sind von dieser explosiven Entwicklung nicht oder – wie Paris – nur geringfügig betroffen. Die Einwohnerzahl der meisten deutschen Städte wird wenig steigen, stagnieren oder sogar rückläufig sein – nicht zuletzt wegen der Stadtflucht, raus ins Grüne. ... Wir leben vergleichsweise in paradiesischen Zuständen. Dass es hierzulande Menschen gibt, die allergische und neurotische Zustände bekommen, wenn sie ihre Drei-Zimmer-Single-Wohnung mit einem Partner teilen sollen, muss auf die Armen in den Siedlungszentren der Dritten Welt wie blanker Hohn wirken.
Welche Existenzbedingungen dort herrschen, können wir verwöhnten Europäer vielleicht rational erfassen, sinnlich begreifen indessen kaum. ... In den bedrohlich aufgedunsenen Megalopolen geht es nicht nur um Probleme der Infrastruktur, der Nahrungsmittelversorgung, der Bewahrung von Land und Umwelt, sondern um eine grundsätzlich neue Lebensform der Menschheit."

Alexander Vidos: Megalopolis. Die Heraufkunft des Städte-Zeitalters. „Stuttgarter Zeitung" – Wochenendbelage, 22. 6. 1996

Mit Problemen des weltweiten Verstädterungsprozesses befassen sich auch die Vereinten Nationen. In Istanbul hat 1996 die zweite „Konferenz über Wohn- und Siedlungswesen" (HABITAT II) stattgefunden, auf der zwei – völkerrechtlich allerdings nicht bindende – Dokumente verabschiedet wurden. In der „Deklaration von Istanbul" wurde das Ziel verankert, jedem Menschen dieser Erde Wohnraum zur Verfügung zu stellen und die Städte weltweit „sicherer, gesünder, lebenswerter, gerechter und produktiver" zu machen. Die „Agenda für lebenswerte Städte" liefert hierzu einen Katalog von Empfehlungen und Maßnahmen. Können die hier formulierten Ziele und Vorhaben wirksam umgesetzt, können die Probleme der zunehmenden Verstädterung und der anwachsenden Megalopolen nachhaltig gelöst werden? – Eine der Zukunftsfragen der Menschheit!

3.6 Ländliche Räume

Vielfalt und Funktionen ländlicher Räume

Die wirtschaftliche Entwicklung der letzten Jahrzehnte hat nicht nur den starren Gegensatz von Stadt und Land aufgelöst, sie hat auch zu einer vielfältigen Differenzierung des ländlichen Raumes geführt. Gemeinsam ist lediglich noch die geringe Bevölkerungsdichte im Vergleich zu den Stadtregionen und eine weiterhin von der Landwirtschaft geprägte Flächennutzung. Innerhalb der ländlichen Räume gibt es deutliche Unterschiede in der Ausstattung mit zentralen Orten der verschiedenen Stufen, in der Wirtschaft und Infrastruktur, in der Eignung für landwirtschaftliche oder touristische Nutzung sowie in der ökologischen Bedeutung. Außerdem spielt die Nähe oder Ferne zu Stadtregionen eine entscheidende Rolle bei Funktion und Ausgestaltung dieser Räume.

Den geringer verdichteten, ländlich geprägten Räumen werden von der Raumplanung bestimmte Funktionen zugewiesen. Sie unterscheidet dabei fünf Typen.

„**Räume in günstiger Lage zu den Verdichtungsgebieten und Zentren sowie zu überregionalen und großräumigen Verkehrsachsen** gelten als relativ gesund. Trotz hoher Einwohnerdichte haben sie noch eine ländliche Siedlungsstruktur mit einer mittelständischen Wirtschaft. Das Wohnen im Grünen und die Naherholung stehen im Vordergrund. Die Verflechtungen mit den benachbarten Ballungsräumen sind eng. Zu diesem Typ ländlicher Räume zählen zum Beispiel durchweg die ländlichen Gebiete in Nordrhein-Westfalen.

Bei den **attraktiven Räumen für den überregionalen Fremdenverkehr** handelt es sich um landschaftlich besonders reizvolle und abwechslungsreiche Räume, in denen zumindest saisonal der Fremdenverkehr vielen Menschen Arbeit bietet. Sie liegen beispielsweise an der Nord- und Ostsee oder in den Voralpen.

M 1 Fremdenverkehrsort Sasbachwalden, Nordschwarzwald

M 2 Krauternte auf den Feldern bei Stuttgart

Auch **Räume mit relativ günstigen Produktionsbedingungen für die Landwirtschaft** weisen aufgrund ihrer guten natürlichen Voraussetzungen oder ihrer Nähe zu den Absatzmärkten eine positive Entwicklung auf. Beispiele sind die Börden und Weinbaugebiete.

In **gering verdichteten Räumen mit industriellen Wachstumstendenzen** ist die günstige Entwicklung vor allem auf das Beschäftigungswachstum in Industrie, Handwerk und im Dienstleistungsbereich zurückzuführen, wo heute viele der ehemals in der Landwirtschaft Beschäftigten arbeiten. Beispiele finden sich im Raum Göttingen oder im Raum Ingolstadt.

Strukturschwache ländliche Räume stehen vor großen Entwicklungsproblemen. Sie liegen fernab der Zentren, sind mit diesen nur unzureichend verbunden und bieten nur wenige Arbeitsplätze außerhalb der Landwirtschaft. ... Die Bevölkerungsdichte ist extrem gering, die Ausstattung mit Infrastruktur wie Geschäften, Ärzten und Schulen ist unzureichend. Beispiele sind weite Teile des Mecklenburg-Vorpommerschen Binnenlandes und Nordbrandenburg."

Bundesministerium für Raumordnung, Bauwesen und Städtebau. Raumordnung in Deutschland. Bonn 1996. S. 23

Die ländlichen Räume in Deutschland sind mehr als nur die Flächenreserven unserer Städte, die im Zuge der Suburbanisierung mit ihren Neubauten ins Umland wachsen und wuchern. Ihre Funktionen sind aber häufig eng an die Bewältigung städtischer Probleme gebunden. Angesichts der von Städten und Ballungsräumen ausgehenden Belastungen – zum Beispiel der zunehmende Ressourcen- und Flächenverbrauch, die wachsende Verkehrsbelastung als Folge gestiegener Mobilitätsansprüche, die vielfältigen Ver- und Entsorgungsprobleme – kommt den ländlich geprägten Regionen die Aufgabe zu, nicht nur zusätzliche Wohnflächen zur Verfügung zu stellen, sondern auch Möglichkeiten der Erholung und des ökologischen Ausgleichs anzubieten. Über diese Ergänzungsfunktionen hinaus ist auf die wirtschaftliche Bedeutung der ländlichen Räume hinzuweisen, die nicht auf den Beitrag der Agrarwirtschaft zum Bruttoinlandsprodukt beschränkt bleibt.

„Der Wert der ländlichen Räume wird sich nicht ausschließlich an ihrer wirtschaftlichen Leistungskraft, sondern auch an der Vielfalt der Lebensformen und ihrem Schutz orientieren müssen. Dabei werden neue Ziele wie Förderung der organischen Landwirtschaft und des Anbaus nachwachsender Rohstoffe, Ausgleichszahlungen für Naturschutzleistung, Förderung sanfter Tourismusformen und nicht zuletzt die Bewahrung und Fortentwicklung des kulturellen Erbes ländlicher Räume wichtig. Ebenso ist es notwendig, zukunftsträchtige Arbeitsplätze außerhalb der Landwirtschaft zu schaffen oder zu erhalten. Denn ländliche Räume sind nicht auf die Funktionen Landwirtschaft und Erholung sowie ökologischen Ausgleich zu beschränken, sondern sie müssen als aktive Lebens- und Arbeitsräume für die dort ansässige Bevölkerung ausgebaut werden."

Bundesministerium für Raumordnung, Bauwesen und Städtebau. Raumordnung in Deutschland. Bonn 1996. S. 24f.

M 4 Betriebe nach dem Erwerbscharakter, in 1000 und % (in Klammern) in den alten Ländern

	Haupterwerb		
	Vollerwerb[1]	Zuerwerb[2]	Nebenerwerb[3]
1977	405,2 (47,2)	116,3 (13,5)	337,3 (39,3)
1987	336,0 (49,3)	64,8 (9,5)	280,2 (41,1)
1993	276,5 (48,7)	46,5 (8,3)	244,3 (43,1)

[1] außerbetriebliche Einkommen unter 10 % des Gesamteinkommens, [2] außerbetriebliche Einkommen zwischen 10 und 50 % des Gesamteinkommens, [3] außerbetriebliche Einkommen über 50 % des Gesamteinkommens, seit 1997 neue Abgrenzung.

Nach Agrarberichte der Bundesregierung, verschiedene Jahre

M 5 Die landwirtschaftlichen Betriebe nach der Fläche 1998 (Anteile in %)

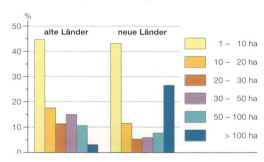

M 6 Zahl der Betriebe, Vollarbeitskräfte, Betriebsgröße und Nutzfläche in den alten Bundesländern

	Zahl der Betriebe	Arbeitskräfte durchschnittliche (ständige und nichtständige)	durchschnittliche Betriebsfläche in ha	Nutzfläche 1000 ha
1949	1 646 751	6 410 000	8,1	13 279
1998	484 290	1 460 000[1]	24,1	11 656

[1] 673 000 Arbeitskrafteinheiten (Maß der Arbeitsleistung einer Vollarbeitskraft zwischen 15 und 65 J.)

in den neuen Bundesländern

	Betriebe VEG	LPG	Berufstätige (ab 1991: Arbeitskräfte)	durchschnittliche Betriebsfläche in ha	landwirtschaftliche Nutzfläche 1000 ha
1970	511	9 909	997 119	602	6 286,4
1985	465	3 905	922 014	1 424	6 224,8
1991		18 566	256 000	284	5 281,4
1998		32 013	144 500	175,0	5 601,4

Nach Angaben des Materialbandes zum Agrarbericht 1994 und 1999 der Bundesregierung und nach Statistisches Bundesamt 1999

Flurbereinigung und Dorferneuerung

Damit die ländlichen Räume die ihnen zugewiesenen Funktionen erfüllen können, sind strukturpolitische Maßnahmen notwendig. Diese sollen dazu beitragen, die Produktions- und Lebensbedingungen in der Landwirtschaft der Bundesrepublik Deutschland zu verbessern. Eine der wichtigsten Maßnahmen ist die *Flurbereinigung*. Dies ist eine öffentlich geförderte und staatlich gelenkte Neuordnung der Gemarkung, bei der zersplitterter Grundbesitz zusammengelegt und das Wege- und Gewässernetz verbessert wird. Häufig werden in diesem Zusammenhang auch landwirtschaftliche Betriebe aus dem Dorf ausgesiedelt, wodurch sich Ansätze zu einer umfassenden *Dorferneuerung* mit Umgestaltung des Straßennetzes, der Infrastruktur und des Ortsbildes ergeben. Weitere Maßnahmen der Strukturpolitik sind die gezielte Investitionsförderung bei Vollerwerbsbetrieben, die Umschulungsförderung und seit den 80er-Jahren finanzielle Anreize zur Flächenstilllegung und Produktionsbeschränkung. Auch öffentlich geförderte Fremdenverkehrsprojekte tragen zu einer Stärkung ländlicher Räume bei.

Prinzipien und Methoden der Flurbereinigung
Ziele: Neuordnung der Flur zur Optimierung der Arbeitsbedingungen und zur Erhöhung der Produktivität (Arrondierung der zersplitterten Flur, Bodenverbesserung, bessere Erreichbarkeit); Verbesserung der Infrastruktur (Optimierung des Wege- und Gewässernetzes); Förderung der Landeskultur, damit verbunden Dorferneuerung mit Gestaltung der Ortslagen und des Ortsbildes. Grundlage: Flurbereinigungsgesetz von 1953 in der Fassung von 1976; staatliche Förderung bis 75 % der Kosten. In den Jahren von 1988 bis 1991 wurden z. B. 471 140 Hektar in den alten Ländern nach diesem Verfahren bereinigt und die dafür bereitgestellten Gelder von Bund und Ländern beliefen sich auf 1,86 Mrd. DM, also 3949 DM/ha. Dazu kamen noch Eigenleistungen und andere Zuschüsse von durchschnittlich 3100 DM/ha.
Durchführung: Zusammenarbeit von Flurbereinigungsbehörden mit der Teilnehmergemeinschaft der betroffenen Grundbesitzer.
Ablauf: Dringlichkeitserstellung, Bildung der Teilnehmergesellschaft, Wege- und Gewässerplan, Festlegung des Wertes der einzelnen Grundstücke, Flurbereinigungsplan; meist mehrjährige Dauer. Neben dem vollen Flurbereinigungsverfahren gibt es das beschleunigte Zusammenlegungsverfahren und den freiwilligen Landtausch.
Bis heute wurde die Flurbereinigung in den alten Ländern auf ungefähr 9 Mio. ha durchgeführt.

„Der in den 70er-Jahren beginnende allgemeine Wertewandel und die damit einhergehenden neuen Anforderungen der Gesellschaft an die Landwirtschaft und den ländlichen Raum haben die Flurbereinigung in eine ‚Umstellungskrise‘ bzw. eine breite öffentliche Kritik hineingeführt. Die alten (politisch vorgegebenen) Ziele wie Begradigung, Arrondierung, Hochwasserfreilegung, Dränage, Dorfsanierung und Aussiedlung waren nunmehr umstritten. Die Flurbereinigung wurde verantwortlich gemacht für den starken Artenrückgang in der Tier- und Pflanzenwelt, die Bodenzerstörung, die weitgehende Ausräumung und bisweilen Zerstörung ganzer Landschaften (z. B. Weinbergsflurbereinigung am Kaiserstuhl). Es wurde ihr vorgeworfen, dass sie nur technokratisch-juristisch vorgehe, den lokalen und regionalen Besonderheiten und Bedürfnissen zu wenig Rechnung trage und insgesamt zur Nivellierung der verschiedenen Natur- und Kulturlandschaften beigetragen habe."

Gerhard Henkel: Der ländliche Raum. Stuttgart: Teubner 1993, S. 140

Aus der Kritik wurden Konsequenzen gezogen: Landschaftspflegerische Gesichtspunkte, Maßnahmen zum Bodenschutz und zum Erhalten einer artenreichen Kulturlandschaft wurden verstärkt berücksichtigt.
Deshalb gilt jetzt die Flurbereinigung als „ein hervorragendes Instrument für Naturschutz und Landschaftspflege". (G. Henkel)

1. Formulieren Sie für jeden Typ „Ländlicher Räume" raumordnungspolitische Ziele: Welche Funktionen sollten vorrangig gefördert werden, welche Fehlentwicklungen gilt es zu vermeiden?
2. Erläutern Sie die Ziele von Flurbereinigungen.

M 1 Luftbild von Lampertsweiler mit dem Hof des Bauern D.

**Fallbeispiel:
Strukturwandel und Anpassung an die Industriegesellschaft
Der Hof D. in Lampertsweiler, Krs. Sigmaringen – Ergebnisse eines Projekts in einem Grundkurs**

Bauer D. ist ein Mann mit besonderer Initiative. Die Entwicklung seines Familienbetriebs zeigt die Möglichkeiten, aber auch die Schwierigkeiten eines landwirtschaftlichen Betriebs unter verhältnismäßig ungünstigen Bedingungen.

Lage: Mittleres Oberschwaben, 48° 00' N, 9° 35' O, 626 m ü. NN
Flur und Hofgebäude auf dem Rücken der Äußeren Jungendmoräne (Würmeiszeit), Flurteile auch im südlich anschließenden Zungenbecken und in den nördlichen Sanderflächen

Relief: teilweise Hanglage, stark wellig bis flachwellig
Klima: Jahresmittel der Temperatur 7,1 °C
Jahresmittel der Niederschläge: 760 mm ganzjährig feucht
Vegetationsperiode (> 5 °C): Anfang April bis Ende Oktober (210–220 Tage)
Hauptwuchszeit: Ende April bis Ende August
Böden: vorwiegend Lehm und sandiger Lehm, Bodenzahlen stark unterschiedlich von 30-65, im Riedgebiet Moor und randliche Tone

1970, als Bauer D. den elterlichen Hof übernahm, waren dort vier Vollarbeitskräfte beschäftigt. Seitdem wurde die Spezialisierung auf Milchvieh ausgebaut und die Betriebsfläche durch Zukauf und Zupacht aufgestockt.

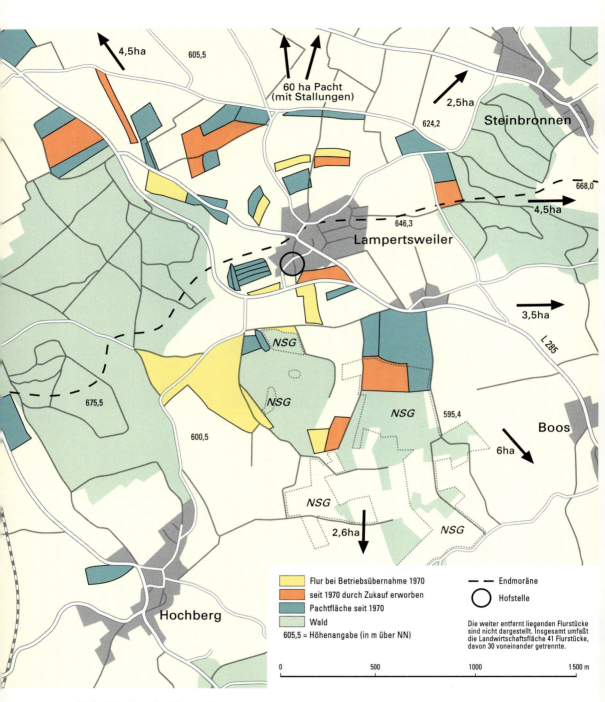

M 2 Die Flur des Bauern D.
Nach Topografischen Karten 1:25 000, Nr. 7923, 8023, ergänzt durch Kartierung des Autors

30 Jahre bemühte sich der Landwirt konsequent um die Steigerung von Produktion und Produktivität, investierte in die Modernisierung des Betriebs und die Ausweitung der Arbeitsmöglichkeiten. Auch moderne Methoden – wie Embryo-Transfer in der Nachzucht – wurden angewandt.

1972: Bau einer Computerfütterungsanlage
1974: Bau eines Boxenlaufstalls und Melkstandes mit automatischer Kühlung, Bau von Hochsilos
1980: Umbau des Wirtschaftsgebäudes zum Jungviehstall
1984: Bau einer Maschinenhalle
1986: Bau eines großen Fahrsilos (38 × 20 m), Kauf von Maschinen für Kommunalarbeiten
1996: Anschaffung eines Kälbertränkeautomaten, Silo-Erweiterung

Die Ergebnisse zeigen sich u. a. in der sehr hohen Milchleistung. Allein 1982 wurde sie um fast 1000 l je Tier gesteigert, nachdem eine neue Methode der Kraftfutterzugabe eingesetzt wurde. Jede Kuh trägt am Hals ein Kästchen mit einem Impulsgeber, der am Futtertrog einem Computer mitteilt, welches Tier gerade frisst. Jedem Tier wird nun genau die Menge Kraftfutter (Leistungsfutter zusätzlich zu Heu und Silage) zugeteilt, die der Milchleistung, der Trächtigkeit etc. entspricht. Ist die Tagesration erschöpft, wartet die Kuh vergebens. Das System erlaubt, sofort Unregelmäßigkeiten festzustellen und Krankheiten schnell zu erkennen.
Wegen der hohen Leistung wird als einzige Rasse die „Schwarzbunte" gehalten. Der Boxenlaufstall ist an einer Seite offen, so dass die Tiere auch ins Freie können. Im Melkstand können zehn Tiere gleichzeitig gemolken werden.
Wiederholt wurden Produktionsrichtungen aufgegeben, andere eingeführt. Im ehemaligen Schweinestall wurde eine lizensierte Brennerei eingerichtet. Der Bauer nimmt mit seinem großen Gerätepark an einem Maschinenring teil und setzt die Maschinen auch für Lohnarbeiten (Säen, Mähdreschen, Pressen, Maissäen, Maishacken) und für Gemeinden ein (Kommunalarbeiten: Pflege von Wald, Wegerändern und Wassergräben). Der Hof ist Ausbildungsbetrieb für Haus- und Landwirtschaft und hat vier Ferienwohnungen („Ferien auf dem Bauernhof") und einen Hofladen.

M 3 Betriebsdaten
Betriebsfläche und Bodennutzung

	1970	1994	1999
LF gesamt (ha)	23	105	173
Eigentum	23	48	54
Pacht	-	57	119
Ackerland	8	57	98
Grünland	15	48	75

Ackernutzung ha

	1970	1994	1999
Getreide	6	23,9	55,0
darunter: Winterweizen	3	7,2	14,0
Wintergerste	-	6,6	9,0
Mais	-	8,2	19,0
Raps	-	4,0	14,0
Nawaro Raps (= nachwachs. Rohstoff)			10,0

Mechanisierung: 4 Schlepper, 2 Mähdrescher, übliche Vollausstattung, Teleskoplader etc.

Futterzukauf ca. 30 % (1993/94)

Milchleistung (kg/Tier)

1980/81	5 973	1993/94	7 436
1989/90	6 880	1997/98	8 406

Viehbestand

	1950	1960	1970	1980	1994	1999
Hühner	60	200	80	-	-	-
Schweine (Mast)	30	30	25	-	-	-
Bullen (Mast)	20	10	20	-	-	-
Milchkühe	12	22	12	90	90	100
Jungvieh (weibl.)	-	-	30	70	60	155

Arbeitskräfte

	1994	1999
Betriebsleiter (1 AK), Ehefrau (0,5)	1,5	1,5
Sohn (1 AK)	in Ausbild.	1
1 fester Mitarbeiter (1 AK)	1	1
Auszubildende Hauswirtschaft	1	2
Rentner	-	1

Anteil am Betriebseinkommen (1994)

Marktfruchtbau	ca. 5 %
Milchvieh	ca. 70 %
Ferien auf dem Bauernhof, Kommunalarbeiten, Maschinenring (Lohnarbeit), Brennerei, Hofladen (Direktvermarktung)	ca. 25 %

Alle Daten nach Angaben des Betriebsinhabers

M 4 Das Arbeitsjahr des Bauern D. (1994)

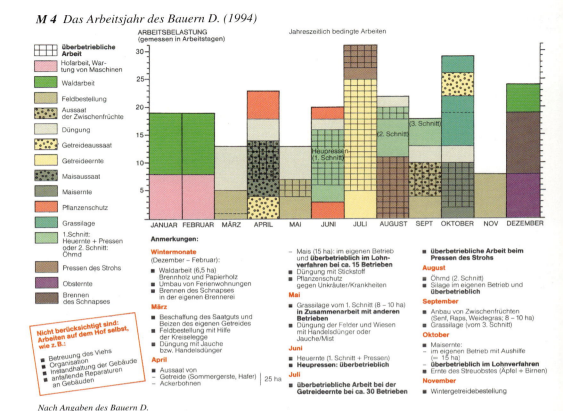

Nach Angaben des Bauern D.

Dorferneuerung umfasst alle Maßnahmen zur Gestaltung und Entwicklung ländlicher Siedlungen, um so die Lebensbedingungen im ländlichen Raum zu fördern. Dabei geht es um die Verbesserung der betrieblichen Verhältnisse, des Straßennetzes und der Infrastruktur, um die Förderung von Arbeitsplätzen außerhalb der Landwirtschaft, um die Stärkung der dörflichen Gemeinschaft und um die Verbesserung des Ortsbildes.

In Lampertsweiler wurde das achtjährige Verfahren abgeschlossen, das Straßen- und Wegenetz wurde verbessert, die Kanalisation erneuert, Renovierungen und neue Brunnen verbessern das Ortsbild, ein Bürgersaal dient der Förderung der dörflichen Gemeinschaft. Aussiedlungen waren nicht notwendig. Die Struktur des Dorfes hat sich in den vergangenen Jahrzehnten erheblich verändert: 1950 lebten noch über dreißig Familien von der Landwirtschaft. 1999 gab es nur noch zwei Vollerwerbsbauern, einen Zuerwerbsbetrieb und drei Nebenerwerbsbetriebe. 1950 hielten 31 Landwirte Rinder, 1999 nur noch fünf und nur noch zwei Bauern hatten 800 Schweine, mehr als früher das ganze Dorf. Weil so viele Betriebe aufgaben, konnten sich die übrig gebliebenen durch Pacht vergrößern.

Im Dorf gibt es nur dreißig gewerbliche Arbeitsplätze, die Hälfte für Ortsansässige. Vier Landwirte bieten „Urlaub auf dem Bauernhof".

Dennoch ist die Bevölkerung gewachsen. 1999 zählte man 318 Einwohner, 100 mehr als 1960. Das Dorf ist Wohnsiedlung für die 4 km entfernte Stadt Saulgau geworden, mit häufigem Wechsel der Bewohner (ca. 10 % pro Jahr).

Auch das Grundproblem der Dorferneuerung findet sich in Lampertsweiler, die Konkurrenz zwischen den Ansprüchen gehobener Wohnqualität und den Bedürfnissen der Landwirtschaft. Bauer D. bemühte sich vergebens um die Baugenehmigung für einen Jungviehstall östlich der Hofstelle – in unmittelbarer Nachbarschaft zum neu ausgewiesenen Wohnbaugebiet in Südlage mit Alpenblick durfte er nicht bauen.

Die Landwirtschaft in den neuen Ländern

Ein Unterschied zwischen der Landwirtschaft in den alten und den neuen Ländern fällt sofort ins Auge: Die Felder in den neuen Ländern sind viel, sehr viel größer. 10, 20 oder 30 ha sind fast die Regel und in Einzelfällen, so in der Magdeburger Börde, gibt es auch „Schläge", die mehrere hundert Hektar groß sind. Diese großen Feldstücke sind maschinengerecht, „Störungen", etwa durch sie durchschneidende Feldwege, sind seltener als im Westen. Die Flurform bietet sehr gute Voraussetzungen für eine vollmechanisierte Landwirtschaft.

Aber der erste Blick verdeckt ein Problem: Es sind zwar vielleicht nur drei oder vier Landwirte, die die Gemarkung eines ganzen Dorfes bewirtschaften, aber ihre Landwirtschaftsflächen gehören einer Vielzahl von Besitzern und die Pachtverhältnisse sind teilweise unklar! Denn die großen Schläge sind eine Hinterlassenschaft der LPGs oder VEGs, die zwischen 1952 und 1960 entstanden sind, als alle Privatbetriebe in die vom Staat vorgegebenen neuen Betriebsformen übergehen mussten. Heute aber ist der Besitz in der Regel an die einstigen Eigentümer zurückgegeben worden, deren Betriebe oft ähnlich klein und ähnlich zersplittert waren wie die Betriebe im Westen.

Die Entwicklung der Landwirtschaft der SBZ (Sowjetische Besatzungszone) und der DDR im Überblick

1945–1952: *Bodenreform* auf Anweisung der UdSSR: Besitz über 100 ha wird entschädigungslos enteignet und dem Bodenfonds zugeschlagen. Dessen 3,2 Mio. Hektar werden zu zwei Dritteln Privateigentümern, zu einem Drittel an Volkseigene Güter (VEG) gegeben.

1952–1960: *Kollektivierung:* Privatbetriebe werden in *Landwirtschaftliche Produktionsgenossenschaften* (LPG) unterschiedlichen Typs überführt. Daneben gibt es weiterhin VEGs. Dabei gab es verschiedene Typen von LPGs: Bei Typ I umfasste die gemeinsame Nutzung nur das Ackerland, bei Typ II Ackerland, Grünland, Dauerkulturen, Zugtiere und Maschinen, bei Typ III den gesamten Betrieb. Die Einkommensberechnung nach Arbeits- und Bodenanteil war entsprechend unterschiedlich: Bodenanteil bei Typ I bis 40 %, bei Typ II bis 30 %, bei Typ III bis 20 %.

Nach 1960: Übergang zur „industriemäßigen Produktion": Weitere Konzentration von LPGs und VEGs (Zusammenschlüsse, z. T. mit Weiterverarbeitungs- und Handelseinrichtungen), Einrichtung von *Agrar-Industrie-Vereinigungen* (AIV) als höchster Form der Integration.

Die heutige Situation. Die Veränderungen, die nach 1989 nötig waren, um die agrarische Produktivität der neuen Länder konkurrenzfähig zu machen, haben die Arbeitswelt und die Beschäftigungsstrukturen in den neuen Ländern gewaltig verändert:

Von den 850 000 Beschäftigten in der Landwirtschaft (1989) blieben 1998 nur 144 500 übrig. Diese arbeiten in neuen Betriebsformen:

– *Wiedereinrichter,* das sind die alten Besitzer, denen die Betriebsflächen und Gebäude zurückgegeben wurden,
– *Neueinrichter:* Betriebsgründer aus den alten Ländern und dem Ausland oder ehemalige LPG-Mitglieder oder VEG-Beschäftigte,
– *Agrargenossenschaften,* z. B. als Nachfolgebetriebe von LPGs,
– *Personen- und Kapitalgesellschaften* (GmbH, AG) auch aus den alten Ländern und dem Ausland.

Trotz des enormen Rückgangs der Beschäftigtenzahlen stieg die agrarische Produktion. Vor allem die Hektarerträge bei Getreide nahmen deutlich zu. Dagegen ging die Viehhaltung insgesamt zurück. Seit 1991 steigt auch die Zahl der Betriebe mit entsprechender Abnahme der mittleren Betriebsgrößen, da aus den Genossenschaften immer wieder Teile herausgelöst und verselbstständigt oder an ehemalige Besitzer zurückgegeben werden.

Die Betriebsergebnisse zeigen, dass Produktivität und Gewinne der Agrarbetriebe in den neuen Ländern heute mit denen im Westen gut mithalten können. Vor allem die Betriebsgröße ist ein wichtiger Vorteil, der nach Ansicht vieler westdeutscher Bauern der Landwirtschaft in den neuen Ländern künftig einen eindeutigen Vorsprung sichern wird.

3. Nennen Sie Gründe für die verschiedenen Entwicklungsstufen des Hofes D. und setzen Sie sie in Bezug zu Veränderungen von Betrieben in Ihrem Heimatraum.
4. Vergleichen Sie die landwirtschaftliche Struktur und ihren Wandel in den neuen und alten Ländern.

3.7 Die Landwirtschaft zwischen Ökonomie und Ökologie

M 1 Der Zusammenhang zwischen Nahrungskette und Umwelt

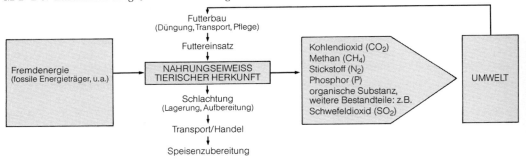

Gerhard Flachowsky: Die Tierernährung im Spannungsfeld von Ökologie und Ökonomie. In: Berichte über Landwirtschaft 69, 1991, S. 584

Maßnahmen zur Leistungssteigerung, wie sie vor allem in Industrieländern ergriffen werden, haben häufig ökologisch unerwünschte Folgen.
– Intensiver Anbau belastet den Boden und nutzt ihn aus, er zerstört die Lebensräume vieler Tiere.
– Wiesendüngung führt zu Artenverlust, Drainagen zerstören Feuchtbiotope.
– Übermäßige Düngung mit Stallmist, Gülle und Mineraldünger führt zu Anreicherung von Stickstoff und anderen Stoffen im Grundwasser.
– Herbizide, Pestizide und Fungizide, die bei den Methoden moderner Leistungssteigerung unerlässlich sind, verringern die Artenvielfalt und sammeln sich trotz vieler Verbesserungen im Boden an.
– Die Eutrophierung vieler Gewässer hat in der Landwirtschaft einen Hauptverursacher.
– Neues Saatgut ist oft empfindlich und verlangt erhöhte Gaben von Dünger und Pflanzenschutzmitteln und teilweise zusätzlichen Maschineneinsatz.
– Das Gewicht großer Maschinen führt zu einer Verdichtung des Bodens, auch des Unterbodens.
– Unsachgemäße Bewässerung in den ariden Gebieten fördert die Versalzung an der Oberfläche, da der aufsteigende Bodenwasserstrom gelöste Salze nach oben bringt.

Problem Reduzierung der Artenvielfalt
Ein Beispiel aus der Grünlandwirtschaft:
– Werden Wiesen (z.B. Streuwiesen) einmal jährlich gemäht (1. September), so werden ökologisch bedeutsame Brache-Typ-Pflanzen erhalten. Die spärlich wachsenden Grasarten können jedoch nur teilweise als Futter verwertet werden.
– Bei zweimaligem Schnitt (20. Juli, 20. Oktober) wird höchste Artenvielfalt erreicht, ökonomisch sind die Ergebnisse noch unbefriedigend.
– Drei Schnitte (1. Juni, 20. Juli, 20. Oktober) ergeben guten Ertrag mit hochwertigem Heufutter bei insgesamt noch guter Artenvielfalt.
– Bei vier bis fünf Schnitten werden hohe Futtererträge bei sehr guter Qualität erreicht, die Artenvielfalt wird jedoch stark reduziert.

Problem Stickstoffhaushalt
Von zentraler Bedeutung für die Umweltwirksamkeit der Landwirtschaft ist der Stickstoffhaushalt intensiv genutzter Flächen. Stickstoffdüngung erhöht die Erträge auf Acker- und Grünland, kann jedoch zu Stickstoffüberschuss im Boden und seiner Auswaschung in das Grundwasser führen. Stickstoffverbindungen (NH_2, NH_3, NO_3) belasten Luft und Gewässer. Hoher Stickstoffgehalt beeinträchtigt die Produktqualität von Futter- und Lebensmitteln.

M 2 Stickstoffkreislauf und Stickstoffbilanz (nach Isermann) einer modernen Landwirtschaft

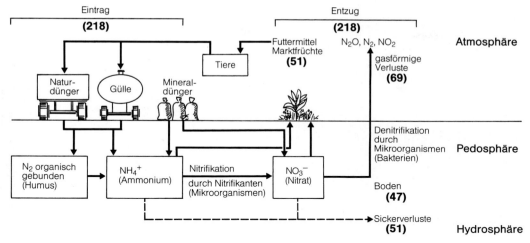

Ein Beispiel aus der Milchviehhaltung

Es gibt heute „Hochleistungsmilchkühe", die mehr als 8 000 kg Milch im Jahr liefern – aber nur einige wenige Jahre lang. Trotzdem werden sie gezüchtet, denn sie brauchen je Kilogramm erzeugter Milch weniger Futter als Kühe, deren Milchproduktion sich auf längere Zeit verteilt.

M 3 Milchleistung und Futteraufnahme

Milch-leistung/Tag kg	Energiebedarf pro kg Milch in Megajoule	Futteraufnahme Trockenmasse kg	Kraftfutter %
6,5	8,9	11,4	0
13,1	6,1	14,9	9
23,0	4,8	18,7	29
32,8	4,3	21,3	51

Diese „Turbo-Kühe" haben aber ein höheres Futteraufnahmevermögen, wobei der Anteil des *Grundfutters* (Grassilage, Heu, Rüben, Kartoffeln) sinkt und der des *Kraftfutters* (eiweiß- und getreidehaltig, z. T. mit Produkten aus den Entwicklungsländern wie Kopra-Schrot, Baumwollsaat) steigt.

Bei einer Jahresmilchleistung von bis zu 5 000 kg ist die Stickstoffbilanz zwischen „Import" durch Kraftfutter und „Export" durch Milch- und Viehverkauf noch ausgeglichen. Bei Jahresleistungen über 7 000 kg ist dies nicht mehr möglich. Zwar kann eine „10 000-kg-Kuh" den Liter Milch kostengünstiger erzeugen als eine „5 000-kg-Kuh", aber wegen der viel höheren Stickstofflast ist dies ökologisch nicht vertretbar.

Nach Alfred Haiger: Ökologie und Ökonomie in der Milchviehzucht. In: Berichte über Landwirtschaft 71, 1993, S. 92/93

M 4 NH_3-Emissionen[1] von Weideflächen bei intensiver und extensiver Viehhaltung während einer Weidesaison von 180 Tagen

	intensiv (Durchschnitt der Niederlande 1986)	extensiv
N-Düngung kg/ha J	240–275[2]	0
Besatzdichte (Milchkühe/ha)	3,5	1,85
N in Harn und Kot		
– kg/ha	268[2]	121
– kg/Kuh	77	65
NH_3-Emission		
– kg/ha	35[2]	16
– kg/Kuh	10	8,6

[1] NH_3 (Ammoniak), Hauptursache der Geruchsbelästigung durch die Landwirtschaft
[2] in Extremfällen werden um über 50 % höhere Werte erreicht

Klaus Isermann: Ammoniakemissionen der Landwirtschaft als Bestandteil ihrer Stickstoffbilanz. In: Ammoniak in der Umwelt. Münster: KTBL-Schriften-Vertrieb 1990. S. 1.6 (gekürzt)

M 5 Massentierhaltung

Problem Massentierhaltung

Besonders belastend sind Großanlagen mit Massentierhaltung von mehr als 10000 Tieren, die auch in Europa häufig vorkommen.
1990 hatte ein durchschnittlicher Schweinemastbestand in der Bundesrepublik 43 Tiere. Aber die Hälfte der 2,2 Mio. Schweine verteilte sich auf nur 4 % der 288 000 Halter. Bei den Legehennen waren es sogar 90 % der Tiere auf nur 4 % der Betriebe!

„Billig konnte Fleisch nur dank industrieller Produktion werden. ... Voraussetzung für die Massenproduktion war es, die Tiere an die Fabrikhaltung anzupassen, was den Züchtern geglückt ist, wenn auch auf Kosten der Gesundheit und natürlich des guten Geschmacks der Tiere. Ein Schwein musste vor wenigen Jahrzehnten noch ein Jahr gemästet werden. Heute dauert es 120 Tage, und das Tier hat zwei Rippen mehr und liefert damit vier zusätzliche Koteletts. ...
Industrielle Tiermast ist nur möglich mit Kraftfutter, das billig und in nicht zu geringem Teil aus der Dritten Welt importiert wird, wo es die Menschen direkt ernähren könnte. Notwendigerweise müssen Masttiere aus Fabrikhaltung prophylaktisch mit Medikamenten voll gepumpt werden. Eine Reihe von Tierarzneien haben anabole Wirkung. Sie dürfen zu Mastzwecken als Futterzusatzstoffe verabreicht werden – selbst wenn sie ... als Arzneimittel verboten sind."

Martin Urban in: Süddeutsche Zeitung vom 2. 1. 1997

„Weil alles auf Gewinnmaximierung eingestellt ist, werden die Tiere bei moderner Technik auf engstem Raum gehalten und in ihrer Bewegungsfreiheit so weit wie möglich beschränkt. Die unnatürlichen Haltungsbedingungen erfordern ständige Beigaben von Beruhigungsmitteln. Wachstumsfördernde Mittel und Pharmaka kommen hinzu, so dass die Tiere in einer permanenten Drogenszene leben, mit unabsehbaren Auswirkungen auf unsere Gesundheit.
Diese Tierfabriken lassen ein Herabsinken der Humanität erkennen: in der Rücksichtslosigkeit gegenüber den uns Menschen anvertrauten Tieren und in der Zerstörung von Natur und Umwelt aus der Gewinnsucht Einzelner. ...
War der Stalldünger im organischen Kreislauf der Betriebe früher wichtiges Mittel zur Förderung der Bodenfruchtbarkeit, so sind die Exkremente heute in ihrer Massierung zu einer schweren Belastung für Natur und Wasserhaushalt geworden."

Hermann Priebe: Die subventionierte Unvernunft. Berlin: Siedler 1985, S. 16

Beispiel einer Großanlage
Der Bestand beträgt im Jahresmittel 175 000 Schweine. Insgesamt werden jährlich 3 465 t N im Futter eingebracht. Davon verlassen 735 t im Fleisch den Betrieb, 2 730 t werden abgelagert, über Wasser oder in die Luft abgeführt. Die Jauche wird in Teichen gehalten („Güllelagunen"), auf die ein erheblicher Teil der 63 % der N-Ausscheidungen entfällt, die in die Atmosphäre „entsorgt" werden. Entsorgung über die Atmosphäre aber bedeutet Verteilung der Abfallstoffe auf das weitere Umland der Anlage mit weiträumiger Belastung von Böden, Wasserhaushalt und Vegetation. *Nach Klaus Isermann: a.a.O., S. 1.14, 1.15*

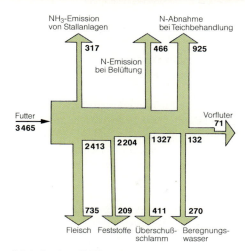

M 6 *Stickstoff-Fluss einer Großanlage der Schweinehaltung mit 175 000 Tieren*

M 7 *Stickstoffbilanz, Ammoniakemissionen und -emissionsdichten Ende der 80er-Jahre*

Land	Niederlande	Dänemark	BR Deutschland	Norwegen
Zufuhr (kg N/ha/Jahr)	465	228	218	15
davon gingen in				
– Verkaufsprodukte	98	64	51	26
– Pflanzenproduktion	14	28	23	6
– Tierproduktion	84	36	28	20
N-Effizienz in %				
– Pflanzenproduktion	63	k. A.	73	71
– Tierproduktion	21	k. A.	17	19

Nach Klaus Isermann: a.a.O., S. 1.46

Die Tabelle beweist die Notwendigkeit, in Europa strengere und einheitlichere Vorschriften für die Stickstoffemission zu erlassen.

M 8 *Jährlicher Pro-Kopf-Verbrauch in Deutschland in kg*

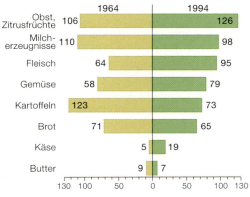

Nach Globus Kartenbild, Hamburg

Das zentrale Problem besteht darin, dass die pflanzliche Produktion eine viel höhere Stickstoffeffizienz (Verwertung) als die tierische aufweist, dass aber gleichzeitig der Einsatz für die Tierproduktion wesentlich höher ist.
Hier also geht das Problem zurück an uns Verbraucher: Unsere hochwertige Ernährung mit Veredelungsprodukten ist ein entscheidender Faktor beim zentralen Umweltproblem der Landwirtschaft!

1. Schildern Sie den Zusammenhang zwischen Ertragshöhe, Futterqualität und Artenvielfalt am Beispiel der Grünlandwirtschaft.
2. Begründen Sie mit dem Nitratkreislauf, warum das Ausbringen von Gülle während der Vegetationsruhe im Winter nicht erlaubt ist.
3. Vergleichen Sie die NH_3-Emissionen bei intensiver und extensiver Weidewirtschaft.
4. Was spricht für und was gegen die „Turbo-Kühe" mit sehr hoher Milchleistung?

Kann es mit unserer Landwirtschaft so weiter gehen?

Nimmt man die Aufwendungen für die Landwirtschaft von Bund, Ländern und EU zusammen, so sind diese Subventionen wesentlich höher als die Einkommen aller Landwirte. Dennoch wird der Vergleichslohn der gewerblichen Erwerbstätigen nicht erreicht (1997: 61 %).

„Die Mittel fließen auch nach der Reform vorwiegend dem Agrobusiness und den wohlhabenden größeren Landwirten zu und begünstigen dort spezialisierte, umweltschädigende Produktionsformen, während gerade die noch naturgetreuer wirtschaftenden echten Bauern auf der Strecke bleiben."
Hermann Priebe im Handelsblatt vom 7. 3. 1994
— Ist solch ein System ökonomisch vertretbar?

Die Landwirtschaft ist maßgeblich verantwortlich für die Nitratbelastung des Grundwassers, die Reduzierung der Artenvielfalt in der Pflanzen- und Tierwelt, für die ausgeräumten Landschaften in vielen agrarischen Gunstgebieten.
— Ist solch ein System ökologisch vertretbar?

„Nun kommt aber von den Britischen Inseln der Rinderwahnsinn und in einigen Ländern der EU grassiert die Schweinepest. Die beiden Tierseuchen haben eine gemeinsame Ursache, die Geldgier. ... Die ersten Fälle von Rinderwahnsinn traten auf, nachdem die Gehirne von Schafen, die an der längst bekannten Krankheit Scrapie verendet waren, an Rinder verfüttert wurden.
Wie viele Schweine von so genannten Keulkommandos getötet wurden, weiß niemand genau. 790 000 sollen es seit 1993 in ganz Niedersachsen sein. ... In die drangvolle Enge der Ställe hat sich noch das Pestivirus Suis gezwängt. Es kam mit Ferkeln aus Baden-Württemberg, denn bei der hohen Spezialisierung ... werden die Ferkel im Süden erzeugt und im Norden groß gefüttert."
Christian Schütze. In: Süddeutsche Zeitung vom 18./19. 6. 1994,

— Ist unser System der Tierhaltung und -vermarktung ethisch vertretbar?

Möglichkeiten einer ökologisch orientierten Landwirtschaft unter den heutigen ökonomischen Bedingungen

Grundsätze für eine alternative und nachhaltige Landwirtschaft sind bekannt.
„Von der Petrokultur zur Agrikultur!', heißt beispielsweise das Motto des österreichischen Agrarwissenschaftlers Haiger. Also:
— Weg von der vornehmlich wachstumsorientierten Tierproduktion, die wie die gesamte moderne Landwirtschaft auf reichlich verfügbarem und billigem Erdöl basiert.
— Weg von einer Wirtschaftsphilosophie, die immer billigere Lebensmittel anstrebt.
— Weg von einer Tierhaltung, bei der immer mehr Nutztiere auf engstem Raum bei steigendem Medikamenteneinsatz zusammengepfercht werden.
— Weg von den in den Ballungszentren der Veredelungswirtschaft vorkommenden ökologisch unverträglichen Güllemengen, die die Bodenstruktur zerstören und das Grundwasser verseuchen.
— Weg von einer Landwirtschaft, die qualitativ und gesundheitlich bedenkliche Lebensmittel herstellt.
— Weg von einer Agrarpolitik, die zahlreiche kleinbäuerliche Existenzen vernichtet und den Steuerzahlern Unsummen zur Überschussbeseitigung kostet.
Haigers alternative Lösungen zum Ausweg aus der Sackgasse lauten:
— Erhaltung der Bodenfruchtbarkeit durch höhere Besteuerung von Dünge- und Pflanzenschutzmitteln, durch Anwendung geeigneter Fruchtfolgen und durch Kompostwirtschaft.
— Anpassung des Viehbesatzes an die Fläche der Betriebe durch Bestandsobergrenzen und Auflagen für tiergerechte Haltung und Futtermittelimport.
— Einführung eines wirksamen Außenhandelsschutzes und Anhebung der Grundnahrungsmittelpreise für ökologisch wirtschaftende kleinbäuerliche Betriebe.
— Umstellung der Ziele in der Tierzucht von Höchst- auf Lebensleistungen."
Nach Peter Glodek. In: Berichte über Landwirtschaft 68, 1990, S. 605

M 9 *Betriebsergebnisse von konventionell und alternativ bewirtschafteten Betrieben 1998*

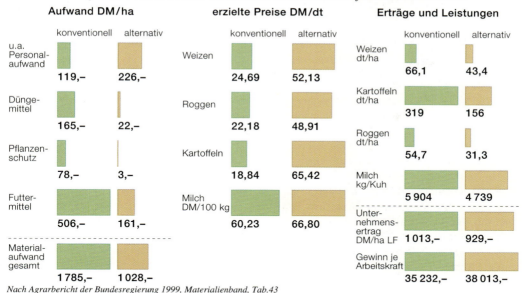

Nach Agrarbericht der Bundesregierung 1999, Materialienband, Tab.43

M 10 *Energieeinsatz in konventioneller und ökologischer Landwirtschaft*

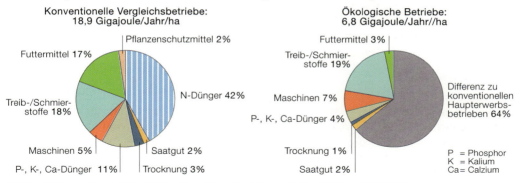

BUND und Misereor (Hrsg.): Zukunftsfähiges Deutschland. Basel, Boston, Berlin: Birkhäuser 1996, S. 318

Flächenstilllegung oder Extensivierung?

„Die Extensivierung entspricht ökologischen Zielen mehr als die Flächenstilllegung, die zumindest tendenziell zu einer Aufteilung der Landschaft in wenige ‚geschützte' Flächen und immer intensiver genutzte Agrarflächen führen würde. ...

Für die Extensivierung ist als erste Stufe eine Umstellung auf Ressourcen schonende Wirtschaftsweise ohne Reduktion der Nutzungsintensität zu empfehlen, zum Beispiel durch Erweiterung der Fruchtfolgen, Verzicht auf Mais- oder Rübenanbau auf erosionsanfälligen Böden. Die zweite Stufe betrifft die eingeschränkte Anwendung von belastenden Agrochemikalien (integrierter Pflanzenbau), die dritte den völligen Verzicht darauf (ökologischer Landbau). Parallel dazu gehen im Grünland eine mäßige Reduktion der Bewirtschaftungs-Intensität einher, etwa durch Verminderung der Schnittzahl oder der Großvieheinheiten je Hektar, von drei auf zwei."

Wolfgang Haber: Auswirkungen der Extensivierung auf die Umwelt einer Industriegesellschaft. In: Naturschutz und Landschaftsplanung 3, 1991, S. 97/98

3.8 Konsumverhalten und nachhaltiges Wirtschaften

Kann es mit uns Konsumenten so weiter gehen?

Die Umweltbelastung durch die Landwirtschaft kann nicht ohne unsere Essgewohnheiten und unsere Vorliebe für hochwertige Veredelungsprodukte verstanden werden. An einfachen Beispielen unseres Konsumverhaltens kann man weit reichende Zusammenhänge erkennen.

Beispiel Orangensaft aus Brasilien. Beim Fruchtsaftverzehr sind wir Deutschen Weltmeister: 40,6 l tranken wir im Mittel 1997, doppelt so viel wie 1980 und zwanzigmal so viel wie 1950. Besonders beliebt ist Orangensaft, der nun fast die Anteile des Apfelsafts (der auch nur noch zum Teil aus Deutschland stammt) erreicht hat. Es ist ganz überwiegend Saft von brasilianischen Früchten, denen nach der Ernte das Wasser entzogen wird. Das Konzentrat wird tiefgefroren in Containern verschifft. In Deutschland führen dann die Hersteller wieder die fünffache Menge Wasser zu.

Die Herstellung von 1 t Orangensaft verlangt den Einsatz von 22 000 l Wasser (Prozess- und Verdünnungswasser) und ca. 600 kg SKE-Energie (ca. 400 l Kraftstoff). Für den Transport innerhalb Brasiliens, nach Europa und innerhalb Europas sowie die Kühlung werden weitere 30,7 kg SKE je Tonne Saft benötigt. Die Gesamtfläche, die für den deutschen Orangensaftbedarf in Brasilien verbraucht wird, beläuft sich auf 79 000 ha (1996), das ist mehr als die deutsche Obstbaufläche (70 000 ha). (Nach Wuppertal-Institut)

M 1 Preisrückgang bei Orangensaftkonzentrat ab Hafen Rotterdam US-$/t

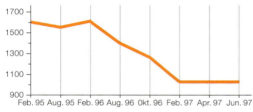

Rüdiger Meyer: Bitterer Orangensaft. In: Landwirtschaft 98. Der kritische Agrarbericht. Kassel: ABL-Bauernblatt Verlags-GmbH, 1998, S. 102

M 2 Produktion von Orangensaftkonzentrat

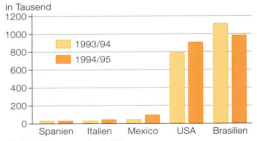

Rüdiger Meyer: a.a.O., S. 102

„Dort wo im Bundesstaat São Paulo früher Kaffee angebaut wurde, wachsen heute auf einer Fläche so groß wie die Benelux-Staaten Orangenbäume. Sinkende Weltmarktpreise für Robusta-Kaffee, steigende Nachfrage nach Orangensaft in Europa und den USA und eine Frostperiode in den US-amerikanischen Orangenanbaugebieten veranlasste São Paulos Pflanzer Anfang der 60er-Jahre dazu, ihre Kaffeeplantagen herauszureißen und stattdessen Orangen anzubauen. Maßgeblich angekurbelt wurde das Geschäft mit der goldenen Frucht von dem deutschstämmigen Carl Fischer. Gemeinsam mit dem deutschen Weinbrandunternehmen Eckes und dem amerikanischen Saftkonzern Pasco baute er 1963 eine Saftpresserei, kaufte die Orangenernte in São Paulo auf und ermunterte die Pflanzer zur Expansion ihrer Anbaugebiete, indem er ihnen einen Vorschuss auf die zu erwartenden Ernten der kommenden Jahre zahlte. Mittlerweile besitzen insgesamt rund 20 000 Bauern im Herzen São Paulos annähernd 200 Millionen Orangenbäume und sind fast 100 000 Pflücker sechs Monate im Jahr mit der Orangenernte beschäftigt. Doch die goldenen Zeiten sind lange vorbei. Der Orangensektor Brasiliens ist mittlerweile geprägt durch kartellartige Strukturen bei den Konzentratherstellern, hochverschuldete kleinbäuerliche Orangenpflanzer und verarmte Erntehelfer."

Rüdiger Meyer: a.a.O., S. 103, gekürzt

M 3 Eine der ältesten Kulturformen in Mitteleuropa, eine Streuobstwiese (hier mit Jungvieh) unter hochstämmigen Obstbäumen, deren Schatten, Windschutz und Feuchtigkeitsspeicher vielfältige Nutzung ermöglichen: Kleine Getreidefelder zwischen den Bäumen, Beerensträucher oder Schafweiden, Streuobstwiesen haben artenreichen Pflanzenwuchs und sind Lebensraum vieler Kleintiere.

Beispiel: Apfelsaft vom Bodensee. Streuobstflächen gehen immer mehr zurück. Denn
- sie behindern die Flurneuordnung, die maschinengerechte Felder will,
- im Nahbereich von Ortschaften werden sie zu Siedlungs- oder Verkehrsflächen,
- sie sind mit intensiv genutzten Agrarflächen wirtschaftlich nicht konkurrenzfähig,
- sie werden nicht mehr gepflegt, ihr Baumbestand ist deshalb überaltert.

Wie kann man dennoch Streuobstwiesen erhalten, ohne einen weiteren „teuren Pflegefall des Naturschutzes" daraus zu machen?

Das Apfelsaftprojekt vom Bodensee-Hinterland setzt bei der Wirtschaftlichkeit an. Streuobstäpfel bringen für die Vermostung zwischen 12,00 und 20,00 DM/dt. Aber erst bei Preisen über 30,00 DM sind sie für Landwirte attraktiv. Solche Preise sind nur zu erzielen, wenn man aus den Äpfeln ein Qualitätsprodukt macht: Der aromatische, naturtrübe Apfelsaft aus ungespritztem Hochstammobst musste also zu einem geschätzten Markengetränk gemacht werden.

Seit 1991 gibt es ein gemeinsames Projekt von BUND- und NABU-Gruppen und Keltereien der Region. Gemeinsam wurden Anbaurichtlinien, Kontrollen, Erzeugerpreise und Werbung festgelegt, Marketinganalysen durchgeführt und eine gezielte Werbung ins Leben gerufen. Vertragslandwirte können nun ihr Hochstammobst mit garantiertem Aufpreis (35,00 DM/dt) verkaufen, wenn sie die Streuobstwiesen vertragsgemäß bewirtschaften: extensiv, ohne Pestizide, mit Bestandserhaltung durch Nachpflanzungen und Kontrollen durch die Vertragspartner. Die Vertragskeltereien verpflichten sich die Rohware separat zu erfassen und direkt nach dem Pasteurisieren in Pfandflaschen abzufüllen. Der Saft wird ohne Konzentrat, Zuckerzusatz oder Konservierungsstoffe hergestellt und nach schonendem Erhitzen auf 1-Liter-Pfandflaschen abgefüllt.

230 Landwirte sind am Projekt beteiligt. Damit stehen 370 Hektar Streuobstwiesen und 27 000 hochstämmige Apfelbäume unter Schutz. 1997 wurden mehr als 810 000 Liter Apfelsaft produziert. Mehr als 140 Getränkehändler, 50 Gastronomiebetriebe, zahlreiche Werkskantinen und Schulen setzten den Saft ab. Die Preise liegen zwischen 2,00 DM und 2,50 DM/l.

1998 erhielt das Apfelsaftprojekt einen der Hauptpreise des Naturschutzwettbewerbs des Bundes und der Länder und findet Nachahmer, auch in Nordrhein-Westfalen.

1. Versuchen Sie, den Herkunftsort der von Ihnen täglich verzehrten Lebensmittel und ihren Transportweg zu ermitteln.
2. Ein Prinzip umweltschonenderer Versorgung heißt „regionale Wirtschaft". Wenden Sie dies auf Ihren eigenen Bedarf an, nennen Sie Hindernisse bei der Realisierung.

Beispiel Jogurt. Jogurt ist gesund, Fruchtjogurt schmeckt gut, kostet nur wenig und steht in vielen Varianten in den Kühlregalen unserer Einkaufsmärkte. Uns ist oft nicht bewusst, was für eine lange Reise solch ein Produkt hinter sich hat: 3 494 km reisen beispielsweise die Produktbestandteile und Behältermaterialien (im Beispiel ist es „umweltfreundliches" Glas) – ohne Berücksichtigung der Grundstoffe, die an die Zulieferer gehen und über ähnlich lange Distanzen transportiert werden.

M 4 Transportbeziehungen bei Erdbeerjogurt, 150 g

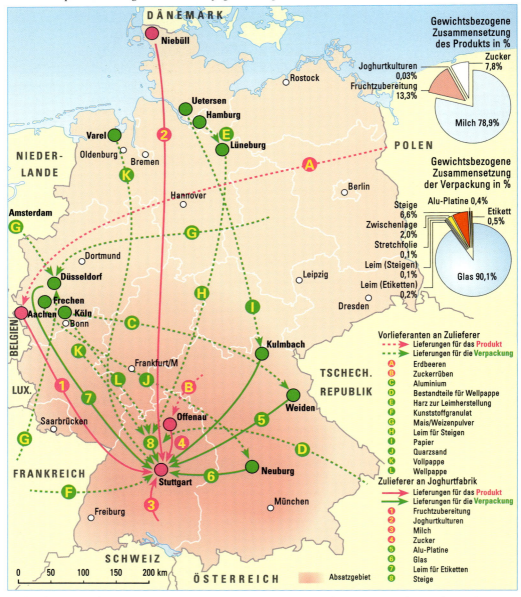

Nach Stefanie Böge: Erfassung und Bewertung von Transportvorgängen: Die produktbezogene Transportkettenanalyse. In: Dieter Läpple (Hrsg.): Güterverkehr, Logistik und Umwelt. Berlin: Edition Sigma 1995, S. 121

Beispiel Tomaten. Die Gewächshaustomaten aus Holland mit ihrer ganzjährig gleich bleibenden Qualität werden in Mitteleuropa stark nachgefragt. An den Energieaufwand solcher Agrarprodukte denken wir nicht.
Er beläuft sich für Gewächshaustomaten im Winterhalbjahr auf 50 Megajoule/kg, dem ein Energiegehalt im Gemüse von 0,5 Megajoule gegenübersteht. Kämen die Freiland-Tomaten per Flugzeug aus einem warmen Land, würde der Transport 15 Megajoule/kg kosten.
Die unterschiedliche Energieproduktivität der verschiedenen Lebensmittel muss uns nachdenklich machen, besonders wenn wir die Veränderung unserer Ernährungsgewohnheiten mitbedenken (vgl. M8, S. 201).

M 5 *Verhältnis von Energieeinsatz und -ertrag in Nahrungsmitteln („Energieproduktivität")*

	eingesetzte Energie	Energie in Nahrungsm.
Kartoffeln, extensiv	1	30
Kartoffeln, konventionell	1	10
extensive Milchwirtschaft	1	5
Mastvieh auf Weiden	1	3
Obst	5	1
intensive Milchwirtschaft	5	1
Mastrind mit Kraftfutter	30	1
Gewächshausgemüse im Winter	>100	1

Hans-Ulrich von Weizsäcker, Amoy B. Lewis, L. Hunter Lovin: Faktor Vier. München: Droemer Knaur 1996, S. 83

Ökologische Rucksäcke

Viele Fehlentwicklungen in der Lebensmittelproduktion und -vermarktung sind auf das Konsumverhalten von uns Verbrauchern zurückzuführen. Zwar bezeichnen sich weite Teile der Bevölkerung als umweltbewusst, aber nur jeder Dritte würde einen Preisaufschlag bis 5 % für umweltgerechte Lebensmittel akzeptieren.
Die Nahrungsmittel sind nur eine Seite des Problems. Auf allen Gebieten gibt es ähnliche Verhältnisse, werden Ressourcen unökologisch (und oft auch unökonomisch) eingesetzt.
Nur ein Teil des der Natur entnommenen Materials wird tatsächlich verwertet, ein anderer Teil wird nur bei der Gewinnung der Rohstoffe benutzt, aber nicht verwertet. Dafür hat man den Ausdruck „ökologischer Rucksack" geprägt.

M 6 *Verhältnis von gewonnenem Rohstoff zu bewegtem Material (für die Gewinnung von 1 kg müssen so viele kg bewegt werden)*

gewonnener Rohstoff		bewegtes Material
Erdöl	1	0,1
Bauxit	1	5
Steinkohle	1	6
Braunkohle	1	11
Eisen	1	14
Phosphat	1	34
Manganerz	1	420
Silber	1	7 500
Gold, Platin	1	350 000

Ernst Ulrich von Weizsäcker et al.: a.a.O., S. 269

Diese Rucksäcke zeigen sich bei den Materialflüssen (Stoffströmen), die man heute als das zentrale Problem der Umweltbelastung und des Naturverbrauchs erkennt: der Entnahme von Rohstoffen aus der Natur und der zum größten Teil raschen Wiederabgabe.

M 7 *Materialdurchsatz der deutschen Wirtschaft (alte Länder 1991)*

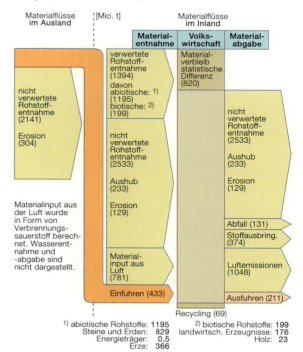

1) abiotische Rohstoffe: 1195
Steine und Erden: 829
Energieträger: 0,5
Erze: 366

2) biotische Rohstoffe: 199
landwirtsch. Erzeugnisse: 176
Holz: 23

Nach BUND/Misereor (Hrsg.): Zukunftsfähiges Deutschland. Basel, Boston, Berlin: Birkhäuser 1996, S. 96

Die nicht verwerteten Rohmaterialien (z. B. Abraumhalden) sind mengenmäßig viel größer als die Abfälle aus Produktion und Verbrauch.

Besonders problematisch ist, dass beim Verbrauch die biotischen, also nachwachsenden Rohstoffe mengenmäßig nur ein Sechstel der abiotischen, nicht nachwachsenden Rohstoffe ausmachen.

Beispiel Textilien. Will man die Nachhaltigkeit des Wirtschaftens bewerten, muss man sich der Stoffströme bewusst werden. Von der Fasergewinnung bis zur Entsorgung reicht die Produktlinie bei Textilien, zu der auch mehrere Nebenketten gehören. Sie lassen Komplexität und Umfang des Materialflusses erkennen. Rucksäcke und Belastungen der Umwelt können sich bei jedem einzelnen Fertigungsschritt und in jeder der einzelnen Ketten ergeben. Hierbei ist auch zu berücksichtigen, dass heute in der Textilfertigung alle Stationen und Schritte der Produktion international verflochten sind, dass also – wie im Jogurt-Beispiel – die Transportintensität hoch ist und Umwege enthält, deren wir uns nicht bewusst werden.

Komplexe Stoffströme wie in den Produktlinien von Textilien gibt es in allen Branchen von Industrie und Gewerbe. Sie sind bei hochtechnischen Produkten noch um ein Vielfaches differenzierter.

Für Deutschland belaufen sich die gesamten Entnahmen (einschließlich der aus dem Ausland) auf 5 503 Mio. t, das sind pro Kopf 69 Tonnen. (Die im Ausland bei der Gewinnung nicht verwerteten 2 545 Mio. t sind dabei nicht berücksichtigt.) Sie sind damit nur rund 15 % höher als die Abgaben von 4 659 Mio. t. Mengenmäßig überwiegen die nicht verwerteten Rohstoffe (z. B. der Abraum der Braunkohle, Erdaushub, Erosion in der Landwirtschaft), die ohne Nutzung durchfließen. Die Hauptmasse der genutzten Luft, die bei Verbrennungsvorgängen benötigt wird, kommt direkt wieder in die Umwelt. Auch die verwerteten Rohstoffe werden zu großen Teilen nach kurzfristigem Gebrauch wieder rasch in die Umwelt entlassen. Die 15 Prozent gespeicherte Masse (Gebäude- und Infrastrukturen) werden nach längeren oder langen Zeiträumen großenteils an die Umwelt abgegeben.

M 8 Hauptkette und Nebenketten der Produktlinie von Textilien

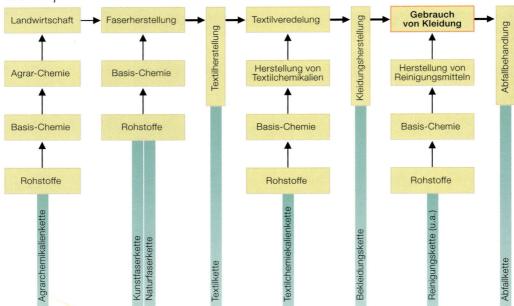

Nach Umweltbundesamt (Hrsg.): Nachhaltiges Deutschland. Berlin: Schmidt 1998, S. 181

M 9 Materialentnahme nach Bedarfsfeldern

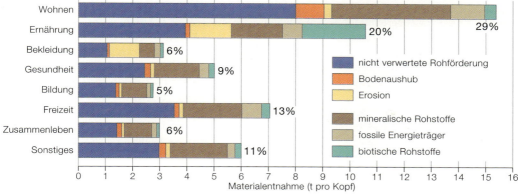

Nach BUND/Misereor: a.a.O., S. 103

Auf vielen Gebieten ließe sich tatsächlich mit einem Viertel des Ressourcenverbrauchs das gleiche Ergebnis erzielen. Programmatisch heißt ein viel diskutiertes Buch zu diesem Thema „Faktor Vier. Doppelter Wohlstand, halbierter Verbrauch." Es nennt viele Beispiele, wie die Ressourceneffizienz gesteigert, die Umweltbelastung reduziert und Nachhaltigkeit erzielt werden kann. Wie auch in anderen ökologischen Ansätzen sind manche technischen Lösungen noch nicht realisiert (wie das 1,7-Liter-Auto), andere zeigen die enormen Fortschritte, die schon erreichbar sind (vgl. M 10). Auch beim Jogurt-Beispiel könnte die Transportintensität ganz erheblich gesenkt werden – im Extremfall belaufen sich die Transportwege dann nur noch auf ein Viertel –, sofern verstärkt regionale Zulieferer berücksichtigt werden, die Herstellung dezentralisiert wird – was bei kleineren Serien verstärkten Arbeitseinsatz und weniger Technik bedeutet.

Bereits der Einsatz besserer, ressourcenschonenderer Technik kann enorme Reduzierungen des Verbrauchs bringen, noch ohne grundsätzlich anderen Materialeinsatz.

Da Rohstoffvorräte und Selbstreinigungskräfte der Natur begrenzt sind, tut nachhaltiges Wirtschaften Not. Nachhaltigkeit bedeutet, dass unser Verbrauch die Natur nicht so belasten darf, dass die Ausgangssituation für künftige Generationen verschlechtert wird – ein Prinzip, das wir offensichtlich noch nicht ernst genommen haben.

Die Rucksäcke müssen also verkleinert werden und die Ökoeffizienz muss steigen. Zuerst müssen „die Preise die ökologische Wahrheit sagen", müssen die Grenzen der Substituierbarkeit anerkannt werden, muss die Verwundbarkeit von Ökosystemen beachtet und müssen soziale Werte einbezogen werden. Und der Staat muss durch Gesetze und Regelungen den ordnungspolitischen Rahmen dafür schaffen.

3. Verfolgen Sie die Stoffströme an den Beispielen Jogurt und Textilien und nennen Sie die jeweiligen „Rucksäcke".
4. Versuchen Sie den Naturverbrauch an Beispielen aus Ihrem eigenen Lebensbereich abzuschätzen.
5. Nennen Sie Beispiele aus Ihrem Heimatort, wo der Ressourcenverbrauch vermindert werden könnte.
6. Das seit Jahren von der Industrie angekündigte $2^{1}/_{2}$-Liter-Auto ist noch nicht da, obwohl es technisch machbar ist. Wo liegen wohl die Ursachen?
7. Warum ist das Auto-Sharing (noch?) kein Erfolg in Deutschland?

M 10 Wasserverbrauch in der Papierherstellung l/kg

Durchschnittsverbrauch in Deutschland					moderne Papier-Mühle
1900	1974	1976	1985	1991	1995
500–1000	47	36	21	18	1,5

Ernst Ulrich von Weizsäcker: a.a.O., S. 116

METHODE

Arbeit vor Ort

Die Themenwahl. Vor unseren Klassenzimmern spielt sich das reale Leben ab und bietet vielfachen Anlass für geographische Arbeit, die die Ergebnisse des Unterrichts anschaulich machen, ergänzen oder modifizieren kann.

Arbeit vor Ort bietet die Chance, sich innerhalb einer Gruppe (Klasse) über neue Aufgabenfelder abzusprechen und Arbeitsweisen zu wählen, die im Unterricht üblicherweise kaum möglich sind. Vor allem Heimatstadt und Heimatraum bieten eine Fülle geeigneter Themen. Der Untersuchungsgegenstand sollte dabei von der Klasse nach offener Diskussion gewählt werden. Dabei ist zu bedenken, dass selbstständiges „forschendes" Lernen zeitaufwendig ist. Schon deshalb empfiehlt es sich, relativ kleine, eindeutig abgrenzbare Themen zu wählen. Eine Gesamtdarstellung der Heimatstadt beispielsweise ist für ein einzelnes Projekt nicht möglich, kann allenfalls mit anderen Gruppen gemeinsam erarbeitet werden. Sinnvoll sind dann Teilaspekte, etwa die Analyse des Einkaufs- und Konsumverhaltens und des Konsumangebots in einem Stadtviertel, die Untersuchung von Verkehrsfluss und Verkehrsverhalten in einzelnen Straßen, die Analyse einzelner Raumnutzungskonflikte oder von Aspekten des Freizeitverhaltens und der Freizeitmöglichkeiten, von Pendlerbeziehungen und Einzugsbereichen zentraler Einrichtungen, von lokalen Müllverursachern und Alternativen. Fächer übergreifendes Arbeiten bietet sich häufig an, beispielsweise bei ökologischen Aktivitäten im schulnahen Bereich.

Die Arbeitsplanung. Umfangreichere Vorhaben (Projekte) können im Rahmen von Projekttagen durchgeführt werden, kleinere sind aber auch statt einzelner Unterrichtsstunden möglich. Zunächst muss Organisatorisches geklärt werden:
– Der zeitliche Rahmen kann einen oder mehr ganze Projekttage umfassen oder aber nur eine oder wenige Stunden. Es ist auch möglich, einzelne kürzere Beobachtungsaufgaben auf einen längeren Zeitraum aufzuteilen (z.B. bei der Untersuchung des örtlichen Kleinklimas, das regelmäßiges Messen möglichst während eines ganzen Jahres erfordert).
– Das Ziel sollte klar definiert, die Arbeit konsequent darauf ausgerichtet sein. So könnte beim Beispiel „Einkaufsverhalten" eine Differenzierung nach täglichem, periodischem, Langzeitbedarf erfolgen. Dabei ist es sinnvoll, vorab schon zu klären, in welcher Form die Ergebnisse festgehalten und weitergegeben werden sollen.
– Arbeitsgruppen und Unterthemen müssen im Voraus eingeteilt, Unterthemen zugeordnet und Einzelarbeiten in die Gesamtaufgabe integriert werden.
– Es ist sinnvoll, Hypothesen vorab zu formulieren und Überlegungen anzustellen, wie diese Hypothesen überprüft werden können.
– Zur Planung gehört auch eine Konzeption der Verwendung der Ergebnisse, die Überlegung, wen man erreichen und was man bewirken will.

Die Durchführung. Für die Arbeit vor Ort sind zahlreiche Methoden geeignet oder notwendig, die im Unterricht üblicherweise wenig genutzt werden können und die allesamt selbstständiges Arbeiten bedeuten. Dabei ist vordringlich, dass die Teilnehmer selbst entscheiden, mit welchen Methoden sie arbeiten wollen.
– Begehung und Besichtigung eignen sich für kurzfristige Beobachtungsaufgaben (Ergebnisse kontinuierlich festhalten, Protokolle vergleichen!). Dabei übersieht man häufig nahe liegende Gelegenheiten (z.B. auf dem täglichen Weg zur Schule), aus denen sinnvolle Aufgaben entstehen könnten.
– Die Betriebserkundung macht komplexe Themen wie die Funktion eines Industriebetriebs, die Schüler und Schülerinnen im Allgemeinen fremd sind, anschaulich und gibt Einblicke in die Arbeitswelt, die der Unterricht allein nicht leisten kann. Sie verlangt eine gezielte Vorarbeit mit dem Beschaffen von einführenden Informationen und der Erstellung eines Fragenkatalogs. Bei der Besichtigung gilt die Regel: beobachten – wahrnehmen – fragen – festhalten (Fotos, Protokoll, Dokumentation). In der Nacharbeit müssen die Ergebnisse in den Zusammenhang eingebunden werden.
– Befragung und Umfragen (beispielsweise zum Einkaufsverhalten) müssen vergleichbare Ergebnisse ermöglichen. Das bedeutet, dass man sich unbedingt an die vorab festgelegten Fragen im Wortlaut halten muss, um Suggestivfragen auszuschließen.

Projektarbeit

Regel: Immer zu zweit arbeiten, einer achtet auf die Formulierung des anderen. Eine Kundenbefragung zum Einkaufsverhalten kann beispielsweise auf der Basis einer ausgearbeiteten Strichliste erfolgen, in der Antworten auf Standardfragen nur abgezeichnet werden müssen.
– Das Interview ermöglicht es, einen Sachverhalt aus der Perspektive eines oder mehrerer Interviewpartner eingehender kennen zu lernen. (Verschiedene Perspektiven sind nützlich!) Auch hierfür ist ein schriftlicher Katalog von Fragen hilfreich, auf deren Beantwortung man drängen sollte. (W-Fragen erfordern präzise Antworten, Impulse und offen formulierte Fragen können weitergehende Hinweise geben.) Genehmigungen für Ton- und Filmmitschnitte und die Weiterverwendung der Antworten sollten eingeholt werden.
– Die Kartierung ist ein Verfahren, das räumliche Verteilung, Standortbeziehungen, Lage- und Entfernungsverhältnisse anschaulich macht und eine wichtige Rolle bei der Darstellung von Ergebnissen spielt. Kartiert werden können die Resultate einer Begehung und Besichtigung, aber auch die Ergebnisse von bestimmten Umfragen (beim Thema Einkaufsverhalten, z. B. die Lage von Fachgeschäften, Groß- und Verbrauchermärkten, die Einzelhandelsdichte, die Gebäude- und Stockwerknutzung in Einkaufsstraßen, der Einzugsbereich).

Die Auswertung. Zunächst werden die Ergebnisse innerhalb der einzelnen Gruppen analysiert und kritisch beleuchtet, mit den Hypothesen verglichen und unter Umständen auch relativiert. Dazu können Darstellungen aus der Fachliteratur herangezogen werden oder Vergleiche mit anderen Untersuchungen (z. B. im Internet) angestellt werden. Anschließend erfolgt die Darlegung der Einzelergebnisse im Plenum.
– Grafiken (z. B. zu den Einkaufspendlern, der Reichweite von Einrichtungen des Handels, zum Tages- und Jahresgang des Einkaufsverkehrs) dienen der Umsetzung unanschaulicher Zahlenwerte. Dabei bietet sich eine Fülle unterschiedlicher Skizzen und Diagramm-Formen an, an deren Erstellung und Prüfung nicht nur „Spezialisten" in der Gruppe, sondern möglichst viele Teilnehmer mitwirken sollten.

Bei der Auswertung von entsprechend konzipierten Umfragen ist eine Umsetzung in eine grafische Bewertungsskala nützlich.

Beispiel Einkaufsumfrage:

	■ Verbrauchermarkt					▼Fachgeschäft				
	+5	+4	+3	+2	+1	–1	–2	–3	–4	–5
Angebotsvielfalt										
Preisniveau										
Beratung										
etc.										
etc.										

Durch die Verbindung der jeweiligen Punkte ergeben sich Wertungsprofile, die die Unterschiede verdeutlichen.
Zur Auswertung gehört der Versuch, die festgestellten Fakten nicht nur zu analysieren, sondern Lösungen zur Verbesserung der Situation zu finden und dazu konkrete Schritte zu unternehmen.

Die Darstellung der Ergebnisse ist ein wesentlicher Teil der Arbeit mit Projekten. Hier werden die Ergebnisse zusammengefasst und anschaulich aufbereitet. Projekt-Arbeit ist mehr als ein Lern-Spiel, ist das Bemühen, reale Probleme aufzuarbeiten und konkrete Lösungen zu suchen. Deshalb gilt: Wenn wir Resultate gefunden haben, die uns überzeugen, dann sollen sie auch weitergegeben werden, zum Beispiel an Stadtverwaltung und Stadtparlament, an die lokale Presse, an betroffene Eltern, Anwohner etc. Dazu eignen sich Ausstellungen in der Schule oder in Gebäuden mit Publikumsverkehr, Leserbriefe und Flugblätter. Gut vorbereitet sollte man dann das Gespräch mit Entscheidungsträgern suchen.

Die Überprüfung. Nach Abschluss der Arbeit sollte eine offene Nachbetrachtung (Manöverkritik) erfolgen. Dabei ist die Wahl des Themas zu bewerten, sind Schwächen und Lücken festzuhalten, sind die angewandten Methoden zu hinterfragen und Alternativen zu erwägen. Nicht zuletzt sollte man überlegen, in welcher Form die Ergebnisse aufbewahrt werden sollen, um sie auch später verwenden zu können.

4 Weltweite Disparitäten und globale Verflechtungen

4.1 Weltweite Disparitäten – eine Herausforderung

Momentaufnahme 1999

Auf der Erde leben etwa 6 Milliarden Menschen, davon drei Viertel in Entwicklungsländern.

In diesem Jahr wächst die Weltbevölkerung um etwa 90 Millionen Menschen; 90% davon entfallen auf die Entwicklungsländer.

Die Kindersterblichkeit ist in den Entwicklungsländern in den vergangenen 25 Jahren auf fast die Hälfte gesunken. Dennoch: In Sierra Leone sterben pro 1000 Lebendgeburten 179 Säuglinge im ersten Lebensjahr, in Angola 124; in Deutschland sind es 6, in Schweden 4.

Trotz des raschen Bevölkerungswachstums hat die Pro-Kopf-Nahrungsmittelproduktion in den Entwicklungsländern im letzten Jahrzehnt um ca. 2% zugenommen; aber immer noch leiden etwa 800 Millionen Menschen Hunger.

Etwa 40% der Bevölkerung in den Entwicklungsländern sind 18 Jahre alt oder jünger; in den Industrieländern sind es ca. 19%.

Die Lebenserwartung bei der Geburt beträgt in Uganda und Malawi 42 Jahre, in Deutschland jedoch 76 und in Japan sogar 80 Jahre.

In den meisten Ländern Afrikas kann mehr als die Hälfte der Erwachsenen nicht lesen und schreiben, in den Industrieländern liegt die Analphabetenquote unter 3%.

M 1 *Maschinelle Bodenbearbeitung*

Im letzten Jahrzehnt expandierten sowohl Landwirtschaft als auch Industrie in den Entwicklungsländern um ca. 3% jährlich; aber immer noch leben etwa 1,3 Milliarden Menschen unterhalb der Armutsgrenze.

In Burundi, Mali und Burkina Faso verbraucht jeder Einwohner weniger als 25 kg kommerzieller Energie (gemessen in Öleinheiten); in den USA, Kanada, Kuweit sind es über 7000 kg.

Frauen stellen die Hälfte der Menschheit und leisten zwei Drittel aller Arbeitsstunden; sie erhalten aber nur ein Zehntel des Welteinkommens und besitzen weniger als ein Hundertstel des Eigentums.

Ein Drittel der Menschen in Entwicklungsländern haben keinen Zugang zu einwandfreiem Trinkwasser.

M 2 Bodenbearbeitung mit dem Hakenpflug, Marokko

Mehr als zwei Milliarden Menschen in Entwicklungsländern leben in Städten; das sind etwa 40% der Bevölkerung; ein Viertel von ihnen lebt in Elendsvierteln.

Mit einem Bruttosozialprodukt pro Kopf von über 40 000 US-$ ist die Schweiz das reichste Land der Erde, gefolgt von Japan, Norwegen, Dänemark, Deutschland und den USA; am unteren Ende der Skala rangieren Mosambik, Äthiopien und Tansania mit weniger als 120 US-$.

Die zwanzig reichsten Industrieländer werden in diesem Jahr voraussichtlich etwa 60 Milliarden US-$ an öffentlicher Entwicklungshilfe geben; lange Zeit zahlten die Entwicklungsländer jedoch mehr an Zinsen und Tilgung, als sie an neuen Hilfeleistungen von den Industrieländern bekamen.

Weltweit kommen dem reichsten Fünftel der Menschheit ca. 80% des Weltbruttosozialprodukts zugute, während etwa 2% für das ärmste Fünftel übrig bleiben.

In Deutschland kommt ein Arzt auf etwa 810 Einwohner; in acht afrikanischen Staaten muss, rechnerisch gesehen, ein Arzt etwa 50 000 Menschen versorgen.

Etwa 40% der Getreideernte wird gegenwärtig als Viehfutter verwendet, 40% der Fischfangerträge und 60% der Ölsaaten; knapp 40% der Futtermittelimporte Deutschlands kommen aus Entwicklungsländern.

In Deutschland wird auch in diesem Jahr mehr Energie verbraucht als in allen afrikanischen Ländern zusammen.

In den entwickelten Ländern lebt etwa ein Viertel der Weltbevölkerung; diese verbraucht zwei Drittel der Erdölförderung und verursacht die Entstehung von drei Vierteln aller treibhauswirksamen Gase.

Die drei großen Weltwirtschaftsregionen der Erde (Nordamerika, Europa, Ost- und Südostasien) bestreiten mehr als 80% des Welthandels; demgegenüber sind die 50 ärmsten Entwicklungsländer mit einem Anteil von 0,5% zur Bedeutungslosigkeit verurteilt.

Jährlich gehen etwa 150 000 km² Regenwald verloren, 30% davon für die Nutzholzgewinnung; etwa ein Drittel des Nutzholzes wird in das Ausland exportiert.

Der Export von Waffen und Rüstungsgütern in Entwicklungsländer zählt wertmäßig noch immer zu den wichtigsten und lukrativsten Handelsprodukten vieler Industrieländer.

Ende 1998 gab es in der Entwicklungswelt mehr als 10 Millionen Flüchtlinge – viele von ihnen auf dem Weg in ein Industrieland.

Die Welt muss sich wandeln – im „Süden" und im „Norden"

Die ungleichen Lebenschancen, die sich in der wachsenden Kluft zwischen einer „Gesellschaft im Überfluss" in den westlichen Industrieländern und den entwürdigenden Lebensbedingungen in vielen Entwicklungsländern äußern, sind das große soziale Problem unserer Zeit, das eng zusammenhängt mit zwei anderen entscheidenden Lebensfragen: der ökologischen Gefährdung unserer Umwelt und der Friedenssicherung.

Zu wenig wird uns offenbar bewusst, dass die Probleme der Entwicklungsländer auch unsere Probleme sind. Wenn die tropischen Regenwälder gerodet werden, um Ackerflächen für die Ernährung der wachsenden Weltbevölkerung zu gewinnen oder um unsere Nachfrage nach Tropenhölzern zu stillen, hat dies Auswirkungen auf das globale Klima; wenn die Bodenschätze in den Entwicklungsländern weiterhin hemmungslos ausgebeutet werden, um unseren Rohstoffhunger und Energiebedarf zu decken, ist schon bald die Versorgungssicherung und damit auch unser Lebensstandard nicht mehr gewährleistet; wenn Flüchtlinge aus den Bürgerkriegsgebieten Afrikas, Asiens und Südosteuropas bei uns um politisches Asyl bitten, ist das ein Hinweis, dass die Probleme der Entwicklungsländer auch uns einholen.

„Die Menschheit muss in den nächsten Jahrzehnten zu einer Lebensweise finden, die mit der Umwelt wieder im Einklang steht. Dazu müssen wir ändern, was zur Gefährdung der Umwelt führt.

Stark vereinfacht sind die Ursachen wachsender Umweltzerstörung auf zwei Nenner zu bringen: Armut im Süden und Verschwendung im Norden. Der Mensch treibt Raubbau an den Rohstoffen der Erde, an seiner Umwelt, weil er arm ist, weil er nicht mehr genügend Platz hat, weil er seine Bodenschätze verkaufen muss, um überleben zu können. Und er betreibt Raubbau an der Natur, an den Rohstoffen der Erde und an der Umwelt, weil er im Wohlstand lebt und einen Lebensstandard aufrechterhalten will, der nur für einen kleinen Teil der Menschheit und nur noch für wenige Jahrzehnte möglich ist, ohne die Erde unbewohnbar werden zu lassen.

Zweierlei ist also dringend nötig, um die schon fortschreitende Zerstörung der Lebensgrundlagen aufzuhalten und umzukehren: Die Armut in Afrika, Asien und Lateinamerika muss beseitigt werden – und der Lebensstandard der Menschen in den reichen Ländern Europas und Nordamerikas darf nicht weiterhin die knappen Vorräte der Erde verschlingen und die Atmosphäre vergiften.

Mit anderen Worten: Die Menschheit steht vor der großen Aufgabe eines Wandels, sowohl in den Ländern, die wir Entwicklungsländer nennen, als auch bei uns in den reichen Industrieländern des Nordens."

Claus D. Grupp: Welt im Wandel. Köln: OMNIA Verlag 1996, S. 3

M 3 *Nord-Süd-Gefälle (1997)*

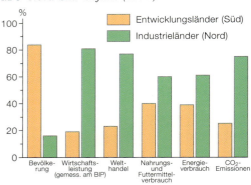

Nach United Development Programme (Hrsg.): Human Development Report 1998 und Weltbank (Hrsg.): Weltentwicklungsbericht 1998

Aus globaler Sicht sind Umwelt und Entwicklung also untrennbar miteinander verbunden. Die Grenzen der Entwicklungsmöglichkeiten durch die Endlichkeit der Ressourcen und die Grenzen der Belastbarkeit des globalen Ökosystems erfordern von uns Menschen globales Denken und weitsichtiges Handeln. Die Bewältigung dieser Aufgabe entscheidet schließlich über das Fortbestehen der Weltgesellschaft.

„Eine Welt" oder „Keine Welt" lautet entsprechend die Herausforderung an die gesamte Menschheit, an jeden Einzelnen von uns.

„Entwicklungsländer" – ein fragwürdiger Begriff

Der Begriff „Entwicklungsländer" gehört heute zwar zum allgemeinen Wortschatz, bedarf gleichwohl einer Erklärung.
Verleitet dieser undifferenzierte Sammelbegriff nicht zu der optimistischen Annahme, dass diese Länder sich tatsächlich entwickeln, obwohl bei vielen doch gegenwärtig gar keine Entwicklung, ja vereinzelt sogar eine Rückentwicklung stattfindet? Und was heißt überhaupt „Entwicklung"? Versteht man darunter wirtschaftliches Wachstum, dann würde dies bedeuten, dass allein durch eine Steigerung des Bruttosozialproduktes Erscheinungen der „Unterentwicklung" wie Hunger, Armut, Krankheit oder geringe Lebenserwartung auf Dauer beseitigt werden könnten. Die Zielvorstellung von „Entwicklung" gäben in diesem Fall die wohlhabenden Industrieländer. Angesichts der ungünstigen Voraussetzungen vieler Entwicklungsländer scheint es aber höchst fragwürdig, ob diese in absehbarer Zeit eine Entwicklung zum Industrieland nachvollziehen können. Aber auch unabhängig von der Frage, ob sich diese Zielvorstellung realisieren lässt, muss man angesichts wachsender Umwelt- und anderer Probleme in den Industrieländern bezweifeln, ob diese überhaupt nachahmenswerte Entwicklungsmodelle darstellen.
Mit der Schwierigkeit, die Begriffe „Entwicklungsland" und „Entwicklung" zu definieren, ist bereits ein großer Teil der Gesamtthematik „Entwicklung/Unterentwicklung" angedeutet. Umstritten ist sowohl die Frage, welche Merkmale als Grundlage einer Definition heranzuziehen sind, als auch der Versuch einer eindeutigen Abgrenzung zwischen „Industrieländern" und „Entwicklungsländern" einerseits sowie zwischen verschiedenen Entwicklungsländern andererseits.
Der Entwicklungsstand eines Landes wird bestimmt durch das Zusammenwirken zahlreicher Faktoren – geographischer, wirtschaftlicher, sozialer, kultureller, politischer und historischer Art. Viele dieser Faktoren lassen sich aber nicht gewichten und statistisch erfassen. Die Fülle der von Land zu Land unterschiedlichen Faktoren verbietet es auch, von dem Entwicklungsland schlechthin zu sprechen.

M 4 La Paz, Bolivien

Die Gruppe der Entwicklungsländer setzt sich vielmehr aus etwa 130 Ländern mit z. T. erheblichen Unterschieden und jeweils eigenen charakteristischen Merkmalen zusammen.
Aber auch innerhalb eines Entwicklungslandes gibt es z. T. krasse Entwicklungsunterschiede. Einige Länder, wie z. B. Brasilien oder Indien, haben hoch entwickelte Regionen neben Armutsgebieten *(regionale Disparitäten)*. Und auch im sozialen Bereich sind in fast allen Entwicklungsländern extreme Gegensätze zwischen verschiedenen Bevölkerungsschichten zu erkennen *(soziale Disparitäten)*, sowohl im Einkommen als auch im Lebensstandard (Ernährung, Gesundheit, Lebenserwartung) und im kulturellen Bereich (Bildung, Sicherheit u. a. m.).

M 5 Markt in Chinchero, Peru

Indikatoren der „Unterentwicklung"

Um ein einigermaßen zuverlässiges Bild von der Struktur und dem Entwicklungsstand eines Landes gewinnen zu können, muss man eine möglichst große Zahl von Merkmalen heranziehen und sie zueinander in Beziehung setzen.

Nachfolgend sind einige wichtige Merkmale aufgeführt. Zu beachten ist dabei, dass die einzelnen Indikatoren in der entwicklungspolitischen Diskussion je nach politischem und theoretischem Standort unterschiedlich bewertet werden.

Als Schlüsselbegriff wird in fast allen Untersuchungen das Pro-Kopf-Einkommen (Bruttosozialprodukt geteilt durch die Bevölkerung eines Landes) genannt. Seine Aussagekraft ist jedoch begrenzt. Schwierigkeiten ergeben sich bereits bei der Erfassung des Bruttosozialproduktes, da es nur marktwirtschaftlich bewertete Güter und Dienstleistungen misst, nicht aber die in vielen Entwicklungsländern weit verbreitete *Subsistenzwirtschaft* (Selbstversorgungswirtschaft), den informellen Sektor oder den Tauschhandel. Erschwerend kommt noch dazu, dass die in internationalen Währungen gemessenen BSP-Werte für Vergleichszwecke auf eine gemeinsame Basis umgerechnet werden müssen. Die dazu verwendeten Wechselkurse unterliegen jedoch starken Schwankungen; diese ergeben sich vor allem durch den Außenhandel und verzerren somit die eigentlich interessierende Größe, die Kaufkraft der Währungen.

Daten über den Anteil der Erwerbspersonen in den drei Wirtschaftsbereichen Landwirtschaft, Industrie, Dienstleistungssektor und über die Verteilung des Bruttoinlandsproduktes auf die drei Wirtschaftsbereiche geben einen Hinweis u. a. auf den Industrialisierungsgrad eines Landes oder die Produktivität der einzelnen Wirtschaftsbereiche. Indem man z.B. den Anteil der Landwirtschaft am Bruttoinlandsprodukt durch die Anzahl der Erwerbstätigen in diesem Sektor dividiert, erhält man überschlagsmäßig den Leistungsfaktor der Landwirtschaft, der wiederum einen Vergleich mit der Landwirtschaft anderer Länder ermöglicht.

Ein besonderes Gewicht kommt der Kapitalausstattung zu: Kann das Land die notwendigen Investitionen aus eigener Kraft tätigen oder ist es auf Fremdkapital und Entwicklungshilfe angewiesen? Wie hoch ist es durch Fremdkapitalaufnahme verschuldet und in welchem Umfang kann es die Zinsen und Tilgungen aus den Exporterlösen bestreiten?

Wichtig für die Bewertung sind auch Daten über die Außenhandelsstruktur: Anteil am Welthandel, Art der Export- bzw. Importgüter (z. B. Exporteinseitigkeit mit einem Schwergewicht auf Rohstoffen), Terms of Trade etc.

Mit dem Begriff *Terms of Trade* beschreibt man das Austauschverhältnis im internationalen Handel. Es gibt an, wie viele Einheiten an Importgütern ein Land im Austausch gegen eine Einheit seiner Exportgüter erhält. Sinkende Terms of Trade bedeuteten also, dass ein Land oder Ländergruppe weniger für die gleiche Menge Exportgüter importieren kann.

M 6 *Entwicklung der Terms of Trade*

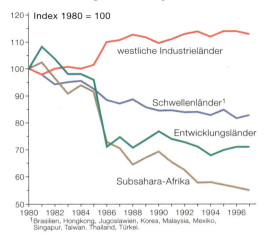

[1] Brasilien, Hongkong, Jugoslawien, Korea, Malaysia, Mexiko, Singapur, Taiwan, Thailand, Türkei.

Nach UNCTAD: Handbook of International Trade and Development, Statistics, verschiedene Jahrgänge

Von entscheidender Bedeutung ist ferner die Frage, ob die *Infrastruktur* (Verkehrserschließung, Energie- und Wasserversorgung, Telekommunikation etc.) ausreichend ausgebaut ist. Sie kann über den Erfolg eines Landes oder den Misserfolg eines anderen entscheiden – sei es hinsichtlich der Ausweitung des Handels, der Senkung der Produktionskosten bzw. der Steigerung der Produktivität oder der Verbesserung der hygienischen Verhältnisse und der Umweltbedingungen.

Mit der wachsenden Erkenntnis, dass Unterentwicklung nicht primär ein wirtschaftliches Problem ist, gewinnen soziale Merkmale immer mehr an Bedeutung. Sie geben deshalb oft ein zuverlässigeres Bild über die Lebensqualität der Bevölkerung als nur das Pro-Kopf-Einkommen. So wirft eine hohe Wachstumsrate der Bevölkerung die Frage auf, ob das Wirtschaftswachstum mit ihr Schritt halten und ob das Land ausreichend Arbeitsplätze für die auf den Arbeitsmarkt drängende junge Bevölkerung schaffen kann.

Aus einer unzureichenden Nahrungsmittelversorgung resultieren schlechte Gesundheitsverhältnisse, die wiederum die Arbeitskraft der Menschen einschränken, ihr Einkommen mindern und eine geringe Lebenserwartung verursachen.

Ein unterentwickeltes Bildungssystem, eine hohe Analphabetenquote sowie begrenzte Möglichkeiten der beruflichen Ausbildung bedingen einen Mangel an qualifizierten Arbeitskräften, wirken hemmend auf technische Innovationen und damit auf die Produktivität in der Landwirtschaft, in der Industrie und im Handwerk.

Arbeitslosigkeit ist eine der Hauptursachen für die Armut Hunderter von Millionen Menschen in den Entwicklungsländern und damit zugleich eine der Ursachen für Hunger, Krankheit und Obdachlosigkeit. Eine versteckte Arbeitslosigkeit tritt vor allem im tertiären Sektor (z. B. Straßenhandel) und in der Landwirtschaft auf, wenn beispielsweise die kleinen Ackerflächen nicht genügend Arbeit und Nahrung bieten.

Statistisch noch schwerer zu fassen sind andere Merkmale, die aber in den letzten Jahren ein immer stärkeres Gewicht bekommen, wie z. B. die ungesicherte Rechtsstellung der Frauen, die in vielen Entwicklungsländern eine Schlüsselrolle in wirtschaftlich und sozial wichtigen Bereichen innehaben, oder die gravierenden Umweltschäden, die zu einem erheblichen Teil durch die immer stärkere Nutzung der verfügbaren Boden-, Wasser- und Vegetationsressourcen hervorgerufen werden, um den Nahrungs- und Energiebedarf der wachsenden Bevölkerung zu decken.

Eine Liste von Indikatoren kann – auch wenn sie noch so ausführlich ist – lediglich Erscheinungen der „Unterentwicklung" aufzeigen, nicht aber deren Ursachen erklären. Bei ihrer Verwendung ist zusätzlich darauf zu achten, dass die einzelnen Merkmale stets in einen größeren Zusammenhang zu setzen sind.

Klassifizierung von Entwicklungsländern

Die Bezeichnung „Entwicklungsländer" wurde in den 50er-Jahren geprägt. Sie ersetzte den vorher verwendeten Begriff „unterentwickelte Länder", vor allem da dieser als diskriminierend empfunden wurde.

In den 60er-Jahren setzte sich mehr und mehr die Bezeichnung *„Dritte Welt"* durch. Im Kern ist dieser Name ein politischer Begriff. Mit ihm wurde ursprünglich die Gesamtheit der blockfreien Staaten bezeichnet, in Abgrenzung zur *„Ersten Welt"*, den westlichen Industrieländern, und der *„Zweiten Welt"*, den kommunistischen Staaten mit sozialistischer Planwirtschaft. Mit der Überwindung des Ost-West-Konflikts seit Beginn der 90er-Jahre ist das politische Kriterium der Blockfreiheit jedoch unbrauchbar geworden. Der Begriff „Dritte Welt" wird aber weiterhin – synonym und wertneutral – für alle Entwicklungsländer in Übersee benutzt.

Wegen der großen Unterschiede zwischen den einzelnen Entwicklungsländern sprach man lange Zeit auch von einer „Vierten" und „Fünften Welt". Die Skala der fünf Welten geht indirekt auf einen Bericht der Weltbank aus dem Jahr 1969 zurück. Sie ordnete die Staaten der Welt nach ihrem Pro-Kopf-Einkommen und Entwicklungspotenzial ein und fasste unter der Bezeichnung *„Vierte Welt"* rohstoffarme Entwicklungsländer mit einem geringen Industrialisierungsgrad zusammen. In die Gruppe der *„Fünften Welt"* wurden Länder auf besonders niedriger Entwicklungsstufe und mit ungünstigen Voraussetzungen eingestuft.

Diese wie auch die meisten anderen Ordnungssysteme zur Klassifizierung der Entwicklungsländer legen vornehmlich wirtschaftliche Indikatoren zugrunde. Die sozialen Verhältnisse werden zu wenig berücksichtigt und interne Disparitäten lässt man in aller Regel ganz außer Acht. Darin liegt eindeutig ihre Schwäche und keine dieser Einteilungen hat sich weltweit durchsetzen können.

Daraus wird auch verständlich, warum es eine weltweit verbindliche Liste von Entwicklungsländern bislang nicht gibt. Die internationalen Institutionen, wie die Organisation für wirtschaftliche Zusammenarbeit (OECD), die Vereinten Nationen oder die Weltbank, verwenden zwar ähnliche Kriterien, bewerten diese jedoch unterschiedlich, so dass sie auch zu unterschiedlichen Listen und Gruppierungen kommen. Eine solche Liste, wie überhaupt eine Klassifizierung, ist aber schon deswegen notwendig, da sie über die Notwendigkeit, Höhe und Art von Entwicklungshilfeleistungen entscheiden kann.

Least Developed Countries (LDC). Die Vereinten Nationen führten 1971 den Begriff der „am wenigsten entwickelten Länder" („Least Developed Countries", LLDC) ein. Das doppelte L steht dabei für den Superlativ Least und diente zur Unterscheidung von den LDC (Less Developed Countries = alle Entwicklungsländer). Heute werden jedoch die LLDC allgemein als LDC bezeichnet (das zweite L lässt man weg) und aus der Gesamtgruppe der Entwicklungsländer ausgegrenzt.

Kriterien für die Einstufung eines Landes als LDC sind:

1. Bruttoinlandsprodukt pro Kopf unter 699 US-$ (Durchschnitt aus drei Jahren),
2. „Augmented Physical Quality of Life" (APQLI), berechnet aus Lebenserwartung, Kalorienversorgung pro Kopf, Einschulungs- und Alphabetisierungsrate,
3. „Economic Diversification Index" (EDI), zusammengesetzt aus dem Anteil der Industrie am BIP, der Zahl der Beschäftigten in der Industrie, Stromverbrauch pro Kopf und der Exportorientierung der Wirtschaft.

Wegen ihres extrem niedrigen Entwicklungspotenzials kann – im Unterschied zu den restlichen Entwicklungsländern – die wirtschaftliche und soziale Lage in den LDC nur durch Entwicklungshilfe von außen verbessert werden. So fließen seit Jahren auch mehr als ein Drittel der öffentlichen Entwicklungszuwendungen an die LDC. Mitte 1997 galten 48 Entwicklungsländer mit ca. 580 Mio. Menschen als LDC.

Schwellenländer. Entwicklungsländer mit einem bereits fortgeschrittenen Entwicklungsstand werden vielfach als *Schwellenländer* bezeichnet. Der Name deutet an, dass sich das Land an der Entwicklungsschwelle zu einem Industrieland befindet, also zum Take-off ansetzt. Deswegen werden die Schwellenländer gelegentlich auch als *Take-off-Countries* oder NIC = *Newly Industrializing Countries* bezeichnet. Die Beurteilung eines Entwicklungslandes geht vor allem von der Höhe des Pro-Kopf-Einkommens, dem Anteil der Industrie am BIP, dem Anteil von Fertigprodukten am Export und der Höhe des Energieverbrauchs pro Kopf der Bevölkerung aus. International hat sich jedoch keine allgemeine akzeptierte Liste von Schwellenländern durchgesetzt. Aufgrund unterschiedlicher Merkmalskataloge ergeben sich überschneidende Listen von 10 bis zu 30 Schwellenländern.

Human Development Index (HDI). Der seit 1990 jährlich erscheinende *Human Development Report* der Vereinten Nationen zeigt eine Alternative zu den einseitig nach wirtschaftlichen Kriterien vorgenommenen Klassifizierungsschemata auf. Zur Klassifizierung der Entwicklungsländer schlägt er einen Index vor, der sich aus Indikatoren für „wesentliche Elemente des Lebens" zusammensetzt, den *Human Development Index*. Er wird ermittelt aus der Lebenserwartung bei der Geburt, der Alphabetisierungsrate und dem Lebensstandard (gemessen an der realen Kaufkraft pro Kopf der Bevölkerung). Die Werte für diese drei Einzelindikatoren werden auf einer Skala von 0 bis 1 eingetragen, wobei 0 und 1 für jeweils feste Mindest- bzw. Höchstwerte stehen. Der arithmetische Mittelwert aus den drei auf diese Weise gefundenen Messwerten ergibt den HDI. Er zeigt an, wie stark dieser Durchschnitt vom Maximalwert 1 abweicht.

In den folgenden Jahren wurde der HDI mehrfach verfeinert, indem man z. B. auch regionale Disparitäten und geschlechtsspezifische Kriterien bei der Berechnung berücksichtigte.

M 7 Klassifizierung der Länder nach dem Human Development Index (HDI)

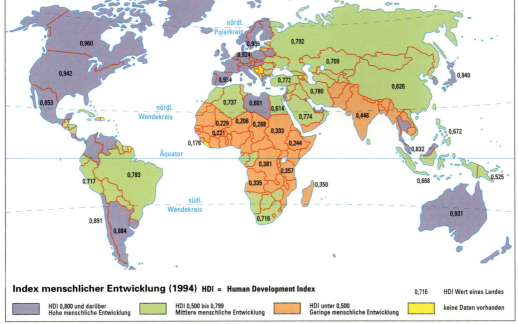

Nach Deutsche Gesellschaft für die Vereinten Nationen (Hrsg.): Bericht über die menschliche Entwicklung 1998. Bonn 1998

1. Erläutern Sie den Begriff „Dritte Welt". Warum ist er als globale Bezeichnung für die Entwicklungsländer nur begrenzt verwertbar?
2. Warum hat das Bruttosozialprodukt, auch umgerechnet pro Kopf der Bevölkerung, nur eine eingeschränkte Aussagekraft als Indikator zur Ermittlung des Entwicklungsstandes eines Landes?
3. Erstellen Sie eine Liste von Merkmalen der „Unterentwicklung". Wählen Sie daraus geeignete Indikatoren aus und stellen Sie die Verflechtung zwischen ihnen in einem Schaubild dar.

Wachstum der Weltbevölkerung

M 8 Wachstum der Weltbevölkerung

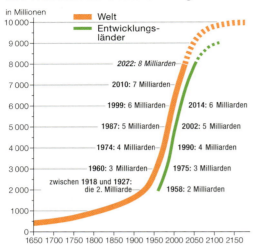

Deutsche Gesellschaft für die Vereinten Nationen (DGVN) e.V. Stiftung Weltbevölkerung (Hrsg.): Weltbevölkerung und Entwicklung. Bonn/Hannover 1994, S. 20

Der medizinische Fortschritt erleichterte die Bekämpfung von Krankheiten und half – unterstützt durch die Verbesserung der hygienischen Verhältnisse und den Anstieg der Nahrungsmittelproduktion – auch in den Entwicklungsländern die Lebenserwartung der Menschen deutlich zu erhöhen.

Einige Prognosen erwarten, dass sich das Bevölkerungswachstum in knapp 100 Jahren auf der Basis von 10 Milliarden Menschen stabilisiert; andere – durchaus seriöse – Schätzungen sehen dagegen erst bei 14 (oder mehr) Milliarden Menschen die Wende zu stabileren Verhältnissen erreicht.

Art und Tempo des Bevölkerungswachstums eines Raumes ergeben sich, bei Vernachlässigung von Wanderungen, aus der Differenz zwischen *Geburten-* und *Sterberate* (= Zahl der Lebendgeborenen bzw. Sterbefälle auf 1 000 Einwohner). Mit Hilfe der so errechneten *Wachstumsrate* lässt sich überschlagsmäßig die Verdoppelungszeit einer Bevölkerung ausrechnen, indem man die Zahl 69 durch die entsprechende prozentuale Bevölkerungszunahme dividiert. Bei einer jährlichen Wachstumsrate von beispielsweise 3,0 %, wie in Nigeria, beträgt die Verdoppelungszeit folglich nur 23 Jahre.

Über 70 Prozent der Menschheit leben heute in Entwicklungsländern. Die Tendenz zur Viel-Kind-Familie ändert sich in diesen Staaten nur allmählich. Obwohl die Zuwachsraten der dortigen Bevölkerung – mit Ausnahme von Afrika (dessen Anteil an der Weltbevölkerung stetig steigt) – langsam zurückgehen, tragen diese Regionen zu über 90 Prozent zum weltweiten Bevölkerungswachstum bei.

Betroffen vom Bevölkerungswachstum sind somit in erster Linie jene Räume der Erde, die bereits gegenwärtig erhebliche soziale und wirtschaftliche Probleme haben und wohl am wenigsten in der Lage sein werden, so viele zusätzliche Menschen angemessen zu versorgen.

M 9 Geschätzte Bevölkerungsentwicklung 1998 bis 2025

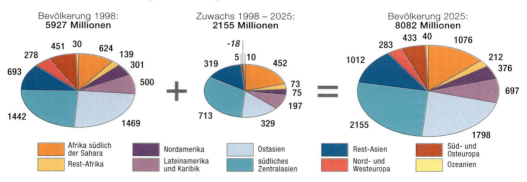

Population Reference Bureau, Washington 1998

Modell des demographischen Übergangs

M 10 Modell des „demographischen Übergangs"

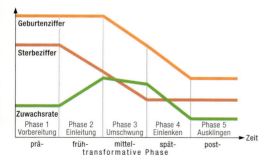

Ausgehend von der Analyse der westeuropäischen Bevölkerungsentwicklung (England und Wales) seit dem 18. Jahrhundert glaubten spätere Wissenschaftler eine gesetzmäßige Aussage über das allgemeine Wachstum von Bevölkerungen und damit auch Prognosen über zukünftige Entwicklungen in den Entwicklungsländern formulieren zu können. Diesem „Modell des demographischen Übergangs" zufolge gelangt die Bevölkerung jeder Gesellschaft in mehreren Phasen von hohen Sterbe- und Geburtenraten hin zu einer Situation, in der sich die Werte dauerhaft auf sehr niedrigem Niveau stabilisieren.

Überprüfungen des Modells zeigen, dass sich der in Teilen Europas zu beobachtende demographische Übergang in Nordamerika sowie den anderen von europäischen Zuwanderern beeinflussten überseeischen Regionen (Australien, Teile von Südamerika) nachzeichnen lässt.
Eine Übertragung auf die Bevölkerungsentwicklung weiterer Staaten stößt allerdings an Grenzen. Die Bevölkerungssituation mehrerer Staaten lässt sich zwar zu einem bestimmten Zeitpunkt vergleichen. Doch weist die demographische Entwicklung vieler Entwicklungsländer gegenüber den Industriestaaten einige grundlegende Unterschiede auf. Auffallend ist, dass sich die Schere zwischen Geburten- und Sterberate in den heutigen Entwicklungsländern deutlich weiter öffnet, als dies in Europa je der Fall war. Dies hängt sowohl mit einer im Vergleich zu Europa höheren Ausgangsgeburtenrate als auch mit einer rascheren Senkung der Sterberate zusammen. Nicht bestätigen lässt sich für die Entwicklungsländer zudem die in Europa gemachte Erfahrung, dass sich die Dauer des demographischen Übergangs bei verspätetem Beginn verkürzt.
Um die Entwicklung des Bevölkerungswachstums eines Raumes zu veranschaulichen und die relative Position verschiedener Länder zueinander zu erkennen, kann das ‚demographische Verlaufsdiagramm' herangezogen werden.

M 11 Demographisches Verlaufsdiagramm verschiedener Länder

4. Beschreiben Sie die einzelnen Phasen des „Modells des demographischen Übergangs" (M 10).
5. Interpretieren Sie das „demographische Verlaufsdiagramm" (M 11). Ordnen Sie die dargestellten Länder in das „Modell des demographischen Übergangs" ein.
6. Die demographische Entwicklung der europäischen Industrieländer unterscheidet sich von jener heutiger Entwicklungsländer. Stellen Sie grundlegende Abweichungen dar.
7. Europa hat heute eine höhere Sterberate als Asien oder Südamerika. Begründen Sie diese Beobachtung.

4.2 Entwicklungsstrategien, Entwicklungspolitik, Entwicklungszusammenarbeit

Seit über vierzig Jahren wird international Entwicklungspolitik betrieben. In diesem Zeitraum haben sich die Lebensumstände von Hunderten von Millionen Menschen zweifelsohne verbessert. Insgesamt sind die Ergebnisse jedoch enttäuschend. Die Zahl der Armen, d. h. der Menschen, deren Einkommen nicht ausreicht, um das Minimum an Grundbedürfnissen wie Nahrung, Kleidung und Wohnung zu decken, hat zugenommen. Ihre Zahl wird auf über eine Milliarde geschätzt. Zwar ist es einer Reihe von Entwicklungsländern gelungen, den „take-off" zu schaffen, so dass sie inzwischen zu den „jungen" Industrienationen zählen. Der Einkommensabstand zwischen reichen und armen Ländern ist aber erheblich größer geworden, und auch innerhalb zahlreicher Entwicklungsländer hat sich die Einkommensschere zwischen den reichsten und ärmsten Bevölkerungsgruppen weiter geöffnet.

So ist es nur verständlich, dass weltweit die Skepsis gegenüber der bisherigen Entwicklungspolitik wächst und diese in der Öffentlichkeit mehr kritisiert als gewürdigt wird.

Warum hat die Entwicklungspolitik noch nicht zu den erhofften Ergebnissen geführt? Um diese Frage beantworten zu können, ist es notwendig, einen Rückblick auf die Praxis der bisherigen entwicklungspolitischen Zusammenarbeit zwischen den Industrie- und Entwicklungsländern zu werfen.

Nachholende Entwicklung durch wirtschaftliches Wachstum (50er- und 60er-Jahre)
Mit der zunehmenden Unabhängigkeit ehemaliger Kolonien nach dem Ende des Zweiten Weltkrieges setzte in den westlichen Industrieländern eine gezielte Entwicklungspolitik ein. Unter „Entwicklung" verstand man primär wirtschaftliches Wachstum. Ziel der Entwicklungspolitik war es, die Entwicklungsländer möglichst schnell an den Stand der Industrieländer heranzuführen – und zwar vor allem durch den Aufbau einer modernen Industrie bei gleichzeitiger Durchführung von Agrarreformen bzw. einer Modernisierung der Landwirtschaft.

Die Kosten für die Industrialisierung und Intensivierung der Landwirtschaft sollten durch Steigerung des inländischen Sparaufkommens und/oder durch Kapitalzuflüsse aus den Industrieländern in Form von Krediten, Direktinvestitionen und finanziellen Zuschüssen („Entwicklungshilfe") aufgebracht werden.

Von einem starken Wachstum der Industrie und Landwirtschaft sowie einer modernen Infrastruktur erwartete man in der Folge auch gesellschaftliche Strukturverbesserungen. Man ging nämlich davon aus, dass das wirtschaftliche Wachstum nach unten durchsickern und schließlich auch die ärmeren Bevölkerungsschichten erreichen würde (*„trickle-down"-Effekt*). Diese Hoffnungen haben sich zumeist nicht erfüllt.

„In vielen Entwicklungsländern blieb Wachstum ohne Entwicklung, weil realisierte Wachstumseffekte bei den schmalen nationalen Eliten hängen blieben und Armut und soziale Not zunahmen. In den ärmsten Entwicklungsländern blieb Wachstum entweder ganz aus oder es wurde durch starke Bevölkerungszunahme wieder aufgezehrt. In einigen fortgeschrittenen Ländern, die außergewöhnlich hohe Wachstumsraten erzielen konnten, machte zwar die wirtschaftliche Entwicklung beachtliche Fortschritte (z. B. in Brasilien oder Indien), doch gleichzeitig nahmen Elend, Armut und Hunger zu. Nur in wenigen ost- und südostasiatischen Schwellenländern (Taiwan, Südkorea, Hongkong, Singapur, später auch Malaysia, Thailand usw.) breiteten sich die Effekte des Wirtschaftswachstums auch auf die ärmeren Bevölkerungsschichten aus und führten zu einem Abbau absoluter Armut. Jedoch erfolgte diese Entwicklung zunächst unter Inkaufnahme massiver Entbehrungen, Einschränkungen und politischen Drucks. Ab Ende der 60er-Jahre war das Konzept ‚Entwicklung durch Wachstum' in eine unbestreitbare Krise geraten."

Karl Engelhard: Entwicklungspolitik im Unterricht. Köln: OMNIA Verlag 1996, S. 27

M 1 Rückhaltestaudamm bei Sefrou, Marokko

„Krieg gegen die Armut"
(70er- und 80er-Jahre)

Die unbefriedigenden Ergebnisse der bislang praktizierten Entwicklungspolitik und die sich ausbreitende Massenarmut in den meisten Entwicklungsländern drängten Mitte der 70er-Jahre zu einer entwicklungsstrategischen Kursänderung. Diese Zielsetzung kommt in der nach der gleichnamigen mexikanischen Stadt benannten „Erklärung von Cocoyoc" (1974) zum Ausdruck:

„Als Erstes müssen wir überhaupt Ziel und Zweck von Entwicklung definieren. Es kann sich nur darum handeln, den Menschen, nicht die Dinge zu entwickeln. Menschen haben bestimmte Grundbedürfnisse: Nahrung, Kleidung, Gesundheit und Bildung. Jeder Wachstumsvorgang, der nicht zur Befriedigung dieser Bedürfnisse führt – oder sogar störend eingreift –, ist eine Verkehrung des Entwicklungsgedankens. …
Wir sind nach dreißig Jahren der Erfahrung der Meinung, dass die Hoffnung, dass schnelles wirtschaftliches Wachstum vom Nutzen weniger zur Masse des Volkes ‚durchsickern' wird, sich als illusorisch erwiesen hat. Deshalb verwerfen wir den Gedanken: Erst Wachstum – Gerechtigkeit bei der Verteilung des Nutzens später."

Erklärung von Cocoyoc. Zitiert nach BMZ (Hrsg.): Entwicklungspolitik, Materialien Nr. 49. Bonn 1975

Die neugefasste entwicklungspolitische Zielsetzung – allgemein unter dem Begriff *„Grundbedürfnisstrategie"* gefasst – stieß freilich nicht überall auf Zustimmung. Viele Vertreter in den Entwicklungsländern sahen darin den Versuch der Industrieländer, ihnen moderne Technik vorzuenthalten und damit eine Industrialisierung zu verhindern. Andere vermuteten hinter der Strategie ein Ablenkungsmanöver von ihren Forderungen nach einer neuen Weltwirtschaftsordnung.

Im Zusammenhang mit der Grundbedürfnisstrategie tauchten in der Folgezeit zahlreiche Begriffe auf, die bis heute eine Schlüsselrolle in der Entwicklungspolitik spielen: Hilfe zur Selbsthilfe, angepasste Entwicklung, Beteiligung der Frauen, ländliche Entwicklung.

Hilfe zur Selbsthilfe. Unter *Selbsthilfe* ist die aktive Teilnahme von Bevölkerungsgruppen an der Verbesserung der unmittelbaren Lebensbedingungen zu verstehen. Hauptanliegen der Hilfe zur Selbsthilfe ist es, Eigeninitiativen anzuregen, lokale Ressourcen (Arbeitskraft, Kapital, Rohstoffe, Können und Erfahrung) freizusetzen und eine stärkere Beteiligung der Betroffenen an Entscheidungsprozessen zu ermöglichen. Deshalb muss die Hilfe von außen auf das notwendige Maß beschränkt bleiben und darf auf keinen Fall die geförderten Personen und Gruppen von der Verantwortung entbinden.

M 2 Energieerzeugung bei Quarzazate, Marokko

Angepasste Entwicklung. Die unterschiedlichen Bedingungen in den verschiedenen Lebensbereichen der einzelnen Länder verlangen jeweils unterschiedliche Entwicklungswege. *Angepasste Entwicklung* meint demnach: Anpassung an die konkreten Bedingungen und Möglichkeiten vor Ort. Was „angepasst" bedeutet, lässt sich nicht generell formulieren, sondern nur am konkreten Einzelfall festmachen. So versteht man z. B. unter *angepasster Technologie* eine speziell auf die Bedürfnisse und Möglichkeiten des/der jeweiligen Entwicklungslandes/-region abgestimmte Technologie, die vor allem die Kernprobleme wie Kapitalmangel, Arbeitslosigkeit und geringes technisch-wissenschaftliches Know-how berücksichtigt. Wenn z. B. die Produktion auf die Versorgung der einheimischen Bevölkerung mit einfachen Gebrauchsgütern umgestellt wird, kann arbeitsintensiver produziert, Kosten gespart, Kapital gebildet und Technik gelernt werden. Die wirtschaftliche Effektivität lässt sich steigern und das Wachstum gerechter verteilen, indem alle Bevölkerungsschichten und -gruppen, insbesondere die ärmsten, daran teilhaben.

Ländliche Entwicklung. Da über die Hälfte der Bevölkerung in den Entwicklungsländern auf dem Land lebt, Armut und Arbeitslosigkeit dort in der Regel noch stärker ausgeprägt sind als in den Städten und so die Menschen in der Flucht vom Land oft den einzigen Ausweg sehen, kommt der ländlichen Entwicklung besondere Bedeutung zu. So haben auch das Bundesministerium für wirtschaftliche Zusammenarbeit (BMZ), internationale Organisationen und vor allem zahlreiche Nichtregierungsorganisationen die ländliche Entwicklung zum Förderschwerpunkt erhoben.

„Steigerung der Agrarproduktion und die dauerhafte Verbesserung der Lebensbedingungen in den ländlichen Gebieten der Entwicklungsländer sind nicht nur Grundbestandteil der Armutsbekämpfung, dem primären Wirtschaftssektor kommt auch grundlegende Bedeutung für die Einleitung gesamtwirtschaftlicher und gesellschaftlicher Entwicklungsprozesse zu (Schaffung von Arbeitsplätzen, Aufbau handwerklicher und kleingewerblicher Produktionsbetriebe, Marktversorgung, Einkommens- und Kaufkraftentwicklung, Weiterverarbeitung landwirtschaftlicher Produkte im Entwicklungsland, Versorgung einer sich intensivierenden Landwirtschaft mit Produktionsmitteln auch durch inländische Entwicklung situationsangepasster Technologien, Aufbau einer leistungsfähigen ländlichen Infrastruktur einschließlich Trinkwasser- und Energieversorgung)."

Karl Engelhard: Entwicklungspolitik im Unterricht. Köln: OMNIA Verlag 1996, S. 35

M 3 Obstbauanlage mit Hagelkanone im Mittleren Atlas, Marokko

Frauenförderung. „Vier Entwicklungsdekaden haben viele Hoffnungen enttäuscht. Die Frauen haben zwar aufgeholt, aber längst noch nicht die Männer eingeholt. Ihnen mag zwar die ‚Hälfte des Himmels' gehören, aber die Hälfte der Erde gehört ihnen nicht. Sie blieben die eigentlichen ‚Verdammten dieser Erde'. ... Sie sind in vielfacher Weise benachteiligt: bei der Lastenverteilung in der Familie, im Erb- und Familienrecht, bei der Einkommensverteilung, bei den Zugängen zu den verschiedenen Stufen des Bildungssystems."

Franz Nuscheler: Lern- und Arbeitsbuch Entwicklungspolitik. Bonn: Dietz 1996, S. 128

Die Folgen der Vernachlässigung der Frauen in den älteren Entwicklungskonzepten sind weitreichend, wie das folgende Beispiel belegt.
In der Landwirtschaft wird die von ihnen ausgeübte Subsistenzproduktion auf die schlechten Böden zugunsten der Marktproduktion abgedrängt, was in der Regel mit Produktivitätsrückgängen verbunden ist. Dies führt wiederum zu Nahrungsmittelengpässen und zu einer Verschlechterung der ökonomischen Situation der Frauen. Damit geht ein Prestige- und Statusverlust in der Familie und in der Öffentlichkeit einher. Auch das Vordringen moderner Konsumgüter in die ländlichen Gebiete verdrängt die Frauen aus ihren traditionellen Tätigkeitsbereichen wie Weben oder Herstellung einfacher Bedarfsgüter, durch die sie ein bescheidenes Bareinkommen erwirtschaften.

Es dauerte lange, ehe Fragen der Frauenförderung Eingang in entwicklungspolitische Konzepte fanden. Zwar wurde schon 1946 von den Vereinten Nationen eine Expertenkommission zur Verbesserung der Rechtsstellung der Frauen eingesetzt, aber erst mit der ersten Weltfrauenkonferenz in Mexiko im Jahre 1975 gelangten deren Probleme wirklich in das Bewusstsein der Entwicklungspolitiker.
Noch später erkannte die deutsche Entwicklungspolitik die Frauen als entwicklungspolitische Zielgruppe: 1988 wurde im Bundesministerium für wirtschaftliche Zusammenarbeit (BMZ) ein Referat für ‚übersektorale Grundsatzfragen, Frauen-, Familien- und Jugendfragen' eingerichtet, und seit 1991 gibt es ein eigenständiges Referat für ‚Frauen-, Familien- und Jugendfragen'. Dieses Referat hat das Recht, alle Entwicklungsprojekte nach ihren Auswirkungen auf die Frauen zu überprüfen und gestaltend auf sie einzuwirken.

„Nach der entwicklungspolitischen Konzeption des BMZ vom Oktober 1996 ist das Ziel der Gleichberechtigung von Frauen und Männern eine Querschnittsaufgabe. Daher sind die Interessen und Bedürfnisse von Frauen in Planung und Durchführung aller Vorhaben der Entwicklungszusammenarbeit einzubeziehen, nachteilige Auswirkungen auf Frauen sind zu vermeiden, vorhandene Benachteiligungen durch gezielte Fördermaßnahmen abzubauen. ... Immer gilt, dass Frauen in Entwicklungsländern selbst entscheiden müssen, wo eine Förderung ansetzen soll."

Bundesministerium für wirtschaftliche Zusammenarbeit (Hrsg.): Journalistenhandbuch Entwicklungspolitik 1998. Bonn 1998, S. 173

Fördervorrang haben vor allem jene Bereiche, in denen Frauen erheblich benachteiligt sind, z.B.: in der Subsistenz-Landwirtschaft und der Entwicklung von Technologien zur Feldbestellung und zur Verarbeitung von Nahrungsmitteln, in der Wasser- und Energieversorgung, im Gesundheits- und Bildungs-, Spar- und Kreditwesen sowie in der Rechtsberatung.
Beachtliche Erfolge sind vor allem im Gesundheits- und Bildungswesen sowie in der Familienplanung zu verbuchen. So stieg in den letzten 20 Jahren die Lebenserwartung von Frauen um 20%, schneller als die der Männer, die Fertilitätsraten gingen von 4,7 Lebendgeburten pro Frau auf 3,0 zurück, die Gesamtzahl der Mädchen, die die Primar- und Sekundarschulen besuchen, stieg von 38% auf 68%.
Dennoch: Die Möglichkeiten, die den Frauen offen stehen, sind nach wie vor begrenzt, und so charakterisiert der Weltbevölkerungsbericht die Situation der Frauen in den Entwicklungsländern nach vier Entwicklungsdekaden mit dem Ausspruch: „Armut hat ein weibliches Gesicht."

Nachhaltige Entwicklung (sustainable development), 90er-Jahre

Die Beschränkung der Entwicklungspolitik auf wirtschaftliches Wachstum in den 50er- und 60er-Jahren sowie auf die Armutsproblematik in den 70er- und 80er-Jahren stieß schon bald auf Kritik, da sie die globale Dimension von Entwicklung zu wenig berücksichtigte.

Zwei Themenkreise rückten in den 90er-Jahren in den Mittelpunkt der entwicklungspolitischen Debatte: die Begrenzung der natürlichen Ressourcen der Erde und die Belastbarkeitsgrenzen des globalen Ökosystems. Damit bahnte sich auch ein grundlegend anderes Verständnis von Entwicklung an: Die Industrieländer konnten nicht mehr nur als Geber, Helfer, Berater und erst recht nicht als Vorbild agieren, da sie, ökologisch fehlentwickelt, selbst „Entwicklungsländer" geworden waren. So setzte sich mehr und mehr die Einsicht durch, dass die Erhaltung der Umwelt im Sinne einer nachhaltigen, d. h. zukunftssichernden Entwicklung nicht ein regionales, sondern ein globales Problem ist.

„Mit ein bisschen mehr Entwicklungshilfe allein kann der Norden sich schon deshalb nicht von der Last der eigenen Anpassung freikaufen, weil er – für ein knappes Viertel der Weltbevölkerung – tagtäglich vier Fünftel des Ressourcenverbrauchs beansprucht. Mit anderen Worten: Vier von fünf Schritten auf dem langen Weg zu einem neuen Gleichgewicht zwischen Mensch und Natur müssen die Industriestaaten gehen. Wer weiterhin als Leitbild einem Leben hemmungsloser Verschwendung frönt, der kann nicht Verzicht verlangen von jenen, die ohnehin nur um ihre nackte Existenz kämpfen."

Christian Wernicke: Sinnlos treibt die Welt zum Abgrund. In: ZEIT-Schriften Nr. 1/1992, Ein Gipfel für die Erde. Hamburg 1992

Der Brundtland-Bericht.

Einen entscheidenden Anstoß erhielt die globale Perspektive von Entwicklung durch den Brundtland-Bericht „Unsere gemeinsame Zukunft" (1987), benannt nach der Vorsitzenden der „Weltkommission für Umwelt und Entwicklung", der norwegischen Ministerpräsidentin G. H. Brundtland.

„Dauerhafte Entwicklung ist Entwicklung, die die Bedürfnisse der Gegenwart befriedigt, ohne zu riskieren, dass künftige Generationen ihre eigenen Bedürfnisse nicht befriedigen können. Zwei Schlüsselbegriffe sind wichtig:
– Der Begriff von Bedürfnissen, insbesondere der Grundbedürfnisse der Ärmsten der Welt, die die überwiegende Priorität haben sollten, und
– der Gedanke von Beschränkung, die der Stand der Technologie und sozialen Organisation auf die Fähigkeit der Umwelt ausübt, gegenwärtige und zukünftige Bedürfnisse zu befriedigen. Das Wort (Entwicklung) wird oft gebraucht, um auf Prozesse wirtschaftlicher und sozialer Veränderung in der Dritten Welt Bezug zu nehmen. Aber die Verbindung von Entwicklung und Umwelt ist in allen Ländern notwendig, reich und arm. Eine dauerhafte Entwicklung erfordert, dass nationale und internationale politische Maßnahmen in allen Ländern verändert werden."

Brundtland-Bericht. Unsere gemeinsame Zukunft. Weltkommission für Umwelt und Entwicklung. Greven 1987, S. 43 ff.

Gipfel von Rio und Agenda 21.

Der Brundtland-Bericht gab den Anstoß für die UN-Umweltkonferenz in Rio de Janeiro im Juni 1992, auf dem die Repräsentanten von 178 UN-Mitgliedstaaten mit Nachdruck das Konzept der nachhaltigen Entwicklung als weltweit anzuwendendes Prinzip feststellten.

„Grundsatz 1: Menschen stehen im Mittelpunkt der Bemühungen um eine nachhaltige Entwicklung. Ihnen steht ein gesundes und produktives Leben im Einklang mit der Natur zu.
Grundsatz 3: Das Recht auf Entwicklung muss so eingelöst werden, dass es gleichermaßen den Umwelt- und Entwicklungsbedürfnissen der gegenwärtigen und zukünftigen Generationen gerecht wird.
Grundsatz 4: Um nachhaltige Entwicklung zu erreichen, soll Umweltschutz ein integraler Bestandteil des Entwicklungsprozesses sein."

Die Rio-Deklaration. In: Süddeutsche Zeitung vom 15. 6. 1992

M 4 *Schrumpfung der tropischen Waldbestände und Zunahme der Bevölkerung in den Entwicklungsländern*

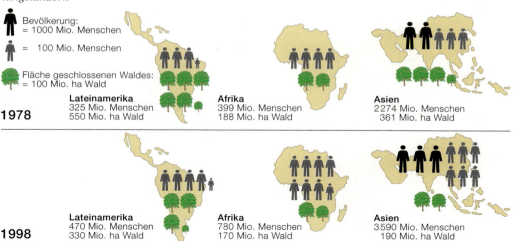

Nach BMZ-Grafik nach Global 2000. Der Bericht an den Präsidenten, Frankfurt 1980, Weltentwicklungsbericht 1998 sowie Angaben des FAO und der Wirtschaftskommission für Europa der Vereinten Nationen (UNECE). Angaben für 1998 z. T. geschätzt.

Die *Agenda 21* (der Name verweist auf das 21. Jahrhundert) nennt Maßnahmen zur Umsetzung der „Deklaration von Rio". Sie gibt den Staaten politische, rechtlich aber nicht verbindliche Handlungsanweisungen für alle wesentlichen Bereiche der Entwicklungs- und Umweltpolitik: Bekämpfung der Massenarmut, Befriedigung der Grundbedürfnisse, Gesundheitsschutz, Bevölkerungspolitik, Schonung der nicht erneuerbaren natürlichen Ressourcen, Schutz der Meere und des Klimas, Umgang mit gefährlichen Abfällen.

„Die Agenda 21 bedeutet nicht nur den Beginn einer qualitativ neuen globalen Partnerschaft für zukunftssichernde Entwicklung, sie betont (weltweit) auch die Beteiligung der Bürger in Gemeinden und Regionen sowie die aktive Mitarbeit gesellschaftlicher Gruppen und Nichtregierungsorganisationen bei der Entwicklungszusammenarbeit. Damit kann eine noch nicht absehbare Dynamik in Gang gesetzt werden, die die bisherige weitgehend einseitige ‚Entwicklung von oben' ersetzt durch einen Prozess des Miteinanders von ‚oben' und ‚unten'. …
Die Stärkung der Rolle von Nichtregierungsorganisationen und lokalen Gruppierungen bietet die Chance, vor allem durch die Bildung lokaler, regionaler, nationaler und internationaler Netzwerke mehr Einfluss auf entwicklungs- und umweltpolitische Entscheidungsprozesse zu nehmen und so Politiker u. U. zu entschlossenerem und rascherem Handeln im Sinne von zukunftssichernder Entwicklung zu bewegen. Wenn ‚sustainable development' heißt, den Bedarf der heutigen Generation zu decken, ohne den Bedarf und die Lebensgrundlage künftiger Generationen zu gefährden, dann gilt die Deckung des Bedarfs der Armen in dieser Generation als eine unverzichtbare Bedingung für eine nachhaltige Bedarfsdeckung künftiger Generationen."

Karl Engelhard: a.a.O., S. 11

1. Erörtern Sie das Konzept der nachholenden Entwicklung und nennen Sie seine Schwächen.
2. Erläutern Sie, inwiefern die Grundbedürfnisstrategie die Entwicklungspolitik der 50er-Jahre „vom Kopf auf die Füße stellt".
3. Informieren Sie sich, ob es in Ihrer Stadt/ Gemeinde Aktionsgruppen „Agenda 21" gibt.
4. Überlegen Sie mit Ihren Klassenkameraden/ -kameradinnen, wie Sie sich im Sinne des „sustainable development" entwicklungs- und umweltpolitisch engagieren können.

4.3 Wirtschaftliche Entwicklungen in einer sich globalisierenden Welt

M 1 Karikatur aus dem Jahre 1849 Buntes Treiben auf dem Tanzplatz, der durch Schranken abgesperrt ist. England und Frankreich, dargestellt durch die beiden Wappentiere Löwe und Hahn, wollen Waren auf den deutschen Markt bringen. Ihnen hält der deutsche Reichsadler zwei Büchsen für die Einfuhrzölle hin.

Internationale Wirtschaftsbeziehungen sind in unserem Leben etwas Alltägliches geworden, so dass sie uns kaum noch bewusst werden – es sei denn, wir kommen direkt oder indirekt mit Problemen in Berührung, die sich aus den weltwirtschaftlichen Verflechtungen ergeben. Wir hören z. B. in den Nachrichten über die Gefährdung des „Standorts Deutschland" und den Verlust von Arbeitsplätzen durch konkurrierende „Billiglohnländer". Solche und ähnliche Nachrichten machen schlagartig deutlich, dass viele Bereiche unseres Lebens in internationale Wirtschaftsbeziehungen eingebunden sind.

Über die Vorteile solcher Wirtschaftsbeziehungen gibt es kaum Meinungsunterschiede, spielt doch der Außenhandel für die wirtschaftliche Entwicklung von Staaten eine entscheidende Rolle. Durch ihn können sich Volkswirtschaften z. B. mit Rohstoffen und Gütern versorgen, die sie selbst nicht besitzen oder herzustellen vermögen. Er sorgt für die Erschließung weltweiter Absatzmärkte und bringt Devisen für die Bezahlung notwendiger Einfuhren.

Während über diese grundsätzlichen Fakten allgemeiner Konsens besteht, taucht seit Mitte der neunziger Jahre ein Schlagwort auf, das diesen Konsens infrage zu stellen scheint: „Globalisierung".

Globalisierung bedeutet zunächst nichts anderes als die Zunahme internationaler Wirtschaftsbeziehungen und das Zusammenwachsen von Märkten über die Grenzen einzelner Staaten hinaus. An sich entspricht diese Entwicklung durchaus der Forderung nach einem freien Welthandel, der vielen Staaten der westlichen Welt wachsenden Wohlstand beschert hat. Was ist nun aber das Neue an der gegenwärtig viel diskutierten Globalisierung, in der viele Kritiker vornehmlich Gefahren sehen?

Im Folgenden soll dieser Frage nachgegangen werden. Kritisch sind dabei auch die Nachteile zu untersuchen, die vor allem den Entwicklungsländern aus dem bestehenden Welthandelssystem erwachsen.

INFO

Unter dem Begriff „Weltwirtschaft" fasst man die Gesamtheit der wirtschaftlichen Beziehungen zusammen, die zwischen den Volkswirtschaften der Erde in ihrem gegenseitigen Austausch von Waren, Kapital und Dienstleistungen bestehen.

Ökonomische Grundlage ist die *internationale Arbeitsteilung,* d. h. die arbeitsteilige Produktion von Gütern: Jedes Land erzeugt möglichst die Waren, für die es aufgrund der geographischen Lage, der Rohstoffvorkommen und unterschiedlicher historisch-sozialer Gegebenheiten die günstigeren Produktionsbedingungen hat.

Voraussetzung für die arbeitsteilige Produktion ist der internationale Warenaustausch, der *Welthandel.* Dieser umfasst im weiteren Sinne neben den Waren- auch den Dienstleistungs- (Transportleistungen, Tourismus) und Kapitalverkehr. Seine Ergebnisse erscheinen in der *Zahlungsbilanz* eines Landes.

Der Welthandel ist nicht möglich ohne ein international anerkanntes Zahlungsmittel (Geld). Dementsprechend kennzeichnen drei Grundelemente die Weltwirtschaft:
– Internationale Arbeitsteilung,
– Internationaler Warenaustausch,
– Internationaler Zahlungsverkehr.

Damit diese internationalen Beziehungen geordnet ablaufen, ist eine gegenseitige Abstimmung und Regelung der Aktivitäten unerlässlich. Die Gesamtheit aller Abkommen, Vorschriften, Gesetze usw., welche den internationalen Wirtschaftsverkehr regeln, bildet die *Weltwirtschaftsordnung.*

Bei der Ausgestaltung der internationalen Wirtschaftsbeziehungen lassen sich von jeher zwei einander entgegengesetzte Prinzipien erkennen: Protektionismus und Freihandel.

Protektionismus ist die Bezeichnung für eine Wirtschaftspolitik, die dem Schutz des Binnenmarktes vor ausländischer Konkurrenz dient. Maßnahmen sind Zölle, Einfuhrverbote, Einfuhrbeschränkungen oder andere Handelshemmnisse.

Freihandel strebt freie internationale Austauschbeziehungen an, ohne alle staatliche Behinderungen wie Zölle, Verbote u. Ä. Der Handels- und Zahlungsverkehr soll dabei ausschließlich nach marktwirtschaftlichen Grundsätzen gesteuert werden, vor allem durch Angebot und Nachfrage.

M 2 Bedeutung der Warenexporte für die Volkswirtschaften ausgewählter Länder

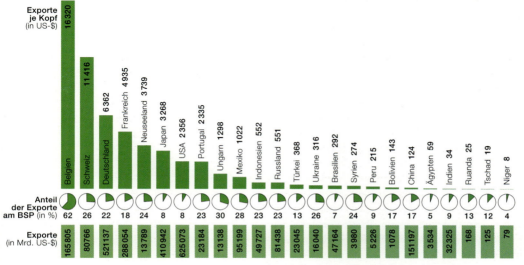

Land	Exporte je Kopf (in US-$)	Anteil der Exporte am BSP (in %)	Exporte (in Mrd. US-$)
Belgien	16 320	62	165 805
Schweiz	11 416	26	80 766
Deutschland	6 362	22	521 137
Frankreich	4 935	18	288 054
Neuseeland	3 739	24	13 789
Japan	3 268	8	410 942
USA	2 356	8	625 073
Portugal	2 335	23	23 184
Ungarn	1 298	30	13 138
Mexiko	1 022	28	95 199
Indonesien	552	23	49 727
Russland	551	23	81 438
Türkei	368	13	23 045
Ukraine	316	26	16 040
Brasilien	292	7	47 164
Syrien	274	24	3 980
Peru	215	9	5 226
Bolivien	143	17	1 078
China	124	17	151 197
Ägypten	59	5	3 534
Indien	34	9	32 325
Ruanda	25	13	168
Tschad	19	12	125
Niger	8	4	79

Nach Mario von Baratta (Hrsg.): Der Fischer Weltalmanach 1999 und Weltbank (Hrsg.): Weltentwicklungsbericht 1998/99

Entwicklung und Strukturen der Weltwirtschaft

Entwicklung des Welthandels. Fernhandelsbeziehungen reichen weit in die Geschichte der Menschheit zurück: Austausch von Edelmetallen, Gewürzen und Weihrauch zwischen Nordeuropa, dem Mittelmeerraum, Ostafrika und Vorderasien oder Seide zwischen China, Indien und dem Wirtschaftsraum Mittelmeer.

Im mittelalterlichen Europa kam es mit den Kreuzzügen (11.–13. Jh.) zu engen wirtschaftlichen Kontakten zwischen der christlichen und orientalischen Welt. Besonders die Seestädte Venedig, Genua und Pisa profitierten von dem Warenhandel, der über die Alpen auch die süddeutschen Handelsstädte Nürnberg, Regensburg und Augsburg erreichte.

Im 15. und 16. Jahrhundert durchzogen die Hansekaufleute den gesamten nord- und osteuropäischen Raum zwischen Brügge, Gotland und Moskau und schufen an Nord- und Ostsee einen mächtigen Handels- und Wirtschaftsraum, ebenso wie die Fugger und Welser im südeuropäischen Raum.

Für die weitere Entwicklung des Welthandels waren in der Folgezeit besonders die Entdeckungsfahrten der Spanier und Portugiesen von weitreichender Bedeutung, so u. a. die „Entdeckung Amerikas" durch Kolumbus. Mit dem Zustrom großer Mengen von Gold und Silber aus den lateinamerikanischen Staaten wurde in Europa im 16. Jahrhundert die Naturalwirtschaft von der Geldwirtschaft abgelöst. Geld bzw. Gold wurde zum alleinigen Zahlungsmittel. Aus den neuen Kolonien kamen ferner Tabak, Kakao, Vanille und die Kartoffel nach Europa.

Im Zeitalter des *Merkantilismus* (16. bis 18. Jh.) bestimmten Protektionismus und Autarkiebestrebungen das Leitbild des Außenhandels. Um Reichtum und Macht des Staates zu mehren, sollte möglichst viel Geld ins Land gebracht werden. Das gelang durch eine gezielte Förderung der inländischen Manufakturen und durch Subventionen für den Export eigener Fertigprodukte. Dazu wurden preiswerte Rohstoffe aus den Kolonien eingeführt (die Einfuhr anderer Güter als Rohstoffe wurden gleichzeitig durch Zölle verhindert oder erschwert), im Land verarbeitet und als Fertigprodukte teuer exportiert. Außenhandel konnte sich unter diesen Umständen nur mühsam entfalten.

Die eigentliche Geschichte des „modernen Außenhandels" begann im 19. Jahrhundert. Voraussetzung war die Ablösung des Merkantilismus durch den wirtschaftlichen Liberalismus Ende des 18. Jahrhunderts, der wiederum durch die industrielle Revolution begünstigt wurde. Der Einsatz von Maschinen ermöglichte die Massenproduktion, z.B. von Textilien, die mit den neuen Transportmitteln Eisenbahn und Dampfschiff kostengünstig transportiert werden konnten. Hinzu kamen verkehrstechnische Großprojekte, wie z.B. der Bau des Suezkanals (1859–1869), der als schleusenlose Großschiffahrtsstraße den Seeweg von Europa nach Asien beträchtlich verkürzte (Hamburg–Bombay um ca. 4500 Seemeilen). Der Welthandel erlebte eine ungeahnte Blüte, die jedoch jäh durch den Ersten Weltkrieg, die Wirtschaftskrise der 30er-Jahre und den Zweiten Weltkrieg unterbrochen wurde. Gefördert durch Kriegspläne kam es damals zu Autarkiebestrebungen und zunehmendem Protektionismus.

M 3 Entwicklung des Weltexportvolumens 1950–1997 (in Mrd. DM)

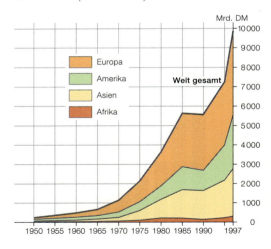

GATT (Hrsg.): International Trade. Genf, verschiedene Jahrgänge, Statistisches Bundesamt (Hrsg.): Statistisches Jahrbuch für das Ausland. Wiesbaden, verschiedene Jahrgänge

Nach dem Zweiten Weltkrieg erfuhr der Welthandel einen bis dahin unbekannten Aufschwung. Zurückzuführen ist dieser Aufschwung vor allem auf die starke weltweite Bevölkerungszunahme einerseits, sowie den steigenden Rohstoff- und Energiebedarf, die Erhöhung der industriellen Produktion und die gestiegenen Ansprüche der Verbraucher in den Industrieländern andererseits. Begünstigt wurde der boomartige Aufschwung ferner durch Fortschritte in der Verkehrs- und Kommunikationstechnik sowie durch vorteilhafte Handelsbedingungen, die z.B. von der Organisation für wirtschaftliche Zusammenarbeit (OECD), dem Internationalen Währungsfonds (IWF) und im Rahmen der Allgemeinen Zoll- und Handelsabkommen (GATT) geschaffen wurden.

Nach einer kurzen Phase der Stagnation Anfang der 90er-Jahre, die parallel zur allgemeinen weltwirtschaftlichen Konjunkturschwäche verlief, setzte sich das starke Wachstum des Welthandels bis zur Gegenwart fort.

Mit einer Wachstumsrate von ca. 6%, wie im Jahre 1998, liegt der Welthandel gegenwärtig deutlich über dem Gesamtwachstum der Weltwirtschaft von 3,5%, worin sich die „Schrittmacherrolle" des Handels für die wirtschaftliche Entwicklung zeigt.

M 4 Weltweite Exporte nach Warengruppen 1980/1996 (in%)

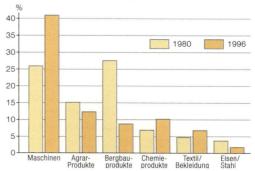

Nach GATT (Hrsg.): International Trade, verschiedene Jahrgänge

M 5 Der Hafen von Rotterdam – Drehscheibe im internationalen Handel

Weltwirtschaftsstrukturen. Ein Charakteristikum der gegenwärtigen Weltwirtschaftsstruktur ist die wirtschaftliche Schwergewichtsverlagerung vom sekundären zum tertiären Sektor. Besonders starke Wachstumsbranchen sind neben dem Handel das Finanzwesen, der Tourismus, der Kommunikationsbereich und die sozialen Dienstleistungen.

„Hinter diesem Trend zur Dienstleistungsgesellschaft steht zum einen die immer noch wachsende Arbeitsteilung. Viele Firmen des gewerblichen Sektors lagern professionelle Dienstleistungen (Consulting, Marktforschung, PR, Werbung, Design, Engeneering, Rechtsberatung, Forschung und Entwicklung, Versand etc.) aus, erbringen sie also nicht mehr selber, sondern kaufen sie als Fremdleistung ein. ... Dahinter steht aber auch, dass der Finanzsektor sich verselbstständigt. Kredite, Devisen- und Warentermingeschäfte, Erwerb von Grundstücken etc. sind nicht mehr nur Voraussetzung der Güterwirtschaft, sondern führen ein überproportional wachsendes spekulatives Eigendasein."

Ingomar Hauchler u. a. (Hrsg.): Globale Trends 93/94. Frankfurt: Fischer Taschenbuchverlag 1993, S. 209

M 6 Die wichtigsten Welthandelsströme Exporte 1997 zwischen den Handelsblöcken in Mrd. US-$

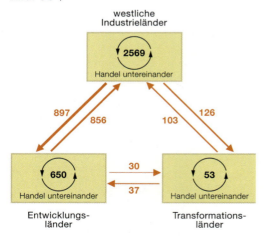

Quelle: UN-Außenhandelsstatistik
Nach UN-Außenhandelsstatistik

Die wichtigsten Charakteristika der Weltwirtschaft zu Beginn des zweiten Jahrtausends lassen sich wie folgt zusammenfassen:
– Trotz eines gebremsten Wirtschaftswachstums blieben die Industrieländer die führenden Weltwirtschafts- und Welthandelsmächte; auf sie entfallen immer noch ca. 70% aller weltweiten Ausfuhren.
– Die in den 80er- und 90er-Jahren besonders erfolgreichen Schwellenländer Ost- und Südostasiens sind zwar in eine Wachstumskrise geraten; aufgrund expandierender Exporte (Industriegüter) konnten sie in den letzten Jahren ihre Stellung im Welthandel dennoch weiter ausbauen.
– Die ärmsten und am wenigsten entwickelten Länder (LDC) erreichen nicht einmal 1% der Weltexporte; viele von ihnen leiden unter der weltweit gesunkenen Nachfrage nach Rohstoffen sowie deren Preisverfall, so dass ihre Chancen auf einen wachsenden Anteil an der Weltwirtschaft auch künftig gering sind.
– In den Transformationsländern Ostmittel- und Osteuropas und der GUS sind Erholungstendenzen festzustellen, doch variieren die Wachstumsraten regional stark; mit zunehmender weltwirtschaftlicher Verflechtung wird ihr Anteil am Welthandel jedoch voraussichtlich weiter steigen.
– Die Zunahme des Welthandels geht nur noch zum geringen Teil auf erhöhte Rohstoffeinfuhren der Industrieländer zurück, sondern hauptsächlich auf den verstärkten Handel mit Industriegütern zwischen den Industriestaaten einerseits sowie zwischen den Industriestaaten und den Schwellenländern andererseits.

1. Vergleichen Sie die beiden Handelsprinzipien ‚Protektionismus' und ‚Freihandel'; nennen Sie Vorzüge und Nachteile dieser beiden Ordnungssysteme.
2. Werten Sie die Abbildung „Entwicklung des Weltexportvolumens" (M3) aus und nehmen Sie Stellung zu der Behauptung, dass die gegenwärtigen Welthandelsbeziehungen noch immer „ein Abbild der kolonialen Wirtschaftsbeziehungen" sind.
3. Erklären Sie anhand konkreter Beispiele den Begriff ‚Tertiärisierung' der Weltwirtschaft.

Globalisierung – die große Herausforderung

„Die neue globale Wirtschaft gleicht einer Schlacht zwischen Wirtschaftsriesen, die den Kämpfern keine Pause und kein Mitleid gönnt. Die Globalisierung der Wirtschaft scheint eine unausweichliche Entwicklung zu sein, die den weltweiten Finanz- und Industrienetzwerken eine nie dagewesene Entscheidungsgewalt und Macht über das Schicksal von Millionen Menschen in aller Welt in die Hand gibt."

Die Gruppe von Lissabon: Grenzen des Wettbewerbs. Darmstadt: Wissenschaftliche Buchgesellschaft 1998, S. 18

So sieht das Urteil aus, das die Gruppe von Lissabon, eine Arbeitsgruppe renommierter Wissenschaftler, Politologen und Ökonomen über „die Globalisierung der Wirtschaft und die Zukunft der Menschheit" – so der Untertitel ihres Berichtes – fällt. Die Autoren versuchen die weit verbreitete These von der Ohnmacht der Politik vor der Wirtschaft zu widerlegen.

Was heißt Globalisierung? Der Begriff Globalisierung, zweifelsohne das wirtschaftliche Schlagwort unserer Zeit, weckt zwiespältige Gefühle. Zum einen steht er für Offenheit und Zukunftschancen, zum anderen symbolisiert er die Ängste vieler Menschen vor der Auflösung alter Ordnungen und Systeme. Was aber bedeutet Globalisierung konkret? Was ist an ihr so neu? Besser als eine Definition können folgende Beispiele und Materialien diese Fragen beantworten.

„Das Welthandelsvolumen für Güter und Dienstleistungen ist in den letzten 40 Jahren etwa doppelt so schnell gestiegen wie die Weltproduktion und wächst heute sogar dreimal schneller. Mittlerweile werden knapp 25 % der Weltproduktion an Gütern und Dienstleistungen international ausgetauscht; das sind in Zahlen 7 000 Mrd. US-$ jährlich."

Joachim Voeller: Globalisierung: Chance oder Wohlstandsfalle? Working Papers in Economics. Ulm 1998, S. 2f.

„Wenn Heinrich Pierer einen Globus in die Hand nimmt, kann er ihn drehen und wenden, wie er will: Siemens ist überall.
Im indischen Bangalore entwickeln die Programmierer einer Subfirma hochintelligente Software. In Brasilien, Argentinien und Mexiko formen Billigkräfte gute alte Osram-Leuchten.
Zum Weltreich zählen über 400 Produktionsstätten auf sechs Kontinenten, rund 328 000 Mitarbeiter, davon 170 000 im Ausland. Längst macht Siemens in der Fremde mehr Geld als in der Heimat."

Der Spiegel Nr. 39 vom 23. 9. 1996, S. 80

„Vorreiter der Globalisierung sind die Finanzmärkte. Täglich werden rund um den Globus mehr als 1 000 Milliarden US-$ gehandelt – viel mehr als Waren verkauft werden. ‚Real time for information' heißt das Zauberwort: Überall auf der Welt haben Bänker, Händler oder Sparkassenangestellte gleichzeitig die aktuellsten Marktinformationen auf ihrem Bildschirm."

Zeitbild-Verlag (Hrsg.): Globalisierung. Das Zeitbild, November 1997, S. 4

„Zu den neuen wirtschaftlichen Trends gehört auch eine erhöhte Mobilität des Produktionsfaktors Arbeit."

Bundesverband deutscher Banken (Hrsg.): Globalisierung. In: Schulbank 2/98

M 7 *Die Globalisierungs-Schrittmacher*

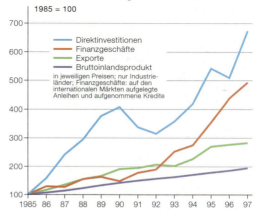

Nach Informationen des Instituts der deutschen Wirtschaft. Ursprungsdaten: Internationaler Währungsfonds. OECD

M 8 Die führenden Welthandelsländer

Einfuhr		in Mrd. US-$ 1997	1990
1.	(1.) USA	899,019	516,715
2.	(2.) Deutschland	445,556	342,627
3.	(3.) Japan	338,829	234,806
4.	(5.) Großbritannien	306,591	222,983
5.	(4.) Frankreich	270,554	333,138
6.	(12.) Hongkong	208,614	82,496
7.	(6.) Italien	208,286	172,513
8.	(8.) Kanada	200,880	116,461
9.	(7.) Niederlande	179,147	121,567
10.	(9.) Belgien–Luxemburg	155,488	115,737
11.	(14.) Rep. Korea	144,615	64,857
12.	(18.) VR China	142,377	48,636

Ausfuhr		in Mrd. US-$ 1997	1990
1.	(2.) USA	688,697	394,045
2.	(1.) Deutschland	512,502	398,445
3.	(3.) Japan	421,051	286,948
4.	(4.) Frankreich	290,408	209,823
5.	(5.) Großbritannien	281,082	185,976
6.	(6.) Italien	238,306	160,896
7.	(7.) Kanada	214,428	126,996
8.	(9.) Niederlande	196,146	125,171
9.	(11.) Hongkong	188,059	82,160
10.	(17.) VR China	182,690	55,151
11.	(8.) Belgien–Luxemburg	165,580	113,535
12.	(14.) Rep. Korea	136,741	62,129

Mario von Baratta (Hrsg.): Der Fischer Weltalmanach, 1992 und 2000. Frankfurt: Fischer Taschenbuchverlag 1991, S. 921/922, 1999, S. 1219 (Zahlen in Klammern = Rang 1990)

Antriebskräfte der Globalisierung. Die Ursachen – und zugleich Auswirkungen – der zunehmenden Globalisierung sind vielfältig. Neben den bereits in den Quellentexten auf der Vorseite aufgezeigten sind vor allem zwei Voraussetzungen zu nennen.

„Wichtige Voraussetzung für die rasch fortschreitende Globalisierung der Wirtschaft waren die erfolgreichen Bemühungen um einen freien Welthandel durch Organisationen wie OECD, GATT und neuerdings WTO. Ferner ist wichtig, dass zwei Staatengruppen sich aktiv an der Weltwirtschaft beteiligen, die noch vor zwei bis drei Jahrzehnten kaum eine Rolle spielten: die neu industrialisierten Staaten Ost- und Südostasiens und neuerdings auch Lateinamerikas sowie die Transformationsländer Osteuropas und der GUS …

Eine große Bedeutung für die fortschreitende Globalisierung hat auch der technische Fortschritt bei Verkehr und Telekommunikation. Die Personen- und Güterverkehrsverbindungen in alle Regionen der Erde waren noch nie so schnell und kostengünstig wie heute. Hinzu kommen die modernen technischen Möglichkeiten weltweiter, billiger Telefon- und Faxverbindungen und Computervernetzungen. Sie lassen das Überschreiten nationaler und kontinentaler Grenzen immer selbstverständlicher werden und erlauben es z. B., die Produktion einer Ware in Ostasien vom Schreibtisch in Westeuropa aus ohne Zeitverzögerung zu planen und zu beaufsichtigen."

Mario von Baratta (Hrsg.): Der Fischer Weltalmanach 1999. Frankfurt: Fischer Taschenbuchverlag 1998, S. 1002

Globalisierung – Chance oder Risiko? Wie die Antriebskräfte, so sind auch die Befürchtungen, die die fortschreitende Globalisierung z. B. bei uns in Deutschland weckt, äußerst vielfältig. Diskutiert werden vor allem folgende Fragen:
– Ist der „Standort Deutschland" gefährdet?
– Bewirkt Globalisierung nicht vor allem Abwanderung von Arbeitsplätzen aus dem teuren „Hochlohnland" Deutschland?
– Bleibt unser soziales Netz bei der Globalisierung „auf der Strecke"?
– Bedeutet Globalisierung nicht auch Verlust der staatlichen Souveränität?
Diese Fragen werden auch unter Fachleuten, äußerst kontrovers diskutiert. Ein einfaches Ja oder Nein als Antwort gibt es nicht. Statt der einleitenden Frage „Chance oder Risiko"? muss es demnach besser heißen „Chance und Risiko". Eines steht jedenfalls fest: Die Globalisierung ist nicht mehr umkehrbar. Auch die „reichen" Länder müssen sich auf die Globalisierung einstellen, ihre Position in der Weltwirtschaft überprüfen und etwaige Reformen durchführen, um sich nicht auf der Verliererseite wiederzufinden.

4. Nennen Sie weitere Gründe, die den Globalisierungsprozess ermöglicht und vorangetrieben haben.
5. „Globalisierung – Chance und Risiko." Diskutieren Sie diese Aussage.

Direktinvestitionen und Global Players

Was sind Direktinvestitionen? Die internationale Arbeitsteilung beschränkt sich, wie gezeigt, nicht nur auf den Austausch von Waren zwischen einzelnen Ländern, sondern führt auch zu einem Austausch des Produktionsfaktors Kapital. So wird z. B. US-amerikanisches und europäisches Kapital zur Erschließung bzw. Ausbeutung von Rohstoff- und Energiequellen in Übersee eingesetzt, oder öffentliche und private Kapitalgeber investieren in fremden Ländern durch die Kooperation mit Partnern *(joint ventures)* oder durch die Gründung einer Niederlassung.

Diese Kapitalanlagen von Inländern im Ausland bzw. von Ausländern im Inland werden als *ausländische Direktinvestitionen* bezeichnet. Sie waren bereits im 19. Jahrhundert in der Phase des Kolonialismus von großer Bedeutung, als beträchtliche Summen privater Auslandsgelder in Plantagen, im Bergbau oder zum Aufbau der Infrastruktur in den damaligen Kolonien eingesetzt wurden.

In den späten 50er- und den 60er-Jahren des 20. Jahrhunderts traten vor allem US-amerikanische Firmen massiv auf dem europäischen Markt auf, so dass die Furcht vor einer amerikanischen Überfremdung der europäischen Wirtschaft wuchs. Bis 1965 hatten nämlich US-Konzerne ca. 20 Mrd. DM in den damaligen EWG-Ländern investiert, davon fast die Hälfte in der Bundesrepublik Deutschland. Es gab über 1 000 US-Firmen, die unter anderem ca. ein Drittel der Autos und des Mineralöls in Deutschland produzierten. Doch schon bald traten auch andere Industrieländer als Investoren auf dem internationalen Markt auf. „Made in the World" wurde zum Schlagwort, das treffend diesen Teilprozess der Globalisierung kennzeichnet. So wuchsen z. B. die ausländischen Direktinvestitionen allein im Zeitraum 1983 bis 1989 um 28,9 Prozent jährlich, während die Weltexporte um „nur" 9,4 Prozent pro Jahr zunahmen, bei einem jährlichen Wachstum der Weltwirtschaft von 7,8 Prozent.

Die Statistiken zu ausländischen Direktinvestitionen zeigen, dass vor allem die *Triade*, d. h. USA, Westeuropa und Japan, untereinander Investitionen vornehmen. Ein immer größer werdender Anteil der Kapitalströme fließt in jüngerer Zeit auch in die Schwellenländer, während in den Entwicklungsländern und den östlichen Reformländern wesentlich weniger investiert wird.

M 9 *Investitionsstrategien der hundert größten multinationalen Unternehmen 1990–2000, in %*

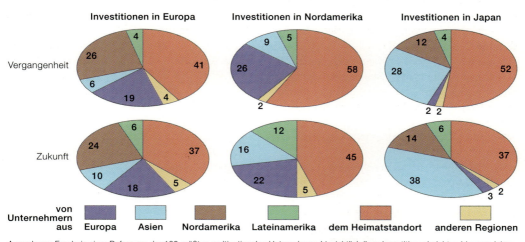

Anmerkung: Ergebnis einer Befragung der 100 größten multinationalen Unternehmen hinsichtlich ihrer Investitionsabsichten bis zum Jahre 2000. Angegeben sind die Neuinvestitionen, die sowohl im Heimatland als auch im Ausland getätigt werden. Unter Neuinvestitionen oder Nettoinvestitionen versteht man diejenigen Investitionen, die zur Erweiterung des Produktionsapparates dienen, also ohne Ausgaben für den Ersatz verbrauchter Produktionsmittel (Erhaltungsinvestitionen).

Nach UNCTAD (Hrsg.): World Investment Report, verschiedene Jahrgänge

Vorteile und Probleme von Direktinvestitionen. Für die Empfängerländer ergeben sich meistens Vorteile, wenn
– inländische Betriebe als Zulieferer in Anspruch genommen werden und somit die gesamte volkswirtschaftliche Produktion steigt,
– freie Kapazitäten genutzt und dadurch z. B. Arbeitsplätze geschaffen werden,
– Güter für den einheimischen Bedarf hergestellt und dadurch Importe bzw. Devisen eingespart werden,
– die inländischen Unternehmen von den neuen Produktionsmethoden oder den neuen Betriebsorganisationen lernen.
Mögliche Nachteile ergeben sich für die Empfängerländer, wenn
– sie kostspielige infrastrukturelle Vorleistungen erbringen müssen, um die ausländischen Unternehmen zur Ansiedlung zu bewegen,
– die neuen Unternehmen auf dem Binnenmarkt als Konkurrenten auftreten und dadurch einheimische Firmen u. U. schließen müssen,
– durch hochtechnische Produktionsmethoden nur wenige Arbeitsplätze geschaffen werden bzw. durch Rationalisierungsmaßnahmen Arbeitsplätze eingespart werden,
– Gewinne der ausländischen Unternehmen nicht im Lande reinvestiert werden, sondern ins Mutterland abfließen.
Die investierenden Unternehmen versprechen sich vor allem folgende Vorteile:
– Erschließung bzw. Sicherung von Absatzmärkten,
– Sicherung von Rohstoff- und Energiequellen,
– Nutzung von günstigen Standortbedingungen, z. B. niedrige Arbeitskosten, geringe Grundstückspreise, eingeschränkte Umweltauflagen, Steuervorteile,
– Umgehung von Exporthemmnissen bzw. Importbeschränkungen.
Nachteile können für das investierende Land entstehen, wenn
– durch die Produktionsverlagerung Arbeitsplätze im Inland verloren gehen,
– mit der Direktinvestition technisches Knowhow exportiert und sich dadurch langfristig die Wettbewerbsfähigkeit verschlechtert,
– Kapital ins Ausland abfließt und sich dadurch die Zahlungsbilanz verschlechtert.

Global Players. Unternehmen, die in mehr als einem Staat tätig sind, z. B. Fabriken nicht nur im Heimatland, sondern auch in fremden Ländern besitzen, dort Verkaufsbüros führen oder mit Filialen operieren, werden als *multinationale Unternehmen (Multis)* oder *global players* bezeichnet. Aufgrund ihrer Größe und Kapitalkraft nehmen viele dieser global players eine Vorrangstellung auf dem Weltmarkt ein, wie z. B. Exxon, General Motors, ITT oder Daimler/Chrysler. Die Bedeutung der global players kommt schon darin zum Ausdruck, dass sie über 80 % der privaten weltweiten technologischen Kapazitäten besitzen und Mitte der 90er-Jahre einen Gesamtumsatz von etwa 6000 Milliarden US-$ erwirtschafteten (zum Vergleich weltweite Warenexporte 1996 ca. 5200 Mrd. US-$, nach UNCTAD).
Die ersten global players entstanden bereits im vergangenen Jahrhundert. Ihr eigentliches Größenwachstum und ihre zahlenmäßige Zunahme setzten jedoch erst nach dem Zweiten Weltkrieg und verstärkt nach 1970 ein. Allein die Zahl derer, die in den größten vierzehn Industrieländern beheimatet sind, stieg zwischen 1970 und 1996 von 7000 auf etwa 40 000. Rund die Hälfte aller multinationalen Unternehmen stammen aus nur fünf Heimatländern: USA, Japan, Deutschland, Frankreich, Großbritannien.

M 10 Die umsatzstärksten Unternehmen der Welt 1997 (Umsatz in Mrd. DM)

[1] Fusion mit Chrysler (USA) im Jahre 1998. Geht man vom gemeinsamen Umsatz im Jahre 1997 aus, stünde Daimler/Chrysler mit 230,2 Mrd. DM an 9. Stelle in der Rangliste.

Nach: Süddeutsche Zeitung vom 6. 8. 1998

M 11 Wo die global players sitzen

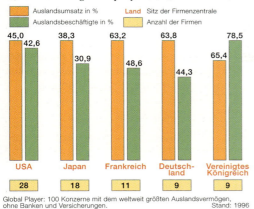

Global Player: 100 Konzerne mit dem weltweit größten Auslandsvermögen, ohne Banken und Versicherungen. Stand: 1996

Nach Angaben des Instituts der deutschen Wirtschaft. Ursprungsdaten: UNCTAD

„Percy Barnevik … übernahm 1982 eine Firma namens Asea, damals ein schwedisches Elektrounternehmen, dessen Techniker zu 95 Prozent in Schweden tätig waren. Nach der Fusion mit der schweizerischen Brown Bovery & Cie. formte er daraus den ‚global player' ABB.

Barnevik gilt unter Managerkollegen als Vorbild in Sachen Globalisierung: Er verlegte die ABB-Zentrale nach Zürich; er feuerte in Westeuropa und Nordamerika 54 000 Mitarbeiter und heuerte in Osteuropa und Asien 46 000 neue an; er kaufte über 200 Firmen hinzu und verwob sie in einem gewaltigen Netz aus etwa 5 000 eigenständigen Profitcentern. …

Gerade 171 Angestellte steuern von Zürich aus den verzweigten Konzern mit 212 000 Mitarbeitern. Barnevik, der globale Firmenchef, jettet derweil von Fabrik zu Fabrik und betrachtet die Zentrale als Ort, ‚an dem meine Post eintrifft, bevor die wichtigen Briefe dorthin gefaxt werden, wo ich mich gerade befinde'."

Der Spiegel vom 23. 9. 1996; S. 85

„Was ist von den Multis zu halten?"

– Durch ihre große technische Finanzkraft und ihr enormes technisches und organisatorisches Wissen sind Multis in der Lage, auch risikoreiche Investitionen durchzuführen, die ansonsten unterlassen würden.

– Wegen ihrer wirtschaftlichen Macht können Multis nur schwer kontrolliert und beeinflusst werden. Daher kann es sein, dass ein multinationales Unternehmen Ziele verfolgt, die mit den wirtschaftlichen Zielen des Gastlandes im Konflikt stehen.

– Die Erfahrungen der Industrialisierung werden durch die Multis aus den Industrienationen in die Gastländer übertragen.

– Durch die Vielzahl von Tochtergesellschaften haben Multis die Möglichkeit, Gewinne dahingehend zu manipulieren, dass sie ihre Steuerzahlungen reduzieren. Dies kann z. B. durch teure Einkäufe und billige Verkäufe (oder umgekehrt) zwischen Mutter- und Tochtergesellschaften geschehen.

– Multis vergeben häufig Aufträge an inländische kleinere Unternehmen.

– Die Multis stellen Produkte her, für die ein Land besonders günstige Standorteigenschaften besitzt. Das kann die Monostruktur verfestigen.

– Multis produzieren in der Regel Güter für den Weltmarkt. Diese ersetzen entweder notwendig werdende Importe oder werden exportiert."

Dietmar Krafft (Hrsg.): Handel im Wandel. Internationale Wirtschaftsbeziehungen. Köln OMNIA 1995, S. 88, gekürzt

6. Auslandsinvestitionen in Entwicklungsländern sind vielfach sehr umstritten. Erörtern Sie mögliche Gefahren, die sich daraus für die Wirtschaft, Bevölkerung und Kultur eines Entwicklungslandes ergeben können.

7. „Ein Unternehmen, das in Deutschland seine Produktionsstätten, seine Arbeitsplätze abbaut und fast keine Steuern bezahlt, das kann in seinem Namen noch so oft das Wort ‚deutsch' haben, das erkenne ich nicht mehr als deutsches Unternehmen." Nehmen Sie begründend Stellung zu diesem Ausspruch des ehemaligen Bundespräsidenten Roman Herzog auf einer Konferenz von Spitzenmanagern.

8. Diskutieren Sie zusammenfassend Vor- und Nachteile von Direktinvestitionen und der Aktivitäten der global players
a) für das investierende Unternehmen,
b) für das Empfängerland.

Die Entwicklungsländer im Weltwirtschaftssystem

1996 vergaben die OECD-Länder 55,5 Mrd. US-$ an öffentlicher Entwicklungshilfe. Das Exportvolumen der Entwicklungsländer betrug im gleichen Jahr 1460 Mrd. US-$. Eine Steigerung ihrer Exporte um lediglich 3,8 % erbrächte den Effekt der gesamten westlichen Hilfe. Bereits diese wenigen Zahlen machen die Forderung der Entwicklungsländer nach ‚aid by trade' verständlich. Bedenkt man, dass ihr Anteil am Welthandel nur etwas mehr als ein Viertel beträgt, lässt sich ermessen, welches Entwicklungspotenzial erschlossen würde, wenn es gelänge, ihren Anteil am Welthandel stärker mit dem Bevölkerungsanteil von gegenwärtig ca. 80 % in Einklang zu bringen.

M 12 *Anteil der Entwicklungsländer an den Weltexporten 1950 und 1997*

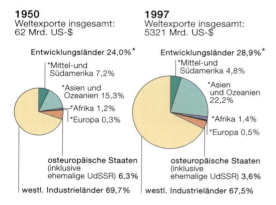

Nach Angaben der UNCTAD

Absolut konnten die Entwicklungsländer ihre Exporte in den letzten Jahrzehnten zwar stärker steigern als die Industrieländer, von dem Wachstum profitieren jedoch fast ausnahmslos die ostasiatischen Schwellenländer. Die ärmsten und am wenigsten entwickelten Länder, die Least Developed Countries (vgl. S. 272), kamen 1996 mit nicht einmal 20,0 Mrd. US-$ nur auf 4 % der Weltexporte.

Außenhandelsstruktur der Entwicklungsländer

Neben der geringen Integration in den Weltmarkt ist die Außenhandelsstruktur besonders der ärmsten Entwicklungsländer noch durch eine weitere Besonderheit gekennzeichnet: die Abhängigkeit von einem oder wenigen Exportprodukten.

M 13 *Exportabhängigkeit*

Land	Produkt	Exportanteil	Jahr
Angola	Rohöl	90 %	1990
Burundi	Kaffee	88 %	1997
Ruanda	Kaffee	52 %	1995
Malawi	Tabak	70 %	1994
Sambia	Kupfer	69 %	1995
Uganda	Kaffee	63 %	1996
Burkina Faso	Baumwolle	51 %	1997
Äthiopien	Kaffee	62 %	1997
Niger	Uran	49 %	1995
Tschad	Baumwolle	42 %	1996

Mario von Baratta (Hrsg.): Der Fischer Weltalmanach 2000, Frankfurt: Fischer Taschenbuchverlag 1998, verschiedene Seiten

„Seit 1973 haben Entwicklungsländer ihren Anteil an den Weltexporten von Industrieprodukten verdreifachen können. Er belief sich 1995 auf ca. 20 % und erhöhte sich nochmals im Jahr 1996.
Es überrascht wenig, dass die einzelnen Entwicklungsländergruppen in sehr unterschiedlichem Grade am Wachstum des Warenexports teilhaben konnten. ... So ist in einer Reihe von überwiegend Halb- und Fertigwaren exportierenden asiatischen und lateinamerikanischen Schwellenländern (z. B. Hongkong, Republik Korea, Taiwan, Singapur, Mexiko, Brasilien) der Rohstoffanteil am Export unter 30 % gesunken. Insbesondere wegen dieser Länder ... erzielen die Entwicklungsländer als Gruppe mittlerweile nur noch knapp zwei Fünftel ihrer Exporterlöse durch den Export von Rohstoffen (einschl. Treibstoffe). Trotzdem bleiben zahlreiche Entwicklungsländer nach wie vor zu einem hohen Grad vom Export von Rohstoffen abhängig."

Bundesministerium für wirtschaftliche Zusammenarbeit (Hrsg.): Journalisten-Handbuch Entwicklungspolitik 1998. Bonn 1998, S. 325

Schwankende Rohstoffpreise. Für die außenwirtschaftliche Situation der Entwicklungsländer spielt neben dem mengenmäßigen Absatz und der Art der Exportgüter die Preisentwicklung der Rohstoffe eine entscheidende Rolle. Bei einer diversifizierten Exportstruktur schlagen Preisschwankungen einzelner Produkte bei den Gesamterlösen kaum zu Buche. Ist ein Land jedoch auf den Export nur einiger weniger Güter angewiesen, führt ein Preisverfall zwangsläufig zu beträchtlichen Einbußen im Außenhandel – mit z. T. katastrophalen wirtschaftlichen und sozialen Auswirkungen. Er bewirkt Devisenverluste, schränkt die Importmöglichkeiten ein, verringert das Volkseinkommen und erschwert eine längerfristig vorausplanende Wirtschaftspolitik des Landes. Um wenigstens die Höhe ihrer Exporterlöse halten zu können, steigern viele Länder ihre Rohstoffförderung – mit der Konsequenz weiterer Preissenkungen infolge des Überangebots auf dem Weltmarkt. Andererseits sind die Länder gezwungen, entweder notwendige Investitionen zurückzustellen oder Kredite im Ausland aufzunehmen.

Der Preistrend bei Rohstoffen ist schon lange Zeit tendenziell rückläufig. 1993 lagen sie unter dem Niveau von 1950 und – bei relativ starken Schwankungen im Zeitablauf – auf dem tiefsten bisher erreichten Niveau.

Auch die weiteren Perspektiven werden allgemein kritisch beurteilt, zumindest was eine dauerhafte Erholung anbetrifft. Dies unterstreicht die Notwendigkeit, durch internationale Vereinbarungen Preisstabilisierungen anzustreben bzw. den ärmsten Ländern Kompensationen für Exportausfälle zu gewähren.

Sinkende Terms of Trade (vgl. S. 213). Zusätzlich zu den genannten Schwierigkeiten wirken die sinkenden Terms of Trade, also die hinter den Preisen für Industriegüter zurückbleibenden Rohstoffpreise, entwicklungshemmend.

„So hängt beispielsweise Gambia in einem durchschnittlichen Jahr zu 95 Prozent seiner Deviseneinkünfte von der Erdnussernte ab. Beziffert man den durchschnittlichen Preis für Erdnüsse im Jahr 1970 mit 100, dann bewegt sich der Preis in den drei darauf folgenden Jahren von 86 auf 78, dann auf 124. Im August 1974 war der Preis auf 259 geklettert; seitdem fiel er wieder zurück. Erhebliche Preisfluktuationen dieser Größenordnung ... zerfetzen die Pläne der armen Staaten. ...

Wir sehen keinen gerechten Grund dafür, dass die armen Staaten der Erde in neun von zehn Jahren Vermögenswerte in die reichen Staaten transferieren müssen, nur weil die Handelsbedingungen sich zu ihren Ungunsten entwickeln.

Doch genau dies geschieht. Die Armen müssen den Reichen einen ständig wachsenden Umfang an Gütern liefern, um eine gleich bleibende Menge und Qualität von Industrieerzeugnissen zu erhalten. Unsere Verfügungsgewalt über die Ressourcen dieser Erde wird geringer, während die ihre entsprechend zunimmt."

J. K. Nyerere (ehemaliger Staatspräsident Tansanias): *Die Dritte Welt und die Struktur der Weltwirtschaft.* In: *Der Überblick* 2/1976

M 14 Entwicklung der Rohstoffpreise an den internationalen Warenbörsen 1994–1998

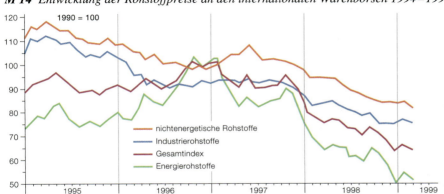

Nach Mario von Baratta (Hrsg.): *Der Fischer Weltalmanach 2000.* Frankfurt: Fischer Taschenbuchverlag 1999, S. 1155/1156

Protektionismus und Regionalisierung des Handels.

Trotz ihres geringen Anteils am Welthandel werden die Exporte der Entwicklungsländer durch vielfältige protektionistische Maßnahmen zusätzlich erschwert.

So versuchen viele Entwicklungsländer, den Import von Industriegütern zum Schutz der eigenen, sich im Aufbau befindenden Industrie oder zur Einsparung von Devisen zu reglementieren bzw. zu verhindern. Aber auch einige Industrieländer sind bemüht, ihre eigene Wirtschaft durch Importeinschränkungen zu schützen, um so z.B. Arbeitsplätze zu erhalten. Ein Beispiel ist das 1973 geschlossene Welttextilabkommen (WTA), dem ca. 50 Länder angehören. Durch Quotenregelungen begrenzt es die Textil- und Bekleidungsimporte aus den Entwicklungsländern, um die europäische und nordamerikanische Industrie vor zu starker Konkurrenz zu schützen und Zeit zu gewinnen für notwendige Umstrukturierungen.

Regionalisierung

Der Außenhandel der Entwicklungsländer wird zunehmend auch durch die Bildung von Wirtschaftsblöcken, Freihandelszonen und Zollunionen behindert, wie z.B. die EU, die NAFTA in Nordamerika oder ASEAN in Südostasien. Diese Wirtschaftsblöcke bzw. Freihandelszonen fördern zwar die Integration ihrer Mitglieder und den internen Warenaustausch, erschweren oder versperren aber vielfach den Marktzugang für Drittländer.

Etwa 60% des gesamten Welthandels entfällt inzwischen auf die drei genannten dominierenden Handelsblöcke. Neben dem Handel innerhalb dieser Blöcke expandiert lediglich nur noch der Handel zwischen Westeuropa und Ost,- Südostasien, während die anderen Handelsbeziehungen weitgehend stagnieren. Das gilt auch für den Handel zwischen Nordamerika und Westeuropa.

M 15 Wirtschaftspolitische Zusammenschlüsse

Wirtschaftspolitsche Zusammenschlüsse
(Auswahl wichtiger Organisationen/Gründungsjahr)

	OECD	Organization for Economic Cooperation and Development (Organisation für wirtschaftliche Zusammenarbeit und Entwicklung), 1961
	EU	Europäische Union, 1957
	EFTA	European Free Trade Association (Europäische Freihandelsassoziation), 1960. Die ehemaligen Mitglieder Dänemark, Großbritannien, Portugal, Österreich und Schweden sind der EU beigetreten
	AKP-Staaten	EU-assoziierte Staaten (Afrika, Karibik, Pazifischer Raum), 1975

Diese Situation macht zweierlei deutlich:
„– Das Welthandelssystem organisiert sich, bei zugleich starken Regionalisierungstendenzen, tripolar; andere Räume haben kaum eine Chance zu einer vergleichbaren Regionalisierung.
– Mit Ausnahme weniger Schwellenländer erfahren die meisten Entwicklungsländer eine Abkoppelung von der weltwirtschaftlichen Dynamik. Das gilt insbesondere für die Länder Subsahara-Afrikas. Aufgrund des

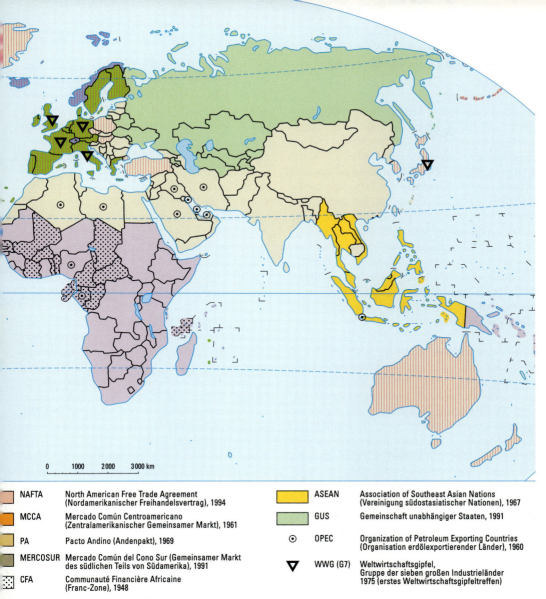

	NAFTA	North American Free Trade Agreement (Nordamerikanischer Freihandelsvertrag), 1994
	MCCA	Mercado Común Centroamericano (Zentralamerikanischer Gemeinsamer Markt), 1961
	PA	Pacto Andino (Andenpakt), 1969
	MERCOSUR	Mercado Común del Cono Sur (Gemeinsamer Markt des südlichen Teils von Südamerika), 1991
	CFA	Communauté Financière Africaine (Franc-Zone), 1948
	ASEAN	Association of Southeast Asian Nations (Vereinigung südostasiatischer Nationen), 1967
	GUS	Gemeinschaft unabhängiger Staaten, 1991
⊙	OPEC	Organization of Petroleum Exporting Countries (Organisation erdölexportierender Länder), 1960
▽	WWG (G7)	Weltwirtschaftsgipfel, Gruppe der sieben großen Industrieländer 1975 (erstes Weltwirtschaftsgipfeltreffen)

World Trade Organization, bis 1993 GATT;
132 Mitgliedstaaten – sind in der Karte nicht dargestellt.

[1] EG und EFTA bilden seit 1994 den Europäischen Wirtschaftsraum (EWR). Die Schweiz (∗) beteiligt sich nicht am EWR.

kolonialen wirtschaftlichen Erbes – fehlende regionale Vernetzung im Verkehrsbereich (weil Ausrichtung der Wirtschaftsbeziehungen auf die jeweilige Kolonialmacht) und Zerstörung vorkolonialer regionaler Handelsbeziehungen – fehlt die Basis für eine den Handelsblöcken vergleichbare Regionalisierung."

Karl Engelhard: Entwicklungspolitik im Unterricht. Köln: OMNIA Verlag 1996, S. 92

9. Erläutern Sie die Interessenkonflikte der Entwicklungsländer und der Industrieländer im Welthandel.

10. Erörtern Sie Auswirkungen der einseitigen Exportstruktur und der Schwankungen der Rohstoffpreise auf die Wirtschaft und die Entwicklungspolitik der Entwicklungsländer.

11. Erklären Sie, wieso Globalisierung der Wirtschaft und Regionalisierung des Handels de facto keinen Widerspruch darstellen.

Reformen des Weltwirtschaftssystems

Seit den 60er-Jahren stellen die Entwicklungsländer auf den Welthandels- und Entwicklungskonferenzen (UNCTAD) immer wieder und vehementer die Forderung „Trade not Aid" – in der Überzeugung, dass Deviseneinnahmen aus dem Außenhandel bedeutender sind als Zuflüsse im Rahmen von Entwicklungshilfeleistungen. Die Erfolge der „kleinen Tiger" in Südostasien, die auf eine exportorientierte Industrialisierung setzten, schien ihnen Recht zu geben. Gestützt werden die Forderungen auch dadurch, dass die hohe Auslandsverschuldung viele Entwicklungsländer dazu zwingt, durch Exporte Devisen zu erwirtschaften, um so ihre Zahlungsfähigkeit wieder herzustellen.

„Das vorhandene System wirtschaftlicher Beziehungen zwischen den Industrienationen und den Ländern der Dritten Welt ist seinem Wesen nach ein Instrument gewesen, um die Ressourcen der ärmeren Nationen auszupumpen, und als solches a priori darauf angelegt, die Unterentwicklung zu verewigen. Es bedroht unsere Länder dauernd mit Zahlungsunfähigkeit, wie sehr sie auch ihr Warenangebot auf dem Weltmarkt erhöhen. Beweis dafür ist die wachsende Zahl von Ländern, die für ihre Schulden neue Rückzahlungspläne aufstellen müssen."

Aus der Ansprache des chilenischen Präsidenten S. Allende zur Eröffnung der III. UNCTAD-Versammlung in Santiago de Chile 1972

Neue Weltwirtschaftsordnung (NWWO)

Diese und ähnliche Vorwürfe führten dazu, dass die UNO 1974 eine „Erklärung" und ein „Aktionsprogramm über die Errichtung einer Neuen Weltwirtschaftsordnung" verabschiedete.
Die Einzelforderungen der Entwicklungsländer im Rahmen dieser *Neuen Weltwirtschaftsordnung* sind sehr vielfältig. Im Wesentlichen geht es um eine Reform der Handels-, Rohstoff- und Währungspolitik sowie um mehr wirtschaftliche Souveränität und Mitbestimmung der Entwicklungsländer in internationalen Organisationen.

Integriertes Rohstoffprogramm. Eine der wichtigsten Forderungen der Entwicklungsländer im Rahmen der NWWO ist das *Integrierte Rohstoffprogramm (IRP)*, mit dem „gerechte" und „stabile" Rohstoffpreise, die Verbesserung des Marktzugangs für Rohstoffe sowie Absatzsicherheit für die Entwicklungsländer erzielt werden sollten.
Kernstück des IRP ist der *Gemeinsame Fonds für Rohstoffe,* der 1989 in Kraft trat.
Mit den Mitteln eines „ersten Schalters" sollten Ausgleichlager *(bufferstocks)* finanziert werden, um Preisschwankungen ausgleichen zu helfen. Ein „zweiter Schalter" sollte Forschung, Produktivitätsverbesserungen und bessere Vermarktung finanzieren und vor allem den ärmeren Entwicklungsländern zugute kommen.
Zurzeit gibt es nur ein Übereinkommen mit einer preisstabilisierenden Zielsetzung, das Naturkautschuk-Abkommen. Darüber hinaus existieren zwar noch andere Abkommen, z.B. über Olivenöl, Rindfleisch, Weizen, Jute, Tropenholz, Zucker, Kaffee und Kakao, sie enthalten aber keine marktregulierenden Bedingungen, sondern dienen lediglich der Markttransparenz und dem Informationsaustausch.
Nach den schlechten Erfahrungen mit den Rohstoffabkommen und dem Scheitern ihrer marktregulierenden Bestimmungen ist in der letzten Zeit eine Ernüchterung in der Diskussion über die Möglichkeiten von Rohstoffabkommen eingetreten.

„Die ordnungspolitischen Gegner von marktregulierenden Abkommen können auf das abschreckende Beispiel der EU-Agrarmarktordnung verweisen. ... Seit den 80er-Jahren gibt es keine Rohstoffpolitik mehr, sondern nur noch eine Strukturanpassungspolitik. Und sie bedeutet: Einpassung in den Markt- und Preismechanismus durch Anpassung an die Veränderungen der Nachfrage in Mengen und Art der Güter; nicht Erhaltung von Produktionsstrukturen, die überproduzieren und die Preise drücken, sondern Erschließung neuer Marktchancen und Verringerung der außerwirtschaftlichen Verwundbarkeit – also Diversifikation."

Franz Nuscheler: Lern- und Arbeitsbuch Entwicklungspolitik. Bonn: Dietz 1996, S. 283/284

Die Lomé-Abkommen

Die entwicklungspolitische Zusammenarbeit zwischen den Ländern der EU und einer Reihe von Entwicklungsländern Afrikas, der Karibik und des pazifischen Raums, nach den Anfangsbuchstaben dieser Regionen *AKP-Staaten* genannt, ist in den *Lomé-Verträgen* geregelt. Das erste Abkommen wurde 1975 in Lomé, der Hauptstadt Togos, unterzeichnet. Das zurzeit laufende Abkommen Lomé IV trat 1990 in Kraft und hat eine Laufzeit von zehn Jahren. Das zugehörige Finanzprotokoll galt zunächst für fünf Jahre und wurde dann bis zum Jahre 2000 erneuert (Höhe des Finanzpakets für den Zeitraum 1995–2000: 15 Mrd. ECU = 30,6 Mrd. DM = 15,647 Mrd. Euro). Die Zahl der Mitglieder hat sich seit der Gründung von 46 auf inzwischen 82 erhöht; 1997 ist die Republik Südafrika mit einem eigenen qualifizierten Status, d. h. mit weniger Rechten, beigetreten.

M 16 Finanzielle Hilfen der EU an die AKP-Staaten

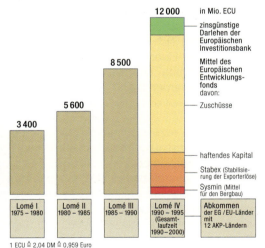

1 ECU ≙ 2,04 DM ≙ 0,959 Euro

Nach Zahlenbilder

In den Lomé-Verträgen werden fast alle wichtigen Bereiche der entwicklungspolitischen Zusammenarbeit rechtlich verbindlich geregelt, insbesondere die handelspolitische Zusammenarbeit, die Zusammenarbeit im Bereich der Rohstoffe und bei der Entwicklungsfinanzierung.

Die AKP-Staaten haben einen nahezu zollfreien Zugang zum EU-Markt. Ausgenommen sind eine Reihe agrarischer Exportgüter, die auch in der EU produziert werden und die bei ungehindertem Import den EU-Landwirten Nachteile bringen würden.

Das Kernstück der Lomé-Abkommen auf dem Rohstoffsektor ist das System zur Stabilisierung der Exporterlöse *(STABEX)*. Es zielt darauf ab, negative Auswirkungen, die sich aufgrund von Schwankungen der Erlöse aus dem Export landwirtschaftlicher Rohstoffe ergeben, aufzufangen. Tritt ein Preisverfall auf dem Weltmarkt für diese Rohstoffe ein, werden Ausgleichszahlungen geleistet, sofern das Land von diesen Exporterlösen abhängig ist und die Einnahmen aus dem Export dieser Güter unter einem bestimmten Referenzwert fallen. Eine ähnliche Regelung gilt auch für mineralische Rohstoffe.

Die entscheidenden Vorteile des Stabex-Systems gegenüber dem integrierten Rohstoffprogramm der NWWO liegen darin, dass die Erlöse und nicht die Preise stabilisiert werden, dass kein Eingriff in den Marktmechanismus stattfindet und keine teuren Rohstofflager eingerichtet werden müssen.

Neben den Handelsabkommen ist ein weiterer wichtiger Bereich der EU-/AKP-Zusammenarbeit die Entwicklungsfinanzierung.

„Die Entwicklungszusammenarbeit der EU mit den AKP-Staaten wird größtenteils durch die Europäischen Entwicklungsfonds (EEF) finanziert. Den Schwerpunkt der Zusammenarbeit unter den Lomé-IV-Abkommen bildet weiterhin die ländliche Entwicklung, wenngleich auch den sozialen Sektoren ... zunehmend mehr Beachtung geschenkt wird. Unter den Lomé-IV-Abkommen kann die Gemeinschaft erstmals AKP-Staaten, die wirtschaftliche Reformprogramme durchführen, durch schnell wirksame Hilfe bei ihrer Strukturanpassung unterstützen."

Bundesministerium für wirtschaftliche Zusammenarbeit (Hrsg.): Journalisten-Handbuch Entwicklungspolitik 1998. Bonn 1998, S. 269

12. Beschreiben Sie die Funktionsweise des Integrierten Rohstoffprogramms und vergleichen Sie es mit den Rohstoffabkommen des Lomé-Vertrags.

Vom GATT zur WTO
Im Gegensatz zur regionalen Beschränkung der Lomé-Abkommen versucht das Allgemeine Zoll- und Handelsabkommen (General Agreement on Tariffs and Trade, *GATT*) Verbesserungen der Welthandelsbedingungen für alle Länder zu erreichen.

Das GATT wurde 1947 von 23 Staaten abgeschlossen und inzwischen von 132 Staaten unterzeichnet, auf die etwa 90 % des Welthandels entfallen. Die wesentlichen Ziele der vom GATT erstrebten Ordnung sind:
– Nichtdiskriminierung einzelner Länder, also handelspolitische Gleichbehandlung aller Staaten,
– Verbot mengenmäßiger Importbeschränkungen für bestimmte Güter,
– Aufhebung anderer Handelsbeschränkungen als Zölle, d. h. Verbot so genannter *nichttarifärer Handelshemmnisse* wie z. B. Exportsubventionen, Kontingente, besondere Verwaltungs- und Verbraucherschutzvorschriften.

M 17 *Zollabbau durch GATT-Verhandlungen*

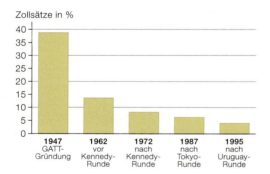

Nach GATT-Angaben

In den bisher acht Verhandlungsrunden wurden zwar vielfältige Erfolge bei der Förderung des Welthandels erreicht, aber seit Beginn der 80er-Jahre haben – trotz aller Fortschritte – protektionistische Maßnahmen an Bedeutung eher noch zugenommen. Wichtige Wirtschaftsbereiche wie die Landwirtschaft, die Textilindustrie oder der Dienstleistungsbereich waren nicht den GATT-Regeln unterworfen.

Welthandelsabkommen (WTO). In der Schlussakte der achten Verhandlungsrunde, der Uruguay-Runde, wurde das GATT in die mit größeren Kompetenzen ausgestattete World Trade Organization *(WTO)* umgewandelt. Die WTO umfasst drei Bereiche: Das „GATT 1994" für den Warenhandel, das *GATS* (General Agreement on Trade and Services) für den Handel mit Dienstleistungen und das Rahmenabkommen über den Schutz geistigen Eigentums (*TRIPS* = Trade Related Aspects of Intellectual Property Rights).

Die Bildung der WTO stellt insofern eine neue Ära in der globalen Wirtschaftskooperation dar, als neben der Reform des Welthandelssystems neue aktuelle Themen in den Aufgabenbereich mitübernommen werden, z. B. der Agrarsektor und der Dienstleistungsbereich, der Schutz von Patenten, Marken, Urheberrechten oder von Computer-Software und Fragen des Ressourcen- und Umweltschutzes.

Wie umstritten die WTO jedoch ist, zeigen folgende Zitate:

„Das GATT schätzt, dass das (reale) Handelsvolumen sich durch die Liberalisierung der Uruguay-Runde bis 2005 um 9 bis 24 % erhöhen könnte. Das wären zwischen 244 und 669 Milliarden Dollar."

Frankfurter Allgemeine Zeitung vom 10. 11. 1994

„Gerade die rezessionsgeschüttelten Industrieländer versprechen sich deshalb deutliche Wachstumsimpulse von der GATT-Runde, weil die vereinbarten Maßnahmen zum Abbau tarifärer und nichttarifärer Handelshemmnisse helfen werden, Kosten zu senken, die Effizienz zu erhöhen und den Außenhandel zu fördern. Im Gegensatz dazu waren die Reaktionen in vielen Entwicklungsländern (EL) verhalten, skeptisch oder auch sehr kritisch. … In England und Deutschland wiesen Nichtregierungsorganisationen darauf hin, dass vor allem die am wenigsten entwickelten Länder („least developed countries") zu den Verlierern der Runde zu zählen sind."

M. Windfuhr: GATT und die Entwicklungsländer. In: E + Z 35, 3/1994, S. 76

M 18 Die Welthandelsorganisation WTO

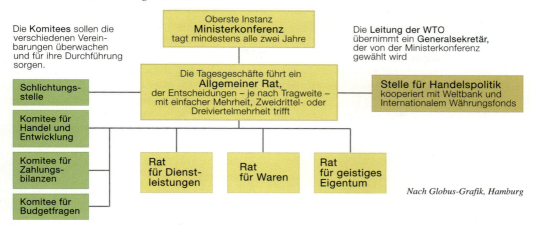

Nach Globus-Grafik, Hamburg

„Auch die Uruguay-Runde ist … nur eine Etappe auf dem Weg zum weltweiten Abbau der Handelshemmnisse für Waren und Dienstleistungen. Zahlreiche Hemmnisse bleiben bestehen, neue werden errichtet in dem gemeinsamen Bestreben von Produzenten, Unternehmern und Gewerkschaften und Regierungen, wegfallende Schutzmaßnahmen durch andere zu ersetzen."

G. Koopmann, H.-E. Scharrer: Der internationale Handel nach der Uruguay-Runde. In: Internationale Politik und Gesellschaft 2/95, S. 168f.

„Mit der Einbeziehung des Dienstleistungsbereichs in die achte GATT-Runde ist ein wichtiger Schritt getan, der den weltwirtschaftlichen Veränderungen Rechnung trägt. Jedoch besteht hier ein weit über die bisherigen Ergebnisse hinausgehender Handlungsbedarf, der sich insbesondere auf die Globalisierung der Finanzmärkte sowie der Datenverarbeitungs- und Kommunikationssysteme erstrecken muss: Ob die WTO jedoch dafür die entsprechenden Kompetenzen besitzt, ist fraglich, weil mit diesen neuen Problembereichen auch andere Weltorganisationen befasst sind, so dass hier nur kooperative Lösungsansätze Erfolgschancen haben."

Karl Engelhard: Entwicklungspolitik im Unterricht. Köln: OMNIA Verlag 1996, S. 97

„Armut, zu deren Überwindung wirtschaftliches Wachstum hilfreich ist, kann auch zur Zerstörung der Umwelt beitragen. Die Entwicklungsländer machen auf diesen Zusammenhang aufmerksam, wenn verschiedene Industrieländer höhere Umweltschutzstandards im Süden als Voraussetzung für die Öffnung ihrer Märkte fordern und eine umweltpolitische Reform des WTO-Regelwerks erwägen. Wenn es der internationalen Umweltpolitik nicht gelingen sollte, eine Unterordnung handelspolitischer Interessen gegenüber dem Primat des Umweltschutzes und der nachhaltigen Entwicklung herbeizuführen, ist zukünftig mit einer Ausdehnung von Handelsstreitigkeiten zu rechnen. Ob die Umwelt hierbei zu den Gewinnern zählen wird, ist fraglich."

Ingomar Hauchler u.a. (Hrsg.): Globale Trends 1998. Frankfurt: Fischer Taschenbuchverlag 1998, S. 228/229, leicht verändert

13. Beurteilen Sie die Ergebnisse der Uruguay-Runde und vergleichen Sie sie mit den anderen in diesem Kapitel vorgestellten Reformprogrammen.

14. In vielen Orten existieren so genannte „Dritte-Welt-Läden", die neben dem Vertrieb „fair gehandelter" Produkte die Öffentlichkeit über die Benachteiligung der Entwicklungsländer im Welthandel informieren. Nehmen Sie Kontakt mit einem solchen „Dritte-Welt-Laden" auf und überlegen Sie mit Ihren Mitschülerinnen und Mitschülern, wie Sie aktiv werden können.

Diagramme

Diagramme sind grafische Darstellungen von Zahlenwerten. In ihrer Eigenschaft als „gezeichnete Statistiken" liegen ihre großen Vorzüge:
- die Möglichkeit, eine im Vergleich zur Tabelle höhere Anschaulichkeit zu erreichen; das Auge nimmt bekanntermaßen optische Aussagen schneller und dauerhafter wahr als abstrakte Zahlenreihen;
- die Möglichkeit, komplexe Zusammenhänge zu vereinfachen und zentrale Aussagen akzentuiert durch geeignete Darstellungsarten (Wahl einer bestimmten Diagrammform, Maßstab) hervorzuheben;
- die Möglichkeit, mehrere Sachverhalte gleichzeitig und im grafischen Vergleich überschaubar zu machen, so dass man Entwicklungen mit einem Blick erfassen kann.

In diesen Vorzügen liegen aber auch die entscheidenden Schwächen eines Diagramms begründet:
- Die Aussagegenauigkeit ist geringer als die einer Statistik.
- Durch eine gezielte Wahl bestimmter Darstellungsarten lassen sich Inhalte und Aussagen leicht manipulieren, indem z. B. der Blick des Betrachters einseitig in die vom Zeichner gewünschte Bewertung der dargestellten Sachverhalte gelenkt wird („Zweckdiagramme").

Kurven- und Liniendiagramme (vgl. M 14, S. 235). Sie eignen sich vor allem für die grafische Darstellung von Zeitreihen, insbesondere wenn eine größere Zahl zeitabhängiger Daten wiederzugeben ist, wenn verschiedene Beobachtungsreihen miteinander verglichen werden sollen und nicht das absolute Ausmaß im Vordergrund der Betrachtung steht. Bei der Anlage der Skalen auf der Abszisse und Ordinate ist darauf zu achten, dass keine Verzerrungen vorgenommen werden, z. B. durch eine Verkürzung der Zeitintervalle auf der Abszisse oder eine übertriebene Einheitenwahl auf der Ordinate); diese würden die Aussagen u. U. optisch verfälschen.

Flächendiagramme (vgl. M 3, S. 226). Flächendiagramme sind erweiterte Liniendiagramme, in denen die Kurven übereinander angeordnet und die Flächen zwischen den Kurven durch Schraffuren oder Farben kenntlich gemacht werden. Sie bieten sich an, um darzustellen, wie sich die Gesamtgröße und die Teilgrößen während eines bestimmten Zeitraumes entwickelt haben.

Säulen- und Balkendiagramme (vgl. M 10, S. 233). Sie eignen sich vor allem zur Veranschaulichung statistischer Größen in einer zeitlichen oder räumlichen Folge (z. B. Darstellung gegliederter Gesamtmengen, deren Größe von Jahr zu Jahr schwankt). Das Balkendiagramm unterscheidet sich vom Säulendiagramm lediglich durch die horizontale Lage der Stäbe. Bei Zeitreihen wird das Balkendiagramm allerdings kaum genutzt.
Bei der Anlage eines Säulendiagramms ist vor allem darauf zu achten, dass die Höhenskala bei Null beginnt und die Höhenangaben auf der Ordinate proportional zu den dargestellten Zahlen ist.

Kreisdiagramme (vgl. M 12, S. 234). Sie werden vor allem zur Darstellung der prozentualen Zusammensetzung einer Gesamtmenge genutzt. Dazu wird der Kreis in mehrere Segmente eingeteilt, deren proportionaler Anteil den Teilkomponenten der Gesamtmenge entspricht. Will man die Gesamtmengen in verschiedenen Jahren nicht nur relativ, sondern auch absolut wiedergeben, stellt man verschieden große Kreise neben- bzw. untereinander. Bei der Anlage eines Kreisdiagramms sollte man darauf achten, dass auch die absolute Bezugsgröße aus der Darstellung hervorgeht, indem man z. B. die Gesamtsumme zusätzlich angibt und die absolute Gliederungszahl zusätzlich in die Kreissegmente einträgt.

Kartogramme (vgl. M 11, S. 223). Kartogramme dienen vornehmlich dazu, ein nach räumlichen Einheiten gegliedertes Zahlenmaterial darzustellen, z. B. die Bevölkerungsdichte in den einzelnen Bundesländern Deutschlands und/oder den KFZ-Bestand in den Bundesländern. Dazu erhält jedes Bundesland gemäß der jeweiligen durchschnittlichen Bevölkerungsdichte eine bestimmte Schraffur oder Farbe. Zur Darstellung des KFZ-Bestandes wird zusätzlich in jedes Bundesland ein kleines Diagramm eingezeichnet.

Dreiecksdiagramme erlauben es, drei Komponenten einer Gesamtmenge (meist mit 100 % gleichgesetzt) innerhalb eines gleichseitigen Dreiecks darzustellen. Dies ist möglich, da in einem gleichseitigen Dreieck die Summe der Senkrechten, die von einem beliebigen Punkt im Innern des Dreiecks auf seine Seiten gefällt werden, konstant ist. Mit mehreren regelhaft verteilten Punkten lassen sich Gruppenbildungen darstellen (z. B. Aufteilung der Erwerbstätigen nach verschiedenen Wirtschaftsbereichen in verschiedenen Ländern) oder Entwicklungen aufzeigen (z. B. Anteil der Erwerbstätigen nach Wirtschaftsbereichen innerhalb eines Landes im historischen Ablauf). Im letzten Fall werden die Beispielpunkte mit einer Linie verbunden.

Beispiel für ein Dreiecksdiagramm: Erwerbstätige nach Wirtschaftsbereichen in Deutschland von 1950 bis 1997 (in %)

Jahr	primärer Sektor	sekundärer Sektor	tertiärer Sektor
1950	24,6	42,7	32,7
1960	13,5	48,8	37,7
1970	9,1	49,4	41,5
1980	5,4	45,3	49,3
1990	3,5	38,8	57,7
1997	2,7	33,3	64,0

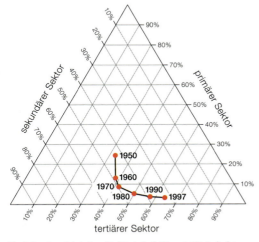

Nach Bundesministerium für Wirtschaft (Hrsg.): Wirtschaft in Zahlen. Bonn: verschiedene Jahrgänge

Interpretationsschritte

Interpretationsschritte

1. Formales
– Welche Diagrammform wurde gewählt?
– Was ist das Thema des Diagramms?
– Gibt es eine räumliche/zeitliche Abgrenzung?
– Was für Zahlenarten werden dargestellt (absolute Zahlen, Indexzahlen)?
– Welches ist die Quelle der Daten? Aus welchem Jahr stammt die Quelle?

2. Beschreibung
– Welches sind die wichtigsten Aussagen des Diagramms?
– Sind Entwicklungen ablesbar?
– Sind ursächliche Zusammenhänge erkennbar?
– Sind bedeutsame Details zu erkennnen?

3. Erklärung
– Wie sind die dargestellten Sachverhalte zu erklären?
– Welche zusätzlichen Informationen sind zur Erklärung heranzuziehen?

4. Bewertung
– Entspricht die gewählte Darstellung dem Thema?
– Reicht die Aussagegenauigkeit aus?
– Werden Sachverhalte verzerrt, verfälscht?

Anfertigung von Diagrammen. Auch wenn sich Diagramme heute mithilfe des Computers schnell und mühelos anfertigen lassen, sind einige Grundsätze zu berücksichtigen, damit die grafische Darstellung gelingt und diese möglichst keine Fehlinterpretationen zulässt:

– Eine für das gegebene Zahlenmaterial günstige Diagrammform ist zu wählen.
– Die grafische Darstellung muss für sich alleine verständlich sein: einfach und übersichtlich gestalten, nicht zu viele Details aufnehmen.
– Die optischen Größen der zeichnerischen Elemente müssen den Zahlenwerten entsprechen.
– Die Proportionalität zwischen Objektwert und Diagrammwert ist durchgehend zu wahren: keine künstliche Vergrößerungen oder manipulative Verkleinerungen vornehmen.
– Linien, Flächen, Schraffuren und Farben müssen gut unterscheidbar sein.
– Wesentliche Bestandteile des Diagramms sind zu beschriften (Maßstab, Einheiten).
– Das Diagramm erhält einen Titel sowie eine Angabe über die Datenquelle.

4.4 Nigeria – Politisch-geographische Probleme

Nigeria 1960:
Der Traum vom „Giant of Africa"
„Als Nigeria 1960 unabhängig wurde, verbanden sich mit seinem Entwicklungsweg viele Hoffnungen. Das Land galt als schwarzafrikanische Musterdemokratie, das erfolgreich das parlamentarische System Großbritanniens kopieren und die ethnische Vielfalt und den Kulturpluralismus seiner Volksgruppen in ein nationales Konsensmodell einzubetten schien. Der Ölboom der 70er-Jahre, der Nigeria zu einer führenden Exportnation mit diesem Rohstoff machte, schien die finanziellen Ressourcen bereitzustellen, um über eine rasche Industrialisierung den Anschluss an die Industrieländer zu ermöglichen. ... Mit seinem Bevölkerungsreichtum und seinen umfangreichen Bodenschätzen drängte sich geradezu eine Strategie auf, über die Aktivierung der internen Ressourcen den potentiell großen Binnenmarkt zu entfalten und den Weg einer eigenständigen Entwicklung einzuschlagen. Die klimatischen Bedingungen schienen überdies günstige Voraussetzungen für eine Steigerung der landwirtschaftlichen Produktion und damit für ein gleichgewichtiges Sektorenwachstum zu schaffen. Kaum ein schwarzafrikanisches Land besaß eine derart günstige Bedingungskonstellation, um in der nachkolonialen Ära einen eigenen Entwicklungsweg einzuschlagen."

Rudolf Traub: Nigeria: Weltmarktintegration und sozial-strukturelle Entwicklung. Hamburger Beiträge zur Afrika-Kunde, Bd. 27, Hamburg 1986, S. 1

Mitte der 90er-Jahre: Staat in der Krise
„Der Ölriese Nigeria muss Öl importieren – allein im vergangenen Jahr für 500 Millionen Dollar! Die autovernarrten Nigerianer empfinden das als Demütigung. Überall im Lande bilden sich kilometerlange Staus vor den Tankstellen und legen ganze Stadtteile lahm. Hinter den Zapfsäulen liegen manche Fahrer nächtelang auf der Lauer, um unter dem Einsatz ihrer Fäuste ein paar Liter Benzin zu ergattern. In den Fabriken stehen die Räder still. Sie erreichen eine Kapazitätsauslastung von gerade zwanzig Prozent, weil es an Devisen und folglich an Rohstoffnachschub mangelt. Firmen, Banken, Versicherungen gehen en gros Pleite, ausländische Konzerne ziehen ab. Kreditzusagen werden zurückgenommen, die Weltbank hat Entwicklungsprojekte vorerst auf Eis gelegt."

Heinrich Bergstresser und Bartholomäus Grill. In: Die Zeit, Nr. 33 vom 12. 8. 1994, S. 12

Wahlfälschungen, zunehmende Korruption und Machtansprüche von Politikern und ihren Clans sorgten bereits 1966 für ein rasches Ende der ersten Republik in Nigeria. Ein blutiger Bürgerkrieg forderte 1967 bis 1970 über eine Million Tote, als die Igbo in der Südostregion den unabhängigen Staat Biafra gründen wollten. Seitdem ist Militärherrschaft in Nigeria zum Normalzustand geworden. Lediglich von 1960–1966 und von 1979–1983 regierte eine durch Wahlen legitimierte Regierung das Land. Im Juni 1993 fanden demokratische Wahlen statt, bei denen sich Mashood Abiola, ein Yoruba aus dem Süden, gegen Bashir Tofa, einen Haussa-Fulani aus Kano durchsetzte. Das Militär annullierte die Wahl und der Wahlsieger Abiola musste ins Gefängnis, wo er im Juli 1997 an Herzversagen starb. Hintergrund dieser Auseinandersetzungen sind Machtkämpfe innerhalb des Militärs und zwischen den großen Ethnien. Einen Präsidenten aus dem Süden konnten die Generäle aus dem Norden nicht zulassen.

Seit Februar 1999 wird das Land wieder von einem zivilen Staatsoberhaupt geführt. Präsident Olusegun Obasanjo hatte Nigeria bereits in den 70er-Jahren als Chef einer Militärjunta regiert und 1979 die Macht an einen gewählten Präsidenten übergeben. Die Massen fordern inzwischen Demokratie und eine gerechte Verteilung der Reichtümer des Landes. Obasanjo versprach der Bevölkerung eine bessere Zukunft, frei von Machtmissbrauch und Korruption.

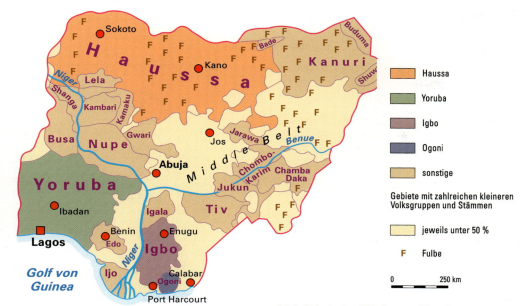

M 1 Ethnische Gliederung Nigerias

Ethnische Struktur und Konflikte

In Nigeria leben über 400 Ethnien, überwiegend mit jeweils einheitlicher Sprache und Kultur. Etwa zwei Drittel der Bevölkerung gehören den drei miteinander rivalisierenden Großgruppen, Haussa-Fulani (24%), Yoruba (21%) und Igbo (18%) an. Die kleineren Stammesgruppen im Middle Belt Nigerias werden von den großen Volksgruppen seit der Kolonialzeit dominiert. Der Norden des Landes wurde historisch vom Islam geprägt. Er war bis zum 19. Jahrhundert der wichtigste Wirtschafts- und Lebensraum – Kano war die Metropole des Nordens und Tor zur Wüste.

Unter der britischen Kolonialherrschaft begann sich der wirtschaftliche Schwerpunkt nach Süden zu verlagern. Kolonialbeamte und Transportarbeiter trugen zur Ausbreitung des Christentums nach Norden bei, während sich der Islam durch Händler und Militärs nach Süden ausdehnte. Zur kostengünstigen Verwaltung und Ausbeutung führten die Briten die Politik der indirekten Herrschaft (Indirect Rule) ein. Yoruba-Könige und Herrscher der Haussa-Fulani wurden zu Verwaltern eingesetzt. Dem Norden ließ man sogar die innere Selbstverwaltung und Kontrolle des Middle Belt. Darüber hinaus verboten die Briten die christliche Missionierung im Haussa-Fulani-Gebiet. Clans der Haussa-Fulani und muslimische District Heads siedelten sich vor allem im Middle Belt an, um die politische Herrschaft in diesem Raum auszubauen. Der Widerstand vieler kleiner Volksgruppen und deren Emanzipationsbestrebungen gegenüber den Haussa-Fulani trugen zum Erfolg christlicher Missionierung in diesem Gebiet bei. Ethnische Konflikte werden deshalb auch als religiöse Auseinandersetzung erlebt.

Bis heute bestimmen Stammesdenken *(Tribalismus)*, Religion sowie Machtkämpfe und Widersprüche zwischen dem Haussa-Fulani-Establishment im noch immer feudal-aristokratischen Norden mit politischem Einfluss und dem Süden, wo Yoruba und Igbo vor allem wirtschaftliche Positionen besetzen, das gesellschaftliche Leben in Nigeria.

1. Beschreiben Sie die ethnische Gliederung Nigerias und benennen Sie die Ursachen ethnischer Konflikte.

Der Naturraum

M 2 Relief, Gewässernetz und wichtige Städte in Nigeria

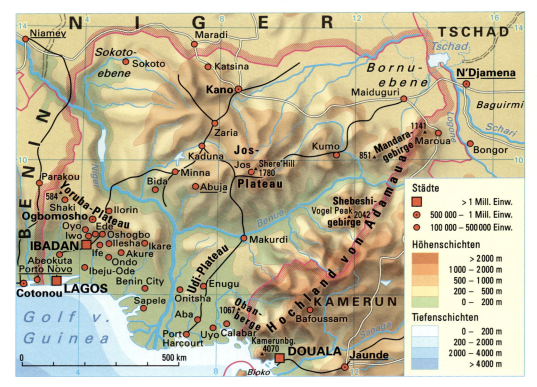

Großlandschaften Nigerias

„Die landschaftsräumliche Gliederung Nigerias ist vielgestaltig. Insgesamt lassen sich vier Hauptlandschaftstypen unterscheiden:

– Das nigerianische Küstentiefland, das durch den Niger und seinen Nebenfluss Benue mit ihren breiten Tälern geprägt wird. Die Küste besteht, mit Ausnahme der Felsküste im äußersten Südosten, aus Lagunen und weit gefächerten Flussmündungen (Nigerdelta).

– Im Südwesten und Südosten Nigerias erheben sich anschließend an den Küstensaum einzelne Hügelländer (u. a. Yoruba- und Udiplateau, Oban Hills) mit einer Höhe zwischen 300 und 600 m. Diese Gebiete des unteren Niger sind vergleichsweise dicht besiedelte Waldländer (ursprünglich tropischer Regenwald, heute überwiegend Sekundärwald).

– Das nordnigerianische Plateau, eine weitwellige Rumpffläche mit einzelnen Inselbergen und Schichtstufen, erfüllt das Zentrum Nigerias. Aus ihm ragt das Bergland von Jos (bis zu 1800 m) heraus.

– Das nordnigerianische Plateau wird im Nordwesten von der Sokotoebene (zwischen 180 und 240 m) und im Nordosten von der Bornuebene umrahmt. Damit hat Nigeria Anteil am Tschadbecken und an der Sahelzone. Die Gebirge an der Ostgrenze (Shebeshi und Mandara) sind die Ausläufer des vulkanischen Adamawa-Hochlandes."

Länderbericht Nigeria. Statistisches Bundesamt: Wiesbaden, 1992. S. 22

2. Analysieren Sie mit Hilfe von M2 sowie geeigneter Atlaskarten die naturräumliche Ausstattung Nigerias (Lage, Naturregionen, natürliche Vegetation, Bodenschätze).

Das Klima Nigerias

Nigeria liegt im Bereich der Innertropischen Konvergenzzone (ITC), die sich von Dezember bis März in Südnigeria zwischen 8° und 10° Nord befindet und sich von Mai bis Oktober über die Landesgrenzen hinaus nach Niger verlagert. Mit dieser, der regional stärksten Erwärmung der Erdoberfläche folgenden Verlagerung sind zwei Hauptwindströmungen und der Wechsel von Regen- und Trockenzeiten verbunden. Im Januar dringen die Nordostpassate als trockene Saharawinde (Harmattan) bis nach Südnigeria vor. Im Juli und August erreichen feuchtwarme äquatoriale Strömungen (Südwest-Monsun) Nordnigeria. Die Niederschlagsmenge nimmt somit von Süden nach Norden stark ab. In den nördlichen Regionen, die zur semi-ariden Sahelzone gehören, treten wegen ausbleibender Niederschläge unregelmäßig Dürreperioden auf. In der Südhälfte des Landes stellen sich zwei ausgeprägte Regenzeiten und zwei niederschlagsärmere Perioden ein.

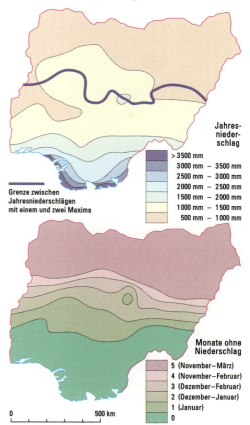

M 5 Niederschläge in Nigeria

Nach Michael Crowder, Guda Abdullahi: Nigeria – An Introduction to its History. Hongkong: Longman Group Ltd. 1979, S.4

M 3 Die Lage der ITC im August bei 8° O

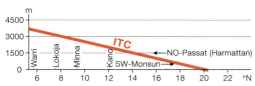

Nach K. M. Barbour, J. S. Oguntoyinbo, J. O. C. Onyemelukwe, J. C. Nwafor: Nigeria in maps. Hongkong: Hodder an Stoughton, 1982, S. 15

M 4 Klimadaten ausgewählter Stationen Nigerias

		J	F	M	A	M	J	J	A	S	O	N	D	Jahr
Kano, 470 m	°C	21,2	23,7	27,8	30,9	30,7	28,4	26,2	25,3	26,4	27,0	24,8	21,9	26,2
12°03' N / 8°32' O	mm	0	1	2	8	71	119	209	311	137	14	1	0	873
Jos, 1260 m	°C	21,1	22,8	25,9	25,3	23,6	22,5	21,1	20,8	22,0	23,0	22,8	21,4	27,7
9°52' N / 8°54' O	mm	2	4	24	93	205	229	318	274	219	39	5	2	1414
Makurdi, 111 m	°C	27,0	28,6	30,0	29,7	27,5	26,4	25,8	25,8	25,8	26,4	27,2	25,8	27,2
7°42' N / 8°35' O	mm	5	10	20	124	226	193	185	193	279	150	18	2	1405
Enugu, 140 m	°C	27,6	28,3	28,9	28,8	27,6	26,7	26,4	26,4	26,4	26,8	27,2	26,8	27,3
6°38' N / 7°33' O	mm	18	25	68	154	260	267	192	175	305	252	53	15	1784
Port Harcourt, 15 m	°C	26,6	27,4	27,7	27,7	27,2	26,3	25,6	25,6	25,8	26,3	26,7	26,9	26,6
4°46' N / 7°01' O	mm	33	61	127	180	226	335	323	335	384	272	147	48	2471

Manfred J. Müller: Handbuch ausgewählter Klimastationen der Erde. Trier: Forschungsstelle Bodenerosion Mertesdorf der Universität Trier, 3. Auflage 1984, S. 277 und 278; Peter Frankenberg, Wilhelm Lauer, Johannes R. Rheker: Das Klima-Tabellenbuch. Braunschweig: Westermann, 1990, S. 55 und 56

Agro-ökonomische Bedeutung des Klimas

Die klimatischen Verhältnisse bestimmen in starkem Maße die natürliche Vegetation, das agrarwirtschaftliche Potenzial sowie die Flächennutzungssysteme. Lage und Klima ermöglichen in Nigeria den Anbau nahezu aller tropischen Kulturpflanzen.

Für die landwirtschaftlichen Nutzungsmöglichkeiten sagen die mittleren Jahresniederschläge allein jedoch wenig aus. Weitere wichtige Faktoren sind die Verteilung und „Pünktlichkeit" der Niederschläge, das Wasserspeichervermögen der Böden sowie der jeweilige Wasserbedarf der Pflanzen. An den Wechsel arider und humider Verhältnisse haben sich die Bauern durch verschiedene Formen der *shifting cultivation* (Feld-Busch/Wald-Wechselwirtschaft) sowie den Anbau von Mischkulturen im Stockwerkbau.

Risiken ergeben sich vor allem aus der Variabilität der Niederschläge. Besonders gefährdet sind die nördlichen Regionen im Bereich der agronomischen Trockengrenzen (Grenze des Regenfeldbaus) mit einem mittleren Jahres-Niederschlag unter 700 mm. Viele Bauern warten mit der Aussaat so lange bis die Regenzeit richtig eingesetzt hat, weil ein zu frühes Aufhören der Niederschläge die Saat verdörrt. Wegen der kurzen Dauer der Regenzeit können diese Zeitverluste oft nicht mehr ausgeglichen werden.

Der Jahresgang der Niederschläge bedingt je nach Region eine bestimmte Reihenfolge der bäuerlichen Tätigkeiten.

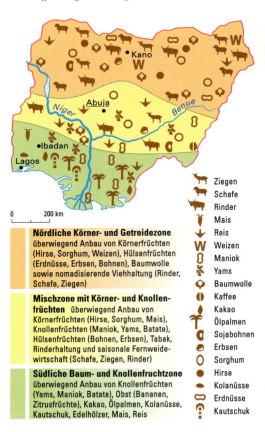

M 7 Agrarregionen Nigerias

M 6 Standortansprüche tropischer Nahrungspflanzen an Temperatur- und Niederschlagsverhältnisse

Hirse
Man unterscheidet Rispenhirse und Mohrenhirse (Sorghum). Körner werden zu Mehlbrei, Fladen und einem breiartigen Getränk (Braja) verarbeitet.

Maniok = Cassave
Knollen sind roh giftig und müssen deshalb zerstampft oder lange gekocht werden: Maniokbrei, Maniokfladenbrot.

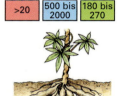

Yams
Knollen werden wie Kartoffeln verwendet, zu Chips geschnitten und in Öl frittiert oder zerstampft (Fuju).

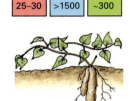

 Durchschnittstemperaturen während der Wachstumszeit

 Niederschlag (Toleranzbereich) in mm/Jahr

 Dauer der Wachstumszeit bis zur Reife in Tagen

Bevölkerungsentwicklung

Angaben zur Bevölkerung sind in Nigeria kaum verlässlich. Seit 1863 schlugen elf Volkszählungen fehl. In der Kolonialzeit wurden sie aus Furcht vor einer Kopfsteuer oder Erfassung der wehrfähigen Männer für die Armee boykottiert. Nach der Unabhängigkeit herrschte die Tendenz vor, die Angaben zu vergrößern, um mehr politischen Einfluss (Sitze) oder höhere Mittelzuteilungen zu erhalten. Volkszählungen verkamen dabei oft zum Wettbewerb um knappe Staatsmittel. Als einigermaßen zutreffend gilt der Zensus von 1963, kurz nach der Unabhängigkeit, auf dem alle nationalen und internationalen Bevölkerungsschätzungen beruhen.

Große Hoffnungen setzte man deshalb in die mit viel Aufwand vorbereitete und mit internationaler Hilfe durchgeführte Volkszählung von 1991. Diese ergab eine Einwohnerzahl von 88,5 Mio. Bis zu diesem Zeitpunkt ging man von einer wesentlich höheren Bevölkerungszahl aus (UN: 112 Mio.; Weltbank: 120 Mio.) Damit stieg das BSP/Kopf an und Nigeria schied aus dem Kreis der 20 ärmsten Entwicklungsländer aus. Dagegen erhöhte sich die Pro-Kopf-Verschuldung, was zu einer Schwächung der nigerianischen Position bei der OPEC führte. Inzwischen werden jedoch auch die Ergebnisse dieses Zensus kritisiert. Nach dem Zensus von 1991 verfügt der Norden über eine Einwohnerzahl von rd. 31 Mio., während in den südlichen Bundesstaaten 41,25 Mio. Menschen leben. Die mittleren Landesteile haben eine Bevölkerung von 16,2 Mio.

M 8 Altersstruktur der Bevölkerung Nigerias und der Bundesrepublik Deutschland (1999)

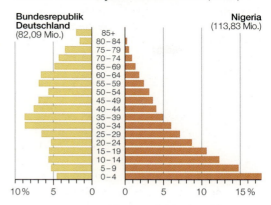

Nach U. S. Census Bureau, International Data Base, 1999

M 9 Bevölkerungsentwicklung in Nigeria nach verschiedenen Quellen (in Mio.)

Jahr	Vereinte Nationen	Welt bank	U. S. Census Bureau	National Population Commission/ Volkszählungs- ergebnisse
1963	46,02	-	-	55,67
1970	56,58	-	49,31	-
1980	78,43	-	65,70	-
1985	92,02	99,67	-	112,30[1]
1990	108,54	116,74	86,53	-
1992	115,83	123,96	92,06	88,52[2]

[1]Schätzung [2]Volkszählung vom 28. bis 30. Nov. 1991
Statistisches Bundesamt: Länderbericht Nigeria. Wiesbaden, 1992, S. 28; U. S. Census Bureau, IDB

M 10 Ausgewählte Daten zur Entwicklung von Fruchtbarkeit und Sterblichkeit

Gegenstand der Nachweisung	1970/75 D	1975/80 D	1980/85 D	1985/90 D	1990/95 D[1]	1999
Geburtenziffer, je 1 000 Einw.	49,3	49,0	48,8	48,5	46,5	42
Sterbeziffer, je 1 000 Einw.	19,9	18,4	17,0	15,6	14,0	13
Gesamtindex der Fruchtbarkeit, je Frau	6,9	6,9	6,9	6,9	6,6	6,0
Gestorbene im 1. Lebensjahr, je 1 000	135	124	114	105	96	69
Lebenserwartung, in Jahren	44,5	46,5	48,5	50,5	52,5	53,3

D = Durchschnitt; [1] Projektion
Statistisches Bundesamt: Länderbericht Nigeria. Wiesbaden, 1992, S. 29 und U. S. Census Bureau, IDB 1999

M 11 Erdölförderung im Nigerdelta: Das bei der Ölförderung austretende Erdgas wird abgefackelt. Seit 1999 verarbeitet eine Erdgasverflüssigungsanlage einen Teil davon für den Export.

Erdöl – Garant für Entwicklung?

Erdölförderung in Nigeria

„Im Jahr 1958 begann die Shell Petroleum Development Company of Nigeria, kurz SPDC, mit der Ölförderung im Nigerdelta. Die Shell Gesellschaft ist Betriebsführerin eines Konsortiums, dem vier Anteilseigner angehören:
– die staatliche Ölgesellschaft Nigeria National Petroleum Corp./NNPC (55%),
– SPDC (30%),
– Elf (10%) und Agip (5%).
Daneben sind auch Mobil Oil, Chevron und Texaco in Nigeria tätig. Darüber hinaus haben BP, Stat-oil und Exxon (Esso) Explorationsrechte erworben.
SPDC beschäftigt mehr als 5 000 Mitarbeiter, davon über 90% Nigerianer. ... Zu den SPDC-Mitarbeitern kommen noch etwa 25 000 Arbeitsplätze bei Kontraktoren. Damit ist das Unternehmen der größte privatwirtschaftliche Arbeitgeber Nigerias.
Der Preis von durchschnittlich 15 US-$ pro Barrel Öl teilt sich wie folgt auf: Nigerianischer Staat 9,5 US-$, Gewinn für Shell, Elf und Agip 1 US-$, Kosten 4,5 US-$."

Deutsche Shell AG (Hrsg.): Shell in Nigeria – Fakten, Zahlen, Zusammenhänge, S. 4

Der Erdölboom und seine Folgen

Die enormen Deviseneinnahmen aus dem Erdölboom der 70er-Jahre wurden in den Bau kostspieliger moderner Zement-, Stahl- und Walzwerke sowie staatlicher Produktionsstätten zur Montage langlebiger Konsumgüter und Autos investiert. Mithilfe einer Importsubstitutions-Strategie sollte sich Nigeria vom Agrarland zu einer Industrienation entwickeln.
Schiffe mit Nahrungsmitteln und Konsumgütern aus den westlichen Industriestaaten drängten sich im Hafen von Lagos. Bald reichte dessen Kapazität nicht mehr aus, so dass wegen mehrmonatiger Wartezeiten viele Güter unbrauchbar wurden und Wartegelder die Zahlungsbilanz belasteten. In den Städten bevorzugte man holländischen Käse, japanischen Fisch oder kalifornischen Wein. Die nigerianischen Bauern konnten ihre Produkte dagegen nur noch schwer verkaufen. Das Land erhielt eine moderne Infrastruktur mit Überlandautobahnen, Flughäfen, Universitäten, Krankenhäusern, Schulen und der neuen Hauptstadt Abuja.
Vom Reichtum profitierten vor allem die Städte und die einheimische Oberschicht. Außerdem wurde die Entwicklung einer auf Importe gestützten Gesellschaftsstruktur gefördert.

M 12 BIP und Anteile am BIP (in %)

	1973	1980	1983	1986	1989	1991	1994	1997
Landwirtschaft[1]	30	20	32	40	40	40	37	45
Erdöl	18	31	17	15	13	14	12	k.A.
Verarbeitendes Gewerbe	5	10	8	9	8	8	7	8
Handel	21[2]	16	18	15	14	14	13	32[3]
Banken und Versicherungen	k.A.	k.A.	3	5	3	4	9	
BIP in Mrd. US-$	17	92	77	22	29	32	35	37
BIP pro Kopf in US-$	k.A.	1 300	1 030	280	340	360	370	310

[1] einschließlich Forst-, Fischerei- und Viehwirtschaft   [2] einschließlich Banken und Versicherungen   [3] Dienstleistungssektor

M 13 Entwicklung der Ausfuhr Nigerias in %

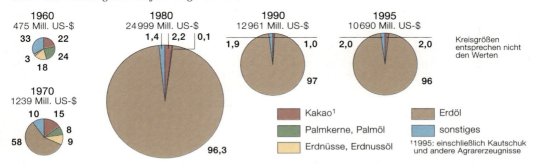

M 14 Ölförderung in Nigeria und Weltrohölpreis

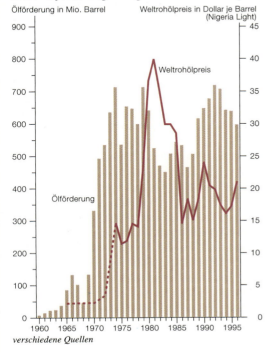

verschiedene Quellen

M 12 und M 13: Nach Central Bank of Nigeria und Fischer Almanach, verschiedene Jahre, Munzinger-Archiv 1997, H. 13/14 und Weltentwicklungsbericht 1998/99

M 15 Länge des Straßen- und Eisenbahnnetzes in km

	1960	1970	1980	1995
Streckenlänge der ganzjährig befahrbaren Straßen	8 600	16 000	45 000	51 000
gesamte Straßenlänge	66 000	89 000	110 000	112 140
Eisenbahnstrecke	ca. 2 850	k.A.	ca. 3 600	ca. 3 600

M 16 Bestand an Kraftfahrzeugen in 1000

	1960	1969	1981	1994
Personenkraftwagen	32	41	522	780
LKW u. Omnibusse	24	24	459	630

M 17 Installierte Leistung der Kraftwerke in MW

1965	1970	1975	1980	1994
0,36	0,8	720	ca. 2 000	4 570

M 18 Stromerzeugung in Mio. kWh

1960	1970	1980	1994	1996
528	1 550	4 400	14 240	13 740

IRO-Landkarte: Nigeria nach dem Ölboom, 1/1983, ergänzt Munzinger-Archiv 1997, H. 13/14, S. 11

Räumliche und strukturelle Auswirkungen der Industrialisierung während des Ölbooms

M 19 *Räumliche Gliederung der Industrie 1965 und 1980*

Industrie- standorte	Industrielle Aktivität[1]	
	1965[2]	1980[3]
Großlagos	37,8 %	65,1 %
Kano	9,8 %	6,2 %
Kaduna	8,1 %	6,9 %
Port Harcourt	7,6 %	2,6 %
Sapele	6,5 %	1,5 %
Ibadan	6,1 %	1,4 %
Aba	4,0 %	0,7 %
sonstige	20,1 %	15,6 %

[1] Übernommen von Schätzl als arithmetisches Mittel der Prozentanteile von Beschäftigung, Löhne, Bruttoproduktionswert, Bruttowertschöpfung
[2] Betriebe mit 50 und mehr Beschäftigten
[3] Betriebe mit 10 und mehr Beschäftigten

Rudolf Traub: a. a. O., S. 273

„Die industrielle Entwicklung basierte im Wesentlichen auf hohen Ölpreisen, die die Anfang der 70er-Jahre begonnene Importsubstitution finanzierten. Trotz hoher Wachstumsraten war der Anteil des verarbeitenden Gewerbes am BIP mit 10 % und einem Beschäftigungsanteil von weniger als 1 % gering. Der Einsatz kapitalintensiver, an den Industrieländern orientierter Technologie erzeugte nur einen minimalen Beschäftigungsbeitrag. So errichteten Mercedes-Benz, Fiat, Peugeot und VW moderne Montagewerke mit bis zu 90 % importiertem Input. Ähnliche Strukturen entstanden in der Getränke- und Textilindustrie.
Das System der Importlizenzvergabe und die überbewertete Währung monopolisierten den modernen Sektor bei der Ausstattung mit notwendigen Devisen und den relativ billigen Inputs von Vor- und Zwischenprodukten. Dies sicherte die Produktion, Montage und Veredlung der Konsumgüter für die kaufkräftige Binnennachfrage, führte aber nicht zu Diversifizierung oder Verzahnung mit den übrigen Wirtschaftssektoren. Die über die Öleinnahmen definierte Kaufkraft führte in der Ölboomphase zu bis zu 60 % Kapazitätsauslastung in den großen verarbeitenden Betrieben."

Heinrich Bergstresser. In: Dieter Nohlen, Franz Nuscheler (Hrsg.): Handbuch der Dritten Welt, Band 4: Westafrika und Zentralafrika, 1993, S. 351

„Der Staat öffnete mit seiner Wirtschaftspolitik nicht nur die Landesgrenzen für kapitalintensive, extrem importabhängige Industrien, die sich auf die Luxusnachfrage des städtischen Reichtums ausrichteten. Der Staat trieb außerdem die Ungleichverteilung der Einkommen voran und sorgte dafür, dass diese Industrien in Nigeria einen Markt fanden. ...
Um den Mitte der 70er-Jahre eingerichteten Montagewerken von Peugeot und VW Profitabilität zu garantieren, beschlossen die verschiedenen Regierungen für den Absatz zu sorgen. Aus Haushaltsmitteln wurden den oberen Rängen des öffentlichen Dienstes Kredite zum Erwerb von PKWs zur Verfügung gestellt. ... Die Verbindung von Einkommenskonzentration, Luxuskonsum und importsubstitutiver Industrialisierung spiegelt sich aber nicht nur in der stofflichen Ausrichtung des Produktionsapparates wider, sondern auch in einer spezifischen Raumordnung des Industrialisierungsprozesses. Diese Raumordnung ist geprägt von wenigen Ballungszentren, in denen sich die Produktion konzentriert, und vom fast völligen Fehlen von Industrien in den übrigen Räumen der peripheren Ökonomie. ...
Hohe Schutzzölle für konkurrierende Konsumgüterimporte und niedrige Schutzzölle oder gar Subventionen für Rohstoff- und Maschineneinfuhren wirkten sich zugunsten der Errichtung einer Konsumgüterindustrie und gegen den Aufbau einer Investitionsgüterindustrie aus. ... Indem diese Wirtschaftspolitik die Herstellung dauerhafter Konsumgüter begünstigte, förderte sie den Einsatz kapitalintensiver Produktionstechnologien, die kaum positive Effekte für die Vertiefung des inneren Marktes zeitigten."

Rudolf Traub: a. a. O., S. 272 und 279

M 20 *Index der realen Haushaltseinkommen wichtiger sozialer Gruppen 1980/81–1986/87 (Selbstständige auf dem Land 1980/81 = 100)*

	1980/81	1981/82	1982/83	1983/84	1984/85	1985/86	1986/87
Selbstständige auf dem Land	100	103	95	86	73	74	65
ländliche Lohnempfänger	178	160	147	135	92	95	84
alle ländlichen Haushalte	105	107	99	89	74	84	74
Selbstständige in der Stadt	150	124	106	94	69	69	61
städtische Lohnempfänger	203	177	164	140	101	101	90
alle städtischen Haushalte	166	142	129	109	80	80	71

Tom Forrest: Politics and economic development in Nigeria. Westview Press, Inc., Colorado 1995, S. 214

Auswirkungen auf den Agrarsektor

Mit der im Zuge des Ölbooms eingeleiteten Industrialisierung begann der Rückgang der exportausgerichteten Landwirtschaft. Nigeria gehörte in den 60er-Jahren noch zu den führenden Weltmarktlieferanten von Erdnüssen, Kakao, Palmöl, Kautschuk und Hölzern. Auf der Grundlage einer Baumwollproduktion begann die Textilindustrie zu expandieren. Die kleinbäuerliche Struktur der Landwirtschaft wurde durch diese Exportproduktion nicht verändert. Mit Rücksicht auf die von den Briten als Verwalter eingesetzten Könige und Stammeshäuptlinge (Indirect Rule) entwickelte sich nur vereinzelt eine Plantagenwirtschaft.

Erst nach dem Zweiten Weltkrieg erlangten Plantagen im Bereich des Palmöl-, Holz- und Kautschuksektors eine größere Bedeutung. So blieben einfache Produktionsmethoden erhalten. Eine Steigerung der Produktion blieb aber auch aus, weil die Gewinne von den Marketing Boards abgeschöpft wurden. Das waren zentrale und regionale Aufkauforganisationen, die bereits in der Kolonialzeit eingerichtet und nach der Unabhängigkeit vom nigerianischen Staat weitergeführt wurden. Regionale Boards organisierten den Ankauf und Verkauf aller Produkte der Region. Wie zur Kolonialzeit setzte der Staat Produzentenpreise fest, die weit unter den Weltmarktpreisen lagen. Die Marketing Boards akkumulierten diese Differenz als Überschüsse. Über Export- und Produktverkaufssteuern schöpfte der Staat immer größere Teile davon ab, um die ehrgeizigen Infrastrukturprojekte zu finanzieren. Auf diese Weise übernahmen die Agrarproduzenten im Exportsektor teilweise die Finanzierung des industriellen Sektors. Eine Reinvestierung der Überschüsse in die Landwirtschaft zur Verbesserung der Produktionstechniken und Steigerung der Produktivität erfolgte nicht. Deshalb konnte der Agrarsektor auch die durch den Ölboom vor allem in den Städten entstandene Nachfrage nach Nahrungsmitteln nicht befriedigen. Die Bauern reagierten auf die Besteuerung mit Einschränkung der Produktion. So brach der Agrarexportmarkt Mitte der 70er-Jahre zusammen. Einige der klassischen Exportprodukte wie Palmöl, Erdnüsse und Baumwolle mussten nun importiert werden. Das schien angesichts der inzwischen enorm gestiegenen Deviseneinnahmen aus dem Ölexport ebenso kein Problem zu sein, wie der Import solcher Nahrungsmittel wie Weizen. Die Öleinnahmen machten Nigeria von den Agrarausfuhren unabhängig. Durch die Aufwertung der Naira wurden international gehandelte Agrargüter sogar billiger. Die einheimische Landwirtschaft war dieser Konkurrenz nahezu schutzlos ausgeliefert. Die Märkte in den Städten wurden von ausländischen Nahrungsmitteln überschwemmt. Landesübliche Früchte wie Maniok und Hirse verschwanden vom Speisezettel zugunsten von importiertem Getreide, vor allem Weizen. Die Ernährungsgewohnheiten der städtischen Bevölkerung änderten sich dadurch tief greifend. Der zunehmende Wohlstand in den Städten löste eine gewaltige Landflucht aus, die nach 1975 durch die Dürrekatastrophe im Sahel noch verschärft wurde. Die Zielorte dieser Land-Stadt-Wanderung sind nicht nur die Großräume Lagos, Ibadan, Kano und Kaduna, sondern auch die Hauptstädte der Bundesstaaten, Landstädte und lokale Wirtschaftszentren.

Ziele und Maßnahmen des Strukturanpassungsprogramms von 1986

Mitte 1986 begann Nigeria mit einer Strukturanpassungspolitik. Die bis dahin üblichen Fünfjahrespläne wurden durch 3-jährige Programme und eine auf 15–20 Jahre angelegte grobe Rahmenplanung abgelöst. Die im Zuge der einseitigen Ausrichtung auf den Erdölsektor entstandenen Disparitäten sollten überwunden werden durch:
– Diversifizierung der Exportwirtschaft;
– Verringerung des Einfuhranteils bei lokal herstellbaren Industriewaren;
– Erreichen der Selbstversorgung mit Nahrungsmitteln;
– Stärkung privatwirtschaftlicher Aktivitäten;
– Wechselkursliberalisierung und massive Abwertung der Naira.

Im Rahmen der Bemühungen, verstärkt lokale Rohstoffe einzusetzen, nutzten beispielsweise Brauereien im Lande angebauten Mais bzw. Hirse anstelle importierter Gerste zur Bierproduktion. Die Textilindustrie griff auf heimische Baumwolle, die Seifenindustrie auf Palmöl nigerianischer Plantagen zurück. Diese Industriezweige erzielten im Unterschied zu denen, die weiterhin auf Importe angewiesen waren, hohe Zuwachsraten.

Zur Entwicklung der Landwirtschaft wurden folgende Maßnahmen eingeleitet:
– Einfuhrverbot für Reis, Mais, Weizen, Zucker, Palmöl und Geflügel;
– Ausbau des Straßennetzes in ländlichen Regionen und Erweiterung der Lagerkapazitäten;
– Abschaffung der staatlichen Vermarktungsgesellschaften für die Exportprodukte und Aufhebung der Erzeugerpreisfestsetzung;
– Verbesserung der Zuteilung von Krediten;
– Bereitstellung von Hochertragssorten, Kunstdünger, Schädlingsbekämpfungsmitteln und von Maschinen;
– Bau einheimischer Kunstdüngerfabriken und Subventionierung des Düngerpreises;
– Förderung des Bewässerungsfeldbaus (v. a. für Nassfeldreis).

M 21 Der Straßenverkauf von Nahrungsmitteln gehört in den Städten und ihren Randzonen zum Alltag. Der enorme Preisanstieg für Grundnahrungsmittel hat in den letzten Jahren die landwirtschaftliche Produktion im Nebenerwerb anwachsen lassen.

M 22 Nahrungsmittelimporte 1970–1992 (in Millionen Tonnen)

Tom Forrest: a. a. O., S. 187

M 23 Index der Industrie- und Agrarproduktion, 1985 = 100

	1981	1986	1987	1988	1989	1990	1994
Agrarproduktion (gesamt)	91,0	103,5	111,0	132,4	146,3	153,6	191,0
Stapelfrüchte[1]	84,6	106,5	121,6	154,0	172,9	183,3	246,0
Industrieproduktion	117,4	96,1	130,8	135,2	154,3	162,9	132,8
PKW-Montage	128,5	46,8	27,1	4,4	15,7	24,1	17,4

Gary Moser, Scott Rogers, Reinold van Till: Nigeria Experience with Structural Adjustment. Int. Monetary Fund, Washington D.C., 1997, S. 93 und 94

[1] Früchte die gut lagerfähig sind, z.B. Yambs und Maniok.

Auswirkungen des Strukturprogramms auf die Bauern

„Regina Ofo ist eine Bäuerin im Staat Bendel in Nigeria. Für sie bedeutete das Strukturanpassungsprogramm von 1986, das Maßnahmen zur Erhöhung der landwirtschaftlichen Preise beinhaltete, etwas ganz Konkretes: Sie ist besser dran. Weil sie aus der Landwirtschaft mehr verdient, kann sie es sich leisten, neue Kleidung für sich und ihre zwei Töchter zu kaufen, und sie konnte sogar für die weniger Begünstigten in ihrem Dorf ein Weihnachtsfest ausrichten.

Babatunde Akinola, ein ehemals städtischer Angestellter, hat auch besser abgeschnitten. Nach dem Zusammenbruch der staatlich geführten Kakao-Vermarktungsbehörde im Jahr 1986 und der darauf folgenden Abwertung der Währung bieten unabhängige Händler Preise für Kakao, die um ein Vielfaches höher sind als die Preise zu Beginn der 80er-Jahre.

Andere hatten weniger Glück. Steigende Nahrungsmittelpreise sind nicht immer solchen Bauern willkommen, die zeitweise Nahrungsmittel dazukaufen müssen. Vor der wirtschaftspolitischen Wende konnte Nse Nnachukwu seine sechsköpfige Familie mit den Erträgen von seinem Stückchen Land und seinen Gewinnen aus dem Kleinhandel ernähren. Mit höheren Preisen für Nahrungsmittel und für andere Basisprodukte konnte aber sein Einkommen nicht mithalten. Außerdem kann er auf die höheren Preise nicht mit einer gesteigerten Nahrungsmittelproduktion reagieren, da er im Staat Imo lebt, wo das Land knapp ist."

Weltbank: Weltentwicklungsbericht 1990, S. 113 zitiert aus: Metzler Aktuell, H.3 4, Afrika, Mai 1994

Wirtschaftsentwicklung in den 90er-Jahren

Mit Beginn der 90er-Jahre vollzog Nigeria den Übergang zu rollenden Dreijahresplänen („Three Year Rolling Plans"). Die ersten beiden Dreijahrespläne 1990/92 und 1991/93 gingen von einer sektoralen Prioritätensetzung aus. Dabei lagen die wichtigsten Aktivitäten in den Bereichen Landwirtschaft und ländliche Entwicklung (~20%), Transport und Verkehr (~13%), Bildungswesen (~11%), Wasserversorgung (~9%). Unter der neuen Militärregierung nahmen seit 1993 inflationsfördernde Misswirtschaft und Korruption erneut zu. Zunächst versuchte man sich durch eine nationalistische Wirtschaftspolitik von internationalen Verpflichtungen zu lösen. Jedoch bereits 1994/95 begann das Militärregime eine Annäherung an IWF und Weltbank, unter anderem durch Subventionsabbau (vor allem für Kraftstoff), Wiedereinführung des freien Devisenmarktes, Liberalisierung von Außenhandel und Kapitalimport. Es gelang jedoch nicht das Investitionsklima und die Kreditwürdigkeit zu verbessern. Hierbei spielt neben fehlendem Vertrauen in die Wirtschaftspolitik auch das extrem schlechte Image im Hinblick auf Demokratie und Menschenrechte eine große Rolle.

3. Zeichnen Sie nach den Angaben der Tabelle M 3 die entsprechenden Klimadiagramme und ordnen Sie diese in Naturregionen Nigerias ein.
4. Beschreiben und erklären Sie die klimatischen Verhältnisse in Nigeria (M 3 bis M 6).
5. Erläutern Sie Zusammenhänge zwischen Relief, Klima und Bodennutzung.
6. Die natürlichen Bedingungen Nigerias bieten günstige Voraussetzungen für eine agrarwirtschaftliche Nutzung und damit zur Ernährungssicherung der Bevölkerung. Beurteilen Sie diese Aussage.
7. Analysieren Sie die demographische Situation Nigerias und leiten Sie daraus Probleme für die weitere Entwicklung des Landes ab (M 8-10).
8. Analysieren Sie die wirtschaftlichen und sozialen Auswirkungen der Entwicklungen im Erdölsektor.
9. Erläutern Sie die Wirkungen der von Nigeria eingeleiteten Importsubstitution, die über das Auslandskapital finanziert wurde.
10. Zeigen Sie Zusammenhänge zwischen der Entwicklung des Erdölsektors und dem Agrarsektor auf.
11. Trotz des plötzlichen Ölbooms liegt in der Landwirtschaft die Hoffnung der Nation. Beurteilen Sie diese Aussage.
12. Erörtern Sie Ziele und Ergebnisse der Strukturanpassungsmaßnahmen von 1986.

M 24 Nigerdelta

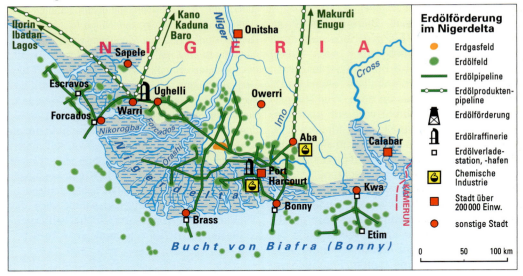

Konfliktraum Nigerdelta

Ken Saro-Wiwa, Dichter, Schriftsteller und Führer der „Bewegung für das Überleben des Ogoni-Volkes" (MOSOP) und acht seiner Mitstreiter wurden am 10. November 1995, trotz weltweiter Kritik an dem Verfahren des Sondergerichts, gehenkt. Er soll während einer Demonstration den Tod von vier Menschen verschuldet haben.

Ken Saro-Wiwa kämpfte um mehr politische Autonomie, um einen größeren Anteil an den staatlichen Öleinnahmen und gegen die Umweltverschmutzung im Siedlungsgebiet der 500 000 Ogoni. Die Ogoni sind eine der zwölf größeren ethnischen Gruppen, die im Nigerdelta überwiegend von Fischerei und Landwirtschaft leben.

Obwohl in ihrem Lebensraum seit 1958 Öl gefördert wird, haben die Menschen keine Wasserleitung, keine Elektrizität und erhalten keine Bundesförderung auf sozialem und wirtschaftlichem Gebiet. In der „Ogoni Bill of Rights" (1990) formulierte die MOSOP unter anderem Forderungen nach politischer Autonomie und dem Recht, die Umwelt vor weiterer Zerstörung zu schützen. Die Militärregierung reagierte darauf mit brutaler Gewalt. Die internationale Öffentlichkeit wurde auf diese Vorgänge aufmerksam, als sich die MOSOP mit Forderungen nach einer Entschädigung für die Umweltverschmutzungen direkt an Shell wandte.

Das Nigerdelta – ein hochkomplexes Ökosystem

Das Nigerdelta ist mit einer Fläche von über 30 000 km² das sechstgrößte Feuchtgebiet der Erde mit einer sehr großen Artenvielfalt. Es besteht aus vier ökologischen Zonen: den der Küste vorgelagerten Inseln, den Mangrovensümpfen und Süßwassersumpfwäldern sowie dem Marschregenwald, der jedoch weitgehend abgeholzt wurde. Besonders sensibel sind die gezeitenabhängigen Mangrovenwälder. Hier haben sich Tiere und Pflanzen an die regelmäßig wechselnden Wasserstände und schwankenden Salzkonzentrationen angepasst. Das Delta ist wichtiger Lebensraum für Zugvögel und Kinderstube für unzählige Fischarten, in seiner Bedeutung mit dem Wattenmeer vergleichbar.

Umweltschäden im Nigerdelta

40 Jahre Ölproduktion haben zu einer Verschlechterung der Umweltsituation und zu sozioökonomischen Konflikten geführt. Ölunfälle durch veraltete Anlagen und Sabotageakte haben zur Verseuchung von Ackerböden, Flüssen und Grundwasser geführt. Zu den Umweltproblemen gehört auch das Abfackeln des bei der Ölförderung austretenden Gases. Nach Angaben der Weltbank produzierten die Gasfackeln allein 1994 rund 34 Mio. t Kohlendioxid und 12 Mio. t Methan. Shell hat angesichts massiver Vorwürfe durch internationale Menschenrechts- und Umweltorganisationen erhebliche Umweltprobleme und Nachholbedarf in Sachen Umweltschutz im Nigerdelta eingestanden, weist aber den Vorwurf „das Nigerdelta verwüstet zu haben" zurück.

„Die Einflüsse aller mit der Ölförderung zusammenhängenden Aktivitäten auf die Umwelt im Nigerdelta betreffen ein großes Gebiet und sind erheblich. Die für die Ölförderung entwickelte Infrastruktur verändert die physische Beschaffenheit der Umwelt in bedenklichem Ausmaß und führt zu einem Abbau der natürlichen Ressourcen. Die indirekten Auswirkungen der Förderung, insbesondere der große Zustrom von Menschen in das Delta, sind ebenfalls signifikant. Dennoch ist die Ölverschmutzung ... nur von begrenzter umweltpolitischer Priorität, wenn man sie mit dem vollen Spektrum aller ökologischen Probleme des Deltas vergleicht."

Weltbank: Defining an Environmental Development Strategy for the Niger Delta, 1995, zitiert aus: Deutsche Shell AG (Hrsg.): Nigeria. Entwicklungen und Ereignisse, Meinungen und Fakten zu Politik, Menschenrechten und Ölförderung. Hamburg o. J. (1997), S. 30

Die Verschlechterung der Umweltbedingungen hat regional verschiedene Ursachen. Bereits vor dem Beginn der Ölförderung waren große Teile des Marschregenwaldes gerodet, weil im Zuge des Bevölkerungswachstums Brachezeiten immer mehr verkürzt wurden und sich die Bodenqualität verschlechterte. Durch den Bau von Dämmen am Niger bleibt in vielen ehemals überfluteten Gebieten seit Jahren die ständige Erneuerung des Bodens aus. Der Bedarf an Land führte dazu, dass man sogar Teile der Süßwassersumpfgebiete zu erschließen begann.

Shell in Nigeria – Handlungsmöglichkeiten multinationaler Konzerne in Entwicklungsländern

„Shell sieht in der wirtschaftlichen Entwicklung einen wesentlichen Faktor zur Bewältigung der gegenwärtigen innenpolitischen Probleme Nigerias. Als Betriebsführer eines Joint-Ventures von vier Mineralölgesellschaften ... – dem größten privaten Arbeitgeber in Nigeria – fällt der Shell Petroleum Development Company of Nigeria (Shell Nigeria) eine nicht unerhebliche Rolle bei der Schaffung von mehr Wohlstand und besseren Ausbildungsmöglichkeiten sowie dem Schutz der Umwelt zu. ... Als großes Unternehmen hat Shell zwar wirtschaftliches Gewicht. Das ist jedoch nicht mit politischer Macht gleichzusetzen. Shell ist nicht am politischen Geschäft beteiligt, auch nicht in Nigeria. Das Unternehmen äußert sich aber zu Angelegenheiten, die mit seinen geschäftlichen Aktivitäten zu tun haben – und es wird dazu auch gehört. Aber Shell hat kein Mandat für allgemeine soziale und politische Fragen. Das Unternehmen hat auch nicht die Macht, die eigenen Auffassungen durchzusetzen und sollte das auch nicht anstreben.
Im Zuge des gesellschaftlichen Wandels wird sich Shell allerdings intensiver mit der Frage auseinander setzen müssen, welche Rolle ein Unternehmen in gesellschaftlichen Belangen zu spielen hat. Dieser Aufgabe unterzieht sich das Unternehmen zurzeit – dazu gehört auch die Überprüfung der in den ‚General Business Principles' niedergelegten Geschäftsgrundsätze."

Deutsche Shell AG (Hrsg.): Nigeria a. a. O., S. 6 und 7

13. Entwickeln Sie zum Thema „Nigerdelta – ein Konfliktraum" eine Mind-Map.
14. Setzen Sie sich kritisch mit unterschiedlichen Standpunkten zur Tätigkeit von Shell in Nigeria auseinander. Nutzen Sie dazu auch folgende Internet Adressen: http://www.greenpeace.de, www.deutsche-shell.de, www.shellnigeria.com.
15. Beurteilen Sie Möglichkeiten und Grenzen eines global operierenden Unternehmens wie Shell, die politischen und wirtschaftlichen Verhältnisse in Ländern wie Nigeria zu beeinflussen.

METHODE

Zeitungsartikel auswerten

Informationen, die wir täglich den Zeitungen entnehmen können, sind nicht die Wirklichkeit selbst, sondern immer eine Auswahl, die neben Sachaussagen auch Meinungen und Wertungen enthalten. Wie gehen wir mit solchen Nachrichten um? In welcher Weise beeinflussen solche Meldungen unser Bild, z. B. von den Konflikten im Nigerdelta?

Eine kritische Auswertung kann nach folgenden Schritten erfolgen:

1. Orientierung: Stellen Sie zunächst fest: Wann und wo ist die Meldung erschienen? Handelt es sich um eine Nachricht, erläuterte Nachricht, Korrespondentenbericht, Reportage oder einen Kommentar? Werden andere Quellen zitiert? Inwieweit wird die Übersichtlichkeit durch Gliederungsmerkmale, Zwischenüberschriften oder Spiegelstriche erhöht? Suchen Sie die genannten Orte und Regionen im Atlas.

2. Beschreibung: Untersuchen Sie den Artikel hinsichtlich der Sachaussagen, Meinungen, Wertungen oder der Ergänzungsbedürftigkeit.
Prüfen Sie, von welchen Prämissen bzw. Grundsätzen die Autorin oder der Autor ausgeht und welche Sprachebenen verwendet werden (Umgangssprache, Fachsprache, emotionale Begriffe).

3. Erklärung: Ordnen Sie die Aussagen in einen größeren Zusammenhang ein: Welcher zeitlich-räumliche und gesellschaftspolitische Hintergrund liegt der Meldung zugrunde? Welche Absicht verfolgt der Verfasser? Vergleichen Sie den Artikel mit Meldungen zum gleichen Thema in verschiedenen Zeitungen bzw. Radio- und Fernsehstationen.

4. Wertung: Passen Inhalt und Überschrift zusammen? Erfolgt eine klare Trennung zwischen Meinung und Information? Werden die Aussagen begründet und durch überprüfbare Quellenangaben bzw. Verweise gestützt? Ist die Darstellung einseitig auf eine Position ausgerichtet oder werden die Sachverhalte von mehreren Seiten beleuchtet?

Werten Sie den Zeitungsartikel nach diesen Schritten aus und verfolgen Sie die Probleme im Nigerdelta weiter.

Shell-Konzern wehrt sich gege

Von Umweltsünd

Viele Bewohner haben sich im Delta n

PORT HARCOURT – Vor genau einem Jahr wu Shell, der zweitgrößte Mineralölkonzern der W zur Zielscheibe internationaler Kritik. Nachdem Dissident Ken Saro-Wiwa zusammen mit acht w ren Regimegegnern hingerichtet worden war, en sich weltweite Empörung über einem Öl-Multi, de gesichts lukrativer Geschäfte auch die Partnersc mit einer blutbefleckten Militärdiktatur nicht sche

Der Schauprozess, eine grausame Farce, und die schließenden Hinrichtungen bei Nacht und Nebel len den Blick gleich auf zwei Probleme: die Umwel störung im Nigerdelta und der rücksichtslose Umgan Militärs mit Regimegegnern. Shell solle sich en zurückziehen aus einem Land, das unter der Knute Generals Sani Abacha stöhnt, hieß es. Der Konzern, d Prozent seines weltweiten Umsatzes in Nigeria ma kontert mit neuer Offenheit: Erstmals wurden Journ ten in die Krisengebiete eingeflogen.

Im Ogoni-Land ist das nicht ganz einfach. Die 500 000 Ogonis haben als einzige der rund 20 ethnis Gruppen im Nigerdelta die Ölherren hinausgewo Schon 1993 zog sich Shell völlig zurück aus der etwa Quadratkilometer großen Region, nachdem erbitt Kämpfe mit den Einwohnern die Ölförderung unmög gemacht hatten. „Die Sicherheit unserer Angestellten nicht mehr gewährleistet", erklärt Shell-Manager cious Omuku den überraschenden Schritt, dem jahre ger Kleinkrieg vorangegangen war. Immer wieder wu die Anlagen zerstört. Sägen fraßen sich durch Pipel Bohrer löcherten die Tanks. Mehr als 60 Prozent der S fälle im Ogoni-Land, so behauptet Shell, seien auf S tage zurückzuführen, um finanzielle Entschädigu einzuklagen. „Shell will seine Umweltsünden andere die Schuhe schieben", behauptete dagegen Ken S Wiwa, der als Chef der Unabhängigkeitsbewegung MO wichtigster Wortführer der Ogoni war. Die Umwelt natürlich Narben nach einem Ölboom, der das Nigerd bereits vor vierzig Jahren überfiel. Doch von fläc deckender Zerstörung ist auch nach tagelanger intens Suche mit Hubschrauber und Boot, Bus und Jeep nich entdecken. Knapp hundert etwa fünf Meter hohe fackeln brennen in den Mangrovensümpfen des De das größer ist als Rheinland-Pfalz und Hessen zusamm Die Belastung durch die übliche Brandrodung ist w scheinlich größer und eine neue Verflüssigungsanlage die Abfackelung bald endgültig stoppen.

…fe, bei der Ölförderung auf die Natur keine Rücksicht zu nehmen

…t in Nigeria kaum etwas zu sehen

…ernehmen arrangiert und profitieren vom Bau von Krankenhäusern und Schulen

…unserem Korrespondenten Ulrich Schilling-Strack

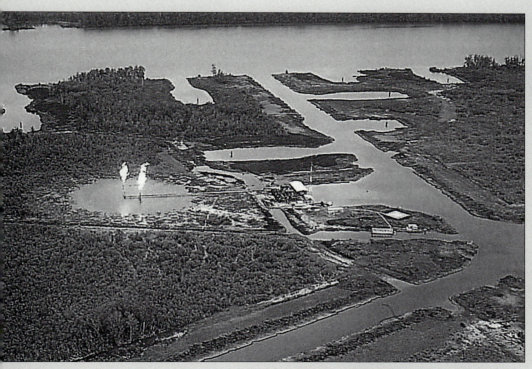

…e Erdölförderung beschert dem nigerianischen Diktator Abacha enormen Reichtum

…on seit 40 Jahren wird in Nigeria Erdöl gefördert. Die …llen liegen zum großen Teil im Sumpfgebiet des …erdeltas, wo Rohrleitungen besonders schwierig zu …egen sind. Für die Machthaber ist der andauernde Boom mit hohen Einnahmen verbunden. Dem Regime unter Diktator Sani Abacha fließen jährlich zehn Milliarden Mark zu.   Foto: Georg Gerster

… „Dantesche Inferno", das der …t verbrannte Erde und ver…lte Baumstümpfe, vergiftete …sse und verhungernde Men…n suggerierte, reduziert sich …a Beispiel im Ogoni-Land auf …i Öllachen, nicht größer als ein …enteich. Drum herum pflanzen …ern wie seit Jahrhunderten die …enfrucht Cassava. Auch für …n planmäßigen Völkermord … eine gewaltsame Einschüch-terung unbotsamer Gegner gibt es keine Anzeichen. Deshalb haben sich viele im Delta inzwischen mit Shell arrangiert. König Ajuwe zum Beispiel gilt sogar als verlässlicher Freund. König Ajuwe residiert in Agbarho, einer Siedlung im Osten des Deltas, die von Shell stolz als Musterbeispiel kommunaler Partnerschaft vorgeführt wird. In Agbarho gibt es eine Musterfarm, die 70 000 Bauern mit kostenlosem Saatgut versorgt. Es gibt auch Schulen und Krankenhäuser, Wasser und Strom, und Shell hat wie an vielen anderen Orten alles bezahlt. Der Ölkonzern ist zwar nur zu dreißig Prozent an der Ölförderung beteiligt, die Regierung hält wie üblich die Mehrheit der Anteile – aber davon spüren die Menschen im Ölland nur wenig.

Stuttgarter Nachrichten vom 22. 10. 1996

METHODE

Raumanalyse

Die Ziele

Die Raumanalyse beschäftigt sich mit der Erforschung einer räumlichen Einheit, deren Charakter erkundet und deren Individualität erkannt werden soll. Sie will die Natur- und Humanfaktoren des Raumes in ihrer Entwicklung und Verflechtung erkennen und die den Raum bestimmenden Kräfte aufzeigen, ihre Ursachen und Folgen untersuchen und die Zusammenhänge analysieren.

Raumanalyse strebt eine ganzheitliche Sicht an und versucht, Entwicklungen und Probleme und die ihnen zugrunde liegenden Kräfte zu klären. Sie ist also nicht nur „Raumbeschreibung", sondern auch „Raumerklärung".

Die Methode

– Zunächst muss der Untersuchungsraum abgegrenzt werden. Dafür können naturräumliche, wirtschaftliche oder politische Kriterien (z.B. Verwaltungseinheiten) herangezogen werden. In Deutschland mit seiner vielgestaltigen und kleinräumigen Struktur bieten sich für die Arbeit in der Schule vor allem relativ kleine Einheiten oder solche mit vergleichsweise einheitlicher Ausprägung an. Der Nahraum ist in besonderem Maß geeignet, weil Untersuchungen vor Ort, eigene Beobachtungen und Erfahrungen, Befragungen und Besichtigungen die Arbeit erleichtern.
– Die Komplexität des Themas erfordert in der Schule eine Eingrenzung unter einer leitenden Fragestellung, z.B. nach naturgeographischer oder ökologischer Betrachtungsweise, nach raumwirksamen Folgen wirtschaftlicher oder gesellschaftlicher Prozesse. Dabei ist vorab die Zielsetzung zu diskutieren und eine Arbeitshypothese zu entwickeln.
– Zu den Vorarbeiten gehört auch die Wahl der dem jeweiligen Thema am besten gerecht werdenden geographischen Arbeitsmittel und -methoden und die Wahl der jeweils geeignetsten Messverfahren zur Klärung der Prozesse.
– Auf eine Betrachtung der einzelnen Faktoren (z.B. Klima, Relief, Siedlungen, Industrie) folgt dann die Untersuchung der Wechselwirkungen zwischen den Einzelfaktoren (z.B. Relief – Gewässer; Relief – Verkehrswege; Klima – Boden – Vegetation; Relief – Siedlungen – Verkehrseinrichtungen.

Dabei steht der Zusammenhang der einzelnen Faktoren und ihre Stellung im Gefüge des Raums im Vordergrund. Regel- und Wirkungskreise und Verflechtungen von Ursachen werden der Realität in der Regel eher gerecht als linear ablaufende Kausalketten.
– Eine abschließende Synthese fasst das vielschichtige Beziehungsgefüge der Geofaktoren zusammen und charakterisiert den Raum in seiner Individualität. Das Ergebnis wird mit der eingangs aufgestellten Hypothese verglichen, und falls möglich, werden Folgerungen für die regionale Planung gezogen (= Raumbewertung).

Beispiele eines Fragenkatalogs der Raumanalyse

1. Vorarbeiten
– Welches Untersuchungsgebiet wählen wir und wie können wir es abgrenzen?
– Was ist das Typische/Raumprägende des Untersuchungsgebiets? (= Arbeitshypothese)
– Welche Informationen benötigen wir? Wo erhalten wir sie?

2. Durchführung
– Welches sind dominante Faktoren des Untersuchungsgebiets?
– Unter welcher Fragestellung soll der Raum analysiert werden?
– Welche Einzeluntersuchungen verlangen, welche Methoden und Hilfsmittel?
– Welche Beziehungen bestehen zwischen den untersuchten Faktoren (z.B. Störungen des Naturhaushalts, Naturbedingungen und Standorten wirtschaftlicher Einrichtungen, Veränderungen von Raumstrukturen durch politische oder demographische Prozesse)?
– Wie können die Einzelergebnisse zu einer Synthese zusammengefasst werden?
– Wie lässt sich das Untersuchungsgebiet abschließend charakterisieren?
– Wie unterscheiden sich Ergebnis der Analyse und Arbeitshypothese?

3. Nachbereitung
– Waren die gewählten Untersuchungsmethoden und Arbeitsmaterialien angemessen?
– Wäre die Synthese eine Hilfe für mögliche Planungsmaßnahmen?
– Inwieweit sind die Ergebnisse auf andere Räume übertragbar?

Beispiel: Nigeria

METHODE

	Themen/Inhalte	Methoden, Arbeitsmittel
Überblick	Lagebeschreibung, erste räumliche Vorstellung des Untersuchungsgebietes, Einordnung in die naturräumliche und Politische Gliederung, Vorabinformationen	Atlas, *Karte M 2*, aktuelle Presseberichte und Nachschlagewerke (z.B. Der Fischer Weltalmanach)
Arbeitshypothese	Trotz relativ günstiger Ausgangsbedingungen am Ende der Kolonialzeit und riesiger Einnahmen durch den Erdölexport gehört Nigeria heute zu den ärmsten Ländern der Erde. Sinkendes BIP und wachsende absolute Armut in den letzten 30 Jahren sind offensichtlich Ergebnis einer fehlgeleiteten Wirtschaftsentwicklung. Arbeitsplan: Welche Faktoren müssen wir untersuchen, um die Ursachen für diese Entwicklung zu erklären?	*Text S. 244*
Analyse und Erklärung	Untersuchung einzelner Geofaktoren und einfacher Wechselwirkungen	
	Naturfaktoren: Relief, Klima, Wasserhaushalt, Böden, natürliche Vegetation, Bodenschätze	Atlaskarten, *Karte M2 (Karteninterpretation), M 4 (Klimadiagramme), M 5*; *Text S. 244, 246, 247*
	Bevölkerung und Siedlung: Ethnische Struktur, Bevölkerungsdichte und -verteilung, Bevölkerungsentwicklung, Altersstruktur, Lebenserwartung, Wanderungsbilanz, Einkommensverhältnisse und Lohnniveau, Siedlungsschwerpunkte	Atlaskarten, *Karte M 1, M 2, Text S. 245, 249; M 8, M 9, M 10* www.census.gov/ipc/www/idbnew.html
	Landwirtschaft: Hauptanbaugebiet und -kulturen (Nahrungsmittel und Marktfrüchte), Entwicklung des Agrarsektors (Anteil am BIP und Export, Einkommen, Strukturwandel	Atlas, *Karte M 7, Text S. 248, 253, 254, 255, M 6, M 12, M13, M 23*, www.fao.org/default.htm
	Industrie und Erdölsektor: Entwicklungsgeschichte und Entwicklungsphasen, Standortverteilung, Beschäftigte, Branchenstruktur, Strukturwandel, Standortqualitäten, Anteile am Export	Wirtschaftsteile der Tageszeitungen, thematische Atlaskarten, *M 11 bis M 14, M 17 bis M 19, M 23, M 24, Text S. 244, 250, 252, 255* www.worldbank.org/afr/ng.htm
	Verkehr: Lage im internationalen und überregionalen Netz, Verkehrsanbindung und Verkehrserschließung, Entwicklung und Tendenzen	Atlas, *Text S. 250* *M 15, M 16*
	Umwelt und Ökologie: Das Nigerdelta als Ökosystem, Auswirkungen der Ölförderung auf die Bevölkerung und Umwelt	Atlas, *Karte M 24, Text S. 250, 256-259*, www.hrw.org/reports/1999/nigeria www.greenpeace.de, www.shellnigeria.com www.deutsche-shell.de
Synthese und Bewertung	Integrierende Beschreibung der Raumstruktur und der sozio-ökonomischen Entwicklungsprozesse, Zusammenfassung des Beziehungsgefüges der Einzelfaktoren Darstellung der Ergebnisse der Einzelanalysen in Text, Karte, Diagramm, Strukturschema usw. Überprüfung und Korrektur der Arbeitshypothese	thematische Karten, Aufbautransparente, Beschreibung des Landes und ausgewählter Regionen, Übersichtsdarstellung als Poster
Anwendung	Handlungsmöglichkeiten multinationaler Konzerne (Möglichkeiten und Grenzen), Zielkonflikte: Erdölförderung – Umweltschutz	Pro- und Kontra-Diskussion, aktuelle Zeitungsartikel auswerten (z.B. *S. 258/259*)
Kritik	Kritik an den angewandten Methoden und Quellen, kritische Diskussion der Wahl des Untersuchungsgebietes	

Erstellen Sie eine Raumanalyse Ihrer Heimatregion / Ihres Heimatraumes.

4.5 Fallstudie: Schwellenländer im asiatisch-pazifischen Raum

M 1 *Schwerindustrie: Hyundai-Werft*

M 2 *Schockwellen in Fernost*

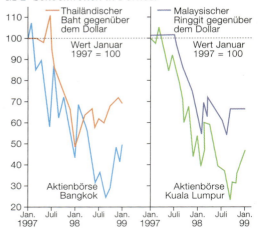

Nach Der Spiegel 1999, H. 3, S. 141

1993: „Traumhafte Wachstumsraten, schnell wachsender Wohlstand sowie zunehmendes wirtschaftliches und politisches Gewicht in der Welt: Das Jahr 1993 brachte für Asien den Beginn einer neuen Ära. Während Europa von der wohl schwersten Krise seit dem Zweiten Weltkrieg gebeutelt wird, bricht von Peking bis Jakarta, von Manila bis Bangkok fast grenzenloser Optimismus an den Tag. ... Die Zukunft gehört Asien, schrieb jüngst in einem Artikel der stellvertretende Außenminister Singapurs."
Peer Meinert, dpa. In: Stuttgarter Zeitung vom 31. 12. 1993

1997: „Streiks in Südkorea, ein drastischer Rückgang der Exporte in der ganzen Region. ... Die Krise begann in Thailand und breitete sich dann über ganz Südostasien aus: Währungen und Börsenkurse stürzten in den Keller, die Auslandsverschuldung wächst. Was ist los mit dem asiatischen Wirtschaftswunder?"
Michael Weißenborn. In: Stuttgarter Zeitung vom 10. 9. 1997

Bis Mitte der 90er-Jahre wurden die aufstrebenden Staaten Südostasiens in vielen westlichen Industrieländern oft als Beispiele für eine moderne Wirtschaftspolitik, als Vorbild für die Zukunft, als mögliche Alternative zum eigenen Modell gepriesen.

Neben das hoch industrialisierte Japan waren die „*Newly Industrializing Countries*" (NICs) getreten, zu denen zunächst die „vier kleinen Tiger" Südkorea, Taiwan, Hongkong und Singapur gehörten. Ihre weltmarktorientierte Wirtschaft wies bereits Mitte der 80er-Jahre zweistellige Wachstumsraten auf. Die „kleinen Tiger" bekamen bald „Nachwuchs": Mit Malaysia, Thailand und Indonesien entstand die „Second Generation of NICs", deren Industrie ebenfalls sehr stark auf die sich globalisierenden Wirtschaftsbeziehungen ausgerichtet wurde. Auch die Volksrepublik China wies – u. a. gestützt auf ausländische Direktinvestitionen – ein dynamisches Wachstum auf und übernahm mehr und mehr marktwirtschaftliche Strukturen.

Seitdem sich aber Meldungen über Währungsverfall, Börsenstürze, Streiks und Unruhen in dieser Region häufen, fragen sich viele Beobachter: Ist das asiatische Wirtschaftswunder zu Ende? Manche Arbeiter und Unternehmer im Westen fühlen sich durch die schlechten Nachrichten aus Asien beruhigt, fürchteten sie doch, dass der rasante Wirtschaftsaufschwung dort ihre Arbeitsplätze und Löhne bzw. Konkurrenzfähigkeit bedroht. Fehlten der atemberaubenden Entwicklung in Fernost die soliden Grundlagen?

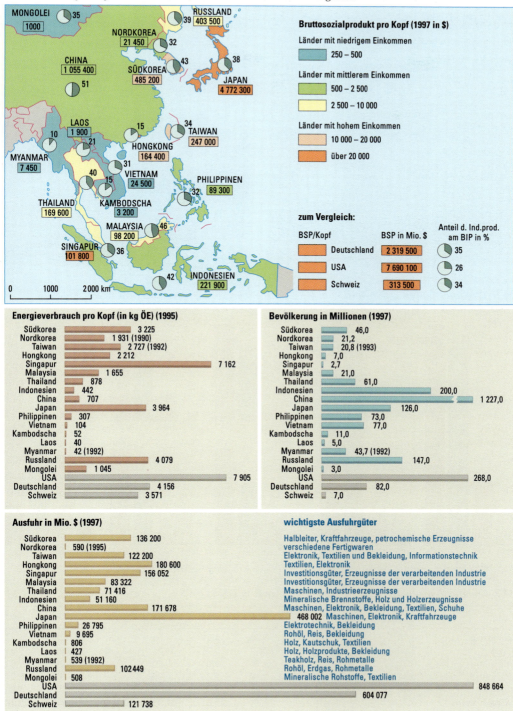

M 3 Wirtschaftskraft der Länder Ost- und Südostasiens im Vergleich

Daten nach Weltentwicklungsbericht 1998/99 und Fischer Weltalmanach '99

Boom-Phase bis 1997

M 4 Bruttoinlandsprodukt
reales Bruttoinlandsprodukt, 1990 = 100

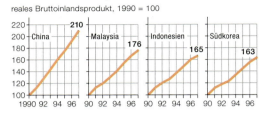

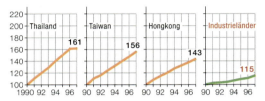

Industrieländer: USA, Kanada, Australien, Japan, EU, Neuseeland, Norwegen, Island, Schweiz; 1997: Schätzung.

Nach Institut der deutschen Wirtschaft, Köln

M 5 Kuala Lumpur, Malaysia

M 6 Warenausfuhren je Einwohner in US-Dollar

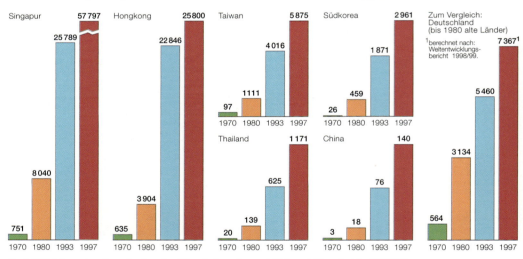

Nach IWD-Informationsdienst der deutschen Wirtschaft, ergänzt nach Weltentwicklungsbericht 1998/1999

M 7 Stundenlöhne in der verarbeitenden Industrie, in US-$, 1998

Land	1975	1980	1985	1990	1993	1994	1995	1996	1997
Hongkong	0,76	1,51	1,73	3,20	4,29	4,61	4,82	5,14	5,42
Japan	3,00	5,52	6,34	12,80	19,21	21,35	23,82	20,91	19,37
Südkorea	0,32	0,96	1,23	3,71	5,64	6,40	7,29	8,09	7,22
Singapur	0,84	1,49	2,47	3,78	5,25	6,29	7,33	8,32	8,24
Taiwan	0,40	1,00	1,50	3,93	5,23	5,55	5,92	5,93	5,89
Deutschland	6,31	12,25	19,53	21,88	25,32	27,03	32,22	31,79	28,28

Nach: U.S. Department of Labor, Bureau of Labor Statistics, September 1998

„Geheimnisse" ihres Erfolgs?

Bei allen Unterschieden, die zwischen den asiatisch-pazifischen Schwellenländern hinsichtlich Landesnatur, Ressourcen, Bevölkerungspotenzial, Geschichte und Kultur bestehen, lassen sich doch Gemeinsamkeiten in bestimmten Rahmenbedingungen des Entwicklungsprozesses erkennen. Und in ihnen sind wohl die Wurzeln des Erfolgs zu suchen.

Alle Staaten dieses heutigen „Wachstumsraumes" verfolgten nach dem Zweiten Weltkrieg zunächst eine Art *autozentrierte Wirtschaftspolitik* (Ausrichtung auf eigene Möglichkeiten und Bedürfnisse) mit dem Bemühen, die Konsumgüterimporte durch eine eigene Produktion zu ersetzen *(Importsubstitution)*. Besonders vorangetrieben wurde der Aufbau von Textil-, Bekleidungs- und Nahrungsmittelindustrien, wobei Einfuhrbeschränkungen aller Art die binnenmarktorientierte Konsumgüterproduktion schützten.

Diese Politik der Importsubstitution zeigte zwar erste Erfolge, sie brachte aber keine wesentlichen Impulse für einen raschen und weitergehenden Industrialisierungsprozess. Die bei den Industrieländern eingekauften Maschinen und Geräte waren teilweise veraltet. Trotzdem belasteten ihre Importe die Devisenbilanz. Die Verschuldung sowie die Notwendigkeit, die eingeführten Investitionsgüter von ausländischen Fachkräften warten und zum Teil auch bedienen zu lassen, brachten diese Länder in starke Abhängigkeiten. Hinzu kam, dass wegen zu niedriger Einkommen oder zu geringen Einwohnerzahlen die Binnennachfrage hinter der Produktion zurückblieb. Deshalb stellten die genannten Staaten – in unterschiedlichen Zeiträumen und Etappen – ihre Wirtschaftspolitik um. Sie verfolgten nun eine weltmarktorientierte Entwicklungsstrategie. Eisen- und Stahlindustrien, Chemie, Maschinen- und Fahrzeugbau sowie Elektronikindustrien wurden mit dem Ziel aufgebaut, hohe Exporterlöse zu erzielen. Einige Länder wie Malaysia und Thailand förderten daneben auch die Ausfuhr von Rohstoffen oder landwirtschaftlichen Produkten.

Die erfolgreiche Exportoffensive beruht auf günstigen Rahmenbedingungen für die Unternehmen:

– Das Arbeitskräfte- und Unternehmerpotenzial ist geprägt durch die konfuzianische Ethik. Gesellschaftliche Werte wie Fleiß, Wissen, Gehorsam und Ehrfurcht sowie Treue ließen eine arbeits- und lernwillige, genügsame Arbeitnehmerschicht entstehen, die sich in den Dienst „ihrer" Firma, „ihres" Firmenchefs stellt. Und unter dem Einfluss einer kapitalistischen Orientierung wurde im Geschäftsleben das unbedingte Streben nach Erfolg und Reichtum, auch auf Kosten anderer, zu einem allgemein anerkannten Wert.

– Eine Sozialgesetzgebung existiert erst in Ansätzen. Mindestlöhne und Lohnnebenkosten (Sozialversicherung, bezahlter Urlaub) werden niedrig, die Arbeitszeiten hoch gehalten. Bildung und Einfluss von Gewerkschaften werden behindert.

– Im Sinne einer rein marktwirtschaftlichen Ordnung können sich die Unternehmen im Hinblick auf Standortwahl, Produktion oder Herstellungsverfahren weitgehend frei entfalten. Arbeitsschutzbestimmungen oder Umweltschutzauflagen werden erst nach und nach in Kraft gesetzt.

– Investitionen durch ausländische Unternehmen werden unterstützt durch günstige Regelungen beim Kapital- und Gewinntransfer, durch infrastrukturelle Vorleistungen (z. B. durch das Angebot gut erschlossener Gewerbeflächen in Industrieparks) und Steuererleichterungen.

– Hohe Zollhürden schützen die eigenen, strategisch wichtigen Industrie- und Dienstleistungsbereiche.

– Politische Stabilität – oft auf Kosten demokratischer Prinzipien – garantiert die Sicherheit der ausländischen Direktinvestitionen.

„Dieses Gesellschaftsgefüge kennt keinen Egalitarismus oder gar Gleichberechtigung. Bildung und Erziehung werden groß geschrieben. Ordnung, Leistung, Sparsamkeit und Korporativität werden schon den chinesischen Kleinkindern beigebracht. Gleichzeitig findet man auch den vielbeschworenen Fleiß, Anpassungsfähigkeit und Zähigkeit, Vitalität, Neugierde und einen unerschütterlichen Pragmatismus, alles Tugenden, mit denen die ‚Tiger' ihren Weg beschritten haben."

Sabine Stahl und Ulrich Mihr (Hrsg.): Die Krallen der Tiger und Drachen. München, Droemer Knaur, 1995, S. 37

Schattenseiten des „Wirtschaftswunders" und Zukunftsperspektiven

„Die junge Frau im Bus presst ihr Kind an sich und hält ihm den Zipfel ihres Kopftuches vor den Mund, doch der Kleine schüttelt sich unter heftigem Husten. Die Luftfeuchtigkeit in der indonesischen Hauptstadt liegt in diesen Tagen bei neunzig Prozent, und sie verbindet sich mit den Abgasen der Autos zu einem Film, der die Poren der Haut verklebt und sich wie Blei auf die Lungen legt. Die futuristischen Wolkenkratzer der Metropole verschwinden nach zwanzig Stockwerken in einer Smogglocke. Auf Wandreklamen vergilben die Versprechungen des Industriezeitalters: Farbfernseher, Waschmittel, Mopeds. ...
Heute herrscht Katerstimmung in den Hauptstädten des ‚ostasiatischen Wirtschaftswunders'. Denn viel schneller als die Wirtschaft – das zeigt eine Studie der Weltbank – wächst die Zerstörung der Umwelt. Die ‚kleinen Tiger' Taiwan, Südkorea und Hongkong und die Schwellenländer Malaysia, Thailand und Indonesien holen nicht nur den europäischen Industrialisierungsprozess von zwei Jahrhunderten in wenigen Jahrzehnten nach, sondern auch alle Umweltfrevel."

Florian Hanig: Erst reich werden, dann aufräumen? In: ZEIT-Punkte Nr. 4, 1995, S. 93

„Was sollen wir von Asien lernen? Kinderarbeit? Arbeitslager? Gnadenlose Zerstörung der Umwelt? Kritiklose Anbetung der Obrigkeit? Exekution der Opposition? Sollen wir alles aufgeben, was unsere Väter im Namen einer zivilen und humanen Demokratie erreicht haben? Diese Länder sind noch weit von einer humanitären Zivilisation entfernt. Ich war schon das zehnte Mal in Südostasien. Schauen Sie sich mal die Arbeitsbedingungen an, die in den meisten Fabriken herrschen."

Leserbrief vom 12. 3. 1996 in der Stuttgarter Zeitung

Der ARD-Fernsehkorrespondent Jürgen Bertram, seit Anfang der 80er-Jahre vor allem für die Südostasien-Berichterstattung zuständig, „entdeckte bei seinen Erkundungsreisen in den aufstrebenden Ländern Malaysia, Indonesien und Thailand die Verlierer des Wirtschaftsbooms: die Natur, die hemmungslos geopfert wird, und die Menschen, die mit den sozialen Folgen des schnellen Aufschwungs nicht fertig werden. Diese Zerstörungen, ..., haben vor allem die autokratischen Führungscliquen zu verantworten, die allein an ihrem Machterhalt interessiert sind und im Namen der ‚poltischen Stabilität' auch Gewalt anwenden."

Jürgen Bertram: Vorwort zu dem Artikel Dynamik und Destruktion. In: Sabine Stahl und Ulrich Mihr (Hrsg.): a. a. O., S. 82 f.

„Von der ‚Disziplin' und dem ‚Familiensinn' in Singapur wird da geschwärmt. Disziplin? Sie beruht weitgehend auf der Androhung und rigorosen Anwendung von Strafen und nicht etwa auf Einsicht oder common sense und sie schlägt, wie bei Kindern, in Trotz und Unordnung um, wenn Übervater Staat ausnahmsweise mal nicht hinsieht. ...
Familiensinn? Die Familie mit ihren hierarchischen Ritualen, ihren Abhängigkeiten und Zwängen erscheint nicht wenigen Bürgern in dieser autokratisch geführten Nation als lebenslängliches Gefängnis. Wie Neurosen kompensiert werden, die eine permanente Unterdrückung des Individuums erzeugt, davon wissen die philippinischen Maids in solchen Haushalten zu berichten. 52 000 dieser Hausmädchen, die für Billiglöhne bis zu 18 Stunden am Tag schuften müssen, gibt es in Singapur. 1 353 von ihnen hatten 1994 den Mut, sich bei ihrer Botschaft über Misshandlungen durch ihre chinesischen Arbeitgeber zu beschweren. ...
Oder kann denn wirklich Taiwan als Modell gelten, das chinesischer Erwerbstrieb in eine Insel der Prosperität, aber auch in eine gigantische Müllhalde verwandelt hat?"

Sabine Stahl und Ulrich Mihr (Hrsg.): a. a. O., S. 82 f.

Die NICs wiesen bis Mitte der 90er-Jahre traumhafte Wachstumsraten ihrer Wirtschaft auf, ihr Wohlstand wuchs und mit ihm ihr wirtschaftliches und politisches Gewicht in der Welt. Viele Beobachter sahen in den asiatisch-pazifischen Schwellenländern zumindest bis zu diesem Zeitpunkt ein Modell für andere Staaten, speziell für Entwicklungsländer.

Die Befürworter hoben hervor, dass mit dem hier eingeschlagenen Weg der Beweis erbracht sei, dass auch arme, zurückgebliebene Länder durchaus in der Lage sind, innerhalb kürzester Zeit Entwicklungsrückstände aufzuholen. Notwendig sei nur eine staatliche Wirtschaftsplanung in Verbindung mit marktwirtschaftlichen Entfaltungsmöglichkeiten für die Unternehmer. Dann seien ein drastischer Abbau von Arbeitslosigkeit und allgemeine Wohlstandssteigerungen möglich.

Kritiker weisen darauf hin, dass das Wachstum in diesen Ländern auf massiven Auslandskrediten und einer hohen Verschuldung beruht. Der Erfolg basiere auf Exportsteigerungen, was auf Dauer prinzipiell nicht möglich sein werde. Außerdem sei das Wachstum erkauft mit den weltweit längsten Arbeitszeiten und höchsten Unfallziffern am Arbeitsplatz, mit Niedriglöhnen, mangelhaften Sozialleistungen, Behinderungen der Gewerkschaften und Einschränkungen demokratischer Rechte. Industrialisierung und Wachstumsraten gingen zu Lasten von Mensch und Umwelt und hätten massive räumliche wie soziale Ungleichgewichte zur Folge.

Die „Asienkrise" von 1997/98 hat weitere Schwachpunkte in den politischen und wirtschaftlichen Strukturen südostasiatischer Länder offenbart. Können diese Mängel behoben, kann der konjunkturelle Rückschlag überwunden werden oder ist der „Anbruch des pazifischen Jahrhunderts der Weltwirtschaft" in Frage gestellt?

„Die asiatischen Schwellenländer haben die jüngste Wirtschaftskrise unerwartet schnell bewältigt – die Konjunkturprognosen für die Region wurden zuletzt kräftig nach oben revidiert. Prognostizierte der Internationale Währungsfonds noch im Frühjahr, dass etwa in Indonesien das Inlandsprodukt 1999 um 4 Prozent schrumpfen würde, geht er jetzt von einem Mini-Wachstum aus. Südkorea kann statt mit 3 Prozent inzwischen sogar mit einer Zunahme der gesamtwirtschaftlichen Produktion von fast 9 Prozent rechnen. Auch für die anderen Länder Asiens sind die Aussichten freundlicher als noch vor einem halben Jahr. Übermut ist jedoch fehl am Platz. Zwar wurden die Krisensymptome vor allem durch eine straffe Geld- und Finanzpolitik erfolgreich bekämpft. Die notwendigen Strukturreformen wie die Verbesserung der Bankenaufsicht oder die Entzerrung der Unternehmensgeflechte wurden aber nur ansatzweise auf den Weg gebracht."

M 8 Veränderung des Bruttoinlandproduktes in Asien gegenüber dem Vorjahr, in Prozent

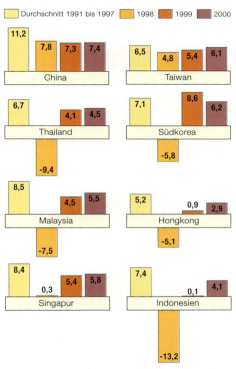

Text und Grafik nach Informationsdienst des Instituts der deutschen Wirtschaft. Köln, Dezember 1999, S.1

1. Erläutern Sie Ausmaß und Ursachen des „asiatischen Wirtschaftswunders".
2. Vergleichen Sie die Wirtschaftskraft der NICs und der übrigen ost- bzw. südostasiatischen Länder.
3. Die Schwellenländer in Südostasien – ein Modell? Diskutieren Sie das Pro und Contra.
4. „Die Zukunft gehört Asien" – beurteilen Sie diese Behauptung.
5. Verfolgen Sie Berichte in den verschiedenen Medien über die aktuelle Wirtschaftsentwicklung in Südostasien. Werten Sie hierzu auch M 8 aus.

4.6 Fallbeispiel: Die Europäische Union

Europa im Jahre 1945: Der Zweite Weltkrieg ist zu Ende. Er hinterlässt 32 Millionen Tote und ein unvorstellbares Ausmaß an Zerstörung, Vertreibung, Hunger und Leid. Hass und Misstrauen beherrschen die Beziehungen zwischen den Menschen und den Staaten.

Europa 50 Jahre später: Unbeschwerte Ferienreisen in fast alle Länder dieses Kontinents, Schulpartnerschaften und Freundschaftsbeziehungen über die Grenzen hinweg sind für die Schülerinnen und Schüler der jetzigen Generation eine Selbstverständlichkeit. Für sie ist es nur schwer nachvollziehbar, wie die Katastrophe des Krieges das Denken der Älteren geprägt hat, wie in vielen demokratischen Parteien der meisten europäischen Länder sich immer lauter Stimmen zu Wort meldeten, die dazu aufriefen, durch die Einigung Europas den Frieden zu sichern.

Die Vertreter dieser Europa-Idee argumentierten:
– Das System souveräner Nationalstaaten in Europa sei auf Dauer nicht in der Lage, zwischenstaatliche Konflikte gewaltfrei zu lösen.
– Größerer Wohlstand sei erst durch die ungehinderte Entfaltung der Produktionsfaktoren in einem einheitlichen Wirtschaftsraum möglich.
– Angesichts der dominierenden Stellung der beiden Weltmächte USA und Sowjetunion könne nur ein Vereinigtes Europa die Interessen der europäischen Länder wirksam vertreten.

Der Ost-West-Gegensatz aber vertiefte zunächst die Spaltung in Europa. Im Frühjahr 1948 schlossen sich 16 westeuropäische Staaten zur *OEEC* (Organization for European Economic Cooperation) zusammen. Sie regelte die Verteilung und Verwendung der Gelder aus dem Marshall-Plan, dem von den USA gestarteten Wiederaufbauprogramm für Europa. Die Sowjetunion untersagte den Staaten in ihrem Machtbereich die Entgegennahme von Hilfsleistungen und gründete als Reaktion im Jahre 1949 den *RGW* (Rat für gegenseitige Wirtschaftshilfe).

Der im Mai 1949 von zunächst 10 westeuropäischen Staaten in Straßburg geschaffene Europarat war dann der erste Schritt einer von den Europäern selbst ausgehenden Zusammenarbeit. Einzelstaatlicher Egoismus verhinderte zwar, dass dieser Organisation supranationale Befugnisse übertragen wurden, trotzdem konnte sich der Europarat besonders auf dem Gebiet kultureller Zusammenarbeit und im Kampf für die Menschenrechte wichtige Verdienste erwerben.

Zeittafel: der Weg zur Europäischen Union

1951 Gründung der Europäischen Gemeinschaft für Kohle und Stahl *(EGKS/Montanunion)* durch D, F, I, B, NL, L.
1957 Die 6 Montanunion-Staaten schließen die „*Römischen Verträge*"; Gründung von *EWG* und *EURATOM*.
1960 Die demokratischen Staaten Europas außerhalb der EWG gründen das Wirtschaftsbündnis „European Free Trade Association" *(EFTA)*; Mitglieder sind UK, IRL, N, A, P, S, CH, IS, FL.
1962 Einrichtung des Europäischen Agrarfonds der EWG; die gemeinsame Agrarpolitik wird zum Motor der weiteren Integration.
1967 EGKS, EWG und EURATOM schaffen „Rat" und „Kommission" als gemeinsame Organe d. Europäischen Gemeinschaft *(EG)*.
1972 Zusammenarbeit in der Außenpolitik.
1973 Die Staaten DK, UK und IRL treten der EG bei, sie verlassen die EFTA.
1979 Erste Direktwahl zum Europa-Parlament.
1981 Griechenland wird 10. Mitglied der EG.
1986 Spanien und Portugal treten der EG bei.
1987 „Einheitliche Europäische Akte" mit neuen gemeinsamen Aufgabenbereichen (Forschung/Technologie, Umwelt).
1990 Mit der deutschen Einigung gehören die 5 neuen Bundesländer der EG an.
1993 Vertrag von Maastricht über die *EU* tritt in Kraft; Vollendung des Binnenmarktes weitgehend abgeschlossen; Bildung des Europäischen Wirtschaftsraumes *(EWR)* zwischen EU und EFTA.
1995 Die Staaten A, S, FIN treten der EU bei.
1998 Vertrag von Amsterdam ebnet den Weg für weitere innere Reformen; Beginn der Beitrittsverhandlungen mit POL, CZE, HUN, SVN, EST, CYP.
1999 Einführung des *EURO* für den bargeldlosen Zahlungsverkehr.
2002 *EURO* löst die nationalen Währungen ab.

M 1 Der Vertrag von Maastricht – Was darf ein Unionsbürger?

Die Europäische Union – Das bedeutet sie für ihre Bürger

Durch die Europäische Union und die mit ihr verbundenen Erleichterungen unter den Mitgliedstaaten haben sich für die Unionsbürger neue Perspektiven für die Lebensgestaltung ergeben.

Jeder Bürger der EU kann drei Monate in einem Mitgliedstaat ohne Formalitäten leben. Danach wird eine Aufenthaltsgenehmigung erforderlich.

Die deutsche Fahrerlaubnis wird auf Antrag zu einem EU-Führerschein umgeschrieben.

Für ein Studium im europäischen Ausland ist neben dem Krankenversicherungsnachweis ausreichendes Einkommen nachzuweisen.

Berufsabschlüsse werden innerhalb der EU anerkannt (Ausnahme: Medizinische, juristische Berufe).

Der Grundbesitzerwerb wird von Land zu Land unterschiedlich geregelt.

Hochschulabschlüsse: Anerkennung bei einer Studienmindestdauer von drei Jahren.

Wird meine Ausbildung im Ausland anerkannt?
Das hängt vom Beruf ab. Für Freiberufler wie Ärzte und Apotheker hat die EU bereits Richtlinien erlassen, für den Großteil der Berufe aber stellte sich heraus, dass eine einheitliche Ausbildung schwierig zu erreichen ist. Grundsätzlich wird eine Ausbildung anerkannt, wenn sie im Heimatland zur Berufsausübung berechtigt.

Ist der Zoll jetzt abgeschafft?
Nein. Aber heute können Privatleute mehr über die Grenze mitnehmen als früher. Ob Herr Müller seine Waschmaschine in Italien oder Belgien kauft, macht keinen Unterschied, er muss sie nicht mehr anmelden. Einschränkungen gibt es nur bei bestimmten Produkten wie Neuwagen – für die beim heimischen Finanzamt Mehrwertsteuer gezahlt werden muss – oder Alkohol und Tabak. Auch hier ist die private Einfuhr zollfrei – und das sind immerhin 800 Zigaretten und 90 Liter Wein.

Darf ich an den Kommunalwahlen im Ausland teilnehmen?
Ja. Ob in Spanien oder Dänemark, in den Niederlanden oder Portugal: Jeder kann an seinem selbst gewählten Wohnort innerhalb der EU die Zusammensetzung des Gemeinde- oder Stadtrats per Wahl mitbestimmen. Wer im Ausland lebt, darf künftig dort ebenfalls zur Europa-Wahl gehen oder sich als Kandidat aufstellen lassen, auch wenn er nicht die Staatsangehörigkeit des Landes besitzt.

Darf ich mich um eine Stelle in Irland bewerben?
Jeder Unionsbürger kann überall in Europa arbeiten. Wichtig: Nachdem er den Arbeitsvertrag unterschrieben hat, muss er eine Aufenthaltserlaubnis beantragen.

Wie bekomme ich eine Aufenthaltserlaubnis?
Wer länger als drei Monate in einem anderen europäischen Staat lebt, braucht eine Aufenthaltserlaubnis – daran hat auch der Binnenmarkt nichts geändert. Jetzt aber hat jeder einen Rechtsanspruch darauf. Bedingung: Das Einkommen muss bei Rentnern und Studenten über dem örtlichen Sozialhilfesatz liegen.

Kann ich jetzt überall in Europa ein Haus kaufen?
Leider nein. Die Mitgliedstaaten der Europäischen Union haben es sich vorbehalten, ihre eigene Entscheidung zu treffen: Frankreich zum Beispiel erlaubt den Erwerb eines Ferienhauses. Dänemark verbietet es. Deutsche Bausparverträge können jetzt schon grenzüberschreitend genutzt werden.

Kann ich meine Rente im sonnigen Süden kriegen?
Im Prinzip, ja. Die Rente kann ohne weiteres in ein anderes europäisches Land überwiesen werden. Rentner müssen jedoch nachweisen, dass sie krankenversichert sind und über „ausreichende Mittel" verfügen, die über dem Sozialhilfesatz des entsprechenden Landes liegen.

Nach Sonntag Aktuell vom 17.4.1994

Integration und nationale Identität

Die zunehmende wirtschaftliche und politische Einigung Europas löst heute bei vielen Menschen nicht nur Begeisterung aus. In Meinungsumfragen werden Vorbehalte gegenüber der „Regelungswut der Eurokraten" und einer teuren EU-Bürokratie vorgebracht, äußern Bürger ihre Sorge darüber, dass ein „Europa der Wirtschaft" die kulturelle Vielfalt zurückdrängt, dass die nationalen Eigenarten verloren gehen. Untersuchungen zum Beispiel unter Studenten belegen, dass die europäische Bindung, also das Bewusstsein, in erster Linie Europäer zu sein, nur sehr schwach, die „regionale Identität" aber äußerst stark ausgeprägt ist. Der Bezug zur Heimatregion, zum eigenen Nationalstaat wird also dem anonymen supranationalen Organismus der Europäischen Union gegenübergestellt.

Nach den Erfahrungen in der Vergangenheit müssten die Menschen aber eigentlich erkennen, dass es notwendig ist, neben dem nationalen auch ein „europäisches Bewusstsein" zu entwickeln, dass sich zum Beispiel Bürger diesseits der Grenze als Pfälzer, Deutsche und (nicht oder) Europäer bzw. jenseits der Grenze als Elsässer, Franzosen und Europäer fühlen. Wie aber kann es gelingen, diese Erkenntnis zu verbreiten? Könnte zum Beispiel die Einführung des „Euro" als gemeinsame Währung dazu beitragen, ein „europäisches Bewusstsein" zu schaffen?

Auch nach Vollendung der wirtschaftlichen und politischen Union soll die kulturelle und soziale Vielfalt in den Staaten und Regionen als Identifikationsmöglichkeit für die Bürger erhalten bleiben. Der Maastricht-Vertrag garantiert in Artikel F: „Die Union achtet die nationale Identität ihrer Mitgliedstaaten." Das bedeutet, die EU stellt (noch?) keinen europäischen Gesamtstaat dar. Allerdings ist sie mehr als ein herkömmliches Bündnis von Staaten, sie ist eine „besondere Art von Staatenverbindung", für die gelegentlich auch der Begriff „Europa der Nationen" verwendet wird. Um auch dem Verlangen nach regionaler Identität Rechnung zu tragen, wurde 1994 der *„Ausschuss der Regionen"* geschaffen.

„Er (Ausschuss der Regionen) wurde eingesetzt, weil die Mitgliedstaaten zum einen ihre regionalen und lokalen Eigenheiten respektiert wissen und zum andern an der EU-Politik beteiligt werden wollen. Die Vertreter der lokalen und regionalen Gebietskörperschaften müssen jetzt angehört werden, wenn es um Dinge geht, die sie direkt betreffen. Als beratendes Organ eingesetzt, hat sich der Ausschuss als energischer Verfechter des Subsidiaritätsprinzips profiliert. ... Als Ministerpräsidenten, Bürgermeister und Landräte sind die 222 Mitglieder des Ausschusses Vertreter regionaler und lokaler politischer Instanzen, die bürgernah tätig sind. ..."

Amt für amtliche Veröffentlichungen der Europäischen Gemeinschaften (Hrsg.): Im Dienste Europas. Wissenswertes über die Institutionen der EU. Luxemburg 1996, S. 26

M 2 *Die Organe der Europäischen Union*

Europäischer Gerichtshof	Europäischer Rat 15 Regierungschefs und der Präsident der Kommission	Europäischer Rechnungshof
Ausschuss der Regionen 222 Mitglieder	Rat der Europäischen Union (Ministerrat) 15 Minister	Wirtschafts- und Sozialausschuss 222 Mitglieder
	Europäische Kommission 20 Mitglieder	

Stimmen im Ministerrat / Kommissionsmitglieder:

Land	Stimmen	Kommissionsm.
Deutschland	10	2
Frankreich	10	2
Großbritannien	10	2
Italien	10	2
Spanien	8	2
Belgien	5	1
Griechenland	5	1
Niederlande	5	1
Portugal	5	1
Österreich	4	1
Schweden	4	1
Dänemark	3	1
Finnland	3	1
Irland	3	1
Luxemburg	2	1

Europäisches Parlament 626 Abgeordnete

Nach Zahlenbilder. Erich Schmidt

Neue Beitrittskandidaten

In den „Römischen Verträgen" von 1957 hatte die damalige EWG als Ziel vorgegeben, „die Grundlagen zu schaffen für einen immer engeren Zusammenschluss der europäischen Völker", um „durch diesen Zusammenschluss ihrer Wirtschaftskräfte Frieden und Freiheit zu wahren und zu festigen". Was damals wie eine Utopie anmutete, rückt nun in greifbare Nähe. Mit dem Zusammenbruch des kommunistischen Systems stehen nun die mittel- und osteuropäischen Länder (MOEL) als neue Beitrittskandidaten ungeduldig an der Schwelle des „Europäischen Hauses". Ende des Jahres 1998 wurden in Brüssel bereits erste offizielle Beitrittsverhandlungen mit Polen, Tschechien, Ungarn, Slowenien, Estland sowie Zypern aufgenommen. Aber bisher sind weder die Beitrittskandidaten noch die Europäische Union ausreichend auf diese Erweiterung vorbereitet. Weder ist die Wirtschaft der Bewerberstaaten stabil genug, den Beitritt zum Binnenmarkt zu verkraften, noch verfügen diese Länder über ausreichend gefestigte demokratische Strukturen oder entsprechende Verwaltungs- bzw. Rechtssysteme. Andererseits müssen die jetzigen 15 Mitgliedstaaten der EU ihre überfälligen internen Reformen vorantreiben und zum Beispiel ihre Institutionen, die einst für sechs EWG-Staaten entworfen wurden, an die höhere Mitgliederzahl anpassen. Dazu gehört u. a. die Einführung von Mehrheitsentscheidungen. Und auch die Finanzierung der zunächst vorgesehenen „Ost-Erweiterung" bereitet den alten Mitgliedstaaten Sorgen: Sie droht die Europäische Union – nicht zuletzt bei den Agrarsubventionen – zu überfordern.

„Auf dem Gipfeltreffen in Helsinki (Dezember 1999) hat die Europäische Union Mut bewiesen. Die Gemeinschaft will mit sechs weiteren Beitrittskandidaten Verhandlungen aufnehmen (zusätzlich zu den Staaten, mit denen seit 1998 verhandelt wird: Lettland, Litauen, Slowakei, Rumänien, Bulgarien, Malta). Die Erweiterung der Union auf 25 oder sogar auf 27 Mitglieder ist allerdings für den inneren Zusammenhalt nicht ohne Risiko. Die EU hat sich in Helsinki einen Anzug der Größe XXL verpasst. Nun muss sie sehen, wie sie in Jacke und Hose hinein wächst.

Nach dem Willen der Staats- und Regierungschefs soll die EU in drei Jahren für die Erweiterung bereit sein. Nimmt Brüssel diese Forderung ernst, steht eine gewaltige Aufgabe bevor. Denn bereits heute sind die europäischen Institutionen – Ministerrat, Kommission und Parlament – kaum in der Lage, die wachsenden Anforderungen einer 15-Staaten-Gemeinschaft zu bewältigen. …

Auch im eigenen Interesse wird die EU neuen Mitgliedern aus Ost- und Mitteleuropa Übergangsfristen einräumen müssen. Brüssel ist weder in der Lage, deren museumsreife Landwirtschaften zu sanieren, noch den uneingeschränkten Zugang von Billig-Arbeitskräften zuzulassen.

Dramatisch wird dieses Problem hinsichtlich eines möglichen Beitritts der Türkei. Ankara könnte nach heutigen Brüsseler Maßstäben einen Großteil der Milliarden des Fonds zum Aufbau wirtschaftsschwacher Regionen beanspruchen. Die Folge: Der EU-Haushalt würde vor dem Kollaps stehen."

Andreas Oldag, Größe XXL für Europa? In: Süddeutsche Zeitung vom 13.12.1999. S. 4

1. a) Erläutern Sie – in Zusammenarbeit mit dem Fach Geschichte – die weltpolitische Situation nach dem Zweiten Weltkrieg, aus der heraus sich zunächst verschiedene Wege der europäischen Integration ergaben.
b) Verfolgen Sie den „Weg zur Europäischen Union". Wählen Sie drei Stationen aus, die Sie für besonders bedeutsam halten, und begründen Sie Ihre Auswahl.
2. Untersuchen Sie den Vertrag von Maastricht (M 1). Von welchen Regelungen fühlen Sie sich unmittelbar betroffen?
3. Diskutieren Sie in Ihrer Lerngruppe Vor- und Nachteile der europäischen Integration bzw. der EU-Mitgliedschaft Deutschlands.
4. Verfolgen Sie die Beitrittsverhandlungen bzw. die Diskussion über die „Osterweiterung" der EU anhand aktueller Berichte in den Medien.
5. Informieren Sie sich über den Beitrittsantrag der Türkei und diskutieren Sie darüber.

Literatur für die Hand des Schülers

Grundlegende allgemeingeographische Literatur

Altmann, Jörn: Umweltpolitik. UTB. Stuttgart: Ulmer 1997

Arnold, Adolf: Allgemeine Agrargeographie. Gotha: Klett-Perthes 1997

Bähr, Jürgen: Bevölkerungsgeographie. UTB. Stuttgart: Ulmer 1992

Barsch, Heiner; Bürger, Klaus: Naturressourcen der Erde und ihre Nutzung. Gotha: Klett-Perthes 1996

Bender, Hans-Ulrich, u. a.: Fundamente – Geographisches Grundbuch für die Sekundar-stufe II. Stuttgart: Klett 1994

BUND; Misereor (Hrsg.): Zukunftsfähiges Deutschland. Basel, Boston, Berlin: Birkhäuser 1996

Finke, Lothar: Landschaftsökologie: Das Geographische Seminar: Braunschweig: Westermann 1996

Hofmeister, Burckhard: Stadtgeographie: Das Geographische Seminar. Braunschweig: Westermann 1997

Lauer, Wilhelm: Klimatologie. Das Geographische Seminar. Braunschweig: Westermann 1993

Leser, Hartmut: Landschaftsökologie. UTB. Stuttgart: Ulmer 1991

Müller-Hohenstein, Klaus: Die Landschaftsgürtel der Erde. Stuttgart: Teubner 1979

Scholz, Ulrich: Die feuchten Tropen: Das Geographische Seminar. Braunschweig: Westermann 1998

Schulz, Jürgen: Die Ökozonen der Erde. UTB. Stuttgart: Ulmer 1995

Seifert, Volker: Regionalplanung. Das Geographische Seminar. Braunschweig: Westermann

Wagner, Horst-Günter: Wirtschaftsgeographie. Das Geographische Seminar. Braunschweig: Westermann 1994

Nachschlagewerke

Bätzing, Werner: Kleines Alpen-Lexikon. Umwelt, Wirtschaft, Kultur. München: C. H. Becker 1997

Geographisch-Kartographisches Institut Meyer (Hrsg.): Schüler-Duden. Die Geographie. Mannheim: Dudenverlag 1991

Geographisch-Kartographisches Institut Meyer (Hrsg.): Schüler-Duden. Die Ökologie. Mannheim: Dudenverlag 1988

IMA: Agrilexikon, Hannover 1996

Khoury, Adel Theodor; Hagemann, Ludwig; Heine, Peter: Islam-Lexikon: Herder Spektrum 4036, 3 Bände, Freiburg 1991

Leser, Hartmut, u. a.: DIERCKE-Wörterbuch der Allgemeinen Geographie. 2 Bände. Braunschweig: Westermann 1992

Leser, Hartmut (Hrsg.): Westermann Lexikon Ökologie und Umwelt: Braunschweig 1994

Nohlen, Dieter (Hrsg.): Lexikon Dritte Welt. Hamburg: Rowohlt 1993

Wallert, Werner: Geovokabeln. Stuttgart: Klett 1989

Walletschek, Hartwig; Graw, Jochen (Hrsg.): Öko-Lexikon. München: Beck 1988

Grundlegende Schriften zu den Raum- und Fallbeispielen

Agrarbündnis (Hrsg.): Landwirtschaft 1998. Der kritische Agrarbericht 1998. Kassel: AGL Bauernblatt Verlags-GmbH 1998

Bähr, Jürgen; Mertins, Günther: Die lateinamerikanische Großstadt. Darmstadt: Wissenschaftliche Buchgesellschaft 1995

Beck, Ulrich: Was ist Globalisierung? Frankfurt/M.: Suhrkamp 1997

Becker, Christoph, u. a.: Tourismus und nachhaltige Entwicklung. Darmstadt: Wissenschaftliche Buchgesellschaft 1996

Bundeszentrale für politische Bildung (Hrsg.): Entwicklungsländer. Informationen zur politischen Bildung 252. Bonn 1996

Bundeszentrale für politische Bildung (Hrsg.): Wirtschaft. Informationen zur politischen Bildung 183. Bonn: Neudruck 1991

Davidow, W. H.; Malone, Michael S.: Das virtuelle Unternehmen. Frankfurt/M., New York: Campus Verlag 1993

Engelhard, Karl: Entwicklungspolitik im Unterricht. Stuttgart: OMNIA 1996

Engelmann, Robert; Pamela LeRoy: Mensch, Wasser! Die Bevölkerungsentwicklung und die Zukunft der erneuerbaren Wasservorräte. In: Deutsche Stiftung Weltbevölkerung (Hrsg.). Hannover: Balance Verlag 1995

Fritzler, Marc; Unsler, Günther: Die Europäische Union. (Bundeszentrale für politische Bildung) Bonn 1998

Giarini, Oro; Liedtke, Patrick M.: Wie wir arbeiten werden. Der neue Bericht an den Club of Rome. Hamburg: Hoffmann und Campe 1998

Gläßer, Ewald, u. a.: Nordrhein-Westfalen. Perthes Länderprofile. Gotha: Perthes 1997

Hagget, Peter: Geographie eine moderne Synthese. Stuttgart: UTB 1991

Hauchler, Ingomar, u. a. (Hrsg.): Globale Trends. Frankfurt: Fischer Taschenbuch Verlag (erscheint jährlich)

Häußermann, Helmut; Siebel, Walter: Dienstleistungsgesellschaften. edition Suhrkamp. Frankfurt/M.: Suhrkamp 1996

Herkendell, Josef; Koch, Eckehard: Bodenzerstörung in den Tropen. Beck'sche Reihe. München: C.H. Beck 1991

Hoffmann, Thomas (Hrsg.): Wasser in Asien. Elementare Konflikte. Osnabrück: Secolo Verlag 1997

Hofmeister, Burkhard: Die Stadtstruktur. Ihre Ausprägung in verschiedenen Kulturräumen der Erde. Darmstadt: Wissenschaftliche Buchgesellschaft, 3. Auflage, 1996

Holzner, Lutz: Stadtland USA. Die Kulturlandschaft des American Way of Life. Gotha: Perthes 1996

Huntington, Samuel. P.: Kampf der Kulturen. Die Neugestaltung der Weltpolitik im 21. Jahrhundert. München, Wien: Europaverlag, 6. Auflage, 1997

Internationale Alpenschutz-Konvention CIPRA (Hrsg.): Erster Alpenreport. Bern, Stuttgart, Wien: Verlag Paul Haupt 1998

Kerstin, Ruth; Ponthöfer, Lore: Wirtschaftsraum Ruhrgebiet. Hannover: Schroedel 1990

Kulke, Elmar: Wirtschaftsgeographie Deutschlands. Gotha: Perthes 1998

Läpple, Dieter (Hrsg.): Güterverkehr, Logistik und Umwelt. Berlin: edition sigma 1993

Lichtenberger, Elisabeth: Stadtgeographie. Begriffe, Konzepte, Modelle, Prozesse. Stuttgart, Leipzig: Teubner, 3. Auflage, 1998

Manshard, Walther: Entwicklungsprobleme in den Agrarräumen des tropischen Afrika. Darmstadt: Wissenschaftliche Buchgesellschaft 1988

Martin, Hans-Peter; Schumann, Harald: Die Gobalisierungsfalle. Reinbek: Rowohlt 1996

Meyer, Günter; Timm, Andreas (Hrsg.): Tourismus in der Dritten Welt. Mainz: Johannes-Gutenberg-Universität 1996

Mikus, Werner: Wirtschaftsgeographie der Entwicklungsländer. UTB. Stuttgart und Jena: Gustav Fischer 1994

Nuscheler, Franz: Lern- und Arbeitsbuch Entwicklungspolitik. Bonn: Dietz 1996

Opitz, Peter (Hrsg.): Die Dritte Welt in der Krise. Grundprobleme der Entwicklungsländer. München: Beck 1984

Pletsch, Alfred: Frankreich. Darmstadt: Wissenschaftliche Buchgesellschaft 1997

Reichart, Thomas: Bausteine der Wirtschaftsgeographie. Stuttgart: UTB 1999

Ritter, Wigand: Welthandel. Darmstadt: Wissenschaftliche Buchgesellschaft 1994

Ritter, Wigand: Allgemeine Wirtschaftsgeographie, München: Oldenbourg 1998

Schätzl, Ludwig: Wirtschaftsgeographie der Europäischen Gemeinschaft. UTB. Paderborn: Schöningh 1993

Schätzl, Ludwig: Wirtschaftsgeographie I. Theorie. Stuttgart: UTB 1996

Stahl, Sabine; Mihr, Ulrich (Hrsg.): Die Krallen der Tiger und Drachen. Wirtschaftsboom und Selbstbewusstsein in Asien. München: Droemer Knaur 1995

Struck, Ernst: Das Südostanatolien-Projekt. Die Bewässerung und ihre Folgen. In: Geographische Rundschau 46, 1994, H. 2: S. 88–95

Vereinigung Deutscher Gewässerschutz (Hrsg.): Naturstoff Wasser. Schriftenreihe der Vereinigung Deutscher Gewässerschutz e.V. Bd. 37. 10. Auflage, Bonn 1997 von Weizsäcker, Ernst Ulrich; Lovins, Amory B.; Lovins, L. Hunter: Faktor 4. Doppelter Wohlstand – halbierter Verbrauch. Der neue Bericht an den Club of Rome. München: Droemer Knaur 1997

von Weizsäcker, Ernst Ulrich: Erdpolitik. Darmstadt: Wissenschaftliche Buchgesellschaft 1992

von Weizsäcker, Ernst Ulrich; Lovins, Amory B.; Lovins, L. Hunter: Faktor Vier. München: Droemer Knaur 1996

Voppel, Götz: Wirtschaftsgeographie. Stuttgart: Teubner 1999

Windhorst, Hans-Wilhelm: Industrialisierte Landwirtschaft und Agrarindustrie. Vechtaer Arbeiten zur Geographie und Regionalwissenschaft 8. Vechta 1989

Statistiken und offizielle Berichte

Amt für amtliche Veröffentlichungen der Europäischen Gemeinschaften (Hrsg.): Europa in Zahlen. Brüssel, Luxemburg (erscheint unregelmäßig)

von Baratta, Marion (Hrsg.): Der Fischer Weltalmanach. Frankfurt: Fischer Taschenbuch Verlag (erscheint jährlich)

Beauftragte der Bundesregierung für die Belange der Ausländer, Bonn. Verschiedene Berichte und Veröffentlichungen

Bundesforschungsanstalt für Landeskunde und Raumordnung (Hrsg.): Städtebaulicher Bericht. Nachhaltige Stadtentwicklung. Bonn 1996

Bundesministerium für Ernährung, Landwirtschaft und Forsten (Hrsg.): Agrarbericht (erscheint jährlich)

Bundesministerium für Raumordnung, Bauwesen und Städtebau (Hrsg.): Raumordnung in Deutschland. Bonn 1996

Bundesministerium für Wirtschaft (Hrsg.): Wirtschaft in Zahlen 1997 (erscheint in regelmäßigen Abständen)

EUROSTAT. Statistisches Jahrbuch der Regionen (erscheint etwa alle zwei Jahre)

IMA (Informationsgesellschaft für Meinungspflege und Aufklärung e.V., Hannover): Agrimente (erscheint jährlich neu)

IMA: Agrilexikon[10]. Hannover 1996

Statistisches Bundesamt (Hrsg.): Datenreport. Bonn: Bundeszentrale für politische Bildung. Bonn (erscheint jährlich)

Statistisches Bundesamt (Hrsg.): Statistisches Jahrbuch für die Bundesrepublik Deutschland. Wiesbaden (erscheint jährlich)

Statistisches Bundesamt (Hrsg.): Statistisches Jahrbuch für das Ausland. Wiesbaden (erscheint jährlich)

Weltbank (Hrsg.): Weltentwicklungsbericht. Washington (erscheint jährlich)

UNHCR (Hrsg.): UNHCR-Report (erscheint in unregelmäßigen Abständen)

Umweltbundesamt (Hrsg.): Daten zur Umwelt (erscheint in unregelmäßigen Abständen)

Umweltbundesamt (Hrsg.): Nachhaltiges Deutschland. Berlin: Schmidt 1998

Worldwatch Institute Report: Zur Lage der Welt 1999, Daten für das Überleben unseres Planeten. Frankfurt: Fischer 1999

Zeitschriften

Geographie und Schule. Köln: Aulis
Heft 60 (Dez. 1989): Tropische Räume
Heft 89 (Juni 1994): Die Stadt in verschiedenen Kulturräumen
Heft 93 (Febr. 1995): Sozioökonomischer Wandel in ehemals sozialistischen Ländern
Heft 95 (Juni 1995): Entwicklungsländer im Welthandel
Heft 97 (Okt. 1995): Industrieräumlicher Wandel in Europa
Heft 101 (Juni 1996): Treibhauseffekt und Ozon
Heft 102 (Aug. 1996): Landwirtschaft und Umwelt
Heft 103 (Okt. 1996): Euroregionen an Deutschlands Ostgrenze
Heft 107 (Juni 1997): Human Development
Heft 110 (Dez. 1997): Megastädte
Heft 118 (April 1999): Ökologische Stadterneuerung
Heft 122 (Dez. 1999): Globalisierung

Geographische Rundschau. Braunschweig: Westermann
Heft 3/1993: Entwicklungszusammenarbeit
Heft 7–8/1993: Städte und Verstädterung
Heft 9/1993: Industriegeographie
Heft 2/1994: Agrargeographie
Heft 4/1994: Nachfolgestaaten der Sowjetunion
Heft 7–8/1995: Internationale Migration
Heft 2/1996: Megastädte
Heft 12/1996: Ostasien
Heft 1/1997: Ökologie der Tropen
Heft 7–8/1997: Ausländer in Deutschland
Heft 10/1997: Stadtökologie
Heft 12/1997: Weltwirtschaft und Globalisierung
Heft 7–8/1998: Wasser: Ressourcen und Konflikte
Heft 11/1998: Südamerika: MERCOSUR-Staaten
Heft 3/1999: Indien

Praxis Geographie. Braunschweig: Westermann
Heft 2/1997: Migration
Heft 7–8/1997: Islamische Welt
Heft 9/1997: Südasien
Heft 10/1997: Europas Grenzen – Grenzenloses Europa
Heft 9/1998: Globalisierung. Wirtschaft ohne Grenzen
Heft 10/1998: Asiatisch-pazifischer Wirtschaftsraum
Heft 12/1998: Nachhaltige Stadtentwicklung

Geographie heute. Velber: Friedrich
Heft 103/1992: Arabische Welt
Heft 108/1992: Alltag in Indien
Heft 133/1995: Vier kleine Tiger
Heft 136/1995: Afrika
Heft 142/1996: Weltstädte und Metropolen
Heft 143/1996: Sanfter Tourismus
Heft 150/1997: Ökologie
Heft 153/1997: Europa der Regionen
Heft 160/1998: Gemeinschaft Unabhängiger Staaten

Wichtige Internetadressen
http://www.umweltbundesamt.de
= Umweltbundesamt
http://www.Statistik-bund.de
= Statistisches Bundesamt Deutschland
http://www.dwd.de
= Deutscher Wetterdienst
http://www.fao.org
= food and agriculture organization of the United Nations
http://www.europaparlament.org
= Europaparlament
http://dbs.schule.de/index2.html
= Deutscher Bildungsserver
http://www.auswaertiges-amt.de
= Auswärtiges Amt
http://www.strom.de
= Vereinigung Deutscher Elektrizitätswerke e.V.
http://www.ifo.de
= ifo-Institut für Wirtschaftsforschung
http://www.odci.gov/cia/publications/factbook
= The world factbook 1998 (Central intelligence agency)
http://www.dfd.dir.de
= Das Deutsche Fernerkundungsdatenzentrum (DFD)
http://www.who.org
= World Health Organization

Anhang

Glossar

Agenda 21: Teildokument der „Deklaration von Rio" (Welt-Umweltkonferenz in Rio de Janeiro 1992); sie beschreibt Maßnahmen für das 21. Jh. zur Umsetzung der dort getroffenen Umweltvereinbarungen.

Agglomeration: Prozess der räumlichen Konzentration von Bevölkerung und/oder Arbeitsplätzen, insbesondere in der Industrie.

Agglomerationsvorteil: Kostenvorteil durch gemeinsamen Bezug und Absatz, gemeinsame Werbung, durch Kontakte und spezialisiertes regionales Arbeitskräfteangebot.

Agrarpolitik: Gesamtheit der Bemühungen und Maßnahmen eines Staates, die auf die Gestaltung der wirtschaftlichen und gesellschaftlichen Verhältnisse in der Landwirtschaft ausgerichtet sind.

Agrarreform: Geplante staatliche Maßnahmen zur Veränderung der Agrarstruktur, insbesondere zur Verbesserung der landwirtschaftlichen Produktionsbedingungen und des Lebensstandards der ländlichen Bevölkerung.

Agrobusiness (Agribusiness): Gesamtheit der mit der Landwirtschaft verbundenen Wirtschaftsbereiche vom Landwirt bis zum Verbraucher, also mit Zulieferindustrien, Verarbeitung, Vertrieb; häufig gebraucht im Sinne von „industrialisierter Landwirtschaft".

AKP-Staaten: Afrikanische, karibische und pazifische Vertragsstaaten der EU; sie erhalten einen Präferenzzugang zum EU-Markt sowie technische und finanzielle Hilfe.

Anerbenrecht: Erbrecht, nach dem der älteste Sohn den ganzen landwirtschaftlichen Betrieb übernimmt.

angepasste Entwicklung: Entwicklungsstrategie, die sich an den jeweils „vor Ort" vorfindbaren Gegebenheiten und Möglichkeiten orientiert.

arid: Bezeichnung für ein Klima bzw. Klimagebiet, in dem die mögliche jährliche Verdunstung größer ist als der Niederschlag.

ASEAN (Association of Southeast Asian Nations): Zusammenschluss südostasiatischer Staaten zur Förderung wirtschaftlicher, sozialer und kultureller Zusammenarbeit.

Atmosphäre: Die aus einem Gemisch von Gasen bestehende Hülle eines Himmelskörpers, speziell die Lufthülle der Erde.

Bauleitplan: Von der Gemeinde aufgestellte Richtlinie (in Form von kartographischen Plänen) für die städtebauliche Entwicklung des Gemeindegebietes; Teile des Bauleitplans sind der Flächennutzungsplan und der Bebauungsplan.

Bewässerungsfeldbau: Form der landwirtschaftlichen Bodennutzung, bei der den Nutzpflanzen wegen unzureichender Niederschläge während der Vegetationsperiode Wasser durch verschiedene technische Systeme zugeführt wird.

Biosphäre: Der von lebenden Organismen besiedelte Bereich der Erde. Er umfasst den belebten Teil der Erdkruste, der terrestrischen Gewässer und der Ozeane sowie die untere Schicht der Atmosphäre.

Biotop: Lebensraum bzw. Standort von Pflanzen und/oder Tieren mit einheitlichen Lebensbedingungen.

Bodenart: Bezeichnung bzw. Klassifizierung der Böden nach den Bestandteilen unterschiedlicher Korngröße, z.B. Sand-, Schluff- und Tonböden.

Bodendegradation: Verschlechterung der Bodenqualität durch natürliche Einflüsse und/oder menschliche Eingriffe z.B. durch Erosion oder Auswaschung von Nährstoffen.

Bodentyp: Böden mit ähnlichem oder gleichem Entwicklungsstand und damit gleichem Bodenprofil werden zu einem Bodentyp zusammengefasst.

Bruttoinlandsprodukt (BIP): Gesamtwert aller produzierten Güter (Waren und Dienstleistungen) innerhalb eines Landes (Gebietes) während eines Zeitraumes, (meist ein Jahr), einschließlich der von Ausländern erbrachten Leistungen (Inlandskonzept).

Bruttosozialprodukt (BSP): Gesamtwert aller produzierten Güter (Waren und Dienstleistungen) innerhalb eines Landes (Gebietes) während eines Zeitraumes (meist ein Jahr), einschließlich der Einkommen, die aus dem Ausland bezogen werden, aber ohne die Einkommen, die an Ausländer gehen (Inländerkonzept).

Cash-crops: Agrarische Produkte, die für den Verkauf bestimmt sind und nicht der Selbstversorgung dienen.

CBD (Central Business District): Der zentrale Geschäftsbereich der US-amerikanischen Stadt mit einer Ballung von Einrichtungen des tertiären Sektors, vor allem Büros, Versicherungen, Banken, Hotels und Dienstleistungseinrichtungen.

City: Der zentral gelegene Teilraum einer größeren Stadt mit einer Konzentration von Einrichtungen, die hochrangigen kommerziellen und kulturellen Zwecken dienen.

Conurbanisation: englischer Begriff für eine großstädtische Siedlungsagglomeration.

Corioliskraft: Trägheitskraft, die bei der Bewegung auf rotierende Körper wirkt; sie verursacht z.B. die Ablenkung der Winde auf der Nordhalbkugel nach rechts und auf der Südhalbkugel nach links.

Desertifikation: Prozess der fortschreitenden Degradation der symbiotischen Natur-Mensch-Produktions-Systeme in ariden Gebieten; Schaffung wüstenähnlicher Bedingungen infolge der Übernutzung des Ökosystems.

Direktinvestition: Investition eines Konzerns außerhalb des Ursprungslandes der Muttergesellschaft.

Disparität: Ungleichheit zwischen Ländern bzw. Regionen, die sich vor allem in unterschiedlichen Lebensbedingungen und wirtschaftlichen Entwicklungsmöglichkeiten äußert.

Diversifizierung: Ausweitung und Differenzierung der Produktions- und Exportstruktur, um die Abhängigkeit von einem oder nur einigen wenigen Produkten zu verringern.

Downtown: Die Innenstadt oder – nach unserem Sprachgebrauch – die City der US-amerikanischen Stadt; gekennzeichnet durch eine geringe Wohndichte und eine hohe Arbeitsplatzkonzentration des tertiären Sektors.

Dritte Welt: Ursprünglich die Gruppe der „blockfreien Staaten" – in Unterscheidung zur „Ersten Welt", d.h. den westlichen Industrieländern mit Marktwirtschaft und der „Zweiten Welt", d.h. den ehemals kommunistischen Ländern mit Planwirtschaft; heute wird der Begriff „Dritte Welt" synonym für „Entwicklungsländer" genutzt.

Dry farming: Landwirtschaftliche Nutzungsform im Bereich der Trockengrenze, bei der durch besondere Bearbeitungsmethoden der Niederschlag von zwei oder mehr Jahren für eine Anbauphase genutzt wird.

Eiszeit: Umgangssprachlicher Begriff für die Kaltzeiten des Pleistozäns, in denen niedrige Temperaturen zu einem Vordringen der Inlandeismassen in höheren Breiten und der Gletscher in den Hochgebirgen geführt haben.

Emission: Ausstoß von gasförmigen, flüssigen und festen Schadstoffen, z.B. aus Kraftwerken.

Energieträger: Alle Rohstoffe, die in Energie umgewandelt werden können: Unterscheidung in fossile Energieträger (Kohle, Erdöl, Erdgas), regenerative Energieträger (Wasser-, Gezeitenkraft, Erdwärme, Sonnenenergie, Biomasse) und Kernenergieträger (Uran).

Entwicklungszusammenarbeit: Im amtlichen Sprachgebrauch verwendeter Begriff für „Entwicklungshilfe". Der Terminus soll das partnerschaftliche Verhalten zum Ausdruck bringen – und nicht die Unterscheidung in Geber- und Nehmerländer wie in „Entwicklungshilfe" unterschwellig zum Ausdruck kommt.

Erosion: Linienhafte Abtragung durch fließendes Wasser; im englischen Sprachgebrauch jede Form von Abtragung.

Eutrophierung: Nährstoffübersättigung von Gewässern mit stickstoff- und phosphorhaltigen Stoffen; dies führt zur Vermehrung des Algenwachstums und zu erhöhtem Sauerstoffverbrauch; das Ökosystem kommt aus dem Gleichgewicht und „kippt um".

FAO (Food and Agriculture Organization): Sonderorganisation der UNO, die sich vor allem um die Verbesserung der land-, forst- und fischereiwirtschaftlichen Situation in Entwicklungsländern bemüht.

Fertilitätsrate (Fruchtbarkeitsrate): Demographische Kennziffer, die die Zahl der Lebendgeborenen in einem Jahr auf 1000 Frauen im gebährfähigen Alter angibt.

Flächennutzungsplan: Teil des Bauleitplans einer Gemeinde; er legt fest, wie die Gemeindefläche nach den voraussehbaren Bedürfnissen genutzt werden soll.

Flurbereinigung: Maßnahmen zur Verbesserung der Agrarstruktur durch eine produktions- und maschinengerechte Flurform, die durch das Zusammenlegen von Feldern erreicht werden soll; meist geht damit auch ein Ausbau des Wege- und Gewässernetzes einher.

Food-crops: Agrarische Produkte, die für den eigenen Nahrungsbedarf angebaut werden.

Footlose industry: Industriebranchen, die wenig rohstoff- und ressourcenabhängig sind und eine nur geringe Transportkostenbelastung aufweisen und deshalb andere Standortbindungen suchen (z. B. Nähe zu Forschungs- und Verwaltungseinrichtungen).

Freihandelszone: Ein durch Zusammenschluss mehrerer Länder geschaffener Wirtschaftsraum, in dem der Außenhandel der Länder untereinander nicht eingeschränkt ist, in dem also freier Handel herrscht.

Fruchtwechselwirtschaft: Anbausystem, bei dem in regelmäßigem Wechsel bestimmte Kulturpflanzen angebaut werden (z. B. frühere Dreifelderwirtschaft mit Wechsel von Wintergetreide, Sommergetreide und Brache); Ziel: langfristiger Erhalt der Ertragsfähigkeit des Bodens.

Fühlungsvorteil: Standortvorteil durch rasche/enge Kontakte zu Zulieferern und Abnehmern, zu Behörden, Dienstleistungsunternehmen und zu Betrieben gleicher Branche.

Geburtenrate (Geburtenziffer): Zahl der Lebendgeborenen pro 1 000 Einwohner innerhalb eines bestimmten Zeitraumes, meist einem Jahr.

Geofaktoren: Natürliche Gegebenheiten, die das Aussehen einer Landschaft bestimmen (z. B. Relief, Klima, Vegetation); im weiteren Sinne auch Gegebenheiten, die vom Menschen geschaffen wurden (z. B. Siedlungen, Verkehrswege).

Geoökologie (Landschaftsökologie): Lehre vom Landschaftshaushalt bestimmter Räume; sie untersucht die funktionalen Zusammenhänge der Geofaktoren in einem Landschaftsraum.

Geoökosystem: Das aus dem Zusammenwirken der Geofaktoren sich ergebende System.

Gemeinschaft unabhängiger Staaten (GUS): Staaten, die aus der Sowjetunion hervorgegangen sind und sich als Staatenbund verstehen.

glaziale Serie: Die regelhaft ausgeprägte Abfolge von vier durch das Inlandeis oder von Gletschern geformten Teillandschaften: Grundmoräne, Endmoräne, Sander, Urstromtal.

Globalisierung: Seit Ende des 20. Jahrhunderts besonders dynamisch ablaufender Prozess, in dem Produktion, Handel mit Gütern und Dienstleistungen, Kapital, Kommunikation und Technologie über nationale Grenzen hinweg zu einem „Weltbinnenmarkt" zusammenwachsen.

Global player (Multinationaler Konzern): Unternehmen mit Standorten in mehreren Ländern; Ausrichtung der Unternehmenspolitik nach den verschiedenen Vor- und Nachteilen der jeweiligen Länder (z. B. Lohn- und Steuerniveau, Umweltvorschriften).

Grundstoffindustrie: Diejenige Gruppe von Industriezweigen, die Grundstoffe herstellen, die dann noch weiterverarbeitet werden; Beispiele: Eisen schaffende Industrie, chemische Industrie.

Grüne Revolution: Eine in den 60er-Jahren speziell für tropische Räume entwickelte Agrartechnologie, die mit Hilfe hochertragreichen Saatgutes, künstlicher Bewässerung, erhöhtem Einsatz von Dünge- und Schädlingsbekämpfungsmitteln überdurchschnittlich hohe Produktionssteigerungen erzielt.

Handelsbilanz: Aufrechnung des Exports gegen den Import eines Landes; aktive Handelsbilanz: Wert der Exporte übersteigt den der Importe, negative Handelsbilanz: Wert der Importe übersteigt den der Exporte.

humid: Bezeichnung für ein Klima bzw. Klimagebiet, in dem die mögliche jährliche Verdunstung geringer ist als der Niederschlag.

Immission: Die Einwirkungen von Luftverunreinigungen auf Menschen, Tiere, Pflanzen oder die ganze Umwelt.

Imperialismus: Politik eines Staates, die darauf abzielt, Macht und Kontrolle außerhalb der eigenen Staatsgrenzen über Völker auszuüben; insbesondere die Wirtschaftspolitik der Großmächte in der Zeit des Kolonialismus.

Importsubstitution: Entwicklungsstrategie, die die Einfuhr verarbeiteter Erzeugnisse durch heimische Produktion ersetzen will.

Industrial estate (Industriepark): Größere zusammenhängende Flächen, die von staatlichen und/oder privaten Trägern für Gewerbeansiedlungen erschlossen und mit Infrastruktureinrichtungen versehen werden.

informeller Sektor: Jener Zweig/Sektor der Wirtschaft, der weder von der Steuer erfasst noch von anderen gesetzlichen Vorschriften geregelt wird; als „Schattenwirtschaft" kommt der informelle Sektor besonders häufig in den Entwicklungsländern vor (Schuhputzer, Kinderarbeit in der Teppichindustrie).

Infrastruktur: Gesamtheit der Einrichtungen eines Raumes, die die Grundlage für die wirtschaftlichen Tätigkeiten in diesem Raum darstellen, z. B. Verkehrseinrichtungen, Einrichtungen des Bildungswesens, Ver- und Entsorgungseinrichtungen.

Innovation: Neuerungsvorgang der durch die Einführung bzw. Verbreitung einer neuen Denkweise oder Technik in Gang gesetzt wird.

Inversion: Temperaturumkehr in der Atmosphäre; eine Schicht wärmerer (leichterer) Luft befindet sich über kalter (schwerer) Luft, so dass kein vertikaler Luftaustausch von unten nach oben möglich ist.

Investitionsgüterindustrie: Diejenige Gruppe von Industriezweigen, die Güter für die weitere Produktion herstellen, also Güter, die dem Verbrauch dienen, z. B. der Maschinenbau.

IWF (Internationaler Währungsfonds): Sonderorganisation im UN-Verband. Er fördert die internationale Zusammenarbeit in Währungsfragen und gewährt u.a. Kredite bei vorübergehenden Zahlungsschwierigkeiten eines Staates.

Joint Venture: Zusammenschluss von selbstständigen Unternehmen zum Zweck der Durchführung gemeinsamer Projekte, die von einem Unternehmen allein in der Regel nicht realisiert werden können.

Just-in-Time-Produktion: Industrielle Produktion, bei der die Zulieferung von Waren und Halbfertigprodukten erst exakt zum Zeitpunkt des Bedarfs erfolgt, so dass Lagerkosten entfallen.

Kaltzeit: Vielfach gleichbedeutend mit →Eiszeit benutzt; im weiterem Sinne alle jene Abschnitte in der Vorzeit der Erde, in denen ein kaltes Klima herrschte, auch wenn es nicht zur Vereisung kam.

Kaste: Eng abgeschlossene Gesellschaftsschicht, zusammengehalten besonders durch gemeinsame Lebensformen, Heiratsordnung und gemeinsamen Kult; besonders ausgeprägt in Indien.

Kernstadt: Innerhalb einer städtischen Agglomeration die zentrale Stadt in ihren Verwaltungsgrenzen.

Kolonialismus: Politik eines Staates, die auf Erwerb und Ausbeutung (meist) überseeischer Gebiete in Verbindung mit der Beherrschung deren Bevölkerung ausgerichtet ist; der Kolonialismus begann mit der Entdeckung Amerikas und fand seinen Höhepunkt in der Zeit des Imperialismus (1870–1914).

Landesplanung: Raumplanung auf der Ebene der Bundesländer oder kleinerer Regionen (Regionalplanung).

Landflucht: Wanderungsbewegung größeren Ausmaßes aus dem ländlichen Raum in Städte, ausgelöst in der Regel durch unzureichende Lebensbedingungen auf dem Land.

Lean production (schlanke Produktion): Verkürzung und Vereinfachung von Produktionsabläufen zur Kostensenkung und rascheren Reaktion auf Kundenwünsche und Marktbedürfnisse.

Manufaktur: Vorform der industriellen Fertigung (in Europa im 17. und 18. Jh.); arbeitsteilige, überwiegend manuelle Produktion von Gütern an einem Standort.

Marginalisierung: Abdrängung von Bevölkerungsgruppen an den Rand der Gesellschaft, die dort vielfach am Rande des Existenzminimums leben.

Marktwirtschaft: Wirtschaftsordnung, in der Art und Umfang der Güterproduktion und die Verteilung der Güter direkt über den Markt und den Wettbewerb gesteuert werden; Kennzeichen: Privatbesitz, Preisbildung durch Angebot und Nachfrage, freier Wettbewerb, unabhängige Produktionsplanung.

Megalopolis: Aus mehreren Großstädten zusammengewachsene Riesenstadt; in engerem Sinne die Städteballung im Nordosten der USA zwischen Boston und Washington.

Melioration: Technische Maßnahmen zur Werterhöhung des Bodens und zur Steigerung seiner Ertragsfähigkeit, z. B. durch Entwässerung.

Metropolisierung: Verstädterungsprozess, besonders in den Entwicklungsländern, der auf eine einzige Stadt, meist die Hauptstadt, ausgerichtet ist, so dass diese zur das ganze Land beherrschenden Metropole wird.

Migration (Wanderung): Nach der amtlichen deutschen Statistik jeder Wechsel des Wohnsitzes, bei dem die Gemeindegrenze überschritten wird; im weiteren Sinne Wanderbewegungen größerer Bevölkerungsgruppen, ausgelöst z. B. durch Krieg und existenzielle Not.

Mobilität: Fähigkeit und Bereitschaft der Standortveränderung; man unterscheidet zwischen räumlicher Mobilität (Binnen-, Ein- und Auswanderungen) und → sozialer Mobilität (sozialer Auf- und Abstieg).

Monokultur: Landwirtschaftliche Nutzungsform, bei der über mehrere Jahre immer dieselbe Kulturpflanze angebaut wird.

Monsun: In Süd- und Südostasien wehende Winde, die halbjährlich ihre Richtung wechseln; sie werden verursacht durch die jahreszeitliche Verschiebung der Windsysteme und den jahreszeitlichen Wechsel der Luftdruckverhältnisse.

Montanindustrie (Schwerindustrie): Bezeichnung für den Bergbau und die Eisen- und Stahlindustrie.

Multinationaler Konzern (Multi): → Global player.

Nachhaltige Entwicklung (Sustainable development): Entwicklungsstrategie, mit der die Lebenschancen der heutigen Generation verbessert werden sollen, ohne die Chancen künftiger Generationen einzuschränken.

Neokolonialismus: Kritisch gebrauchte Bezeichnung für die Politik der Industriestaaten gegenüber den Entwicklungsländern, den ehemaligen Kolonien; der Begriff besagt, dass die Industrieländer Westeuropas zwar ihre direkte Herrschaft über die ehemaligen Kolonien aufgegeben haben, diese aber weiterhin in wirtschaftlicher Abhängigkeit halten.

New Town: Stadt, die im 19. und besonders im 20. Jh. nach modernen funktionalen Gesichtspunkten geplant und – meist auf der „grünen Wiese" – erbaut wurde.

NIC (Newly Industrializing Countries): Schwellenländer, Länder auf dem Weg zur Industrialisierung.

Nutzenergie: Der Teil der erzeugten Energie (Endenergie), der bei der Umwandlung nicht verloren geht und vom Verbraucher wirklich genutzt werden kann.

NWWO (Neue Weltwirtschaftsordnung): Sammelbegriff für eine Reihe von Forderungen, die die Entwicklungsländer gegenüber den Industrieländern auf den UNCTAD-Konferenzen zur Stärkung ihrer Position in der Weltwirtschaft erhoben haben.

OECD (Organization for Economic Cooperation and Development): Zusammenschluss von gegenwärtig 29 Industrieländern und teilindustrialisierten Ländern zur Verbesserung und Koordination der wirtschaftlichen Zusammenarbeit und zur Unterstützung der Entwicklungsländer.

OPEC (Organization of Petroleum Exporting Countries): Zusammenschluss der erdölexportierenden Länder; 1960 mit dem Ziel gegründet, sich gegen Preisverfall und Verminderung ihrer Einnahmen aus den Erdölexporten abzusichern.

Passat: Winde, die aus den subtropischen Hochdruckgürteln zur äquatorialen Tiefdruckrinne wehen; Teil der allgemeinen planetarischen Zirkulation.

Pendler: Person, die regelmäßig eine größere Entfernung zurücklegt, um zum Arbeits- oder Ausbildungsplatz zu gelangen, da dieser nicht in der Wohngemeinde liegt.

planetarische Zirkulation: Weltweites System von Winden, die durch die unterschiedliche Sonneneinstrahlung und das thermische Verhalten von Land und Meer in den einzelnen Klimagürteln der Erde hervorgerufen werden.

Plantage: Landwirtschaftlicher Großbetrieb in den Tropen und Subtropen, der hochwertige Nutzpflanzen wie Tee, Kaffee, Kautschuk, Bananen oder Zucker für den Weltmarkt anbaut.

Planwirtschaft (Zentralverwaltungswirtschaft): Wirtschaftsordnung der (ehemals) sozialistischen Länder, in der der Staat bzw. dessen Planungsorgane die wirtschaftlichen Aktivitäten regelt.

Primärenergie: Die in der Natur in ihrer ursprünglichen, also nicht umgewandelten Form vorkommende Energie, z. B. Steinkohle, Sonnenenergie, Wind, fließendes Wasser (Rohenergie).

Produktionsfaktoren: Mittel zur Herstellung von Gütern und Bereitstellung von Dienstleistungen. Dazu gehören die natürliche Umwelt (auch Bodenschätze), Arbeit, Kapital und der technische Fortschritt.

Pro-Kopf-Einkommen: Häufig benutzter statistischer Mittelwert zur Kennzeichnung des Entwicklungsstandes eines Landes, der sich aus der Division des BIP durch die Bevölkerungszahl ergibt.

Protektionismus: Staatliche Außenwirtschaftspolitik, die durch Schutzsysteme (Zölle und andere Handelshemmnisse) die heimische Wirtschaft vor ausländischer Konkurrenz schützen möchte.

Pull-Faktoren: Gründe, die für die Bevölkerung oder Wirtschaft anziehend wirken und damit eine Wanderbewegung auslösen; im engeren Sinne die Anziehungskraft der großen Städte in den Entwicklungsländern auf die Bevölkerung in den ländlichen Räumen.

Push-Faktoren: Gründe, die die Bevölkerung oder die Wirtschaft zum Abwandern bewegt, vor allem die unzureichenden Lebensumstände und Einkommensmöglichkeiten in den ländlichen Räumen der Entwicklungsländer.

quartärer Sektor: Im Rahmen der Einteilung der Wirtschaftsbereiche und der Beschäftigten in Sektoren, der Bereich des tertiären Sektors, der eine Sonderstellung einnimmt und von ihm abgetrennt wird; zum quartären Sektor gehören u. a. Forschung, Lehre, Firmen-Management.

Raumordnung: Die in einem Raum (Staatsgebiet) angestrebte räumliche Ordnung von Siedlungen, Wirtschafts- und Infrastruktureinrichtungen etc.

Raumordnungspolitik: Gesamtheit der staatlichen Maßnahmen zur planmäßigen Gestaltung eines Raumes. Ziel der Raumordnungspolitik ist es, ein Miteinander der im Raum wirkenden wirtschaftlichen und gesellschaftlichen Kräfte zu ermöglichen und das Leben der Menschen – auch künftiger Generationen – zu sichern.

Raumplanung: Sammelbezeichnung für alle planerischen Maßnahmen zur Raumentwicklung auf den verschiedenen Ebenen (Land, Region, Gemeinde).

Realteilung: Erbrecht, bei dem der bäuerliche Besitz zu gleichen Teilen an die Kinder vererbt wird.

regenerative Energie: Energie, die sich nicht wie die fossilen Energieträger erschöpft, sondern aus erneuerbaren Energiequellen stammt, z. B. Energie aus Wasserkraft, Wind, Sonne und Biomasse.

Regenfeldbau: Ackerbau, bei dem der Wasserbedarf der Nutzpflanzen ausschließlich durch Niederschläge gedeckt wird.

Rekultivierung: Wiederherstellung und Wiedereingliederung von Landschaftsteilen, die durch wirtschaftliche Aktivitäten gestört oder zerstört wurden, z. B. Kiesgruben, Braunkohletagebaue.

Rentenkapitalismus: Wirtschaftssystem, das besonders im Orient verbreitet ist; die Eigentümer der Produktionsmittel, meist große Landbesitzer, die aber in Städten leben, schöpfen die Ertragsanteile (Renten) aus der Landwirtschaft ab, ohne die Gewinne zur Erhöhung oder Erhaltung der Produktion zu reinvestieren.

Reserven: Diejenigen Vorkommen an Rohstoffen, die mengen- und qualitätsmäßig eindeutig festgestellt wurden und gewinnbringend gewonnen werden können.

Ressource: Die natürlichen Produktionsmittel für die Wirtschaft, also Rohstoffe, Wasser, Energie etc.

Rohstoffe: Unverarbeitete Naturstoffe, die vom Menschen zur Herstellung von Gebrauchsgegenständen dienen; man unterscheidet nach ihrer Herkunft mineralische, agrarische, forstwirtschaftliche und fischereiwirtschaftliche Rohstoffe.

Schwellenland: →NIC

Segregation: Prozess der räumlichen Trennung und Abgrenzung unterschiedlicher gesellschaftlicher Gruppen, Ethnien, Religionsgemeinschaften etc.

Shifting cultivation (Wanderfeldbau): Sammelbezeichnung für Formen des Ackerbaus vor allem in den Tropen, bei dem die Anbauflächen und Siedlungen nach Erschöpfen der Bodenfruchtbarkeit in einem gewissen zeitlichen Rhythmus verlegt werden.

Subtropen: Übergangszone zwischen den Tropen und den kühl-gemäßigten Breiten; sie reichen etwa von den Wendekreisen bis maximal 45° Breite.

Slum: Elendssiedlung, meist in den Großstädten der Entwicklungsländer; man unterscheidet die innerstädtischen Elendssiedlungen (Slums im engeren Sinne) und die randstädtischen Elendssiedlungen (Marginalsiedlungen).

Smog: Durch Zusammenziehung von „smoke" (Rauch) und „fog" (Nebel) gebildetes Wort; es bezeichnet eine dunstige Luftmasse mit einer erhöhten Schadstoffkonzentration.

Sonderkultur (Spezialkultur): Ein- oder mehrjährige landwirtschaftliche Dauerkulturen wie Wein, Tabak, Spargel, Hopfen.

Sozialbrache: Landwirtschaftliche Fläche, die aus wirtschaftlichen Gründen nicht genutzt wird, da z. B. der Besitzer anderweitig, etwa in der Industrie, mehr verdienen kann.

soziale Mobilität: Positionsveränderung innerhalb der Gesellschaft, sozialer Auf- oder Abstieg.

Squatter Siedlung: Hüttensiedlung, vor allem am Rande großer Städte in den Entwicklungsländern, die auf fremden Boden ohne Erlaubnis der Behörden oder des Besitzers errichtet wird.

Stadtklima: Lokales Klima, das sich in größeren Städten und Ballungsräumen entwickelt; die fehlende Vegetation, die Versiegelung großer Flächen und die Wärme- und Abgaserzeugung aus Haushalten, Verkehr und Industrie bewirken spürbare klimatische Unterschiede zur umgebenden Landschaft.

Stadtökologie: Wissenschaftliche Untersuchung der geo- und/oder bioökologischen Funktionszusammenhänge im Lebensraum Stadt.

Standortfaktor: Bedingung die eine Industrieansiedlung begünstigt oder benachteiligt. Es gibt natürliche (z.B. Geologie, Topographie), kostenorientierte (Lohnniveau, Transport, Absatz) und infrastrukturelle (z.B. Fühlungsvorteile) Faktoren.

Sterberate (Sterbeziffer): Zahl der Sterbefälle pro 1 000 Einwohner während eines bestimmten Zeitraumes, meist eines Jahres.

Stratosphäre: Schicht der Atmosphäre zwischen 10 km Höhe (Polarbereich) bzw. 18 km Höhe (Äquatorbereich) und 30 km Höhe; da die Temperaturen dort annähernd gleich bleiben, finden in der Stratosphäre keine vertikalen Luftbewegungen mehr statt.

Subsistenzwirtschaft: Selbstversorgungswirtschaft auf agrarischer Basis ohne Teilnahme am Marktgeschehen und mit nur geringem Tauschhandel; in den Entwicklungsländern teilweise noch weit verbreitet.

Suburbanisierung: Flächenhaftes Wachstum der Städte am Stadtrand, vor allem durch Abwanderung der Wohnbevölkerung aus dem inneren Stadtgebiet, häufig über die Stadtgrenzen hinaus ins nahe Umland.

Sustainable development: →nachhaltige Entwicklung

take-off-country: →NIC, Schwellenland

Terms of Trade: Verhältnis des Preisindexes für Importgüter zum Preisindex für Exportgüter; ein Rückgang dieser Maßgröße infolge steigender Preise für Importgüter und sinkender bzw. stagnierender Preise für Exportgüter hat eine Verschlechterung der Terms of Trade zur Folge.

tertiärer Sektor (Dienstleistungssektor): Er umfasst alle Berufsgruppen, die Dienstleistungen erbringen, z.B. Handel, Verkehr, Verwaltung, Bildungswesen sowie die freien Berufe wie Ärzte, Rechtsanwälte etc.

Tertiärisierung: Veränderung von Arbeitsplätzen des sekundären Sektors durch wachsende Dienstleistungsaufgaben; Ersatz von Arbeitsplätzen des primären und sekundären Sektors durch solche des tertiären Sektors.

Tragfähigkeit: Begriff für die maximale Bevölkerungszahl, die die Erde bzw. ein Teilraum der Erde ausreichend versorgen kann.

Treibhauseffekt: Bezeichnung für den Einfluss der Erdatmosphäre auf den Strahlungs- und Wärmehaushalt der Erde; die von der Erdoberfläche abgegebene Wärmestrahlung kann nicht vollständig ins Weltall abgestrahlt werden, weil sie durch Wasserdampf und Kohlendioxid absorbiert und zur Erde zurückgestrahlt wird; dadurch kommt es zu einer Erhöhung der Temperaturen auf der Erde.

Treibhausgas: Gas in der Atmosphäre, das an der Entstehung des Treibhauseffekts beteiligt ist: Wasserdampf, Kohlendioxid, Distickstoffoxid, Methan, Ozon, FCKW.

Tribalismus: Auf afrikanische Staaten angewendeter Begriff für gesellschaftliche und politische Verhaltensweisen, die nur auf die Interessen eines Stammes und nicht auf den gesamten Staat bezogen sind.

Trockenfeldbau: → Regenfeldbau

Troposphäre: Die unterste Schicht der Atmosphäre (Wetterschicht) mit einer Vertikalausdehnung von 8 km (Polargebiet) bis 17 km (Tropen).

UNCTAD (United Nations Conference on Trade and Development): UN-Konferenz über Welthandel und Entwicklung.

Urbanisierung: Häufig synonym verwendeter Begriff zu → Verstädterung; im engerem Sinne meint Urbanisierung die Ausbreitung städtischer Lebens- und Bauformen in ehemals ländlichen Gebieten.

Vegetationsperiode (Wachstumszeit): Anzahl der Tage, während der das Pflanzenwachstum möglich ist; vorwiegend temperaturabhängig (Tagesmittelwert über 5 °C).

Verdichtungsraum: Raum mit einer Konzentration von Bevölkerung, Arbeitsstätten, Infrastruktureinrichtungen etc.; in der amtlichen deutschen Statistik durch bestimmte Abgrenzungskriterien (Mindestfläche, Mindesteinwohnerzahl u. a. m.) festgelegt.

Verstädterung: 1. Wachstum der Städte eines Landes hinsichtlich ihrer Einwohnerzahl und/oder Fläche. 2. Vermehrung der städtischen Siedlungen eines Landes. 3. Wachsen des Anteils der Menschen, die in Städten leben, an der Gesamtbevölkerung eines Landes.

Wachstumsrate: In der Demographie jährlicher Geburtenüberschuss plus Wanderungsgewinne, bezogen auf 1 000 Einwohner.

Wanderfeldbau: → Shifting cultivation

Warmzeit: Deutsche Bezeichnung für Interglazialzeit, d.h. die zwischen zwei Kaltzeiten liegende Zeit mit wesentlicher Erwärmung.

Weltbank (Internationale Bank für Wiederaufbau und Entwicklung): 1944 gegründete Sonderorganisation der UNO; Hauptaufgabenfeld: Förderung der wirtschaftlichen Entwicklung der Mitgliedsländer, Finanzierung von Projekten in Entwicklungsländern.

Welthandelskonferenz: Internationale Konferenz über Probleme der Weltwirtschaft, insbesondere zur Förderung des freien Welthandels; 1947 eingerichtet, seither 8 Verhandlungsrunden. → GATT, → WTO.

WTO (World Trade Organization): Welthandelsorganisation, die in der Uruguay-Runde beschlossen und zum 1.1.1995 errichtet wurde; Ziel: Verbesserung der wirtschaftlichen Lage der beteiligten Länder durch Abbau von Hemmnissen des freien Welthandels.

Zentralität: Bedeutung einer Stadt für ihr Umland; der Grad der Zentralität ergibt sich aus dem Grad des Bedeutungsüberschusses einer Stadt, d. h. aus der Quantität und Qualität von Diensten und Gütern, die für einen Einzugsbereich, der über die Stadt hinausgeht, angeboten werden.

Zentralverwaltungswirtschaft: → Planwirtschaft

Register

adiabatisch 30
Aerosole 30
Agenda 21 223
Agglomerationseffekte 99
Agglomerationsfaktoren 98
Agrargenossenschaften 193
Agrar-Industrie-Vereinigungen 193
AKP-Staaten 239
Altstadt 173
angepasste Entwicklung 220
angepasste Technologie 220
anthropogener Treibhauseffekt 54
Antizyklone 32
Arbeitskosten 98
Asthenosphäre 11
ausländische Direktinvestitionen 231
Ausschuss der Regionen 270
Außenwanderung 88
Ausstrahlungsfenster 54
autozentrierte Wirtschaftspolitik 265
azonale Vegetation 43

Bauleitplanung 140
Bauweise 143
Bebauungsplan 140
Bergbauernwirtschaft 149
Binnenwanderung 88
Biosphärenreservat 147
Blockentkernung 179
Bodenarten 66
Bodenfruchtbarkeit 69
Bodengare 69
Bodenhorizonte 66
Bodenreform 193
Bodentypen 66
Braunerde 66
bufferstocks 238
Bundesraumordnungsgesetz 139

Central Business District 173
City 173
City-Kern 173
City-Mantel 173
Corioliskraft 33
Cracken 22

Dienstleistungsbilanz 104
Direktinvestition 107, 109
Dorferneuerung 188
Dritte Welt 214
dynamische Lebensdauer 20

EFTA 268
EG 268
EGKS 268
Einkaufszentrum 102
Electronic Commerce 109
Elektrostahlöfen 123
Endenergie 46
Entwicklungsachsen 146
Epizentrum 17
Erdgas 22
Erdölmigration 22
Erosion 21
Erstaufnahmeeinrichtung 88
Erste Welt 214
EU 268
EURATOM 268
EURO 268
EWG 268
EWR 268
exponentielles Wachstum 20

Faulschlamm 22
Ferralitische Böden 67
Flächennutzungsplan 140
Flächensanierung 179
Flurbereinigung 188
Freihandel 225
Fühlungsvorteile 173
Fünfte Welt 214
funktionelle Verstädterung 184
Funktionsschwächesanierung 179

GATS 240
GATT 240
Geburtenrate 216
Gegenstrahlung 28
Gemeinsamer Fonds für Rohstoffe 238
geographischer Stadtbegriff 170
Geschossflächenzahl 143
Ghetto 176
Ghettoisierung 176
global players 232
global sourcing 109

Globalisierung 224
Gradientkraft 32
Gradientwinde 32
Grundbedürfnisstrategie 219
Grundflächenzahl 143
Grundfutter 195
Grundlast 52
Güterverkehrszentrum 117

Hochdruckgebiete 32
Horizontalverschiebungen 17
hot spot 19
Human Development Index 215
Human Development Report 215
Humus 62

IBA Emscherpark 132
Importsubstitution 265
Informationswirtschaft 118
Infrastruktur 213
Inkohlung 24
Innenstadt 173
Innertropische Konvergenzzone (ITC) 34, 35
Integriertes Rohstoffprogramm 238
Intergovernmental Panel on Climate Change (IPCC) 45
internationale Arbeitsteilung 225
Isobare 32

Jetstream 34
Joint Venture 109, 231
Just-in-Time-Produktion 109

Kaltfront 40
Klima 26
Klimaelemente 26
Klimafaktoren 26
Klimaschutzpolitik 60
Klimazyklus 57
Kohleflöz 24
Kohleschicht 24
Kollektivierung 193
Kondensationskerne 30
konsumorientierte Dienstleistungen 94
kontinentale Kruste 11
kontinentales Klima 42
kontinentales Tiefbohrprogramm 10
Konvektionsströme 10, 13
Kraftfutter 195

Kreis-Modell 172
Krümelstruktur 69
Kühlhauseffekt 59

Landesentwicklungspläne 140, 146
Landesplanungsgesetz 140
Landklima 42
Landschaftsschutzgebiet 147
Land-Seewind-Phänomen 32
Landwirtschaftliche Produktionsgenossenschaft 193
Laterisierung 67
Laterit 67
Lean Management 109
Lean Production 109
Leistungsbilanz 104
Lithosphäre 11
Logistik 117
Lohnquote 108
Lohnstückkosten 100
Lomé-Verträge 239
Luftdruck 32
Luftfeuchte 29
Luftfeuchtigkeit 29

magmatische Lagerstätten 21
maritimes Klima 42
Megalopolis 184
Megastadt 184
Mehr-Kerne-Modell 172
Merkantilismus 226
Migranten 86
Migration 86
mittelozeanischer Rücken 14
Monsun 35
Montanunion 268
multinationale Unternehmen 232
Multis 232

nachhaltige Entwicklung 152, 154
nasse Hütten 127
Nationalpark 147
Naturdenkmal 147
natürlicher Treibhauseffekt 28
Naturpark 147
Naturschutzgebiet 147
Nebenerwerb 187
neue Typen von Erzlagerstätten 21
neue Weltwirtschaftsordnung 238

Neueinrichter 193
Newly Industrializing Countries 214, 262
nichtenergetische Verwendung 46
nichttarifäre Handelshemmnisse 240
Nordostpassat 34
Nutzenergie 46

Objektsanierung 179
OEEC 268
Okklusion 40
Ökologie 7
Ökozonen 82
Outsourcing 109
ozeanische Kruste 11
ozeanische Zirkulation 77

Personen- und Kapitalgesellschaften 193
personenbezogene Dienstleistungen 94
physiognomische Verstädterung 184
Planetarische Frontalzone 34
Pluton 21
primäre Lagerstätten 21
Primärenergie 46
primärer Sektor 93
produktionsorientierte Dienstleistungen 94
Prospektion 20
Protektionismus 225

räumliche Disparitäten 158
rechtlich-historischer Stadtbegriff 170
regenerative Energieträger 46
regionale Disparitäten 158, 211
Regionalplanung 140
Reichweite 20
Reserven 20
Ressourcen 20
RGW 268
Rift Valleys 14
Rohboden 62
Römische Verträge 268
Roterden 67

Sanfter Tourismus 152
Sanierungsgebiete 179
Sapropel 22
Schutzgebiet 147
Schwarzerde 67
Schwellenländer 214
sea-floor spreading 15

Seeklima 42
Sektoren-Modell 172
sekundäre Lagerstätten 21
Sekundärenergie 46
sekundärer Sektor 93
Selbsthilfe 219
shifting cultivation 248
Solarkonstante 27
soziale Disparitäten 211
soziale Segregation 176
Sozialplan 179
soziologische Verstädterung 184
Spin-off-Betriebe 109
Spitzenlastzeiten 52
Spurengase 54
STABEX 239
Stadtsanierung 178
Standortertragsfähigkeit 69
Standortfaktoren 98
Standorttheorien 98
Standortwahlverhalten 99
statische Lebensdauer 20
statistischer Stadtbegriff 170
Sterberate 216
Subduktionszonen 17
Sublimation 29
subpolare Tiefdruckrinne 34
Subsistenzwirtschaft 212
Suburbanisierung 180
Südostpassat 34

Tagebau 24
Take-off-Countries 214
Tektonik 13
Terms of Trade 213
Terranes 17
terrestrische Strahlung 28, 54
tertiärer Sektor 93
Tertiärisierung 184
Theorie der Kontinentalverschiebung 12
Thomasverfahren 123
Tiefbau 24
Tiefdruckgebiete 32
Tiefseegräben 17
transform faults 17
Transportkosten 98
Treibhauseffekt 54
Triade 231
Tribalismus 245

"trickle-down"-Effekt 218
TRIPS 240
Tropopause 33
Troposphäre 26
Tschernosem 67

up-grading 103
Urbanisierung 184
Urbanisierungsgrad 184

Verbrauchermarkt 102
Verschluckungszonen 17
Verstädterung 168, 184
Vierte Welt 214
Virtuelles Unternehmen 109
Vollerwerb 187
Vorranggebiet 147

Wachstumsrate 216
Wanderungssaldo 88
Wärmestrahlung 54
Warmfront 40
Welthandel 225
Weltwirtschaft 225
Weltwirtschaftsordnung 225
Wetter 26
Wiedereinrichter 193
Witterung 26
WTO 240

Zahlungsbilanz 225
zentrale Orte 144
zonale Vegetation 43
Zuerwerb 187
Zweite Welt 214
Zyklone 32

Bildnachweis

Kunsthalle Emden - Stiftung Henri und Eske Nannen und Renate Sautermeister, Frankfurt am Main: S. 4; Niedersächsisches Landesamt für Bodenforschung, Außenstelle Windischeschenbach: S. 20; dpa, Frankfurt am Main (Politikens): S. 13; Dr. U.v. Stackelberg, Hannover: S. 15; Icelandic Photo & Press Service, Reykjavik: S. 16; Dr. Josef Koch, Rottenburg: S. 17; Dr. Wilfried Korby, Korb: S. 28; Helga Lada Fotoagentur, Frankfurt am Main: S. 29 links; realfoto, Weil der Stadt: S. 29, rechts; Dr. Wilfried Korby, Korb: S. 36; Deutsche Forschungsanstalt für Luft- und Raumfahrt e.V., Weßling: S.42; Mauritius, Mittenwald (Hackenberg): S. 44 oben links und oben rechts; ZEFA/Schmied, Düsseldorf: S. 44 mitte links; Schulu, Schwäbisch-Gemünd: 44 mitte rechts; Laif, Köln: S. 44 unten (Krause); AID, Bonn: S. 66, S. 67 links; BASF, Limburger Hof: S. 67 rechts; Dr. H. Wiechmann, Hamburg: S. 69; Jens Fischer, Eisenach: S. 83; dpa: S. 86; Adam Opel, Rüsselsheim: S. 92; Archiv für Kunst und Geschichte, Berlin: S. 97; Luftbild Elsässer, Stuttgart: S. 98; Schmidt, Hüttisheim: S. 102; Güterverkehrszentrum Bremen: S. 116; Thyssen AG, Archiv, Duisburg: S. 120 oben; CentroO, Oberhausen: S. 120 unten; Archiv für Kunst und Geschichte, Berlin: S. 122; Luftbild Moog-Thyssen: S. 123; Kommunalverband Ruhrgebiet, Essen: S. 129; Pressestelle der Universität, Bochum: S. 131; IBA Emscherpark, Essen: S. 133 oben links und oben rechts (T. Brenner), unten rechts (M. Frank); Lothar Kürten, Meerbusch: S. 134; Landesverkehrsamt für Südtirol: S. 148 alle, Gesellschaft für ökologische Forschung, München: S. 149 (Ossi Baumeister); The. Dietmann, München: S. 153 links; Helmut Geiger, Sonthofen: S. 153 rechts; Mauritius, Mittenwald: S. 155; Dr. Hans-Jürgen Philipp, Stuttgart: S. 166; Bavaria, Gauting: S. 168; dpa, Frankfurt: S. 176; Wolfgang Fettköter, Göttingen: S. 178, beide; Visma GmbH: S. 180 und S. 181; Manfred Grohe, Kirchentellinsfurt: S. 185; Dr. Hans-Jürgen Philipp, Stuttgart: S. 186 oben, Hans-Ulrich Bender, Köln: S. 186 unten; Dieter Pfeil, Lindenberg: S. 189; argus-Fotoarchiv GmbH, Hamburg: S. 196; Rita Hofbauer, Stuttgart Klein-Hohenheim: S. 201; BASF Landwirtschaftliche Versuchsstation, Limburgerhof: S. 208; Dr. Hans-Jürgen Philipp, Stuttgart: S. 209; Focus Hamburg (Scianna/Magnum): S. 211; Norbert von der Ruhren, Aachen: S. 212; Dr. Hans-Jürgen Philipp, Stuttgart: S. 219 und S.220 beide; AKG, Berlin: S. 224; Aeroview Rotterdam (Dick Sellenraad): S. 227; Focus, Hamburg: S. 250 (Abbas/Magnum), S.254 (Maitre/Odyssey); dpa, Frankfurt: S. 256; Georg Gerster, Zumikon: S. 259; Karl Engelhard, Münster: S. 262; Transglobe Hamburg (Grehan Farrell): S. 264

Hinweis: Nicht in allen Fällen war es uns möglich, die Rechtsinhaber der Abbildungen ausfindig zu machen. Berechtigte Ansprüche werden selbstverständlich im Rahmen der üblichen Vereinbarungen abgegolten.